SketchUp Pro

회사 실무에 힘을 주는

스케치업

2021 &
V-Ray

남현우 지음

정보문화사
Information Publishing Group

회사 실무에 힘을 주는
스케치업 2021 & V-Ray

초판 1쇄 발행 | 2021년 4월 30일
초판 2쇄 발행 | 2023년 4월 20일

지 은 이 | 남현우
발 행 인 | 이상만
발 행 처 | 정보문화사

책 임 편 집 | 노미라

주   소 | 서울시 종로구 동숭길 113
전   화 | (02)3673-0037(편집부) / (02)3673-0114(代)
팩   스 | (02)3673-0260
등   록 | 1990년 2월 14일 제1-1013호
홈 페 이 지 | www.infopub.co.kr

I S B N | 978-89-5674-906-8

상상 더하기

스케치업 & V-Ray는 건축, 인테리어, 토목, 건설, 전기, 제품, 산업 디자인, 설계 분야에서 다양한 용도로 사용되고 있으며 2D 모델링부터 3D 모델링, 렌더링까지 3차원 그래픽을 선도하는 프로그램이라 할 수 있습니다. 이제 누구나 상상하는 모든 것을 모델링할 수 있습니다.

기본이 중요합니다

많은 학습자들이 스케치업의 기본적인 기능을 파악하지 못한 상태에서 무작정 멋지게 렌더링을 하려는 경향이 있습니다. 우선 스케치업에서 제공하는 다양한 기능을 충분히 익히기 바랍니다.

남과 비교하지 마세요

대학, 기업에서 스케치업 강의를 해오면서 "이건 중요하지 않아.", "저건 꼭 필요한 거야." 등 남의 말에 신경 쓰는 학습자들을 많이 봤습니다. 노하우를 익히는 것은 좋지만 검증되지 않은 학습법은 과감히 버리고 여러분이 선택한 학습법을 통해 반복적으로 공부하기 바랍니다. 책은 가장 기본이 되는 학습 도구입니다.

마무리가 중요합니다.

이 책은 기초적인 모델링 작업부터 고급 모델링, 애니메이션, 렌더링할 수 있는 V-Ray까지 수록되어 있습니다. 후반부로 갈수록 조금 어려워진다고 해서 중도에 포기하면 안 됩니다. 모든 공부는 마무리가 중요합니다.

아무리 어려운 책이라도 백 번을 읽으면 그 뜻을 알 수 있다고 합니다. 어려운 부분이 있어도 읽고 또 읽고 그 내용을 분석하고 드로잉한다면 그 내용을 충분히 이해할 수 있을 것입니다.

이 책의 제목은 스케치업(SketchUp Pro) 2021이지만, 스케치업 2020의 집필을 마무리하는 과정에서 2021 버전이 출시됨에 따라 본문의 예제는 스케치업 2020을 기준으로 집필이 마무리되었습니다. 두 버전은 기능면에서 큰 차이가 없는 관계로 파트1에서 스케치업 프로 2021을 소개하는 정도로 집필되었음을 알려드립니다.

저자 **남현우**

미리보기

Part

사용자에게 필요한 내용을 효율적으로 학습할 수 있도록 구성했습니다.

Section

제목과 도입문을 통해 섹션에서 배울 내용을 한눈에 파악할 수 있습니다.

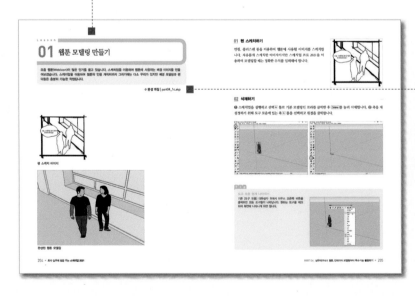

예제/완성 파일

각 섹션에서 배울 내용을 따라 할 수 있도록 예제 파일을 제공합니다. 이 책의 본문을 따라하기 위해 필요한 예제 파일 및 완성 파일은 정보문화사 홈페이지(infopub.co.kr) 자료실에서 다운로드 가능합니다.

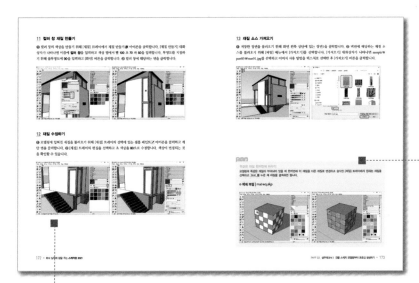

TIP

배우는 내용에 대한 추가
적인 설명, 각 항목에 대한
자세한 설명을 담고 있습
니다.

따라하기

실무 예제를 실제로 따라하는 내용입
니다. 친절한 설명과 그림을 참고하여
학습해 봅니다.

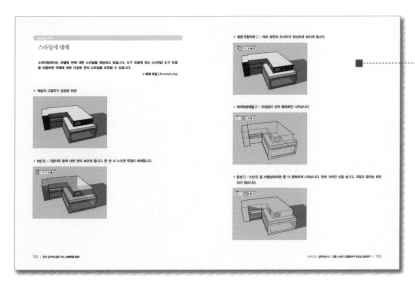

Special TIP

본문에서 다루지 못한 내
용을 보강함으로써 다양한
방법으로 사용자의 수준을
한 단계 업그레이드할 수
있도록 도와줍니다.

본 도서를 구매하신 독자에 한하여 www.endpoint.co.kr(앤드포인트) 온라인 CAD & CG 전문 강좌 사이트의 30% 수강 할인 쿠폰(예제 파일과 동봉되어 있습니다)을 드립니다.

01 인터넷을 실행하고 www.endpoint.co.kr에 접속합니다. 할인 쿠폰을 사용하려면 회원가입을 해야 하므로 [무료회원가입] 버튼을 클릭합니다.

02 회원가입 창이 나타나면 회원 정보를 입력합니다. 하단의 [할인쿠폰]란에 자료실에서 다운로드받은 수강 할인 쿠폰의 번호를 입력한 후 [회원등록] 버튼을 클릭합니다. 이후 회원가입 완료 메시지 상자가 나타나면 [확인] 버튼을 클릭하여 회원가입을 종료합니다.

03 메인 화면에서 [MEMBER LOGIN]에 아이디와 비밀번호를 입력하고 [로그인] 버튼을 클릭한 후 [수강신청 해요~] 화면이 나타나면 원하는 과목을 선택(한 과목 이상 가능)하고, 하단에 있는 [수강신청하기] 버튼을 클릭합니다. 수강 신청한 과목과 할인된 결제 금액을 확인하고 결제를 완료하면 여러분이 신청한 과목을 수강할 수 있습니다.

이 책에서 사용된 예제 파일 및 완성 파일은 정보문화사 홈페이지(infopub.co.kr) 자료실에서 다운로드받을 수 있습니다.

01 정보문화사 홈페이지에 접속하여 상단의 자료실을 클릭합니다.

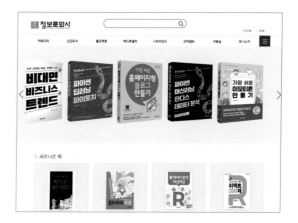

02 하단 [SEARCH]에 책 제목 '스케치업'을 입력하고 [검색] 버튼을 클릭하면 검색 결과가 나타납니다. 해당 책 제목을 클릭하여 다운로드합니다.

목차

PART 01 스케치업 프로 2021 설치부터 기본기 익히기

스케치업 프로 2021
설치부터 기본기 익히기

스케치업 프로(SketchUp Pro) 2021은 3D 모델링부터 렌더링까지
디자이너와 설계자들에게 최적화된 그래픽 프로그램입니다. 건축 디자이너,
인테리어 디자이너, 제품 디자이너, 토목 디자이너, 산업 디자인 종사자,
환경 디자인, 공공 디자인, 기계, 전자 등 여러 분야의 종사자들이 폭넓게
사용하고 있습니다.

SKETCHUP 2021

01 스케치업 다운로드하기

스케치업 프로 2021은 스케치업 프로그램을 제공하는 트림블(Trimble)사의 스케치업 홈페이지에서 다운로드해 설치할 수 있습니다. http://www.sketchup.com/ko 웹사이트에서 [SketchUp Pro 2021] 한글버전을 다운로드해보겠습니다.

01 웹 사이트 접속하기

❶ 스케치업 개발사 웹사이트인 http://www.sketchup.com/ko에 접속합니다. 필자는 크롬 브라우저를 사용했습니다. ❷ SketchUp 사이트가 열리면 [SkechUp 체험] 버튼을 클릭합니다. 전문가 프로젝트용을 클릭하고 30일 평가판이 나타나면 [Sketchup Studio 무료평가판 시작하기] 버튼을 클릭합니다.

SketchUp 용도

스케치업 프로 2021을 다운로드할 때 스케치업 용도를 선택해야 하는데, 이는 사용 대상자를 물어보는 것입니다. 개인 프로젝트용, 전문가 프로젝트용, 고등 교육, 기본 및 보조 중에서 선택할 수 있습니다.

02 로그인하기

❶ 스케치업 프로 2021을 다운로드하기 위해서는 로그인을 해야 합니다. 로그인 페이지가 나타나면 아이디를 입력하고 [다음] 버튼을 클릭합니다. 비밀번호를 입력하고 [다음] 버튼을 클릭합니다. ❷ 스케치업 사용 분야를 선택하고 [계속] 버튼을 클릭합니다.

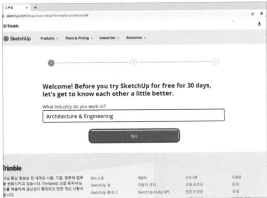

03 정보 입력하기

❶ 관심 분야를 선택하고 [계속] 버튼을 클릭합니다. ❷ 사용자 정보를 입력하고 **동의합니다**를 체크한 후 [평가판 시작하기] 버튼을 클릭합니다.

Tip

로그인
스케치업 사이트에 회원가입이 되어 있지 않다면 구글 계정으로 로그인해도 됩니다.

04 다운로드 받기

❶ **환영합니다!** 메시지가 나타납니다. 브라우저 왼쪽 하단을 보면 프로그램이 다운로드된 것을 확인할 수 있습니다. [폴더 열기]를 선택합니다. ❷ 폴더에 SketchupPro-2021-0이 보이는 것을 확인할 수 있습니다.

버전(Version)

스케치업에는 버전이 있습니다. 같은 스케치업 프로 2021 프로그램이라 하더라도 스케치업 프로 2021에서 약간의 기능 개선, 오류 수정, 기능을 추가하여 스케치업 프로 2021-1이 만들어지고 좀 더 보완하여 스케치업 프로 2021-2, -3, -4가 만들어지는데 이것을 버전이라 합니다. 이러한 과정을 거쳐 완벽하게 스케치업 프로 2020 버전을 보완하고 기능을 추가하여 스케치업 프로 2021이 만들어집니다.

02 스케치업 설치하기

스케치업 개발사(트림블사) 웹사이트인 http://www.sketchup.com/ko에서 다운로드한 스케치업 프로 2021 프로그램을 설치해보겠습니다.

01 파일 실행하기

❶ 다운로드한 [SketchUpPro-2021-0.exe] 를 더블클릭합니다. ❷ [SkectUp Pro 2021 - Installshield Wizard] 대화상자가 나타나면 언어를 선택하고 대상 폴더를 지정한 후 [설치] 버튼을 클릭합니다.

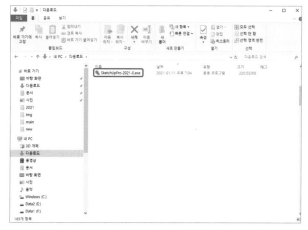

설치 오류

프로그램이 설치되면서 오류 메시지가 나타나는 경우가 있습니다. 자신의 컴퓨터 운영체제가 32bit인지 64bit인지 확인하고 일치하는 프로그램을 다운로드하여 설치해야만 오류가 발생하지 않습니다.

<u>02</u> 설치 완료

❶ 스케치업 프로 2021이 설치되는 것을 확인할 수 있습니다. 컴퓨터 사양에 따라 약 3~5분 정도 소요됩니다.
❷ **SketchUp Pro 2021이(가) 준비되었습니다!** 메시지가 나타나면 [마침]을 클릭합니다.

Tip

설치 경로 변경
만약 경로를 변경하고 싶다면 대상 폴더에서 [변경] 버튼을 클릭하고 다른 폴더를 지정하면 됩니다.

03 스케치업 실행하기

다운로드하여 설치한 스케치업 프로그램을 실행해보겠습니다. 바탕화면에 설치된 스케치업 아이콘을 더블클릭하면 스케치업 프로 2021을 실행할 수 있습니다.

01 시작하기

❶ 윈도우 바탕화면에 SketchUp Pro 2021, Layout 2021, Style Builder 2021 아이콘이 만들어진 것을 확인할 수 있습니다. SketchUp Pro 2021🖥을 더블클릭합니다. ❷ **환영합니다!** 메시지 아래에 있는 [사인인] 버튼을 클릭합니다. [Sketchup 라이선스 계약]이 나타나면 하단에 있는 **본인은 Sketchup 라이선스 계약에 동의합니다**를 체크하고 [계속] 버튼을 클릭합니다.

02 로그인하기

❶ **환영합니다**라는 메시지가 나타나면 [사인인] 버튼을 클릭합니다. ❷ 아이디를 입력하고 [다음] 버튼을 클릭합니다. 비밀번호를 입력하고 [다음] 버튼을 클릭합니다.

03 단위 지정하기

❶ 로그인 완료창이 나타납니다. ❷ [Sketchup 시작] 창이 나타나면 새 모델 만들기에서 [건축 밀리미터]를 클릭합니다.

 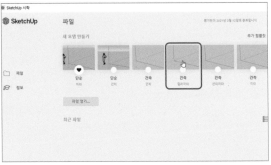

Tip

표준 도구

스케치업으로 모델링을 할 때 새로 만들기, 열기, 저장하기, 잘라내기, 복사, 붙여넣기, 지우기, 실행 취소, 다시 실행, 인쇄, 모델 정보를 사용할 수 있는 도구는 표준 도구입니다.

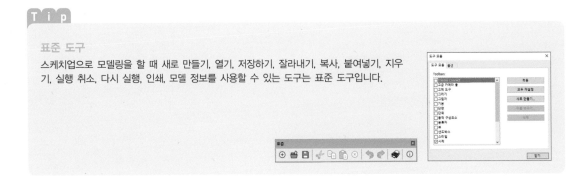

04 확인하기

❶ 스케치업 프로 2021이 실행됩니다. ❷ [보기] 메뉴의 [도구 모음]을 선택하고 [도구 모음] 대화상자에 있는 Toolbars에서 체크된 것을 모두 해제하고 [큰 도구 세트]를 체크하면 모델링할 때 꼭 필요한 도구들이 나타납니다.

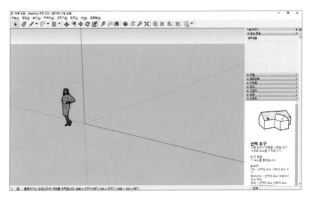

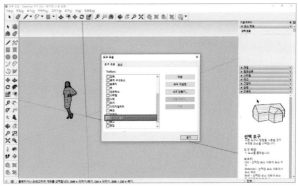

Tip

도우미

[도우미] 대화상자를 잘 이용하면 스케치업을 공부하는 데 많은 도움이 됩니다. [창] 메뉴에 있는 [기본 트레이] – [도우미]를 체크하고 도구 상자에 있는 이동⬧ 툴을 클릭하면 [도우미] 대화상자에 자세한 사용법을 설명해줍니다.

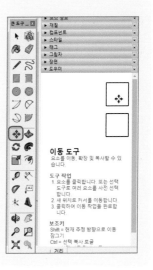

04 스케치업 프로 2021 살펴보기

스케치업 프로 2020 버전에서 오류를 수정하고 기능을 개선하여 스케치업 프로 2021 버전이 만들어졌습니다. 스케치업 프로 2020 버전 또는 2019 버전에서 꼭 있었으면 하는 기능들이 추가되거나 개선되었으므로 익혀두면 모델링 작업 시 매우 편리할 것입니다.

스케치업 프로 2019, 2020 그 이하 버전에서 사용했던 로고가 변경되었습니다. 조금 딱딱하고 단순하게 보였던 로고에 곡선이 추가되어 부드럽게 바뀌었습니다. 아마도 더 정교한 모델링이 가능하다는 것을 보여주려고 한 것 같습니다. 컬러 또한 붉은색에서 하늘색으로 변경되었습니다. 로고가 혁신적으로 변경되기는 했지만 기능에서 크게 차이 나는 부분은 많지 않습니다.

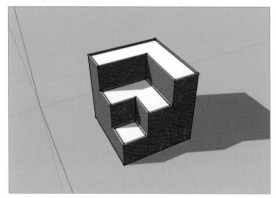
스케치업 프로 2019, 2020 로고

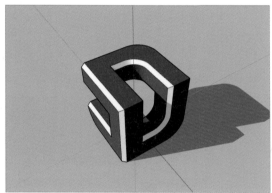
스케치업 프로 2021 로고

01 아웃라이너(Outliner) 기능 향상

객체를 모델링하고 그룹이나 컴포넌트를 만드는 즉시 [아웃라이너] 대화상자에 나타납니다. 아이볼(◉)을 켜거나 끌 수 있으며 그룹명을 클릭하면 해당 그룹의 객체가 선택됩니다. 모델링 관리에 있어서 매우 유용한 기능이라 할 수 있습니다.

◉ 예제 파일 | part01_01.skp

그룹 만들기

도구에 있는 선택 ▶ 툴로 노란색 박스 윗면을 더블클릭하여 객체를 선택합니다. 객체 위에서 마우스 오른쪽 버튼을 클릭하고 [그룹 만들기]를 선택합니다.

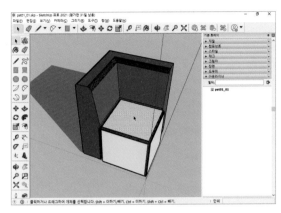
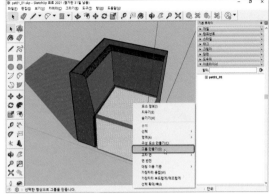

다른 그룹 만들기

아웃라이너를 확인하면 만들어진 그룹이 나타나는 것을 확인할 수 있습니다. 같은 방법으로 파란색 모델링 윗면을 더블클릭하여 객체를 모두 선택하고 마우스 오른쪽 버튼을 클릭해 [그룹 만들기]를 선택합니다.

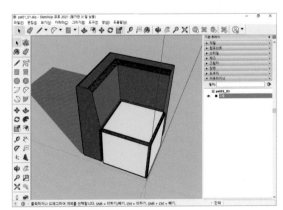
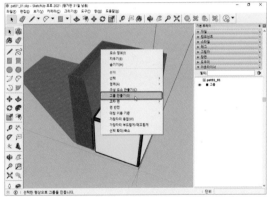

이름 변경하기

그룹의 이름을 변경하기 위해 아웃라이너의 두 번째 그룹을 더블클릭합니다. **코너**라고 이름을 변경합니다. 그룹의 이름은 객체의 성격에 맞게 변경하면 됩니다.

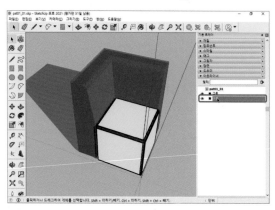 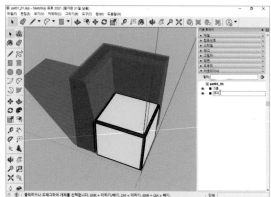

그룹을 그룹으로 만들기

두 개의 그룹을 선택하기 위해 [Shift]를 누르고 코너와 그룹을 클릭합니다. 그룹을 만들기 위해 마우스 오른쪽 버튼을 클릭하고 [그룹 만들기]를 선택합니다.

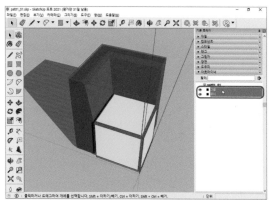 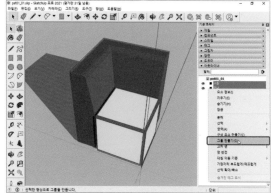

객체 숨기기

두 개의 그룹을 묶은 상위 그룹이 만들어진 것을 확인할 수 있습니다. 상위 그룹의 이름을 전체 그룹으로 변경하고 아이볼(Eyeball ●)을 끄면 화면에서 객체가 사라지는 것을 확인할 수 있습니다.

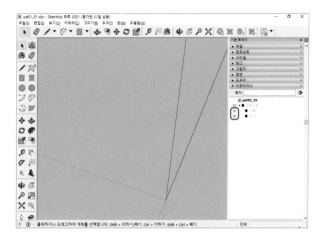

02 태그(Tags)

[레이어] 대화상자의 이름이 태그로 변경되었습니다. 스케치업 2019 버전의 경우 [레이어] 대화상자에서 특정 레이어를 보이지 않게 하면 화면에서 레이어에 해당하는 객체가 사라지고 [아웃라이너] 대화상자에서도 해당 레이어의 객체가 사라졌습니다. 그러나 스케치업 프로 2020, 2021 버전에서는 특정 레이어를 보이지 않게 해도 [아웃라이너] 대화상자에서 객체의 타이틀이 조금 연해지면서 확인이 가능해졌습니다.

● **예제 파일** | part01_02.skp

태그 숨기기

파란색, 흰색 태그와 매트리스, 받침대 아웃라이너가 만들어진 경우 파란색 태그의 아이볼(Eyeball ●)을 끄면 화면에서 해당 객체가 사라집니다. [아웃라이너] 대화상자를 보면 해당 태그에 해당하는 그룹이 희미하게 나타나는 것을 확인할 수 있습니다.

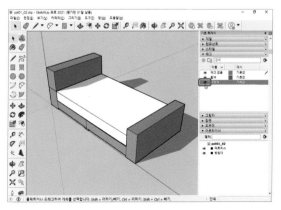

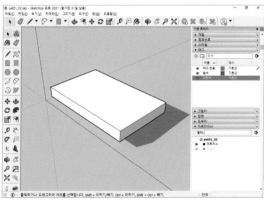

태그 보이기

[아웃라이너] 트레이에서 희미하게 보이는 받침대 위에서 마우스 오른쪽 버튼을 클릭하고 [숨겨진 태그 표시]
를 선택하면 해당 그룹에 포함된 태그가 나타납니다.

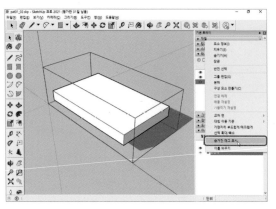 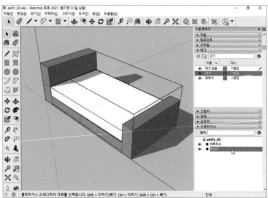

<u>03</u> 숨겨진 객체 편집하기

스케치업 프로 2021에서는 숨겨진 객체를 편집할 수 있게 되었습니다. 아웃라이너에서 숨겨진 객체 이름을
클릭하면 메쉬 형태로 나타나며 쉽게 편집할 수 있습니다.

⊙ 예제 파일 | part01_03.skp

객체 숨기기

[아웃라이너] 대화상자에서 상판의 아이볼(Eyeball ◉)을 끄고 상판 이름을 클릭합니다. 숨겨진 객체가 메쉬 형
태로 나타납니다.

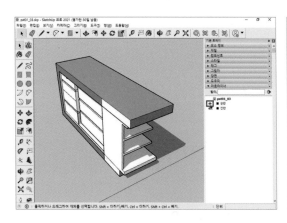 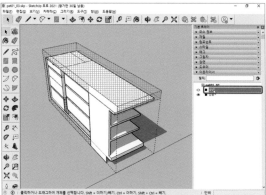

돌출하기

도구에 있는 선택 ⬚ 툴로 상판을 더블클릭합니다. 도구에 있는 밀기/끌기 ◈ 툴을 이용하여 앞쪽 면을 바깥 방향으로 조금 돌출시킵니다.

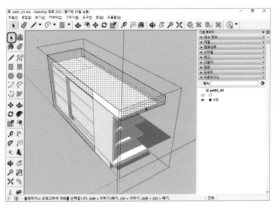
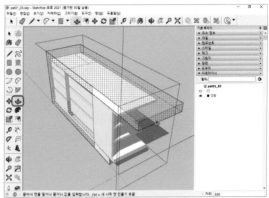

객체 보이기

도구에 있는 선택 ⬚ 툴을 선택하고 바탕을 더블클릭합니다. [아웃라이너] 대화상자에서 상판의 아이볼(Eyeball ⬚)을 켜면 숨겨진 객체가 나타납니다. 꼭 필요한 것은 아니지만 객체에 대한 정보를 정확하게 입력하면 좀 더 쉽게 객체를 관리할 수 있습니다.

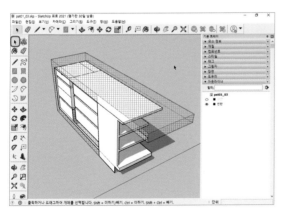
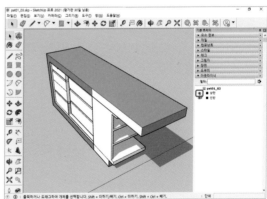

<u>04</u> 그룹, 구성요소 미리 만들기

스케치업 프로 2019 이하 버전에서는 모델링을 만들어놓은 상태에서 몇 개의 객체를 묶어 그룹이나 컴포넌트를 만들 수 있었습니다. 그러나 스케치업 프로 2020, 2021 버전에서는 미리 그룹이나 컴포넌트를 설정하고 객체를 만들 수 있습니다.

그룹 만들기

바탕 화면에서 마우스 오른쪽 버튼을 클릭하고 [그룹 만들기]를 선택합니다. 각종 도구를 이용하여 2개의 도형을 만듭니다. [구성 요소 만들기]를 선택해도 됩니다.

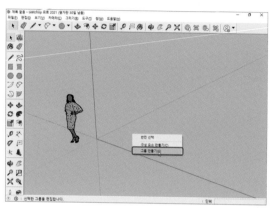 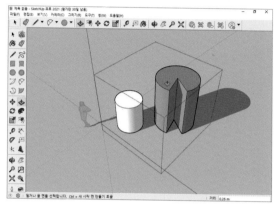

돌출하기

선택 🖈 툴로 바탕화면을 클릭하고 다시 객체를 클릭하면 두 개의 객체가 1개의 그룹으로 만들어진 것을 확인할 수 있습니다. 만약 그룹을 해제하고 싶다면 그룹 객체 위에서 마우스 오른쪽 버튼을 클릭하고 [분해]를 선택하면 됩니다.

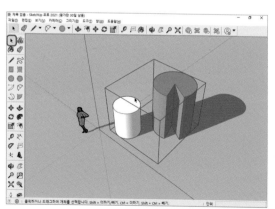 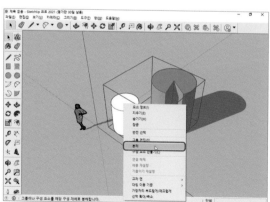

05 그립의 확장성

스케치업 프로 2021 버전에서는 이동 ✛ 툴, 회전 ↻ 툴을 사용할 때 그룹에서 보이지 않는 면의 스냅 포인트를 지정하면 객체가 투명하게 나타납니다.

○ **예제 파일** | part01_04.skp

투명하게 보이는 경우

이동 ✛ 툴, 회전 ↻ 툴로 그룹 객체에서 보이지 않는 면의 끝점에 마우스를 대면 객체가 투명하게 보입니다.

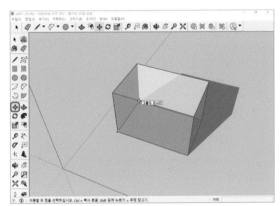 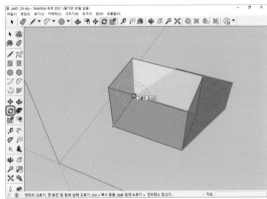

06 숨겨진 형상, 숨겨진 개체

[보기] 메뉴에 [숨겨진 형상(Show Hidden Geometry)], [숨겨진 개체(Show Hidden Objects)]가 있습니다. 숨겨진 형상은 이하 버전에 있는 Hidden Geometry와 같은 기능이지만 숨겨진 개체에는 형상이 나타나지 않아 속도 향상에 도움이 됩니다.

○ **예제 파일** | part01_05.skp

숨겨진 개체

선택 ▣ 툴로 파란색 객체를 선택하고 마우스 오른쪽 버튼을 클릭한 후 [숨기기]를 선택합니다. [보기] 메뉴에서 [숨겨진 개체]를 선택합니다.

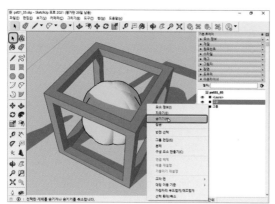
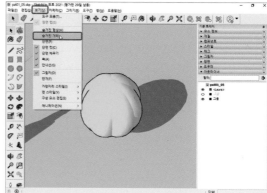

숨겨진 형상

숨겨진 객체 위에서 마우스 오른쪽 버튼을 클릭하고 [숨기기 취소]를 선택하면 다시 객체가 보이는 것을 확인할 수 있습니다. [보기] 메뉴에서 [숨겨진 형상]을 선택합니다.

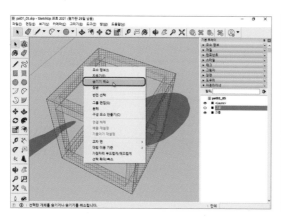
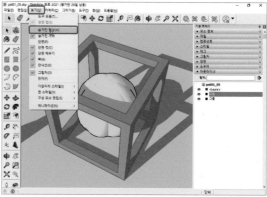

형상 보이기

숨겨져 있던 형상이 점선으로 나타나는 것을 확인할 수 있습니다. 다시 한 번 [보기] 메뉴에서 [숨겨진 형상]을 해제합니다. 형상이 보이면 모델링 작업이 컴퓨터 속도에 영향을 줄 수 있으므로 가급적 형상을 숨기고 작업하는 것이 좋습니다.

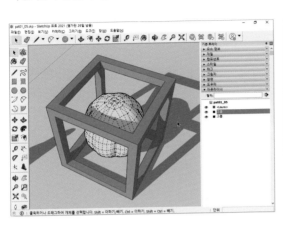 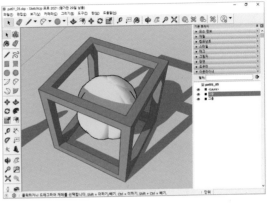

07 단위 추가하기

길이(Length), 영역(Area), 부피(Volume) 단위에 야드(Yards)가 모두 추가되었고, 볼륨 단위에 갤런(Gallons), 리터(Liters)가 더 추가되었습니다. 부피 단위인 볼륨을 리터로 설정하고 솔리드 그룹(혹은 솔리드 컴포넌트)을 선택하면 바로 리터로 산출됩니다.

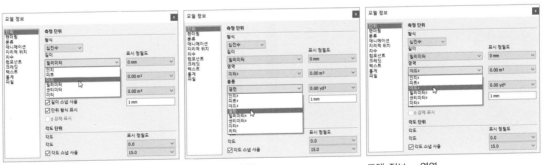

모델 정보 – 길이   모델 정보 – 볼륨   모델 정보 – 영역

단위 변경하기

선택 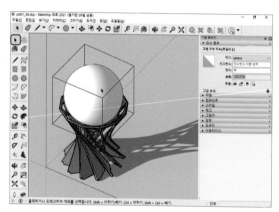 툴을 이용하여 흰색의 컴포넌트 객체를 클릭합니다. [기본 트레이]에 있는 요소 정보의 볼륨에 20.49 m³가 나타납니다. [창] 메뉴에 있는 [모델 정보]를 선택하고 [모델 정보] 대화상자가 나타나면 볼륨의 단위를 [리터]로 변경하고 대화상자를 닫습니다.

○ 예제 파일 | part01_06.skp

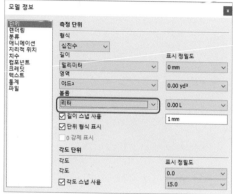

리터로 변경하기

요소 정보를 확인하면 볼륨이 20485.67L로 변경된 것을 확인할 수 있습니다.

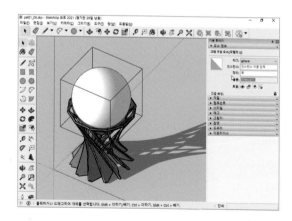

05 3D를 2D로 탈바꿈하기

스케치업 프로 2021을 사용하면 3D 모델링을 작업하고 평면도와 입면도, 단면도를 매우 간편하게 추출할 수 있습니다. 실무에서는 프레젠테이션 패널을 만드는 경우가 많습니다. 패널에는 3D 모델링뿐만 아니라 평면, 입면, 단면을 삽입해야 하기 때문에 3D 도면에서 2D 도면을 추출하는 것은 매우 중요한 부분입니다.

01 원근감 제거하기

스케치업 프로 2021을 실행하고 **part01_07. skp**을 엽니다. 3D 모델링에서 뷰를 전환하여 평면 뷰를 만들어서 프린트할 수 있습니다. 원근감을 제거하기 위해 [카메라] 메뉴에서 [투시]를 해제합니다.

○ **예제 파일** | part01_07.skp

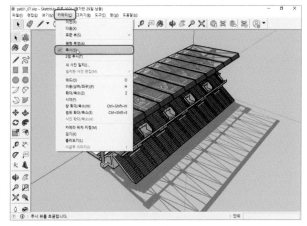
투시를 체크한 경우

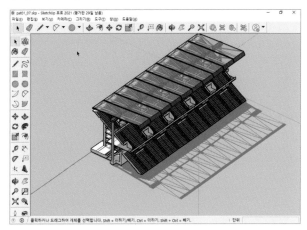
투시를 해제한 경우

02 평면, 우측면 뷰 만들기

평면 뷰를 만들기 위해 [카메라] 메뉴에서 [표준 뷰] – [맨 위]를 선택합니다. 오른쪽 뷰를 만들기 [카메라] 메뉴에서 [표준 뷰] – [오른쪽]을 선택합니다.

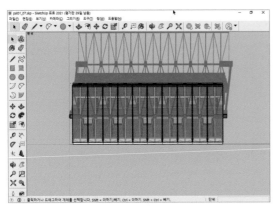

맨 위 뷰   오른쪽 뷰

03 좌측면, 정면 뷰 만들기

좌측면 뷰를 만들기 위해 [카메라] 메뉴에서 [표준 뷰] – [왼쪽]을 선택하고 이어서 정면 뷰를 만들기 위해 [카메라] 메뉴에서 [표준 뷰] – [전방]을 선택합니다.

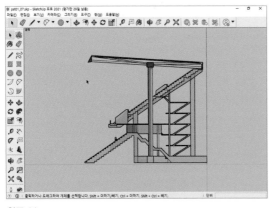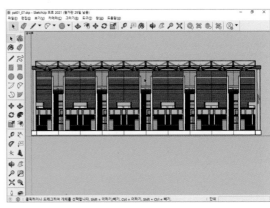

왼쪽 뷰   전방 뷰

> **Tip**
>
> **평면도와 입면도**
>
> 평면도란 각 층의 바닥에서 1500mm 위로 올라와 평면으로 잘린 도면을 말하며, 영문으로 PLAN이라 표기합니다. 엄밀히 말하면 단면도라 할 수 있습니다. 입면도란 건물 측면에서 바라본 도면을 의미하고, 보통 정면도, 우측면도, 좌측면도, 배면도가 포함되며 영문으로 ELEVATION이라고 표기합니다.

평행 투영, 투시, 2점 투시 차이점 익히기

[카메라] 메뉴에 있는 평행 투영(Parallel Projection), 투시(Perspective), 2점 투시(Two-Point Perspective)에 대한 차이를 살펴보겠습니다. 평행 투영은 원근감을 없앤 시점을 의미하고, 투시는 실제 사람의 눈으로 보는 듯한 원근감이 표현된 시점을 의미하며, 2점 투시는 2소점 투시도를 의미하는 것입니다.

○ **예제 파일** | part01_08.skp

평행 투영(Parallel Projection)
[카메라] 메뉴에서 [평행 투영]을 선택합니다. 원근감이 없어지고 도형의 세로선이 일직선으로 나타납니다.

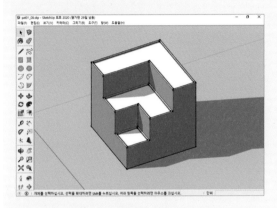

투시(Perspective)
[카메라] 메뉴에서 [투시]를 선택합니다. 사람의 눈으로 피사체를 보는 듯한 시점을 설정합니다.

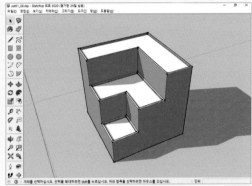

2점 투시(Two-Point Perspective)
일반적으로 수작업에 의해 투시도를 작성할 때 가장 많이 사용하는 시점입니다. 2개의 소실점으로 도형의 세로선을 수직선으로 만들어줍니다.

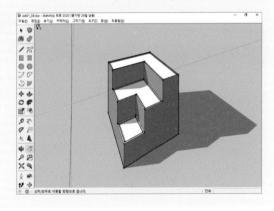

필자가 펜과 마커를 이용해서 그린 2소점 투시도입니다. A4 용지 내에 그리기 위해서는 소점 1은 용지 내에 있지만 소점 2는 A4용지를 벗어나 있습니다. 감각적으로 예측하여 2소점 투시도를 그려야 합니다. 반복적으로 그리다 보면 자연스럽게 소점 2를 예측할 수 있습니다.

04 단면 만들기

❶ 평단면도를 만들기 위해 [도구] 메뉴에 있는 [단면]을 선택하고 모델링의 빨간색 면을 클릭합니다.
❷ [단면 이름 지정] 대화상자가 나타나면 이름과 기호를 입력하고 [확인] 버튼을 클릭합니다.

○ 예제 파일 | part01_09.skp

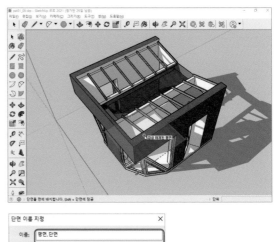

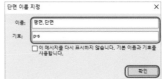

단면도란 건물을 수직이나 수평으로 잘랐을 때의 모양을 표현한 도면을 의미하며 영문으로 Section이라 표기합니다. 측면도란 건축/건설/토목 구조물을 측면에서 본 도면을 의미합니다. SIDE VIEW라 표기합니다.

05 이동하기

❶ 객체를 선택하기 위해 도구 모음에 있는 선택 ▶
툴을 이용하여 섹션 평면을 클릭합니다. ❷ 객체를
이동하기 위해 도구 모음에 있는 이동 ✛ 툴을 선택
하고 시작점을 클릭한 후 아래쪽 방향(파랑 축에)
으로 건물 높이의 중간 정도로 이동한 다음 두 번
째 점을 클릭합니다. ❸ 모델링 위에서 섹션 평면
을 바라보기 위해 [카메라] 메뉴에 있는 [표준 뷰]의
[맨 위]를 선택합니다.

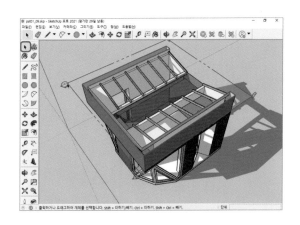

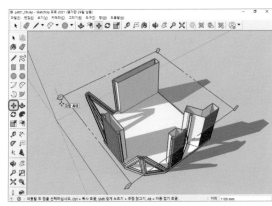

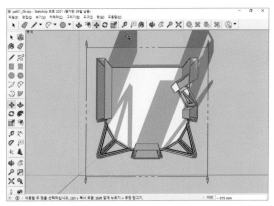

06 이소메트릭

❶ 원근감을 제거하기 위해 [카메라] 메뉴에서 [평행 투영]을 선택합니다. ❷ 3차원 뷰를 보여주기 위해 [카메
라] 메뉴에 있는 [표준 뷰]의 [이소메트릭]을 선택합니다. 섹션 평면을 삭제하기 위해 Delete 를 누릅니다.

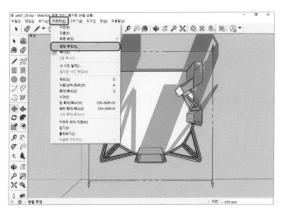

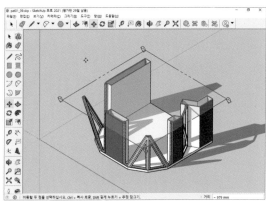

07 우측 단면도 만들기

❶ 모델링 우측에서 바라본 단면도를 만들기 위해 [도구] 메뉴에 있는 [단면]을 선택하고 모델링의 오른쪽 파란색 벽면을 클릭합니다. ❷ [단면 이름 지정] 대화상자가 나타나면 이름과 기호를 입력하고 [확인] 버튼을 클릭합니다.

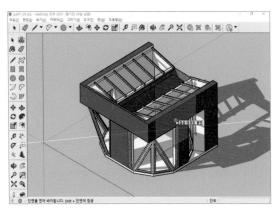 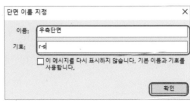

08 이동하기

❶ 객체를 선택하기 위해 도구 모음에 있는 선택 ▶ 툴을 이용하여 섹션 평면을 클릭합니다. 객체를 이동하기 위해 도구 모음에 있는 이동 ✛ 툴을 선택하고 시작점을 클릭한 후 왼쪽 방향(빨강 축에)으로 건물 깊이의 중간 정도로 이동한 다음 두 번째 점을 클릭합니다.

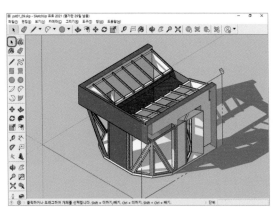 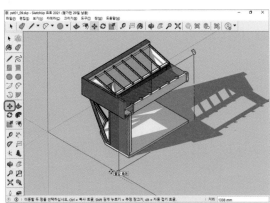

09 확대하기

❶ 섹션 평면을 바라보기 위해 [카메라] 메뉴에 있는 [표준 뷰]의 [오른쪽]을 선택합니다. ❷ 화면을 확대하기 위해 도구 모음에 있는 확대/축소🔍 툴을 선택하고 화면 중앙을 클릭한 후 위 방향으로 드래그하여 확대합니다.

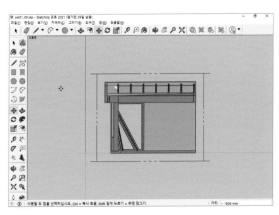 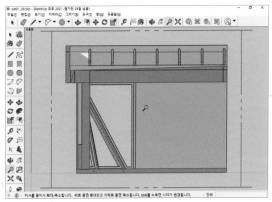

10 숨기기

❶ 섹션 평면에 의해 잘린 면을 보여주기 위해 [보기] 메뉴에서 [단면 컷]을 해제합니다. ❷ 섹션 평면을 숨기기 위해 [보기] 메뉴에 있는 [단면]을 해제합니다.

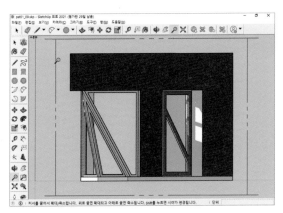 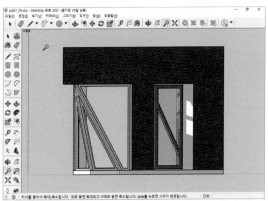

스케치업을 활용한 패널

건축, 인테리어, 토목, 조경 분야에서 스케치업은 패널을 만들 때 많이 사용됩니다. 졸업작품전, 공모전에서는 패널을 필수적으로 제출해야 하는데 필자가 강의하는 대학의 학생들이 공모전에서 당선된 작품들입니다.

◎ 예제 파일 | part01_10.skp

▪ 청소년 시설 공모전

청소년 시설 출품 작품입니다. 김지민, 김아영, 임수영 학생이 공모한 작품이며, 패널 규격은 A1 Size이고, 스케치업 활용범위는 조감도와 투시도 작업 시 사용했으며, V-Ray로 간단하게 렌더링한 후 포토샵에서 리터칭했습니다.

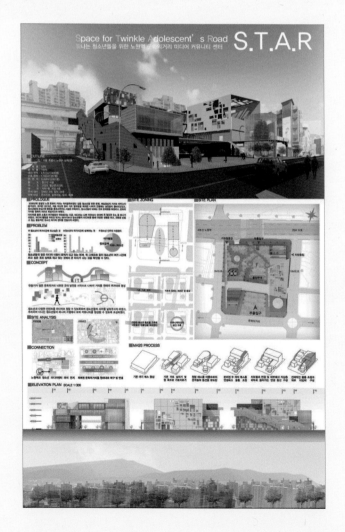

01 레이아웃 내보내기

❶ 스케치업에서 파일을 열고 모델링을 SketchUp LayOut으로 내보내기 위해 [파일] 메뉴에서 [LayOut으로 보내기]를 선택합니다. ❷ SketchUp LayOut 화면이 나타나면서 파일이 열립니다.

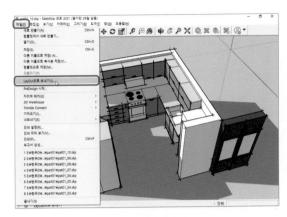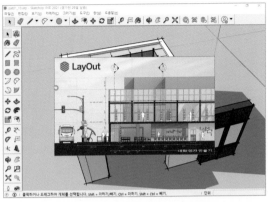

02 배치하기

❶ SketchUp LayOut 프로그램이 실행되면서 [템플릿] 대화상자가 나타납니다. [A3 가로 용지]를 클릭합니다. 템플릿에 스케치업에서 작업한 모델링이 삽입된 것을 확인할 수 있습니다. ❷ 위치와 크기를 그림처럼 조절합니다. 모서리 점을 누르고 Shift를 누른 채 드래그하면 가로, 세로 비율을 유지할 수 있습니다.

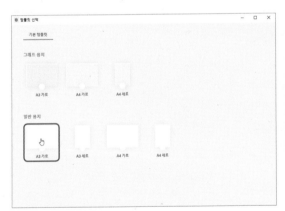

> **Tip**
>
> **스케치업 프로 2021 레이아웃**
> 스케치업 프로 2021 레이아웃(LayOut)은 스케치업에서 작업한 모델링에 대해 2D 도면, 3D 도면, 다양한 뷰 화면을 복합하여 새로운 레이아웃을 만들 수 있는 기능을 제공합니다. 여기서는 레이아웃을 이용하여 3D 모델링을 서로 다른 뷰로 설전한 후 출력하는 방법에 대해 익혀보겠습니다. SketchUp LayOut은 AutoCAD의 Tilemode 명령과 Mview 명령과 같은 기능을 가지고 있습니다.

Layout 소개

Layoyt에 대한 소개를 확인하고 싶다면 [도움말] 메뉴에 있는 [Layout에 환영합니다]를 선택합니다.

질의응답

SketchUp Layout에 대한 질문이 있다면 [도움말] 메뉴에서 [사용자 문의]를 선택합니다. 궁금한 내용을 질문하고 답변을 받을 수 있습니다.

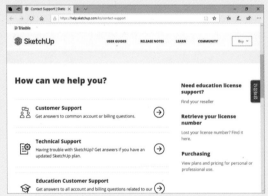

03 레이아웃 복사하기

❶ 도면의 경계선을 클릭하고 레이아웃을 복사하기 위해 마우스 오른쪽 버튼을 누른 후 [복사]를 선택합니다.

❷ 복사된 레이아웃을 불러오기 위해 [편집] 메뉴에서 [붙여넣기]를 선택합니다.

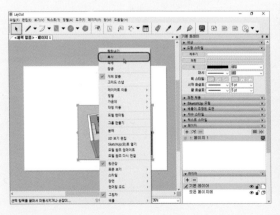

04 뷰 전환하기

❶ 그림과 같이 복사한 레이아웃의 크기를 줄여주고 레이아웃 내부를 더블클릭합니다. ❷ 화면을 이동, 축소하여 주방 내부가 보이도록 뷰를 만들어줍니다.

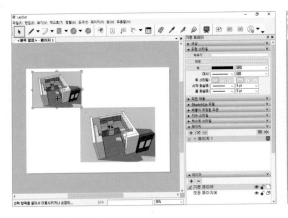 

05 Top View 만들기

❶ 처음에 불러들인 레이아웃 내부를 클릭하고 뷰를 전환하기 위해 마우스 오른쪽 버튼을 클릭한 후 [표준 보기]에서 [맨 위]를 선택합니다. ❷ Top View가 만들어진 것을 확인할 수 있습니다.

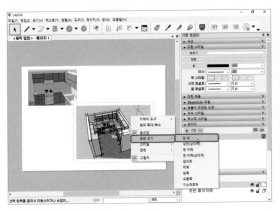 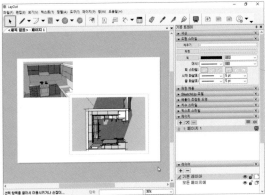

Tip

저장 단축키 Ctrl + S
스케치업을 이용하여 도면을 작성할 때 저장할 수 있는 단축키 Ctrl + S 를 이용하면 빠르게 도면을 저장할 수 있습니다.

06 출력하기

❶ 바탕화면을 클릭하고 문자와 치수를 추가적으로 입력합니다. [기본 트레이]의 [텍스트 스타일]에서 글꼴의 크기, 색상, 폰트를 변경할 수 있습니다. 레이아웃을 출력하기 위해 [파일] 메뉴에서 [인쇄]를 선택하고 여러분이 보유한 프린터를 통해 출력하면 됩니다.

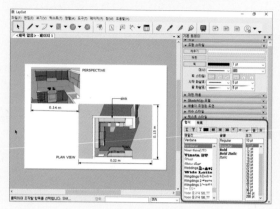
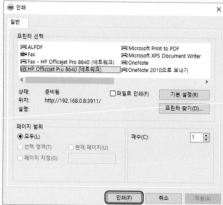

레이아웃 이미지, PDF, DWG/DXF로 만들기
레이아웃을 이미지나 PDF 파일, AutoCAD 파일인 DWG/DXF로 만들기 위해서는 [파일] 메뉴에서 [내보내기]를 이용하면 됩니다.

스케치업 주요 핵심 기능 익히기

이번 파트에서는 3D 모델링 제작에 필요한 스케치업 기본 기능을
익혀보겠습니다. 화면을 표시하는 방법, 화면의 구성, 객체 선택, 이동,
복사, 회전, 그리기(Drawing) 툴과 각종 도형을 편집할 수 있는 편집(Edit)
툴에 대한 내용을 집중적으로 다룹니다. 스케치업에서 가장 기본이 되는
핵심 기능을 익히는 것입니다.

SKETCHUP 2021

01 화면 구성과 도구상자 알아보기

스케치업 프로 2021의 도구상자와 대화상자에 대해 알아보겠습니다. 어떤 프로그램을 익히기 전에 화면 구성(인터페이스)을 익히면 좀 더 깊이 있게 기능을 파악하고 체계적인 학습을 할 수 있습니다. 물론 용어 정리 또한 중요합니다.

01 화면 구성 익히기

스케치업 프로 2021의 화면 인터페이스를 살펴보고 이해하도록 하겠습니다. 복잡한 인터페이스가 아니므로 쉽게 내용을 이해할 수 있습니다. 스케치업 프로 2021의 화면은 대표적으로 9개의 인터페이스로 나눌 수 있는데, 그 내용에 따라 용어와 사용법을 파악하고 있어야만 좀 더 쉽게 스케치업을 공부할 수 있습니다.

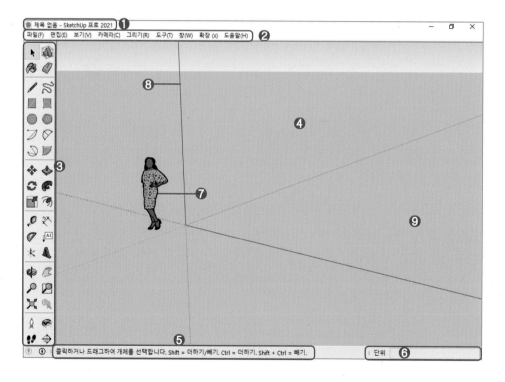

❶ 제목표시줄(Title Bar)

현재 열려 있는 파일의 경로와 파일명을 보여줍니다. 평가판일 경우에는 남아 있는 사용기간이 표시됩니다.

❷ 풀다운 메뉴(Pull-down Menu)

메뉴 바는 스케치업 프로그램의 기능들을 텍스트로 표시합니다. 아이콘, 도구상자로 표시된 명령들도 이 메뉴 바에서 선택하여 실행할 수 있습니다.

❸ 도구상자(Toolbar)

선택하기, 그리기, 수정하기, 화면 보기, 구글 어스 등 구글 스케치업을 다루는 데 있어서 가장 기본이 되는 기능들을 모아놓은 바입니다.

❹ 작업영역(Drawing Area)

모델링을 제작할 수 있는 영역입니다. 바닥 뒤에 보이는 부분은 하늘을 의미하며, Drawing Area와 Sky 경계에는 지평선이 보이게 됩니다. 하늘 색은 [스타일] 트레이에서 변경할 수 있습니다.

❺ 상태표시줄(Statusbar)

모델의 지리적 위치, 모델 작성자 정보, 구글 로그인, 도움말 보기 등 현재 모델에 대한 정보를 확인할 수 있습니다.

❻ 치수 입력창(Value Control Box)

VCB는 선의 길이, 사각형의 가로, 세로 길이, 원의 반지름, 돌출 높이, 회전 각도 등이 입력되는 부분입니다. 키보드에서 수치를 입력하면 VCB에 입력된 값이 나타납니다. 숫자 이외의 문자는 인식되지 않습니다.

❼ 기본 모델(Base Model)

스케치업을 실행하면 기본적으로 제공하는 사람 모델링입니다. 실존 인물로 지역 채널의 매니저인 Laura입니다. 사람 모델링이 존재하는 것은 새롭게 모델링된 객체의 크기와 위치를 확인하기 위해서입니다. 삭제하거나 다른 모델을 사용해도 됩니다.

❽ 축(Axis)

스케치업에서 모델링을 할 때 가장 기본이 되는 축(Axis)을 의미합니다. X축(빨강), Y축(녹색), Z축(파랑)으로 표시되며 해당 축으로 객체가 이동되면 빨강 축에, 녹색 축에, 파랑 축에 메시지가 나타납니다. [보기] 메뉴에서 [축(A)]을 해제하면 화면에 X, Y, Z축이 보이지 않습니다.

■ On Red Axis (X축)

X축, Y축, Z축의 좌표축 중에서 X축을 의미합니다. X축으로 객체를 이동하기 위해서는 빨간색의 빨강 축에 메시지가 나타났을 경우에 이동해야 합니다.

■ On Green Axis (Y축)

X축, Y축, Z축의 좌표축 중에서 Y축을 의미합니다. Y축으로 객체를 이동하기 위해서는 녹색의 녹색 축에 메시지가 나타났을 경우에 이동해야 합니다.

■ On Blue Axis (Z축)

X축, Y축, Z축의 좌표축 중에서 Z축을 의미합니다. Z축으로 객체를 이동하기 위해서는 파란색의 파랑 축에 메시지가 나타났을 경우에 이동해야 합니다.

❾ 배경색

스케치업의 화면 배경색입니다. [창] 메뉴의 [기본 트레이 스타일]을 이용하여 배경색을 변경할 수 있습니다.

Tip

배경색 변경하기

[창] 메뉴에서 [기본 트레이] – [스타일]을 선택합니다. [기본 트레이]에서 [스타일] 트레이가 나타나면 편집을 클릭하고 배경설정 🔲 버튼을 클릭합니다. 배경색을 원하는 색으로 변경하고, 하늘, 그라운드 색을 변경하면 됩니다. 배경색(Background Color)은 하늘 색과 그라운드 색 뒤에 보이는 색을 의미합니다. 그라운드를 체크하면 배경색이 보이지 않지만 도구 모음에 있는 궤도 ✛ 툴을 이용하여 그라운드 아래를 보면 배경색이 보이게 됩니다.

배경색만 변경한 경우

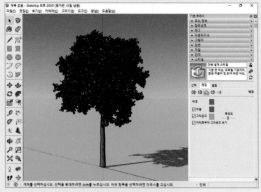

배경색, 하늘, 그라운드 색을 변경한 경우

02 도구 모음 표시하기

스케치업은 총 18개의 도구상자를 가지고 있습니다. [보기] 메뉴에 있는 [도구 모음] – [도구 모음] 대화상자에서 Trimble Connect, 고체도구, 그리기, 그림자, 기본, 단면, 단위, 분류자, 뷰, 스타일, 시작, 위치, 이미지 갤러리, 축조, 카메라, 큰 도구 세트, 태그, 편집, 표준 중에서 원하는 도구상자를 체크하여 사용하면 됩니다. 확장 기능 툴을 추가하면 [도구 모음]에 나타납니다.

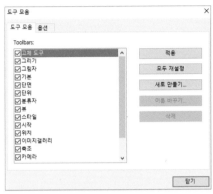

[도구 모음] 대화상자

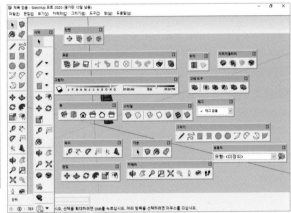

18개의 도구상자

Tip

도구상자 이동하고 닫기

도구상자는 화면에서 사용자가 원하는 위치에 배치할 수 있습니다. 도구상자를 원하는 위치로 드래그하면 별도의 도구상자와 제목 표시줄이 나타납니다. 도구상자의 제목표시줄을 드래그하면 다른 곳으로 이동할 수 있으며, 닫기 ⊠를 클릭하면 도구상자가 닫힙니다.

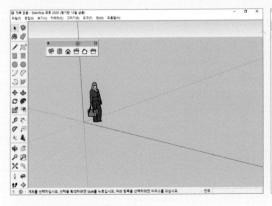

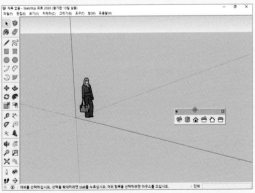

스타일을 지정해 내 맘대로 템플릿 만들기

반복적으로 사용하는 환경 설정에 대해 템플릿을 만들어 다른 작업에 사용해보겠습니다. 템플릿으로
저장하면 언제든지 새 화면에서 불러오기를 할 수 있습니다.

❶ [파일] 메뉴에서 [새로 만들기]를 실행하
여 새 화면을 엽니다. 스타일을 변경하기 위
해 [창] – [기본 트레이]에서 [스타일]을 체크
합니다. [스타일] 트레이가 나타나면 선택에서
Style Builder 대회 우승자를 선택하고 그 아
래에서 Rough Pencil Style을 선택합니다.

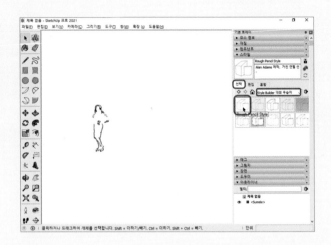

❷ 템플릿을 만들기 위해 [파일] – [템플릿으로 저장]을 선택하고 [템플릿
으로 저장] 대화상자가 나타나면 이름에 스케치 스타일 설명에 모델링 경계
모양을 입력합니다. 자동으로 파일 이름에 스케치스타일.skp가 나타납니다.
스케치스타일.skp 파일을 기본 템플릿으로 설정하기 위해 [기본 템플릿으로
설정]을 체크하고 [저장] 버튼을 클릭합니다.

❸ 스케치업을 종료하기 위해 [파일] – [끝내기]를 선택합니다. 다시 스케치업을 실행하기 위해 윈도우 바탕화면에 있는 SketchUp Pro 2021 🎴 아이콘을 더블클릭합니다. [SketchUp 시작] 대화상자가 나타나면 새 모델 만들기 [기본 템플릿]에 스케치 스타일이 보이는 것을 확인할 수 있습니다. [스케치 스타일 템플릿]을 더블클릭하면 설정한 템플릿을 불러옵니다. 원 ◉ 툴, 직사각형 ▣ 툴과 밀기/끌기 ◈ 툴을 이용하여 모델링을 하면 템플릿에 지정된 스타일이 나타납니다.

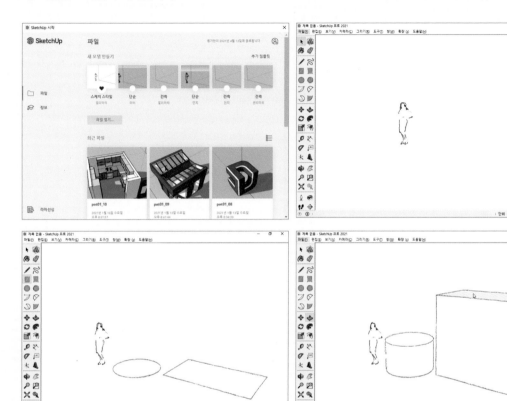

❹ 앞에서 만든 템플릿을 확인하기 위해 [창] – [환경 설정]을 클릭합니다. [SketchUp 환경 설정] 대화상자에서 템플릿을 선택하면 [기본 그리기 템플릿]에 스케치 스타일이 추가된 것을 확인할 수 있습니다. 다시 원래 사용하던 템플릿을 지정하기 위해 [건축–밀리미터]를 선택하고 [확인] 버튼을 클릭합니다. 새 화면을 열면 [건축–밀리미터] 템플릿이 설정됩니다.

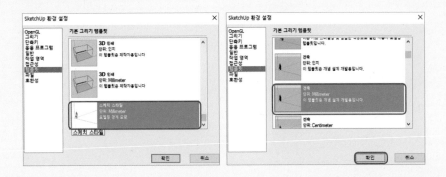

Tip

템플릿 삭제하기

기존에 사용된 템플릿 또는 새롭게 만든 템플릿을 삭제하려면 C:\Program Files\SketchUp\SketchUp 2020\resources\ko\Templates 폴더에 있는 파일을 삭제하면 됩니다.

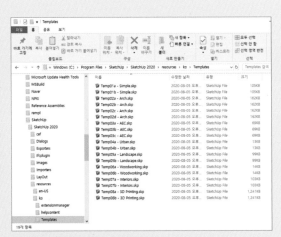

스케치업 템플릿 폴더 경로

Lesson

02 화면 보기 툴(카메라) 익히기

도구 모음에 있는 [카메라] 도구를 사용하여 모델링을 자유롭게 회전하고, 확대/축소할 수 있습니다. [카메라] 도구를 사용하지 못하면 디테일한 모델링을 만들 수 없으므로 매우 중요한 도구라 할 수 있으며, 다른 도구들보다 선행하여 익혀야 합니다.

01 카메라 도구 모음

[카메라] 도구 모음에는 궤도 🔄, 이동(상하/좌우) ✋, 확대/축소 🔍, 창 확대/축소 🔍, 범위 확대/축소 ✖, 이전 🔍, 카메라 위치 지정 👤, 둘러보기 👁, 이동 👣 도구 등 9개의 아이콘이 모여 있습니다. [카메라] 도구 모음을 화면에 별도로 보이게 하기 위해서는 [보기] 메뉴에서 [도구 모음]을 선택하고 [도구 모음] 대화상자에서 카메라를 체크한 후 [닫기] 버튼을 클릭하면 됩니다.

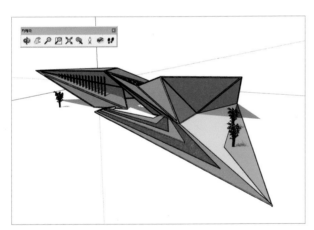

[카메라] 도구 모음

02 궤도⊕ 툴을 이용해 화면 회전하기

❶ 궤도⊕ 툴은 모델링 주변으로 카메라를 회전시키는 기능을 제공합니다. 마우스 가운데의 휠 버튼을 누른 채 드래그하는 동작과 같은 기능을 제공합니다. [파일] – [열기]를 이용하여 camera.skp 파일을 엽니다. ❷ [카메라] 도구 모음에서 궤도⊕ 툴을 선택하고 마우스 왼쪽 버튼을 누른 채 아래 방향으로 드래그합니다. ❸ 카메라가 궤도가 변하면서 모델링의 상부를 볼 수 있습니다. 자유롭게 마우스를 드래그하면 카메라 뷰가 변하는 것을 확인할 수 있습니다.

○ 예제 파일 | camera.skp

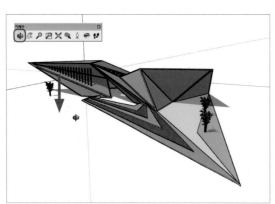 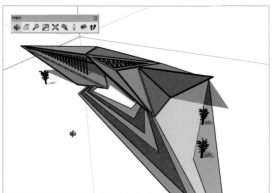

03 이동(상하/좌우)✍ 툴을 이용해 화면 이동하기

❶ [카메라] 도구 모음에서 이동(상하/좌우)✍ 툴을 선택하고 마우스 왼쪽 버튼을 누른 채 오른쪽 방향으로 드래그하여 화면을 자유롭게 이동합니다. ❷ (Shift)를 누른 채 마우스 가운데 휠 버튼을 누르고 드래그하는 동작과 같은 기능을 제공합니다.

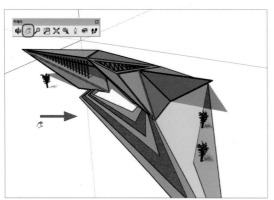 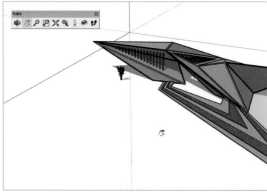

04 확대/축소 🔍 툴을 이용해 화면 확대하기

❶ [카메라] 도구 모음에서 확대/축소 🔍 툴을 선택하고 확대하고 싶은 곳에서 마우스 왼쪽 버튼을 누른 채 위 방향으로 드래그합니다. ❷ 화면이 확대된 것을 확인할 수 있습니다. 마우스 가운데의 휠 버튼을 위, 아래 방향으로 돌리는 동작과 같은 기능을 제공합니다. ❸ 위 방향으로 드래그하면 화면이 확대되고, 아래 방향으로 드래그하면 화면이 축소됩니다.

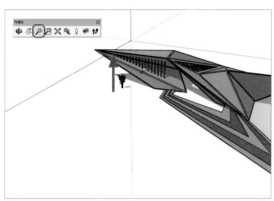
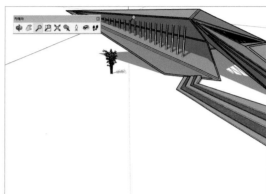

05 창 확대/축소 🔎 툴을 이용해 부분 확대하기

❶ [카메라] 도구 모음에서 창 확대/축소 🔎 툴을 선택하고 확대하고자 하는 영역을 사각 모양으로 지정합니다. ❷ 그림과 같이 화면이 확대된 것을 확인할 수 있습니다.

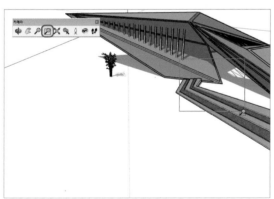

06 범위 확대/축소 ✕ 툴을 이용해 모델링을 화면에 꽉 채우기

[카메라] 도구 모음에서 범위 확대/축소 ✕ 툴을 클릭하면 모델링 전체가 화면에 꽉 차게 보입니다.

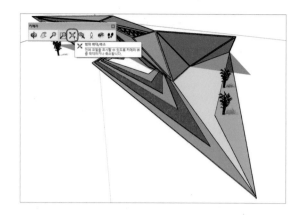

07 이전 🔍 툴을 이용해 이전 화면으로 돌아가기

❶ [카메라] 도구 모음에서 이전 🔍 툴을 클릭하면 바로 앞에서 작업한 보기 툴로 되돌아가서 객체를 확인할 수 있습니다. ❷ 연속해서 클릭하면 클릭한 횟수만큼 이전 단계의 화면으로 되돌아갑니다.

08 카메라 위치 지정 ♟ 툴을 이용해 카메라 위치 지정하기

❶ [카메라] 도구 모음에서 카메라 위치 지정 ♟ 툴을 클릭하고 카메라의 위치를 지정합니다. ❷ 카메라 위치에서 사물을 바라본 화면이 나타나는 것을 확인할 수 있습니다.

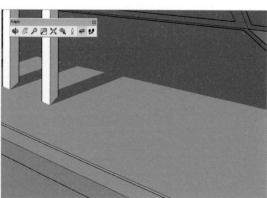

09 둘러보기 👁 툴을 이용해 카메라 방향 전환하기

❶ [카메라] 도구 모음에서 둘러보기 👁 툴을 클릭하고 마우스를 우측으로 드래그하면 카메라 위치가 이동됩니다. ❷ 마우스를 좌, 우, 상, 하 방향으로 드래그하여 카메라 방향을 전환할 수 있습니다.

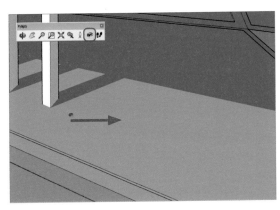 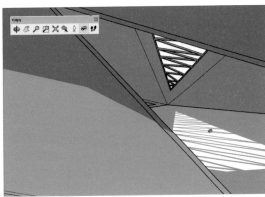

10 이동 👣 툴을 이용해 카메라 이동하기

[카메라] 도구 모음에서 이동 👣 툴을 선택하고 발자국의 위치를 클릭한 후 마우스를 좌, 우, 상, 하 방향으로 드래그하여 카메라를 이동할 수 있습니다.

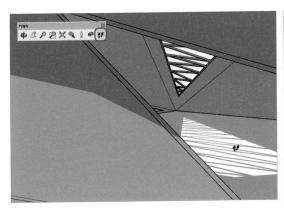 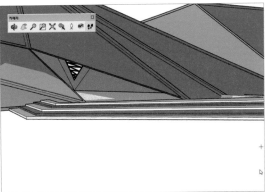

Tip

Ctrl, Shift, Alt 이용하기

이동 👣 툴을 선택하고 카메라 위치를 클릭한 후 Ctrl 을 누른 채 드래그하면 달려가는 동작을 연출합니다. Shift 를 누른 채 수직 또는 옆으로 이동할 수 있으며, Alt 를 누른 채 드래그하면 면(Face)을 뚫고 카메라가 지나갑니다.

03 자동차 애니메이션 만들기

[카메라] 도구 모음에 있는 화면보기 툴 기능과 [보기] 풀다운 메뉴에 있는 [애니메이션]의 장면 추가, 업데이트, 재생을 이용하여 애니메이션을 만들어보겠습니다. 또한 [파일] 풀다운 메뉴에 있는 [내보내기]를 이용하여 동영상 재생 파일도 만들어보겠습니다.

01 장면1 만들기

❶ [파일] – [열기]를 이용하여 camani.skp 파일을 불러옵니다. 애니메이션 장면을 추가하기 위해 [보기] – [애니메이션] 풀다운 메뉴에서 [장면 추가]를 선택합니다. ❷ [경고–장면 및 스타일] 대화상자가 나타나면 **스타일 변경 사항을 어떻게 처리하시겠습니까?**에서 **변경사항 저장 안 함**을 선택하고, **이 메시지를 다시 보기 안 합니다. 직접 스타일 변경을 관리하겠습니다.**를 체크하고 [장면 만들기] 버튼을 클릭합니다. 화면 좌측 상단에 장면1이 추가된 것을 확인할 수 있습니다.

○ 예제 파일 | camani.skp

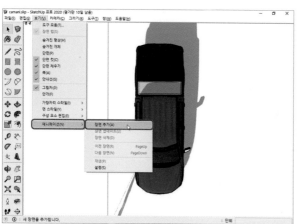

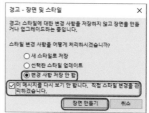

02 장면2 만들기

❶ [카메라] 도구 모음에 있는 궤도🔄, 이동(상하/좌우)🔏 툴을 이용하여 그림과 같이 화면을 전환합니다. 책과 조금 달라도 다음 단계 진행에 무리는 없습니다. ❷ 장면을 추가하기 위해 [장면1] 탭에서 마우스 오른쪽 버튼을 클릭해 [추가]를 선택합니다. 현재 장면을 저장하기 위해 [장면2] 탭에서 마우스 오른쪽 버튼을 클릭해 [업데이트]를 선택합니다.

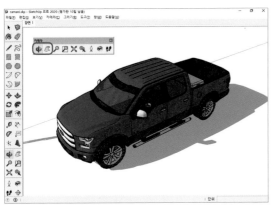

03 장면3 만들기

❶ [카메라] 도구 모음에 있는 창 확대/축소🔍 툴을 이용하여 그림과 같이 트럭 바퀴를 확대합니다. ❷ 장면을 추가하기 위해 [장면2] 탭에서 마우스 오른쪽 버튼을 클릭해 [추가]를 선택합니다. 현재 장면을 저장하기 위해 [장면3] 탭에서 마우스 오른쪽 버튼을 클릭해 [업데이트]를 선택합니다.

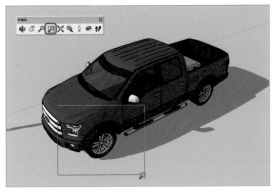

04 장면4 만들기

❶ [카메라] 도구 모음에 있는 확대/축소▣ 툴을 이용하여 모델링을 화면에 꽉 차게 보여줍니다. ❷ 장면을 추가하기 위해 [장면3] 탭에서 마우스 오른쪽 버튼을 클릭해 [추가]를 선택합니다. 현재 장면을 저장하기 위해 [장면4] 탭에서 마우스 오른쪽 버튼을 클릭해 [업데이트]를 선택합니다.

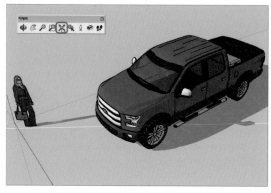

05 장면5 만들기

❶ [카메라] 도구 모음에 있는 궤도▣ 툴을 이용하여 트럭의 트렁크 부분을 보여줍니다. ❷ 장면을 추가하기 위해 [장면4] 탭에서 마우스 오른쪽 버튼을 클릭해 [추가]를 선택합니다. 현재 장면을 저장하기 위해 [장면5] 탭에서 마우스 오른쪽 버튼을 클릭해 [업데이트]를 선택합니다. 모든 장면이 만들어졌습니다.

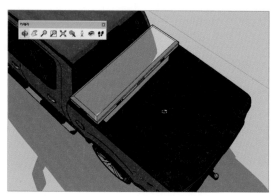

06 애니메이션 재생하기

❶ 5개의 장면을 연결하여 애니메이션 장면을 만들기 위해 [보기] – [애니메이션] 풀다운 메뉴에 있는 [재생]을 선택합니다. [애니메이션] 대화상자가 나타나며 5개의 장면이 연결되어 움직이는 것을 확인할 수 있습니다. ❷ 동작을 멈추기 위해 [애니메이션] 대화상자에서 [중지] 버튼을 누릅니다.

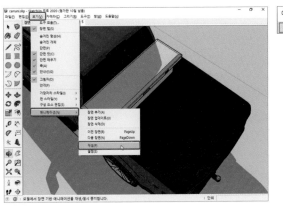

07 동영상 파일 옵션 설정하기

❶ 애니메이션 재생은 단지 장면을 연결하여 화면에서 미리보기 하는 것입니다. 실제로 사용할 수 있는 동영상 파일을 만들기 위해 [파일] – [내보내기]에서 [애니메이션] – [동영상]을 선택합니다. [애니메이션 내보내기] 대화상자가 나타나면 [내보내기 유형]을 Uncompressed/Avi File(*.avi)으로 선택합니다. 파일 이름은 자동으로 설정되며 동영상 파일의 환경 설정을 위해 [옵션]을 클릭합니다. ❷ [애니메이션 내보내기] 옵션 대화상자가 나타나면 해상도를 480p SD로 선택하고 [확인] 버튼을 클릭합니다.

08 애니메이션 파일 만들기

❶ 다시 [애니메이션 내보내기] 대화상자가 나타나면 [내보내기] 버튼을 클릭합니다. ❷ [애니메이션 내보내기] 대화상자가 나타나면 동영상 파일이 만들어지는 것을 확인할 수 있습니다. ❸ 최종적으로 만들어진 camani.avi 파일을 동영상 플레이어에서 재생해 애니메이션 동영상을 확인합니다.

애니메이션 파일을 여러 장의 이미지로 만들기

애니메이션이 설정된 스케치업 모델링을 파일로 내보내기 할 때 프레임별 낱장으로 연결된 이미지 파일을 만들 수 있습니다.

◉ 예제 파일 | anisample**.**skp

❶ 샘플 파일을 엽니다. 총 5개의 장면으로 만들어진 애니메이션 파일이며, 장면1 위에서 마우스 오른쪽 버튼을 클릭해 [애니메이션 재생]을 선택하면 애니메이션을 확인할 수 있습니다. [애니메이션] 대화상자에서 [중지] 버튼을 클릭합니다. 애니메이션을 낱장의 연결된 이미지로 만들기 위해 [파일] – [내보내기] – [애니메이션]을 선택합니다. ❷ [애니메이션 내보내기] 대화상자가 나타나면 원하는 폴더를 지정하고 [옵션] 버튼을 클릭합니다.

❸ [내보내기 옵션] 대화상자가 나타나면 해상도를 480p SD로 지정하고 [확인] 버튼을 클릭합니다. 다시 [애니메이션 내보내기] 대화상자가 나타나면 [내보내기] 버튼을 클릭합니다. ❹ [애니메이션 내보내기] 대화상자가 나타나면서 파일이 만들어집니다.

❺ 앞에서 지정한 폴더를 확인하면 여러 장의 이미지가 파일로 만들어진 것을 확인할 수 있습니다.

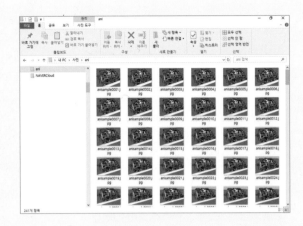

Tip

모델링을 숨기는 애니메이션

화면을 이동, 확대, 축소, 회전하여 장면을 연결하는 애니메이션을 제작하는 경우가 많지만 모델링에 아웃라이너(레이어)를 부여하여 장면마다 레이어를 숨기거나 보이게 하여 애니메이션을 만드는 경우도 많습니다.

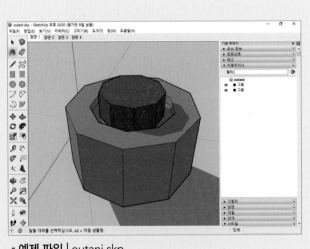

■ 예제 파일 | outani.skp

04 모델링 기본기 익히기

도구 모음에 있는 선택[]] 툴을 이용하여 선, 모서리, 면, 객체를 선택하는 다양한 방법과 객체를 만들기 위한 그
리기 툴에 대해 살펴보겠습니다. 또한 기초 도형을 이용하여 3D 모델링을 만드는 테크닉에 대해서도 익혀보겠
습니다. 스케치업을 다루는 데 있어서 가장 기본이며 중요한 내용이므로 기능을 충분히 익혀야 합니다.

1. 객체 선택 익히기

[도구 모음]에 있는 선택[]] 툴을 이용하여 선, 모서리, 면, 객체를 선택해보겠습니다. 이 기능은 객체 편집에
있어서 가장 기본이 되는 부분이므로 확실하게 파악해두어야 합니다.

○ 예제 파일 | select01.skp

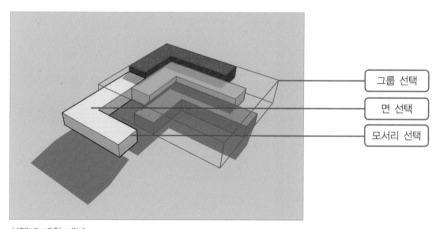

그룹 선택

면 선택

모서리 선택

선택에 대한 개념

01 한 개의 면 선택하기

도구 모음에 있는 선택 🔘 툴을 이용하여 상자의 정면을 한 번 클릭합니다. 면이 선택됩니다. Ctrl+T를 눌러 선택을 해제합니다.

○ **예제 파일** | select02.skp

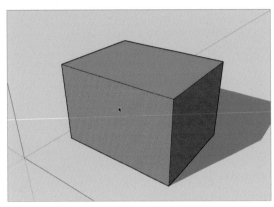 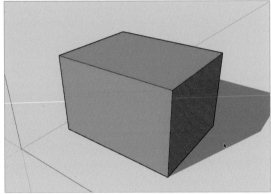

02 면과 모서리 쉽게 선택하기

상자의 정면을 더블클릭합니다. 면과 면을 둘러싼 네 개의 모서리가 모두 선택됩니다. 정면을 3회 연속 클릭합니다. 상자의 모든 모서리와 모든 면이 선택됩니다.

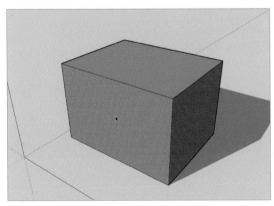 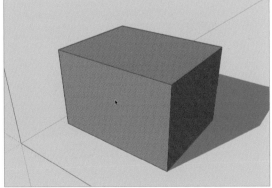

03 우측 하단으로 드래그하는 경우

객체를 오른쪽에서 왼쪽 하단으로 드래그하는 경우 사각형 내부에 완전히 포함된 모서리, 면, 객체만이 선택됩니다. 사각형 선의 형태가 실선으로 나타나며 이를 Window Select라고 합니다. Ctrl + T 를 눌러 선택을 해제합니다.

○ 예제 파일 | select03.skp

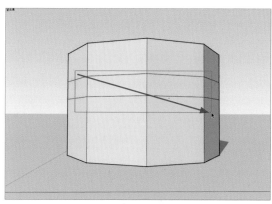 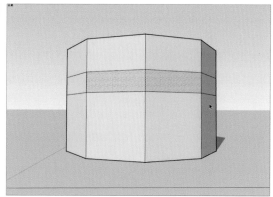

04 왼쪽 상단으로 드래그 하는 경우

객체를 오른쪽에서 왼쪽 상단으로 드래그하는 경우는 사각형 내부에 완전히 포함된 모서리, 면, 객체와 사각형 선에 걸친 면과 선이 모두 선택됩니다. 사각형 선의 형태가 점선으로 나타나며 이를 Crossing Select라고 합니다.

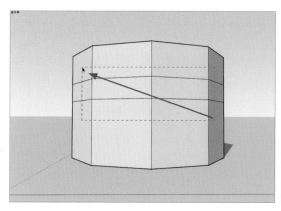 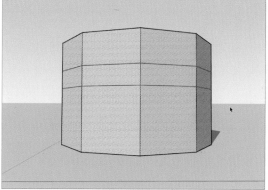

05 선택을 추가하는 경우

이미 객체가 선택되어 있을 경우 Ctrl 을 누른 채 다른 면과 모서리, 객체를 클릭하거나 드래그하면 쉽게 추가
선택할 수 있습니다. 화살표 아래에 (+) 기호가 나타납니다.

○ 예제 파일 | select04.skp

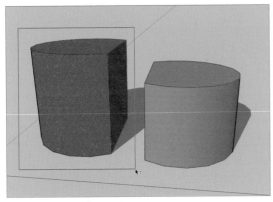 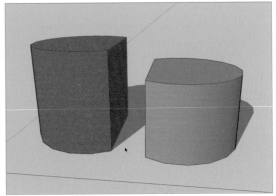

06 선택을 해제하는 경우

Ctrl + A 를 눌러 전체 객체를 선택합니다. 객체 선택을 해제하기 위해서는 Shift 를 누른 채 선택된 모서리,
면, 객체를 클릭하거나 드래그합니다. Shift 는 선택된 객체를 해제할 수도 있지만 선택되지 않은 객체를 추가
선택할 수도 있습니다. 화살표 아래에 (±) 기호가 나타납니다.

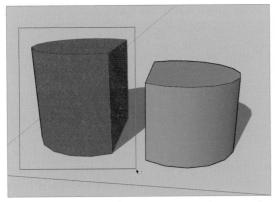 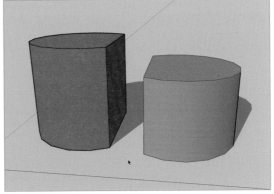

객체 선택 총정리

도구 모음에 있는 선택  툴을 이용하여 선, 모서리, 면, 객체를 선택하는 모든 방법을 정리해보겠습니다.

○ 예제 파일 | select-all.skp, select-wcl.skp

❶ 선택 ▶ 툴을 이용하여 Shift 를 누른 채 선택되지 않은 면을 클릭하면 면이 추가 선택됩니다. 또한 선택된 면을 다시 클릭하면 선택이 해제됩니다.

❷ Ctrl 을 누른 채 모서리나 면을 클릭하면 선택이 추가됩니다.

❸ Shift + Ctrl 을 누른 채 선택된 모서리 또는 면을 클릭하면 선택이 해제됩니다.

❹ 모든 객체를 선택하기 위해서는 Ctrl + A 를 누르면 됩니다.

❺ 선택을 해제하기 위해 Ctrl + T 를 누릅니다. 화면 바닥을 클릭해도 선택이 해제됩니다.

전체 객체가 선택된 경우

❻ **Window Select** : 왼쪽에서 오른쪽으로 드래그하는 동작을 Window Select라 하며 사각형 틀 안에 완전히 포함된 모서리, 면, 객체만이 선택됩니다.

❼ **Crossing Select** : 왼쪽에서 오른쪽으로 드래그하는 동작을 Crossing Select라 하며 사각형 틀 안에 완전히 포함된 모서리, 면, 객체와 사각 틀에 걸쳐진 모서리, 면, 객체가 선택됩니다.

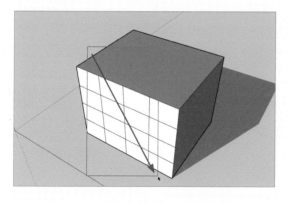

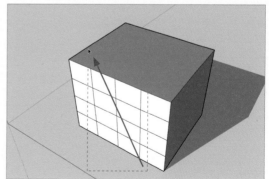

2. 그리기 툴 익히기

[그리기] 도구를 이용하여 2차원 도형을 만드는 방법에 대해 살펴보겠습니다. 그리기 툴에는 선, 자유 그림, 사각형, 회전된 사각형, 원, 다각형, 호, 2점호, 3점호, 파이 등 10개의 도구가 있습니다. [보기] 풀다운 메뉴에 있는 [도구 모음]을 클릭합니다. [도구 모음] 대화상자에서 그리기를 체크하고 [닫기] 버튼을 클릭하면 [그리기] 도구 모음이 화면에 나타납니다.

[그리기] 도구 모음

도구 모음

01 선 그리기

1) 임의 길이 도형 만들기

[그리기] 도구에 있는 선 ✏ 툴을 이용하여 임의의 도형을 만들 수 있습니다. 시작점을 클릭하고 다음 점을 연속으로 지정한 후 다시 시작점을 지정하면 됩니다.

- [그리기] 도구에 있는 선 ✏ 툴을 선택하고 좌표계의 원점(0,0,0)을 클릭한 후 시계방향(CW)으로 다음 점을 연속적으로 네 번 클릭합니다.
- 다시 처음 시작점을 클릭하면 면이 만들어집니다. Esc 를 누르면 도형 만들기가 종료됩니다. Ctrl + Z 를 누르면 마지막에 그린 면과 그 앞에 그린 선이 한 개씩 취소되고, Ctrl + Y 를 누르면 다시 복구됩니다.

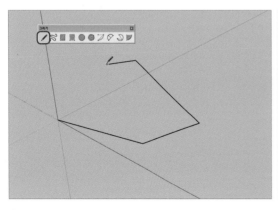

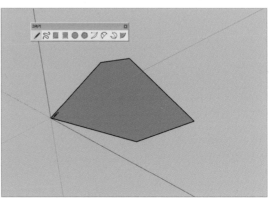

2) 정확한 길이의 도형 만들기

[그리기] 도구에 있는 선 ✏️ 툴을 이용하여 정확한 변의 길이를 가진 도형을 만들 수 있습니다. 시작점을 클릭하고 선의 방향을 지정한 후 길이를 입력한 다음 Enter를 누르면 정확한 길이의 선을 그릴 수 있습니다.

- 선 ✏️ 툴을 선택하고 좌표계의 원점(0,0,0)에 시작점을 클릭합니다. 마우스를 이동하여 그림과 같이 방향을 지정(검은선)하고 **4000**을 입력한 후 Enter를 누릅니다.
- 다시 마우스를 이동하여 방향을 지정(검은선)하고 **3000**을 입력한 후 Enter를 누릅니다.
- 처음 시작점을 클릭하면 면이 만들어진 것을 확인할 수 있습니다.

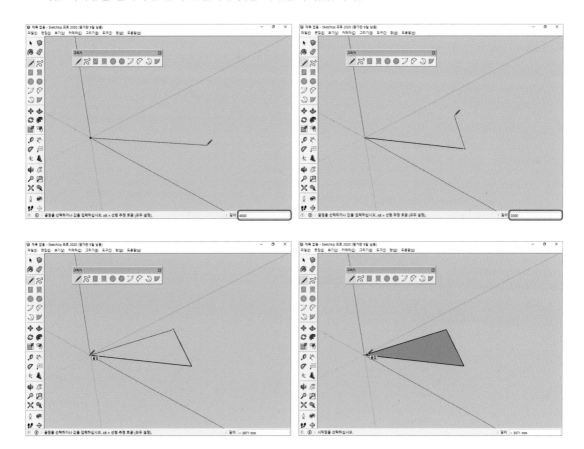

Tip

분홍색 선

가장자리에 수직은 직교선을 의미하고, **가장자리 확장**은 연장 평행선을 의미합니다. 같은 분홍색 선이지만 분명한 차이가 있습니다.

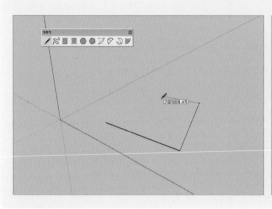 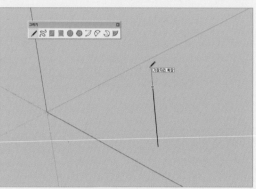

Tip

축과 평행한 선 그리기

선 🖉 툴을 선택하고 시작점을 클릭한 후 ⬅를 누른 다음 마우스를 이동하면 Y축에 평행(녹색 축에)한 선을 그릴 수 있습니다. ➡를 누르면 X축과 평행한 선, ⬆를 누르면 Z 축과 평행선을 그릴 수 있습니다. 또한 시작점을 클릭하고 [Shift]를 누른 채 X축, Y축, Z축과 평행선을 그리면 선이 굵게 나타납니다.

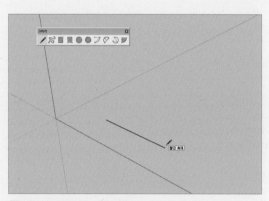

➡를 누른 후 선을 그린 경우

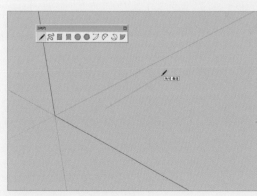

⬅를 누른 후 선을 그린 경우

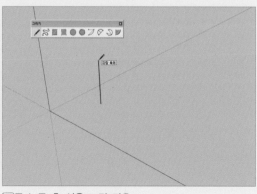

⬆를 누른 후 선을 그린 경우

02 자유 그림 만들기

[그리기] 도구에 있는 자유 그림 🖉 툴을 이용하여 부드러운 곡면을 만들 수 있습니다.

- 자유 그림 🖉 툴을 선택하고 시작점을 지정한 후 마우스 왼쪽 버튼을 클릭한 채 자유롭게 이동하여 곡선을 만들어준 다음 다시 시작점을 클릭합니다. 곡면이 만들어진 것을 확인할 수 있습니다.

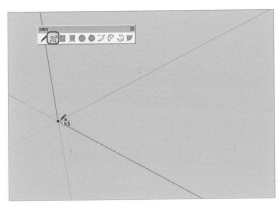 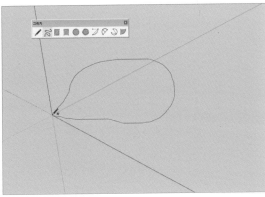

03 사각형 만들기

[그리기] 도구에 있는 직사각형 ▦ 툴을 이용하여 사각형을 만들어보겠습니다. 임의의 사각형을 그리려면 시작점을 지정하고 반대 구석 점을 지정합니다. 정확한 길이의 사각형을 그리기 위해서는 시작점을 지정하고 다음 점을 지정할 때 X길이, Y길이를 입력한 후 Enter 를 누릅니다.

- 치수 입력창을 보여주기 위해 [보기] 풀다운 메뉴에서 [도구 모음]을 선택하고 [도구 모음] 대화상자가 나타나면 단위를 체크하고 [닫기] 버튼을 클릭합니다. 단위 도구를 닫으면 스케치업 우측 하단에 단위가 표시됩니다.

단위 도구

- 임의의 길이의 사각형을 그리기 위해 직사각형 ▦ 툴을 이용하여 시작점을 클릭하고 반대 구석 점을 클릭합니다.
- 정확한 사각형을 그리기 위해 시작점을 클릭하고 **2000,2000**을 입력한 후 Enter 를 누릅니다.

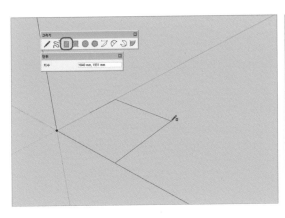 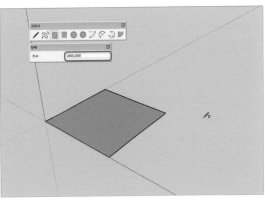

04 회전된 사각형 만들기

[그리기] 도구에 있는 회전된 직사각형▥ 툴을 이용하여 회전된 사각형을 만들 수 있습니다.
❶ 회전된 직사각형▥ 툴을 선택하고 회전축의 중심점이자 사각형의 시작점을 지정합니다. ❷ 사각형의 길이
(두 번째 모서리 지점)에 해당하는 위치를 지정합니다. ❸ 마우스를 오른쪽 상단으로 이동하고 **2000,45**(직사
각형 너비, 회전각도)를 입력하고 [Enter]를 누릅니다. ❹ 회전된 사각형이 만들어졌습니다.

○ 예제 파일 | rrec.skp

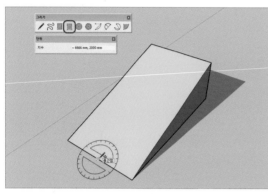
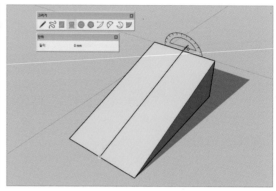

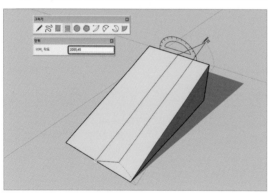
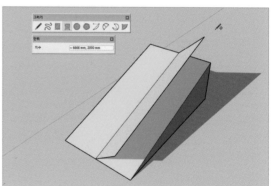

Tip

금색 섹션(Golden Lesson)

직사각형▥ 툴을 이용하여 시작점을 클릭하고 반대 구석 점을 클릭
할 경우 점선이 나타나는 지점이 있습니다. 이 지점을 황금비율(금
색 섹션)이라 합니다. 세로, 가로선의 비율이 1:1.618을 의미하는 것
입니다.

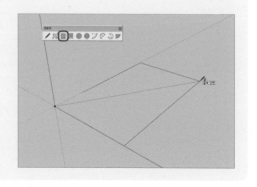

05 원 그리기

[그리기] 도구에 있는 원◉ 툴을 이용하여 원을 만들어보겠습니다. 중심점을 지정하고 반지름의 위치를 임의로 지정하거나 수치를 입력하면 원 도형이 만들어집니다.

▪ 임의의 크기의 원을 그리기 위해 [그리기] 도구에 있는 원◉ 툴을 선택하고 중심점을 지정한 후 다음 점을 지정합니다. 다음 점의 위치는 원의 반지름에 해당하는 위치 점이 됩니다.

▪ 반지름을 지정하여 원을 그리기 위해 [그리기] 도구에 있는 원◉ 툴을 선택하고 중심점을 지정한 후 **1500**을 입력한 다음 Enter를 누릅니다.

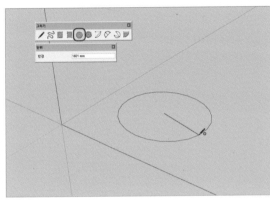

중심점을 지정한 경우   반지름 1500을 입력한 경우

Tip

원 측면 수 지정

원◉ 툴을 선택하면 원의 측면 수를 지정할 수 있습니다. 측면의 수에 따라 높이 값을 지정했을 때 원 모서리 부드러움의 정도가 달라집니다. 만약 측면 수에 **10**을 지정했다면 모서리 10개의 각 끝점을 지정할 수 있습니다.

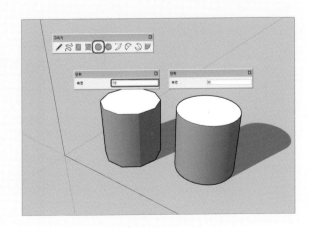

06 다각형 만들기

[그리기] 도구에 있는 다각형◉ 툴을 이용하여 변의 수가 지정된 다각형을 만들 수 있습니다.

- 다각형◉ 툴을 선택합니다. 변의 수(측면)를 입력하고 중심점을 클릭한 후 반지름을 지정합니다.

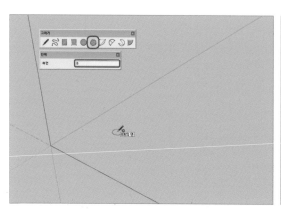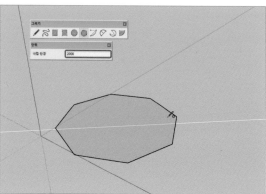

07 호 그리기

[그리기] 도구에 있는 호▱ 툴을 이용하여 호를 만들어보겠습니다. 시작점과 다음 점을 지정하고 호의 길이를 입력하거나 마우스로 지정하면 됩니다.

- 호▱ 툴을 선택하고 호의 시작점을 지정한 후 반경에 해당하는 다음 점을 지정합니다. 마우스를 회전하여 마지막 점을 지정합니다. 키보드로 반경 값과 회전 각도를 입력해도 됩니다.

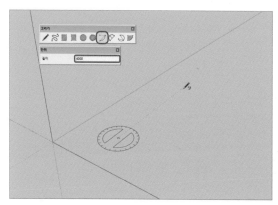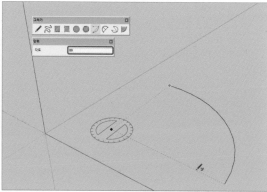

<u>08</u> 2점호 그리기

[그리기] 도구에 있는 2점호⬚ 툴을 이용하여 호를 만들어보겠습니다. 시작점과 다음 점을 지정하고 호의 길이를 입력하거나 마우스로 지정하면 됩니다.

▪ 2점호⬚ 툴을 선택하고 측면 수를 입력한 후 Enter를 누릅니다. 시작점을 지정하고 두 번째 점을 지정합니다. 마우스를 이용하여 세 번째 점을 지정합니다. 호의 길이와 돌출부 길이를 키보드로 정확하게 입력해도 됩니다.

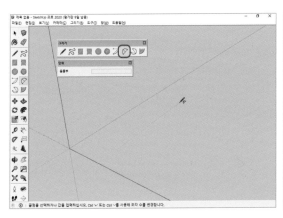
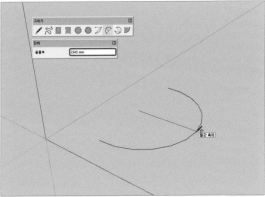

<u>09</u> 3점호 그리기

[그리기] 도구에 있는 3점호⬚ 툴을 이용하여 호를 만들어보겠습니다. 호의 측면 수와 시작점과 두 번째 점, 세 번째 점을 지정하면 됩니다.

▪ 3점호⬚ 툴을 선택하고 호의 측면 수를 입력하고 Enter를 누릅니다. 시작점과 두 번째 점, 세 번째 점을 지정합니다. 호의 길이와 호의 각도를 키보드로 정확하게 입력해도 됩니다.

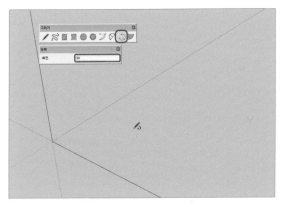
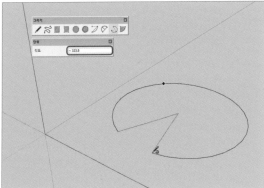

10 파이 만들기

[그리기] 도구에 있는 파이 ▣ 툴을 이용하여 파이를 만들어보겠습니다. 호의 중심점, 시작점, 호의 각도를 지정하면 됩니다.

• 파이 ▣ 툴을 선택하고 호의 중심점을 지정하고 반경에 해당하는 호의 시작점을 지정한 다음 호의 끝점을 지정합니다. 면이 만들어졌습니다. 반경의 길이와 각도를 키보드로 정확하게 입력해도 됩니다.

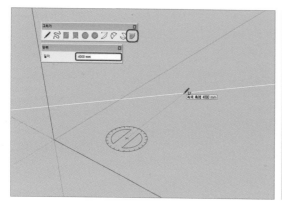 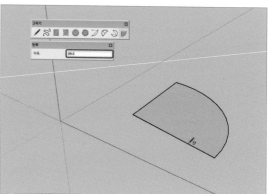

Tip

측면 수

[그리기] 도구에 있는 원 ◉ 툴, 다각형 ◉ 툴, 호 ▣ 툴, 2점호 ◉ 툴, 3점호 ◉ 툴, 파이 ▣ 툴은 모두 측면 수를 지정할 수 있습니다. 원, 다각형, 호, 2점호, 3점호, 파이 툴을 선택하고 측면 수를 입력한 후 Enter 를 누른 다음 중심점과 크기를 지정하면 됩니다. 측면 수에 따라 사이드 면의 부드러움의 정도가 달라질 수 있습니다.

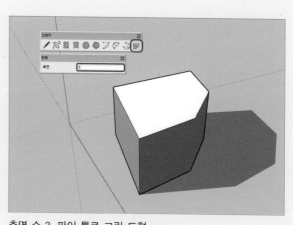

측면 수 3, 파이 툴로 그린 도형

05 2D 도형, 3D 도형으로 모델링하기

2차원 도형을 3차원 도형으로 만들어보겠습니다. 2차원(2D) 도형을 3차원(3D) 도형으로 만들기 위해서는 반드시 면(Face)이 만들어져야 합니다. 선으로만 이루어진 도형은 3차원 도형으로 만들 수 없습니다. [편집] 도구 모음에 있는 밀기/끌기 툴과 따라가기 툴을 이용하여 면을 3차원 객체로 만들어봅니다.

01 밀기/끌기 툴 이용하여 3D 만들기

[편집] 도구 모음에 있는 밀기/끌기 툴은 면(Face)을 밀고, 끌어서 Z축 방향으로 돌출시킬 수 있습니다. 면을 드래그하는 방법과 수치를 입력하여 돌출하는 방법이 있습니다.

▪ [보기] 풀다운 메뉴에 있는 [도구 모음]을 클릭합니다. [도구 모음] 대화상자에서 편집을 체크하고 [닫기] 버튼을 누르면 [편집] 도구 모음이 화면에 나타납니다.

도구 모음

[편집] 도구 모음

- [그리기] 도구에 있는 직사각형▨ 툴을 이용하여 시작점을 지정하고 단위 도구에 **3000,3000**을 입력한 후 Enter 를 누릅니다.

- [편집] 도구 모음에 있는 밀기/끌기▧ 툴을 선택합니다. 사각형 면 위를 클릭하고 위 방향으로 드래그한 후 **1500**을 입력한 다음 Enter 를 누릅니다. 사각형 면에 두께가 지정된 것을 확인할 수 있습니다.

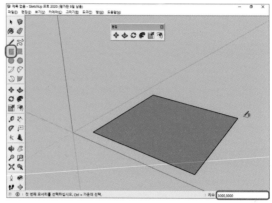

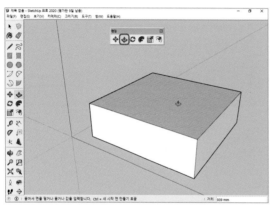
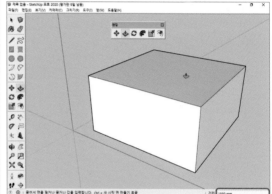

02 밀기/끌기▧ 툴 이용하여 면 삭제하기

밀기/끌기▧ 툴은 면을 형성할 수도 있지만 면을 삭제할 수도 있습니다. 면을 끌어 오프셋 한계에 도달하면 면이 삭제됩니다.

○ **예제 파일** | push.skp

- [파일] − [열기]를 이용하여 push.skp 파일을 엽니다. 세 점을 이용하여 호를 그리기 위해 [그리기] 도구에 있는 3점호▨ 툴을 선택합니다. 육면체의 정면 모서리의 끝점, 중간점, 끝점을 클릭하여 면 위에 호를 만들어 줍니다.

> **Tip**
>
> **중간점(Midpoint)**
> 모서리의 중간 부분에 마우스를 대면 파란색의 점이 나타나는데 이를 중간점(Midpoint)이라고 합니다. 또한 Endpoint는 선의 끝점을 의미합니다.

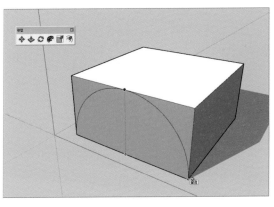 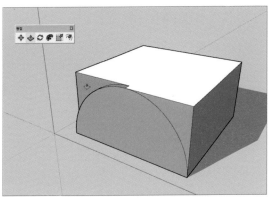

- 면을 돌출하기 위해 [편집] 도구 모음에 있는 밀기/끌기 툴을 선택합니다. 그림과 같이 왼쪽 면을 선택하고 Y축 방향(녹색 축에)으로 드래그하여 **오프셋 한계 −3000mm**이라는 메시지가 나타나면 마우스를 뗍니다. 면이 삭제된 것을 확인할 수 있습니다.

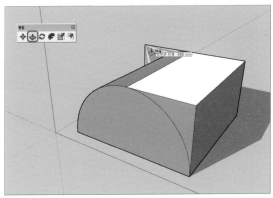 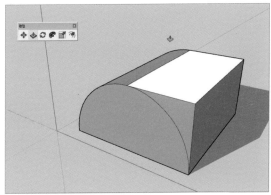

- 오른쪽 면도 같은 방법으로 면을 드래그하여 없애줍니다.

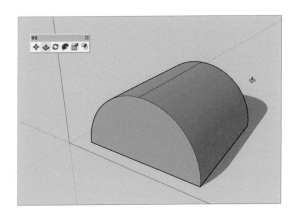

3. 따라가기  툴로 3D 만들기

따라가기  툴을 이용하여 2D 도형이 경로(Path)를 따라가며 3D 모델링을 형성하는 과정에 대해 익혀보겠습니다. 보통 3가지 방법으로 모델링 형성 과정을 확인할 수 있습니다.

01 선을 경로로 지정하기

[파일] – [열기]를 이용하여 follow01.skp를 엽니다. 경로 3D를 만들기 위해 [편집] 도구 모음에 있는 따라가기  툴을 선택하고 다각형을 클릭합니다. 곡선을 따라 드래그하면 면이 형성되고, 선의 끝점에서 클릭하면 면이 완성됩니다.

⊙ **예제 파일** | follow01.skp

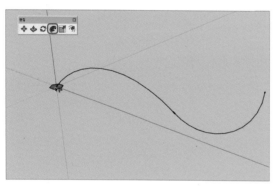 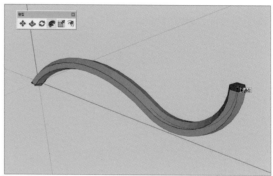

02 다중선을 경로로 지정하기

- [파일] – [열기]를 이용하여 follow02.skp를 엽니다. 여러 개의 선을 선택하기 위해 도구 모음에 있는 선택 툴을 선택합니다. Ctrl을 누른 채 세 개의 선을 클릭합니다.
- 3D 모델링을 만들기 위해 [편집] 도구 모음에 있는 따라가기 툴을 선택하고 2차원 도형인 원을 클릭하면 모델링이 완성됩니다.

⊙ **예제 파일** | follow02.skp

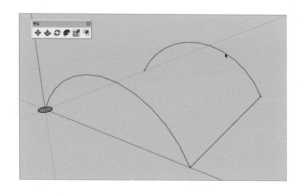

> **Tip**
>
> **선택 추가**
> Ctrl을 누른 채 다른 모서리 또는 면을 클릭하면 선택이 추가됩니다.

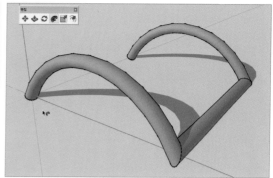

03 면을 경로로 지정하기

▪ [파일] – [열기]를 이용하여 follow03.skp를 엽니다. 면을 선택하기 위해 도구 모음에 있는 선택 툴을 선택하고 S자 객체의 면을 클릭합니다.

○ 예제 파일 | follow03.skp

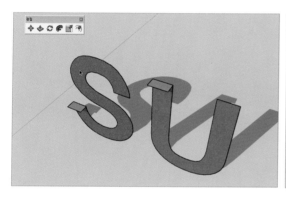

▪ 3D 모델링을 만들기 위해 [편집] 도구 모음에 있는 따라가기 툴을 선택하고 따라가기 2D 도형인 사각면(파란색)을 클릭하면 모델링이 완성됩니다. 같은 방법으로 U자로 모델링을 완성합니다.

X선 스타일은? 뒷면 가장자리 스타일은?

X선 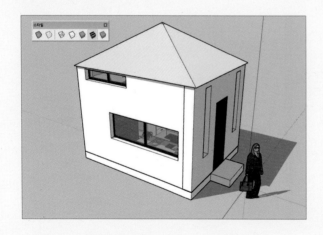 스타일과 뒷면 가장자리 스타일을 이용하면 좀 더 디테일하게 모델링의 형태를 파악할 수 있습니다.

[스타일] 도구에 있는 X선 툴을 선택하면 객체가 투영되어 나타납니다. 모서리, 면, 객체를 선택하기 편리하며 면에 가려 보이지 않는 객체를 확인할 수 있습니다. 또한 뒷면 가장자리 툴은 눈에 보이지 않는 선을 화면상에 나타나게 해줍니다. 단, [스타일] 도구에 있는 와이어프레임 툴이 활성화된 상태에서는 X선 툴, 뒷면 가장자리 툴을 사용할 수 없습니다.

❶ X선 툴을 해제한 경우

객체마다 은선(Hidden Line)이 제거되어 나타나며, 객체에 가려진 객체는 보이지 않습니다.

❷ X선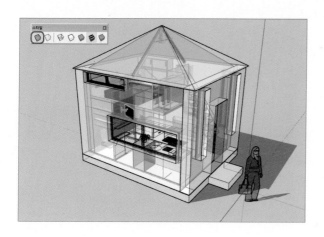 툴을 활성화한 경우

객체마다 투영도가 지정되며 객체에 가려진 객체도 모두 투영되어 보입니다.

❸ 뒷면 가장자리 툴을 활성화한 경우

눈에 보이지 않는 은선이 점선으로 나타납니다.

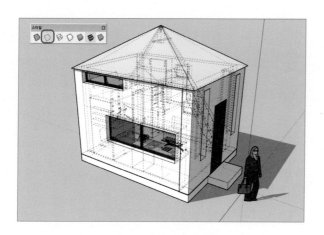

06 3차원 모델링 이동, 복사, 회전, 확대, 축소하기

3D 모델링을 완성하고 객체 편집의 핵심 기능인 이동, 복사, 확대, 회전, 축소, 오프셋하는 방법에 대해 익혀보겠습니다. 기준점과 단축을 이용하면 좀 더 편리하게 작업할 수 있습니다.

01 이동하기

[편집] 도구 모음에 있는 이동✛ 툴을 이용하면 객체를 이동할 수 있습니다. 스케치업 화면 하단에 단축 사용법이 나타납니다.

❶ [파일] – [열기]를 이용하여 move.skp를 엽니다. 객체를 선택하기 위해 도구 모음에 있는 선택▸ 툴을 선택하고 오른쪽 객체를 클릭합니다. ❷ 객체를 이동하기 위해 [편집] 도구 모음에 있는 이동✛ 툴을 선택하고 첫 점을 녹색 객체 모서리 끝점에 지정합니다. ❸ 마우스를 왼쪽으로 이동해 빨간색 객체의 모서리 끝점에 지정합니다.

◦ 예제 파일 | move.skp

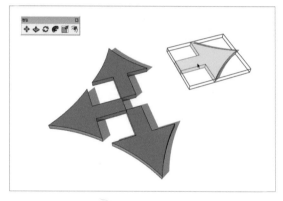

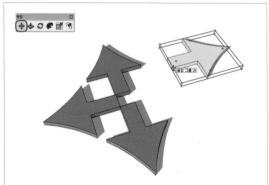

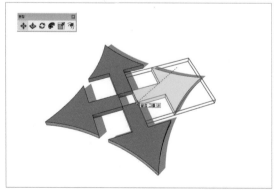

02 복사하기

이동 ✛ 툴, 회전 ⟳ 툴, 배율 ◪ 툴과 Ctrl 을 이용하면 객체를 쉽게 복사할 수 있습니다.

01 이동 복사하기

❶ [파일] – [열기]를 이용하여 copy01.skp를 엽니다. 선택 툴을 이용하여 모든 객체를 선택합니다. ❷ 객체를 복사하기 위해 [편집] 도구 모음에 있는 이동 ✛ 툴을 선택하고 Ctrl 을 누른 채 녹색 객체의 모서리 끝점을 지정합니다. ❸ 마우스를 X축 방향으로(빨강 축에) 적당히 이동하고 **700**을 입력한 후 Enter 를 누릅니다. 객체를 5개 더 복사하기 위해 **x5**를 입력하고 Enter 를 누릅니다.

○ **예제 파일** | copy01.skp

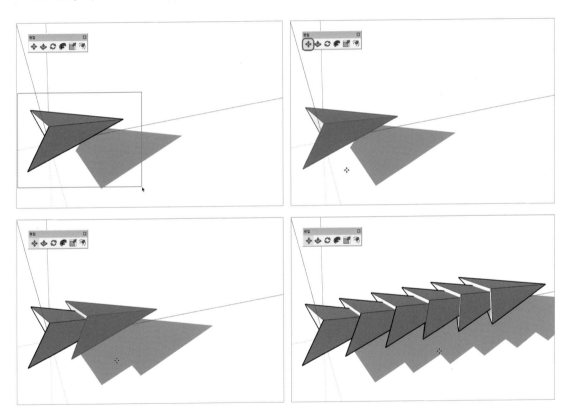

02 등분 복사하기

❶ [파일] − [열기]를 이용하여 copy02.skp를 엽니다. 선택▶ 툴을 이용하여 화살표 표시판 객체를 클릭합니다. ❷ 객체를 복사하기 위해 이동✛ 툴을 선택하고 Ctrl 을 누른 채 하단 객체의 중간점 그룹 안을 지정합니다. ❸ 마우스를 오른쪽 방향(녹색 축에)으로 이동하여 하단 객체의 중간점 그룹 안을 지정하고 ❹ 거리만큼 객체를 등분 배치하기 위해 **/3**을 입력한 후 Enter 를 누릅니다.

○ **예제 파일 |** copy02.skp

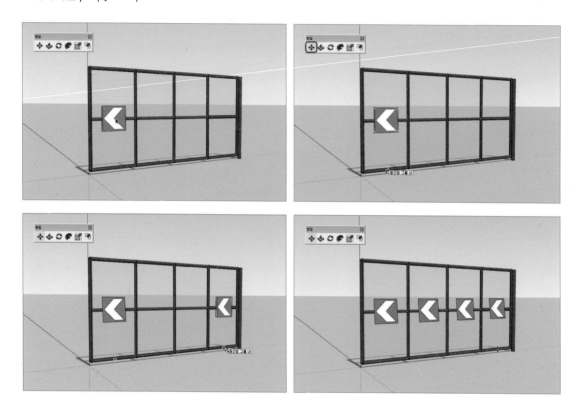

03 회전하기

[편집] 도구 모음에 있는 회전◎ 툴을 이용하여 객체를 회전할 수 있습니다. Ctrl 을 함께 이용하면 복사하면서 회전할 수 있습니다.

❶ [파일] − [열기]를 이용하여 rotate.skp를 엽니다. 선택▶ 툴을 이용하여 의자를 클릭합니다. ❷ 객체를 회전하기 위해 [편집] 도구 모음에 있는 회전◎ 툴을 선택하고 회전의 기준점을 지정하기 위해 의자 원점을 지정합니다. 회전의 시작점을 지정하기 위해 Y축에 임의의 점을 지정합니다. ❸ 객체를 회전하기 위해 마우스를 왼쪽 방향으로 적당히 이동하고 회전각도 **30**을 입력한 후 Enter 를 누릅니다.

○ **예제 파일 |** rotate.skp

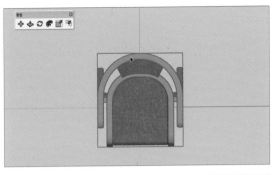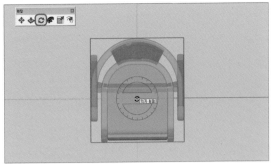

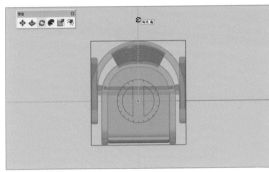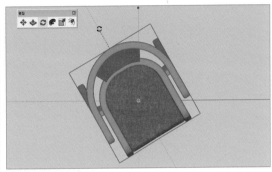

Tip

회전 방향

기준점을 지정하고 마우스 왼쪽 버튼을 누른 채 드래그하면 회전축이 변경됩니다.

Tip

회전 등분 복사하기

[Ctrl]을 누른 채 회전 ◘ 툴을 이용하면 객체를 회전 복사할 수 있습니다. 총 회전 각도를 입력하고 /N을 입력하면 시작 각도와 최종 각도 사이를 등분하여 객체를 복사할 수 있습니다.

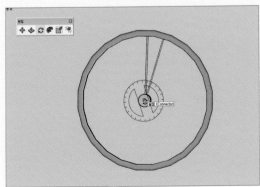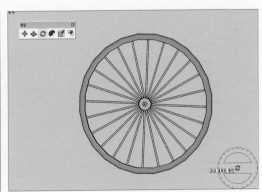

1개의 객체를 345도 복사   /23을 입력하고 [Enter]를 누른 경우

04 크기 조절하기

[편집] 도구 모음에 있는 배율 툴을 이용하여 객체의 크기를 조절할 수 있으며, 대칭 객체 또한 만들 수 있습니다. Ctrl을 함께 이용하면 복사본을 만들 수 있습니다.

ㅇ 예제 파일 | scale.skp

❶ [파일] – [열기]를 이용하여 scale.skp를 엽니다. Ctrl+A를 눌러 모든 객체를 선택합니다.

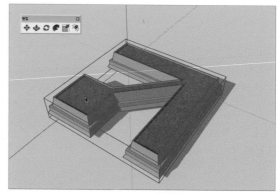

❷ 크기를 조절하기 위해 [편집] 도구 모음에 있는 배율 툴을 선택합니다. X축, Y축, Z축 같은 비율로 크기를 조절하기 위해 오른쪽 상단의 녹색 박스를 클릭합니다.

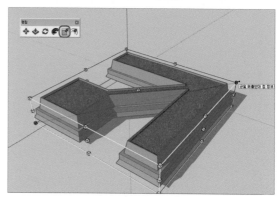

❸ 크기를 줄이기 위해 **0.5**를 입력하고 Enter를 누릅니다. 원래 크기보다 0.5배 작아진 객체가 만들어집니다.

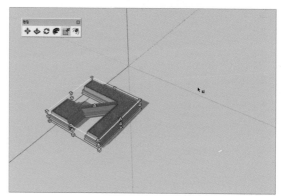

❹ Y축으로만 크기를 조절하려면 그림처럼 측면의 정중앙에 있는 녹색점(녹색 배율 반대 점 정보)을 클릭하고 ❺ Y축 방향으로 이동합니다. ❻ 크기를 키우기 위해 **2**를 입력하고 Enter 를 누릅니다.

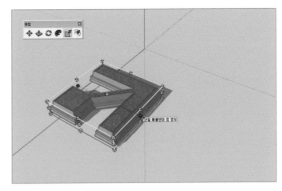

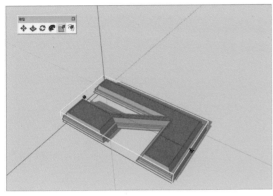

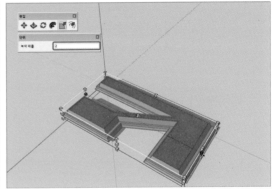

❼ Z축으로만 크기를 조절하려면 그림처럼 상부면의 정중앙에 있는 녹색점(파랑 배율 반대 점 정보)을 클릭합니다. ❽ Z축 방향으로 이동합니다. ❾ 4배로 키우기 위해 **4**를 입력하고 Enter 를 누릅니다.

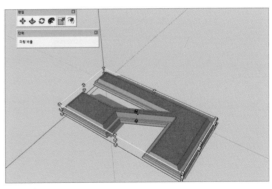

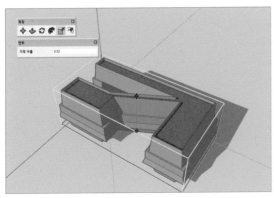

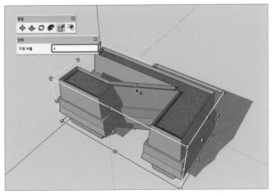

❿ X축 방향으로 대칭 객체를 만들기 위해 왼쪽면 의 정중앙에 있는 녹색점(빨강 배율 반대 점 정보) 을 클릭합니다.

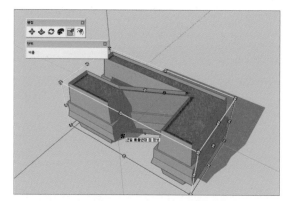

⓫ 마우스를 X축 방향으로 이동합니다.

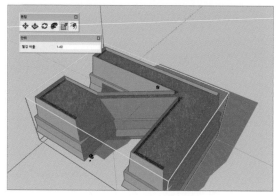

⓬ **2**를 입력한 다음 Enter 를 누릅니다.

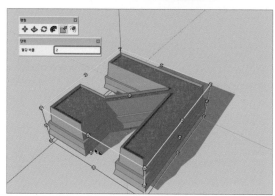

대칭(Mirror) 객체

스케치업에서는 대칭(Mirror)을 할 수 있는 도구 툴이 없습니다. 배율 █ 툴을 이용하여 방향을 지정한 후 -N을 입력하면 대칭 객체를 만들 수 있습니다.

◎ 예제 파일 | mirror.skp

❶ X축으로만 크기를 조절하기 위해서는 그림처럼 측면의 정중앙에 있는 녹색점(빨강 배율 반대점 정보)을 클릭합니다. ❷ 마우스를 왼쪽(-X축) 방향으로 이동합니다.

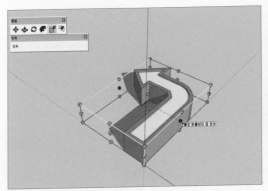
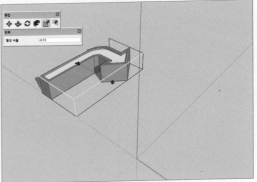

❸ 객체를 대칭시키기 위해 -1을 입력하고 Enter를 누릅니다. 그림처럼 대칭이 된 것을 확인할 수 있습니다.

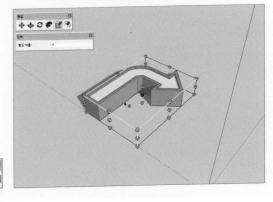

05 오프셋

[편집] 도구 모음에 있는 오프셋 툴을 이용하면 객체의 면을 평행 복사할 수 있습니다. AutoCAD 프로그램의
offset 명령과 유사하다고 할 수 있습니다.

◦ **예제 파일** | offset.skp

❶ [파일] − [열기]를 이용하여 offset.skp를 엽니다. 면을 평행 복사하기 위해 [편집] 도구 모음에 있는 오프셋
🖐 툴을 선택합니다. ❷ 면을 평행 복사하기 위해 흰색 면을 클릭하고 마우스를 안쪽 방향으로 드래그합니다.
이동 거리를 지정하기 위해 **300**을 입력하고 ⌈Enter⌋를 누릅니다.

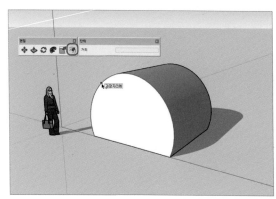
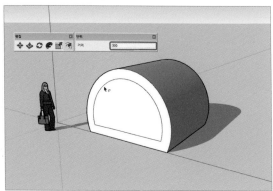

❸ 면을 돌출하기 위해 [편집] 도구 모음에 있는 밀기/끌기 툴을 선택하여 평행 복사된 면을 클릭하고 안쪽
방향으로 드래그한 후 **면에**가 나올 때 마우스를 뗍니다. ❹ 도형 내부가 빈 것을 확인할 수 있습니다.

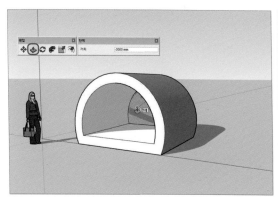
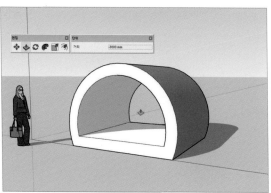

06 치수 입력하기

스케치업에서 작업한 3D 도면, 2D 도면에 치수를 입력할 수 있습니다. [축조] 도구 모음에 있는 치수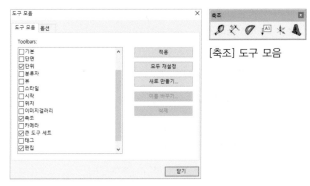 툴을
이용하면 치수를 쉽게 입력할 수 있습니다.

⊙ 예제 파일 | dim.skp

도구 모음

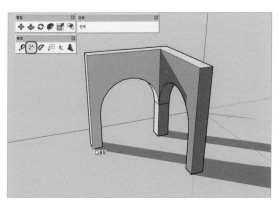

[축조] 도구 모음

❶ [파일] – [열기]를 이용하여 dim.skp를 엽니다.
Y축 방향(녹색 축에)에 해당하는 선의 치수를 입
력하기 위해 [축조] 도구 모음에 있는 치수 툴을
선택하고 치수선의 첫 번째 점을 지정합니다. ❷
치수선의 두 번째 점을 지정합니다. ❸ 치수선의
위치를 지정합니다.

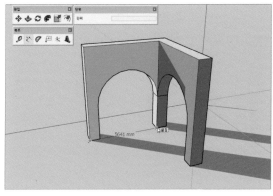

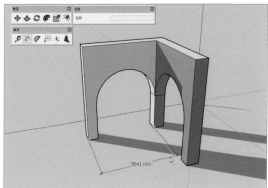

❹ 호의 반지름 치수를 표시하기 위해 호를 클릭하고 치수선의 위치를 클릭합니다. ❺ Y축 방향(파란색 축에)에 해당하는 선의 치수를 입력하기 위해 치수선의 첫 번째 점과 두 번째 점을 지정하고 치수선의 위치를 지정합니다. 두 점 사이의 모서리를 클릭해도 치수를 뽑아낼 수 있습니다.

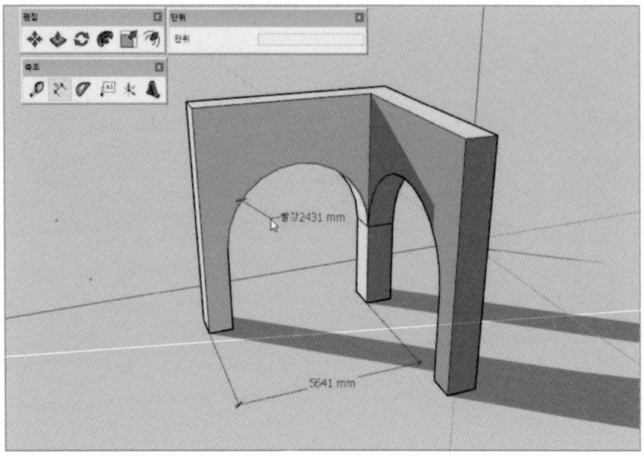

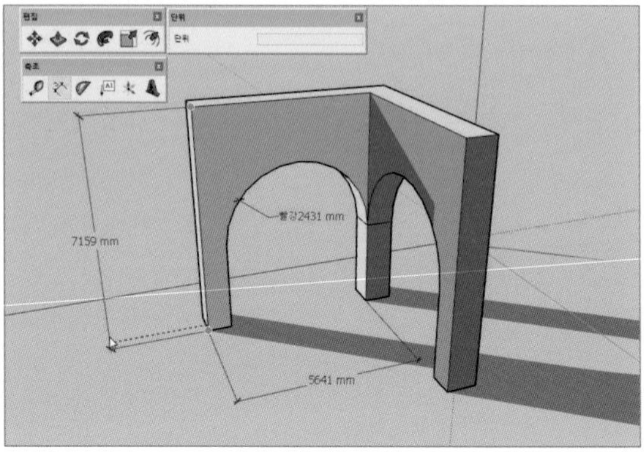

Tip

지름 표시

치수 툴을 이용하여 원을 클릭하면 원의 지름(DIA)을 표시할 수 있습니다.

Tip

치수 변경

선택 툴을 이용하여 치수를 더블클릭하면 수치를 변경할 수 있습니다. 또한 두 점 사이의 간격을 조절하면 치수도 같이 변경됩니다. 치수 단위를 변경하려면 [창] 메뉴에서 [모델 정보]를 선택합니다. [모델 정보] 대화상자가 나타납니다. 측정 단위의 형식에서 치수의 단위를 설정할 수 있습니다. 대한민국에서 사용하는 단위의 형식은 **십진수**입니다.

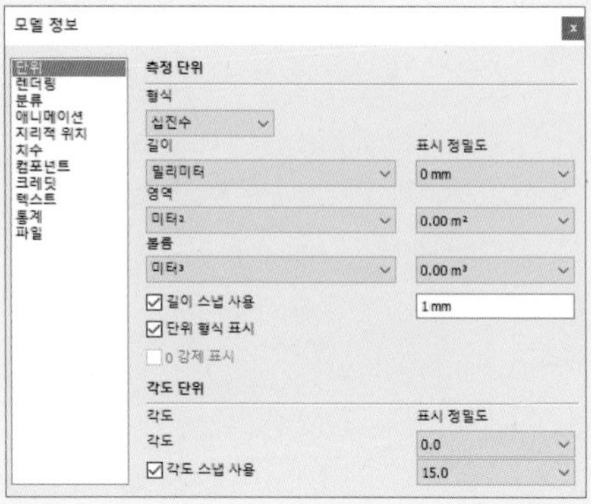

측정 단위의 형식

- 건축 : 건축에서 사용되는 단위이며 인치만을 사용할 수 있습니다.
- 공학 : 공학 단위를 의미합니다.
- 분수 : 분수 단위를 의미합니다.
- 십진수 : 십진 단위로 인치, 피트, 밀리미터, 센티미터, 미터를 사용할 수 있습니다.

재질 트레이 이해하기

스케치업에서 유리, 플라스틱, 금속, 나무 등의 재질을 만들어 입히기 위해서는 [재질] 트레이를 정확하게 이해해야 합니다.

재질 트레이

도구 모음에 있는 페인트통 툴을 클릭하면 [재질] 트레이가 나타나는데 여기서 색상, 이미지 등을 편집하여 재질을 만들 수 있습니다. [재질] 트레이를 표시하려면 [창] 메뉴에서 [기본 트레이]의 [재질]과 [트레이 표시]를 체크해야 합니다.

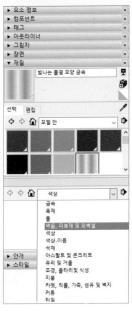

보조 선택 창 표시

[선택] 탭에 대한 확장 패널이 나타나며 많은 재질을 다룰 때 유용하게 사용될 수 있습니다.

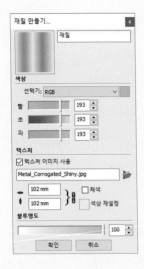

재질 만들기 📄

새로운 재질을 만들 수 있는 [재질 만들기] 대화상자가 나타납니다. 색상, 이미지 크기 조절, 투영도를 설정할 수 있습니다.

▪ 색상

재질의 색상을 지정할 수 있습니다.

▪ 텍스처

이미지를 불러와 크기를 조절할 수 있습니다.

- **텍스처 이미지 사용** : 이미지 선택 📂에서 불러온 이미지의 사용 여부를 결정합니다.
- **이미지 선택** 📂 : 재질에 사용할 이미지 파일을 불러옵니다.
- **너비/높이 변경 실행 취소** ⬍ : 이미지의 가로, 세로 크기를 지정합니다.
- **가로 세로 비율 잠금/잠금 해제** ⫴ : 이미지의 가로, 세로 비율의 유지 여부를 결정합니다.
- **채색** : 모든 텍스처 색상을 같은 색조에 적용합니다. 채색을 체크하고 빨, 초, 파 색상을 변경하면 됩니다.

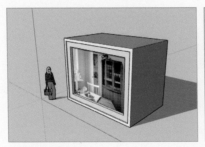

채색을 적용하기 전

색상을 파란색으로 지정하고 채색을 적용한 경우

- **색상 재설정** : 색상을 원본 이미지 색상으로 재설정합니다.

▪ 불투명도

불투명도를 지정합니다. 40을 입력했다면 60이 투영됩니다.

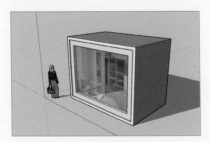

불투명도를 40으로 설정한 경우

• **색칠할 재질을 기본 값으로 설정**  : 재질 설정에 대한 모든 것을 초기화합니다.

• **선택** : 스케치업에서 제공하는 재질을 선택하거나 저장한 재질을 가져올 수 있습니다.

• 뒤로 : 바로 뒤 단계로 돌아갑니다.

• 앞으로 : 바로 앞 단계로 돌아갑니다.

• 모델 안 : 모델링에 사용된 재질만 보여줍니다.

• 세부 정보 : 재질 설정에 대한 세부 내용을 사용할 수 있습니다. 경로 지정, 추가, 삭제, 섬네일 크기 등을 설정할 수 있습니다.

• **편집** : 재질을 편집할 수 있습니다. 재질 만들기 버튼을 눌렀을 때와 같은 옵션이 나타납니다.

• **샘플 페인트** : 기존에 입력된 재질을 불러올 수 있습니다. 재질이 설정된 면을 클릭하면 됩니다.

모서리 둥그렇게 모깎기

선이 만나는 모서리를 부드럽게 모깎기(Fillet) 할 수 있습니다. 줄자 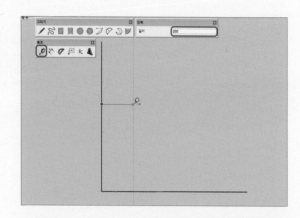 툴을 이용하여 2D 도형 객체의 모서리를 깎을 수 있습니다.

❶ [축조] 도구 모음에 있는 줄자 툴을 선택하고 수직선을 클릭한 후 X축 방향(빨강 축에)으로 이동합니다. 이동거리 **200**을 입력하고 Enter 를 누릅니다.

❷ 호를 그리기 위해 [그리기] 도구에 있는 2점호 툴을 선택하고 가로선에 있는 줄자와의 교차점을 클릭합니다.

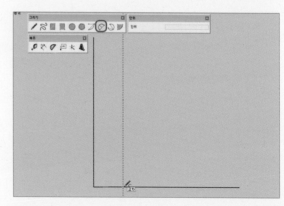

❸ 다시 수직선의 **가장자리에 접합** 지점을 클릭합니다.

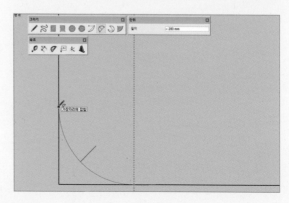

❹ 마우스를 아래 방향으로 이동하고 다시 한 번
가장자리에 접합 지점을 클릭합니다.

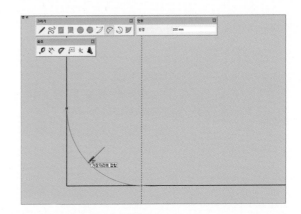

❺ [기본] 도구 모음에 있는 선택 ![선택툴] 툴을 이용하여
그림과 같이 화살표 방향으로 드래그하고 Delete 를
누릅니다.

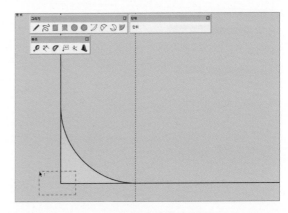

❻ 그림과 같이 모서리가 부드럽게 깎인 것을 확인
할 수 있습니다.

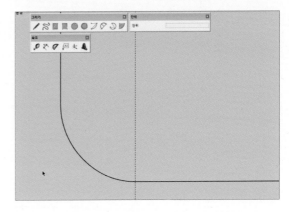

Tip

접합점(Tangent)
접합점은 모서리 선과 접하는 지점(접점)을 의미합니다.

줄자 툴에 대하여

[축조] 도구 모음에 있는 줄자 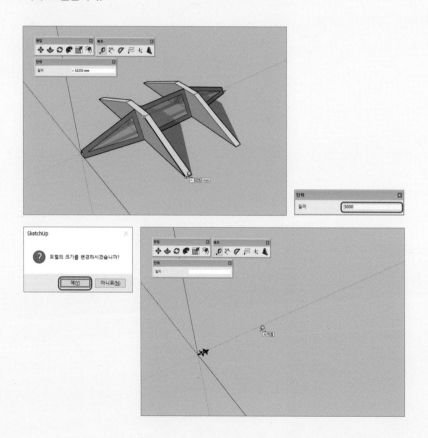 툴은 두 점 간의 거리를 측정할 수 있으며, 보조선으로 사용할 수 있습니다. 보조선은 점선으로 나타나며 이를 안내선(Guideline)이라고도 합니다. 이 안내선도 이동, 복사, 회전, 삭제가 가능하며 보조선으로 많이 사용됩니다. 단, 줄자도구 툴에 의해 만들어진 안내선은 출력(Print)과 렌더링(Rendering)이 되지 않습니다.

ㅇ 예제 파일 | tape**.**skp

1. 두 점을 클릭한 경우

❶ 두 점을 클릭하면 두 점 간의 거리가 측정됩니다. ❷ 새로운 길이를 입력하고 [Enter]를 누르면 ❸ [SketchUp] 대화상자가 나타나며 **모델의 크기를 변경하시겠습니까?**라고 물어봅니다. ❹ [예] 버튼을 클릭하면 모델 전체의 크기가 조절됩니다.

2. 면, 선분을 클릭하고 이동한 경우

면, 선분을 클릭하고 원하는 방향으로 이동하면 점선이 나타나는데 이를 안내선이라 하며, 이동, 복사, 회전, 삭제가 가능합니다.

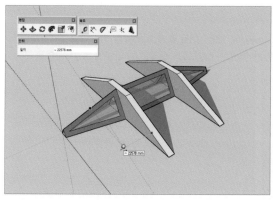

선분을 클릭하고 이동한 경우

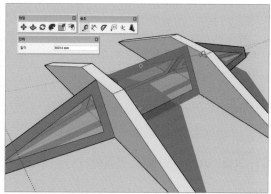

면을 클릭하고 이동한 경우

Tip

안내선 삭제

안내선을 삭제하기 위해서는 기본 도구 모음에 있는 선택 [↖] 툴로 안내선 위에서 마우스 오른쪽 버튼을 클릭하고 [지우기]를 선택합니다. 숨기거나 반전 선택을 할 수도 있습니다.

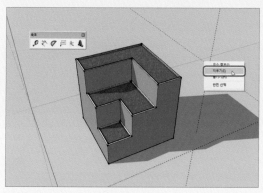

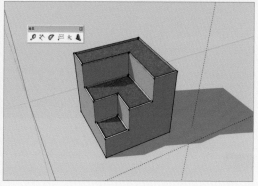

● 예제 파일 | guide1.skp

❼ 구성 요소를 편집하기 위해 선택█ 툴을 이용하여 맨 오른쪽 사각형을 더블클릭합니다. ❽ 객체를 이동하기 위해 이동█ 툴을 선택하고 사각형의 우측 상단 끝점을 왼쪽 끝점으로 이동합니다. 나머지 6개의 구성 요소도 동시에 편집되는 것을 확인할 수 있습니다. ❾ 선택█ 툴을 이용하여 바탕화면을 클릭하면 구성 요소를 빠져나옵니다.

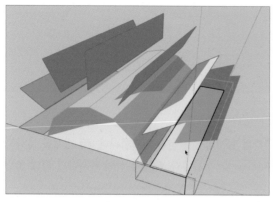
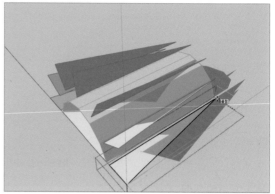
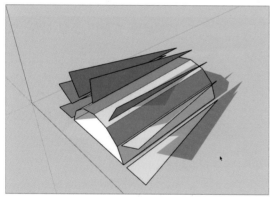

Tip

고유하게 지정

복사된 구성 요소 중에서 특정객체를 별도로 편집하려면 구성 요소 객체 위에서 마우스 오른쪽 버튼을 클릭하고 [고유하게 지정]을 선택합니다.

구성 요소 만들기 대화상자 살펴보기

구성 요소(Component)를 만들 수 있는 [구성 요소 만들기] 대화상자를 살펴보겠습니다. 구성 요소는
같은 객체를 반복해서 이용하고 수정하기 매우 편리합니다.

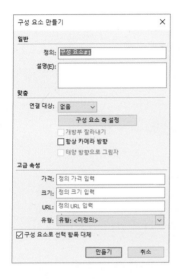

- **일반** : 구성 요소의 이름과 설명을 설정할 수 있습니다.
  - 정의 : 구성 요소의 이름을 지정합니다.
  - 설명 : 구성 요소의 설명을 지정합니다.
- **맞춤** : 구성 요소의 정렬 관계를 설정합니다.
  - 연결 대상 : 구성 요소의 축(Axis)과 객체가 부착되는 방법을 선택합니다. 없음, 모두, 가로, 세로, 경사 방법이 있습니다.
- **개방부 잘라내기** : 연결 대상을 모두, 가로, 세로, 경사일 경우에만 사용 가능하며 객체 개방부를 잘라서 구성 요소를 만듭니다.
- **항상 카메라 방향** : 카메라가 지정된 방향을 원점 방향으로 인식합니다.
- **태양 방향으로 그림자** : 태양이 위치한 방향으로 그림자를 설정합니다.
- **고급 속성** : 가격, 크기, URL, 유형을 설정할 수 있습니다.
- **유형** : 스케치업에서 제공하는 다양한 필터를 설정합니다.
  - 구성 요소 축 설정 : 구성 요소의 축을 새로 변경할 수 있습니다.
- **구성 요소로 선택 항목 대체** : 선택한 객체가 구성 요소로 만들어지면서 구성 요소로 대체됩니다.

03 태그 만들고 변경하기

스케치업 프로 2021에서는 레이어(Layer)가 태그(Tag)로 명칭이 변경되었습니다. 태그를 잘 활용하면 좀 더 정리된 모델링을 만들 수 있으며, 객체를 보이기/숨기기 하여 복잡한 모델을 손쉽게 관리할 수 있습니다.

1) 태그 트레이 살펴보기

[태그] 트레이에서 레이어를 추가, 삭제, 이름, 보기, 색상 등을 설정할 수 있습니다. [창] 메뉴에서 [기본 트레이]의 [태그]를 체크하면 [태그] 트레이가 나타납니다.

[태그] 트레이

레이어 추가 ⊕ : 태그를 추가합니다.

레이어 삭제 ⊖ : 태그를 삭제합니다. 단, 현재 사용 중인 레이어는 삭제할 수 없습니다.

상세정보 ➡ : 세부사항을 변경할 수 있습니다.

- 모두 선택 : 모든 태그를 선택합니다.
- 제거 : 사용하지 않는 태그를 삭제합니다.
- 태그별 색 : 객체에 컬러를 지정하고 태그에도 컬러를 지정했을 경우 태그에서 지정한 컬러로 변경됩니다.

이름 : 태그 이름을 지정합니다.

보기 👁 : 해제하면 태그가 화면에 나타나지 않습니다.

색상 ▨ : 태그 색상을 지정합니다.

대시 : 선의 타입을 변경할 수 있습니다. 모델 경계선이 해당 태그의 선 타입으로 나타납니다.

1 태그를 현재 태그로 지정한 경우

현재 태그 ✏ : 이름 앞에 있는 라디오 버튼을 체크하면 현재 사용하는 태그로 변경됩니다. 현재 태그(Current Tag)는 삭제할 수 없습니다.

2) 태그 만들고 바꾸기

❶ [파일] 메뉴의 [열기]를 이용하여 tag.skp 파일을
엽니다. 태그를 만들기 위해 [태그] 트레이에서 태그
추가 ⊕ 버튼을 클릭하고 **tag1**을 입력합니다. 원하
는 색상을 지정합니다. ❷ 태그를 변경하기 위해 선
택 ▶ 툴을 선택하고 빨간색 객체 위에서 마우스 오
른쪽 버튼을 클릭한 후 [요소 정보]를 선택합니다.

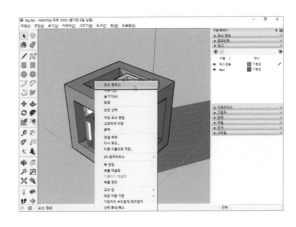

○ **예제 파일** | tag.skp

❸ [요소 정보] 트레이가 나타나면 트레이를 tag1로 선택
합니다. ❹ tag2, tag3 두 개의 태그를 더 만들어줍니다.
tag2 태그의 대시에서 선의 타입을 점선으로 변경합니다.
[요소 정보] 트레이에서 녹색 객체를 tag2, 노란색 객체를
tag3으로 변경합니다.

❺ [태그] 트레이에서 tag2, tag3 레이어의 보기를 해제하
면 화면에서 객체가 사라지게 됩니다. ❻ 물론 다시 체크
하면 나타납니다. 복잡하게 구성된 도면일수록 객체의 특
성에 맞게 태그를 만들면서 작업하는 것이 좋습니다.

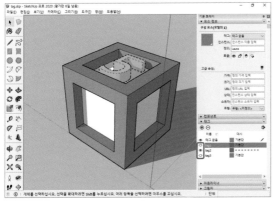

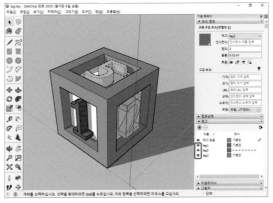

Tip

요소 정보
요소 정보에서는 객체에 대한 정보를 변경할 수 있습니다.

요소 정보 대화상자 살펴보기

[요소 정보] 대화상자에서는 객체에 대한 상세 정보를 확인하고 변경할 수 있습니다. 모서리, 면, 그룹, 구성 요소, 재질을 선택할 경우 해당 요소 정보가 나타납니다. 여기서는 대표적인 요소 정보에 대한 내용을 살펴보겠습니다.

[요소 정보] 대화상자

• **재질 설정**  : 버튼을 클릭하면 [페인트 선택] 대화상자에서 새로운 재질을 입력할 수 있습니다.

• **태그** : [태그] 트레이에서 제작된 이름을 나타냅니다. 태그는 레이어라고 생각하면 됩니다.

[태그] 트레이

• **인스턴스** : 구성 요소에 대한 대표 이름을 만들 수 있으며, 같은 구성 요소는 동일한 이름이 나타납니다.

• **정의** : 객체가 구성 요소일 경우에만 나타나며 구성 요소의 개별 이름을 변경할 수 있습니다.

• **유형** : 객체가 구성 요소, 그룹일 경우에만 나타나며 모델 정보의 분류시스템(*.skc, *.xsd)을 가져올 수 있습니다.

• **볼륨** : 객체가 구성 요소일 경우에 구성 요소의 부피와 면적을 나타냅니다.

토글

- 숨기기 👁 : 객체를 숨깁니다. [보기] 메뉴에서 [숨겨진 도형]을 체크하면 숨겨진 도형이 점선으로 나타납니다. 다시 [요소 정보] 대화상자에서 숨기기를 해제하면 화면에 나타납니다.

- 잠그기 🔒 : 객체에 Lock을 설정합니다. Lock이 설정되면 객체가 선택되지 않습니다.

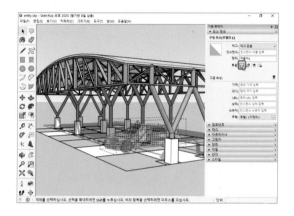

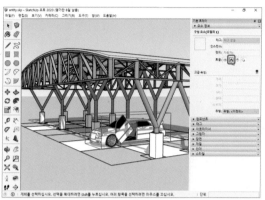

- 그림자를 거두지 않습니다 🔲 : 다른 객체에 의해서 만들어진 그림자 형성 여부를 결정합니다. [보기] 메뉴에서 [그림자]가 체크되어 있어야 합니다.

- 그림자를 씌우지 않습니다 🔲 : 선택한 객체의 그림자 형성 여부를 결정합니다. [보기] 메뉴에서 [그림자]가 체크되어 있어야 합니다.

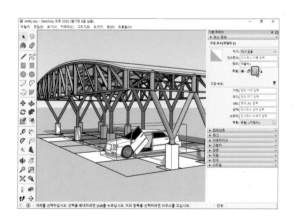

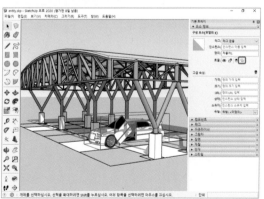

내가 그린 스케치 스케치업으로 모델링하기

종이 위에 그린 스케치 이미지를 불러와 모델링을 할 수 있습니다. 수작업에 의한 스케치 작업 이후 이를 모델링하기 위해 많이 사용하는 방법입니다.

- **스케치 이미지를 불러옵니다.**

[파일] 메뉴에서 [가져오기]를 이용하여 종이 위에 그린 스케치 그림을 불러옵니다. 물론 스케치는 스캔을 이용해야 합니다. [그리기] 도구에 있는 선✏️ 툴을 이용하여 평면도를 만들어줍니다.

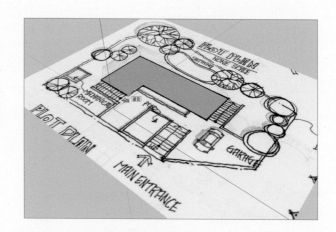

- **높이를 설정합니다.**

[편집] 도구 모음에 있는 밀기/끌기🔲 툴을 이용하여 높이를 설정하고 [기본] 도구 모음에 있는 페인트통🪣 툴을 이용하여 재질을 설정합니다.

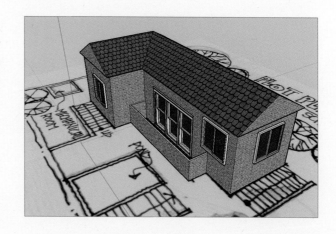

Lesson

08 2D, 3D 문자 입력하기

[축조] 도구 모음에 있는 텍스트 ⌨ 툴, 3D 텍스트 🔔 툴을 이용하여 2D 도형 문자와 3D 도형 문자를 만들어보 겠습니다. 또한 각도기 ⌀ 툴을 이용하여 안내선을 만들고 축 ✦ 툴을 이용하여 축을 변경해보겠습니다.

1. 좌표값, 선의 길이, 면적, 문자 입력하기

[축조] 도구 모음에 있는 기능을 이용하여 좌표값, 선의 길이, 면적 구하기, 문자 입력하기를 진행해 보겠습니다. 도면의 마무리 작업이라 할 수 있으며, 매우 중요한 단계입니다.

◉ **예제 파일** | 2dtxt.skp

01 좌표 입력하기

❶ 2dtxt.skp 파일을 엽니다. 특정 점에 대한 좌표값 을 입력하기 위해 [축조] 도구 모음에 있는 텍스트 ⌨ 툴을 선택하고 모델링의 좌측 상단 모서리 끝점 을 클릭합니다. ❷ 마우스를 위쪽 방향으로 이동한 다음 좌표의 위치를 클릭합니다. 지정한 X축, Y축, Z축 좌표값이 자동으로 나타나는 것을 확인할 수 있습니다. ❸ 다른 문자를 입력할 수도 있습니다. 문 자 입력을 종료하기 위해 선택 ▸ 툴을 클릭합니다.

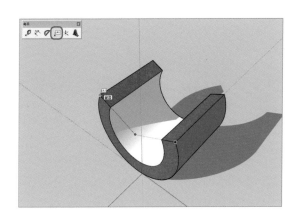

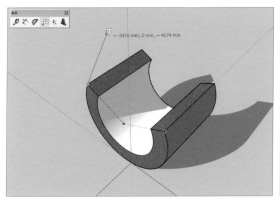

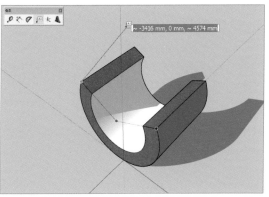

02 선의 길이 입력하기

❶ 선의 길이를 입력하기 위해 텍스트 ▣ 툴로 객체의 모서리를 클릭하고 마우스를 이동하여 위치를 클릭합니다. ❷ 선의 길이가 자동으로 나타나는 것을 확인할 수 있습니다. ❸ 다른 문자를 입력할 수 있습니다. 문자 입력을 종료하기 위해 선택 ▣ 툴을 클릭합니다.

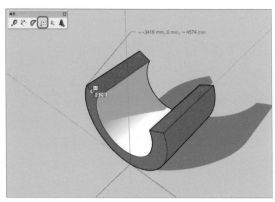

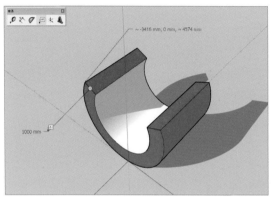

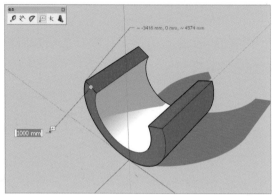

03 면적 입력하기

❶ 면의 면적을 입력하기 위해 모델링의 사각 면을 클릭합니다. ❷ 마우스를 이동하여 위치를 클릭합니다. ❸ 클릭한 면의 면적이 자동으로 나타나는 것을 확인할 수 있으며 다른 문자를 입력할 수 있습니다. 문자 입력을 종료하기 위해 선택 ▣ 툴을 클릭합니다.

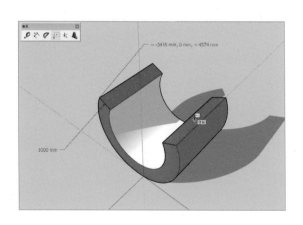

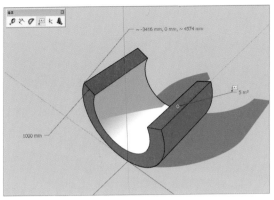 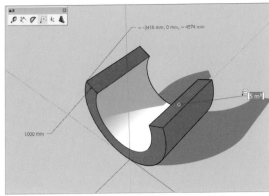

04 원하는 문자 입력하기

❶ 원하는 문자를 입력하기 위해 모델링의 안쪽 면을 클릭합니다. ❷ 마우스를 이동하여 위치를 클릭합니다.
❸ 다른 문자를 입력하기 위해 파란색 텍스트 입력창이 나타났을 때 **지정색 마감**을 입력하고 선택 툴을 클
릭합니다.

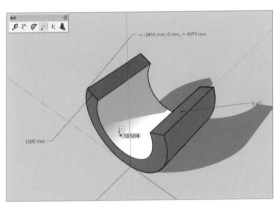 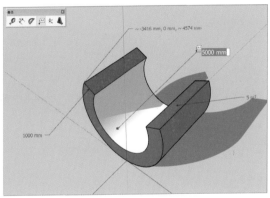

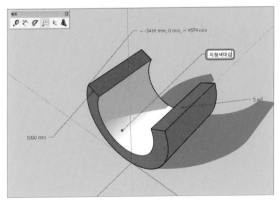

2. 3D 문자 입력하기

각도기 🖊 툴과 3D 텍스트 🔔 툴을 이용하여 3차원 도형 문자를 만들어보겠습니다. 문자의 높이 값과 높이 값을 지정하여 입력할 수 있습니다.

◎ 예제 파일 | 3dtxt.skp

01 각도기 중심 잡기

❶ 3dtxt.skp 파일을 엽니다. 안내선을 만들기 위해 [축조] 도구 모음에 있는 각도기 🖊 툴을 선택하고 각도기의 중심점을 그림과 같이 지정합니다. ❷ 마우스 왼쪽 버튼을 클릭한 채 오른쪽 방향으로 드래그하여 모서리의 끝점을 클릭합니다.

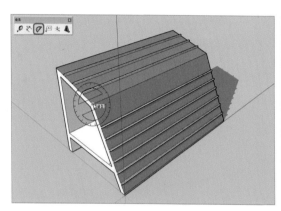 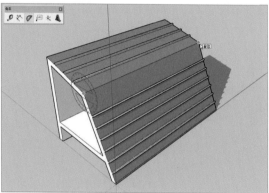

02 각도기 시작 각, 끝 각 지정하기

❶ 각도기의 시작점을 지정하기 위해 마우스를 이동하여 객체 상부 위의 끝점을 클릭합니다. ❷ 각도기의 끝점을 지정하기 위해 사선 하단 아래 끝점을 클릭합니다. 각도에 맞는 안내선이 만들어진 것을 확인할 수 있습니다.

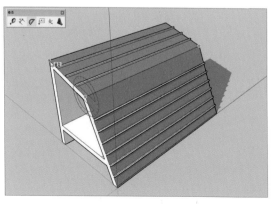 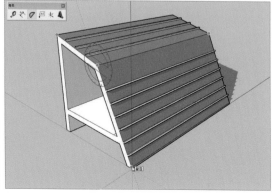

03 보조선 그리기

❶ 입체 문자가 위치할 보조 면을 만들어보겠습니다. [그리기] 도구 모음에 있는 선 ✏ 툴을 이용하여 선의 시작점을 지정합니다. ❷ 마우스를 안내선 위쪽 방향(선 위)으로 이동하고 선의 길이 **1500**을 입력한 후 Enter 를 누릅니다. ❸ 다시 한 번 마우스를 오른쪽 방향(빨강 축에)으로 이동하여 선이 만나는 지점을 클릭합니다. ❹ 다시 아래의 끝점을 지정하여 선 그리기를 종료합니다.

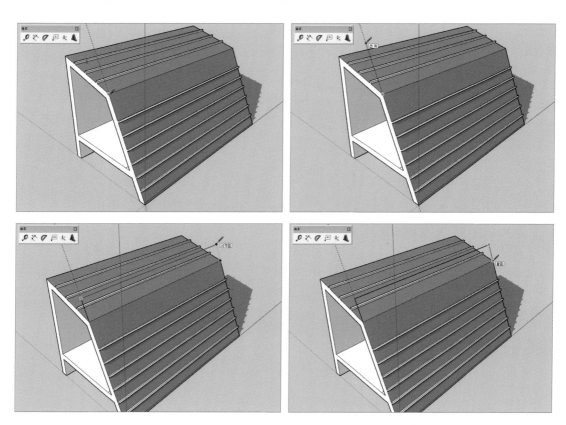

안내선(GuideLine)

[축조] 도구 모음에 이는 줄자 📏 툴과 각도기 📐 툴을 이용하면 보조선(점선)을 만들 수 있는데 이를 안내선(GuideLine)이라고 합니다. 안내선은 화면에는 보이지만 출력과 렌더링은 되지 않습니다. 3D 모델링 작업에서 매우 많이 사용하는 툴입니다.

04 3D 문자 입력하기

❶ 3D 도형 문자를 입력하기 위해 [축조] 도구 모음에 있는 3D 텍스트🔖 툴을 선택합니다. [3D 텍스트 배치] 대화상자가 나타나면 **SKETCHUP HOUSE**를 입력하고 글꼴, 높이, 돌출을 입력합니다. 글꼴은 굵은 폰트를 선택하면 됩니다. ❷ [배치] 버튼을 클릭한 다음 흰색 면 위에 적당하게 문자 위치를 지정합니다. ❸ 문자의 위치를 지정하기 위해 만든 보조 면과, 선, 안내선을 모두 삭제하고 문자의 색상은 임의로 지정합니다.

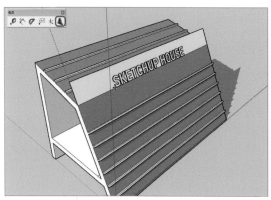

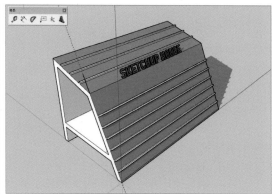

Tip

2D 문자 편집하기

축조 도구에 있는 텍스트🔲 툴을 이용하여 입력된 문자를 수정하려면 선택🔺 툴로 문자를 더블클릭합니다. 또한 바탕화면에 입력된 문자는 궤도🔷 툴로 화면을 전환해도 바닥에 위치하지 않고 무조건 바탕화면에 존재합니다.

○ **예제 파일** | txtedit.skp

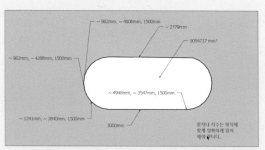

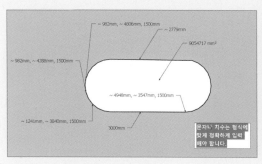

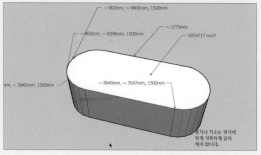

3D 문자 편집하기

[축조] 도구 모음에 있는 3D 텍스트 툴을 이용하여 입력된 문자는 만들어지는 동시에 문자 속성을 잃어버리기 때문에 선택 툴로 문자를 더블클릭해도 수정할 수 없습니다. 3D 문자를 입력하고 수정하려면 스케치업 확장 기능을 설치해야 합니다. 확장 기능을 추가하기 위해서는 [이미지 갤러리] 도구 모음에서 Extension Warehouse를 클릭하고 [Extension Warehouse] 대화상자가 나타나면 검색창에서 **text**를 입력하고 검색합니다. 원하는 툴을 다운로드하여 목록에 추가하면 자동으로 도구 모음에 설치됩니다. 플러그인을 다운받기 위해서는 트림블, 구글 계정으로 로그인해야 합니다. [Extension Warehouse]에는 다양한 텍스트 플러그인이 있으므로 적절히 사용하면 됩니다. 단, 스케치업 버전, 한글, 영문 호환성 등의 이유로 설치되지 않는 경우도 있습니다.

축(Axis) 설정 모르면 3D 작업을 못해요

스케치업에서 3D 모델링을 작업하다 보면 경사진 면에 정렬된 도형을 작도해야 할 경우가 있습니다. 이런 경우 축조 도구에 있는 축 ![] 툴을 이용하여 경사진 면에 X축(빨강), Y축(녹색)을 정렬해야 합니다.

○ 예제 파일 | axis.skp

❶ 경사진 면에 좌표 축을 정렬하기 위해 [축조] 도구에 있는 축 ![] 툴을 선택하고 원점을 지정합니다.

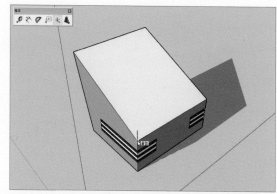

❷ X축 방향을 지정하기 위해 마우스를 오른쪽 방향으로 이동하여 끝점을 지정합니다.

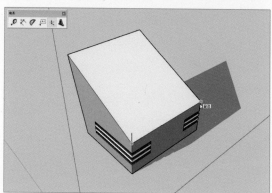

❸ Y축 방향을 지정하기 위해 마우스를 위쪽 방향으로 이동하여 끝점을 지정합니다.

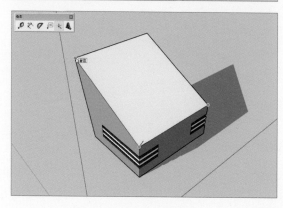

❹ 축이 새롭게 설정됩니다. Ctrl+A를 눌러 모든 객체를 선택합니다.

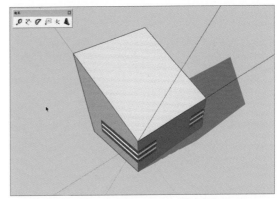

❺ 선택한 객체를 이동하기 위해 이동❖ 툴을 선택하고 시작점의 위치를 지정합니다.

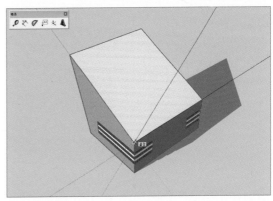

❻ Y축 방향(녹색 축에)으로 이동합니다. 새롭게 지정된 Y축 방향으로 객체가 이동되는 것을 확인할 수 있습니다.

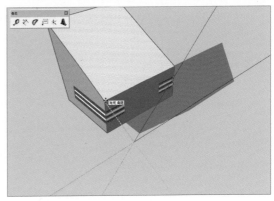

파일 열고 끝내기

새 도면을 이용하여 모델링을 하거나 기존 파일을 열어서 편집하고 스케치업을 종료할 때 저장하지 않은 상태에서 끝내는 경우가 있습니다. 파일을 저장하고 스케치업을 종료하는 방법을 익혀보겠습니다.

ㅇ 예제 파일 | openclose.skp

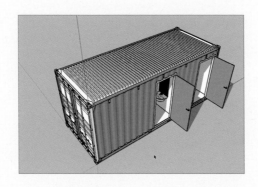

❶ **파일 열기** : [파일] 메뉴에서 [열기]를 이용하여 openclose.skp 파일을 엽니다.

❷ **변경하기** : [카메라] 도구에 있는 궤도 🔄 툴을 이용하여 화면을 전환합니다. 원 🔵 툴과 밀기/끌기 🔶 툴을 이용하여 내용을 변경합니다.

❸ **끝내기** : 스케치업을 종료하기 위해 [파일] 메뉴에서 [끝내기]를 선택합니다.

❹ **저장하기** : [SketchUp] 대화상자가 나타나고 **변경사항을 openclose.skp에 저장하시겠습니까?**라는 메시지가 나타나면 [예]를 클릭합니다.

❺ **파일 열기** : [파일] 메뉴에서 [열기]를 이용하여 다시 파일을 열면 변경된 장면이 열립니다.

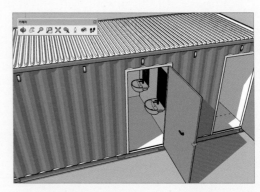

저장 단축키 [Ctrl]+[S]

스케치업을 이용하여 도면을 작성할 때 단축키 [Ctrl]+[S]를 이용하면 빠르게 도면을 저장할 수 있습니다.

실무테크닉 I
건물 스케치 모델링부터
포토샵 합성하기

이번 파트에서는 건물의 스케치 및 모델링 작업부터 포토샵에서 리터칭,

합성하는 내용을 익혀보겠습니다. 건축 설계 사무소, 인테리어 사무소에서

클라이언트에게 프레젠테이션 할 때 많이 사용하는 내용입니다. 반복적인

학습으로 진행 과정을 충분히 익혀두기 바랍니다.

SKETCHUP 2021

01 건물 투시도 만들기

건물의 외벽부터 처마(EAVES), 지붕(ROOF), 창문, 창틀, 판넬 등을 만들고 재질을 입혀보겠습니다. 좀 더 쉽게 스케치업 기능을 활용하기 위해 모델링 형태를 단순화하여 제작했습니다. 따라해보면서 스케치업의 기능과 활용법을 충분히 익히기 바랍니다.

● 완성 파일 | part03-1c.skp

펜 스케치 이미지

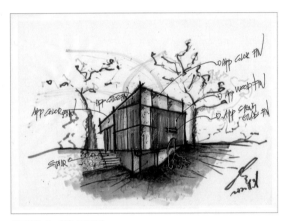

컬러링 스케치 이미지

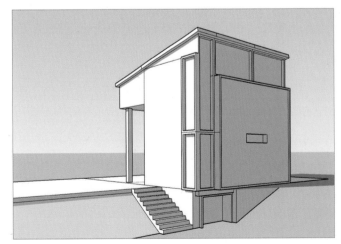

완성된 모델링

01 펜 스케치하기

스케치용 펜을 이용하여 건물 모델링 이미지
를 스케치합니다. 자유롭게 그린 스케치 이
미지이지만 스케치업 프로 2021을 이용하여
모델링할 때는 정확한 수치를 입력하여 모델
링해야 합니다.

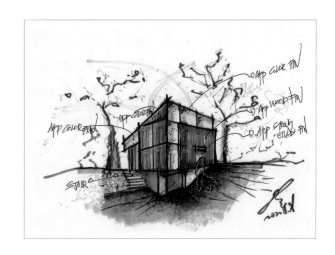

02 기본 설정하기

❶ 스케치업을 실행하고 [SketchUp 시작] 대화상자의 새 모델 만들기에서 [건축 밀리미터] 단위를 선택합니
다. ❷ 도구 모음에 있는 선택 ▶ 툴로 사람 모델링을 클릭한 후 Delete 를 눌러 삭제합니다.

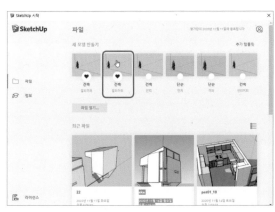

03 축 재설정하기

❶ 축을 재설정하기 위해 도구 모음에 있는 축 🄺 툴을 선택하고 원점을 클릭합니다. ❷ X축을 지정하기 위해
녹색 축에 임의의 점을 클릭합니다.

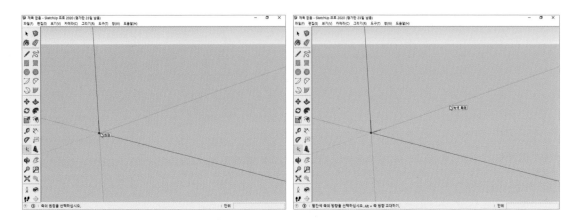

04 사각형 만들기

❶ Y축을 재지정하기 위해 **파랑 축에** 임의의 점을 클릭합니다. ❷ 벽면을 만들기 위해 도구 모음에 있는 직사
각형 🔲 툴을 선택하고 원점을 클릭합니다.

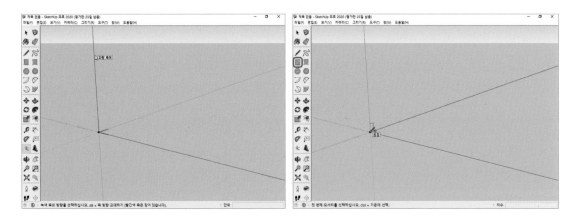

축을 변경하는 이유

스케치업(SketchUp)은 3개의 축이 있지만, AutoCAD에서와 같이 X/Y/Z 축이 아닌 R/G/B 축으로 이름을 지정하여 사용하고 있습니다. 그 이유는 빛의 3원색이 Red, Green, Blue이며 화면에서 쉽게 구분할 수 있기 때문입니다. 스케치업의 축을 재설정 하려면 세 점을 지정해야 합니다. 기준점을 클릭하고 빨강 축 방향을 클릭한 후, 마지막으로 녹색 축 방향을 클릭하면 됩니다. 파랑 축은 녹색 축을 지정하는 동시에 자동으로 설정되며 변경할 수 없습니다.

• 기준점을 클릭합니다.

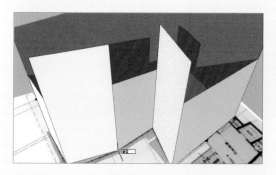

• X축의 방향 점을 클릭합니다.

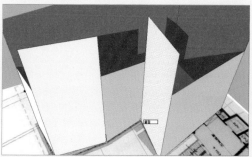

• Y축의 방향 점을 클릭합니다.

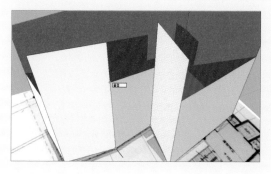

• 빨강(X축), 녹색(Y축), 파랑(Z축)이 재구성되었으며 원⬤ 툴로 바탕화면에 원을 그리면 재구성된 X축, Y축에 평행한 원이 그려집니다.

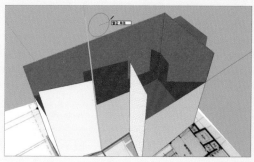

05 돌출하기

❶ 마우스를 오른쪽 상단으로 이동하고 **8000,8000**을 입력한 후 `Enter`를 누릅니다. ❷ 면을 돌출시키기 위해
도구 모음에 있는 밀기/끌기 🔷 툴을 선택하고 정면을 클릭한 후 안쪽(왼쪽) 방향으로 드래그한 다음 **5000**을
입력하고 `Enter`를 누릅니다.

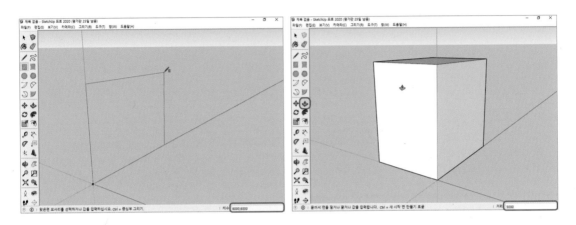

06 추가 돌출하기

❶ 면을 추가로 돌출시키기 위해 `Ctrl`을 누른 채 면을 클릭합니다. ❷ 바깥 방향으로 마우스를 이동하고 **3000**
을 입력한 후 `Enter`를 누릅니다.

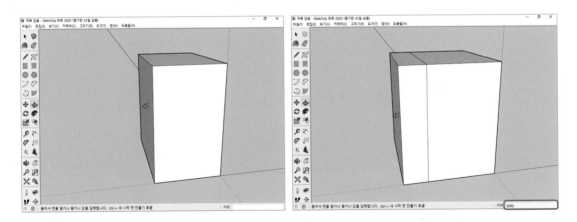

07 사각형 만들기

❶ 또 하나의 벽면을 만들기 위해 직사각형▣ 툴을 선택하고 회색 바탕을 클릭한 후 우측 상단으로 드래그합니다. ❷ 크기를 지정하기 위해 **6800,600**을 입력하고 [Enter]를 누릅니다.

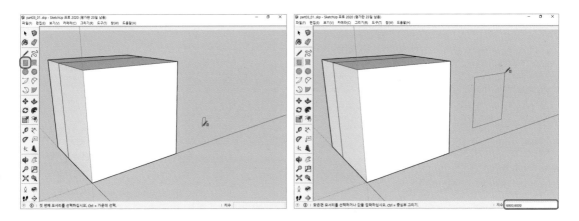

08 이동하기

❶ 도구 모음에 있는 선택▣ 툴을 이용하여 사각형을 선택합니다. ❷ 객체를 이동하기 위해 이동✥ 툴을 선택하고 사각형의 우측 하단 끝점을 클릭합니다.

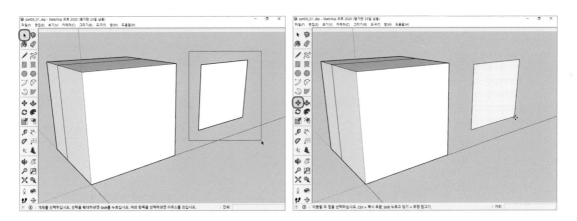

09 벽체 선 그리기

❶ 다음 점을 직육면체의 우측 하단 끝점에 지정합니다. ❷ 벽체의 선을 그리기 위해 도구 모음에 있는 선 ✏️ 툴을 선택하고 사각형의 왼쪽 끝점을 클릭합니다.

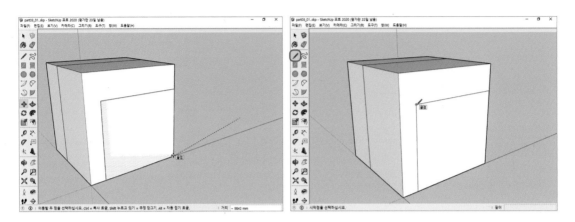

10 선 그리기

❶ Y축 방향(녹색 선)으로 이동하여 모서리에 있는 **가장자리에**를 클릭합니다. ❷ 이번에는 다른 벽체 선을 만들기 위해 그림과 같이 모서리의 중간점을 클릭합니다.

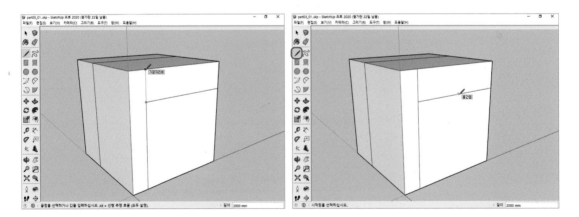

11 출입구 벽체 선 만들기

❶ Y축 방향(녹색 선)으로 이동하여 모서리의 중간점을 클릭합니다. ❷ 출입구에 있는 벽체 선을 만들기 위해 사각형 세로선의 중간점을 클릭합니다.

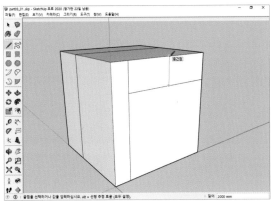 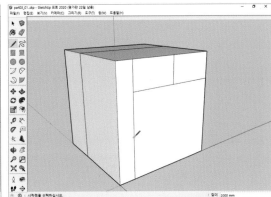

12 선 그리기

X축 방향(빨간 선)으로 이동하여 **가장자리에**를 클릭합니다.

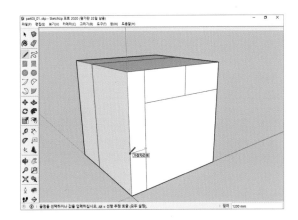

Tip

단축키 만들기

스케치업 프로 2021에서 단축키를 만들기 위해서는 [창] 메뉴에 있는 [환경 설정]을 이용하면 됩니다. [SketchUp 환경 설정] 대화상자의 기능에서 원하는 명령어를 선택하고 단축키 추가에 원하는 단축키를 입력하고 ➕ 버튼을 누릅니다. 할당됨에 추가한 단축키가 나타나는 것을 확인할 수 있습니다. [확인] 버튼을 누릅니다.

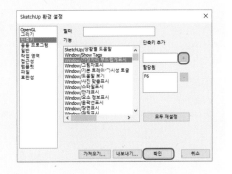

13 창문 선 만들기

❶ 창문의 경계선을 만들기 위해 도구 모음에 있는 직사각형▣ 툴을 선택하고 회색 바탕을 클릭한 후 우측 상
단으로 드래그합니다. 크기를 지정하기 위해 **2000,500**을 입력하고 [Enter]를 누릅니다. ❷ 보조선을 만들기 위
해 선✏ 툴을 선택하고 그림과 같이 선의 끝점을 클릭합니다.

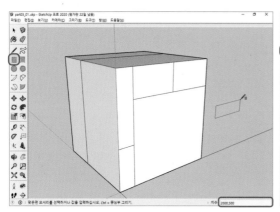
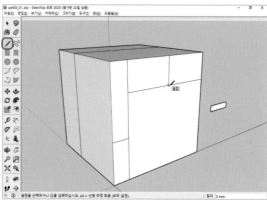

면 숨기기

면 위에서 마우스 오른쪽 버튼을 클릭하고 [숨기기]를 선택하면 면을
숨길 수 있습니다. 숨겨진 면을 다시 보여주기 위해서는 [보기] 메뉴에
서 [숨겨진 도형]을 선택합니다. 숨겨진 면 위에 그리드가 나타나는데,
이 그리드에서 마우스 오른쪽 버튼을 클릭하고 [숨기기 취소]를 선택
하면 다시 면이 보이게 됩니다.

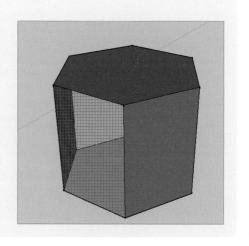

14 이동하기

❶ 마우스를 –Y축 방향(녹색 선)으로 이동하여 왼쪽에 있는 끝점과 만나는 지점을 클릭합니다. 교차되는 지점이 나타나지 않을 경우 수평선의 오른쪽 끝점을 지나치면 됩니다. ❷ 선택▶ 툴로 사각형을 드래그하여 선택합니다.

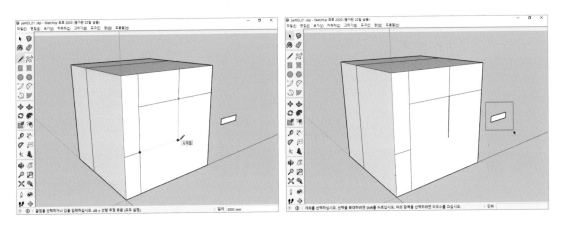

15 삭제하기

❶ 객체를 움직이기 위해 이동✛ 툴을 선택하고 사각형의 상부 중간점을 클릭합니다. 다음 점은 앞에서 그린 보조선의 하단 끝점을 지정합니다. ❷ 객체를 선택하기 위해 선택▶ 툴을 선택하고 수직선을 클릭한 후 Delete를 눌러 삭제합니다.

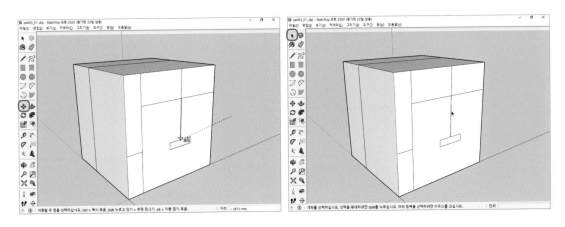

16 평행 복사하기

❶ 모서리를 안쪽 방향으로 평행 복사하기 위해 도구 모음에 있는 오프셋⌨ 툴을 선택합니다. 그림과 같이 면을 클릭하고 안쪽 방향으로 이동합니다. ❷ 이동 거리 **100**을 입력하고 Enter를 누릅니다.

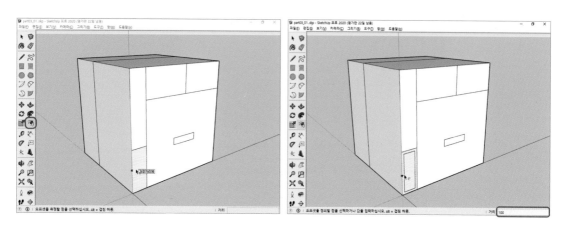

17 반복하기

❶ 앞에서 실행한 명령을 반복하기 위해 다른 면을 더블클릭합니다. ❷ 같은 방법으로 두 개의 면도 오프셋을 만들어줍니다.

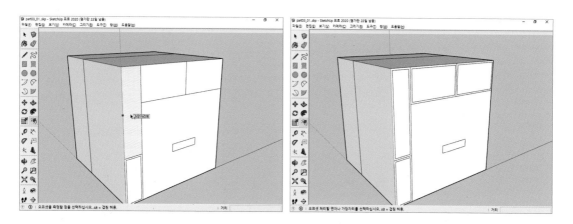

<u>18</u> 돌출하기

❶ 면을 돌출하기 위해 밀기/끌기 ◈ 툴을 선택하고 정면을 클릭한 후 바깥쪽 방향으로 드래그한 다음 **300**을 입력하고 [Enter]를 누릅니다. ❷ 이번에는 다른 창문의 면을 클릭하고 안쪽 방향으로 드래그하고 **200**을 입력한 후 [Enter]를 누릅니다.

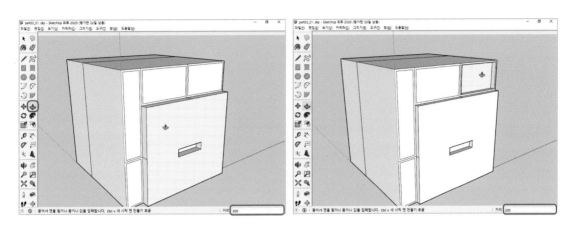

<u>19</u> 돌출 반복하기

❶ 앞에서 실행한 밀기/끌기를 반복하기 위해 면을 더블클릭합니다. ❷ 나머지 2개의 면도 더블클릭합니다.

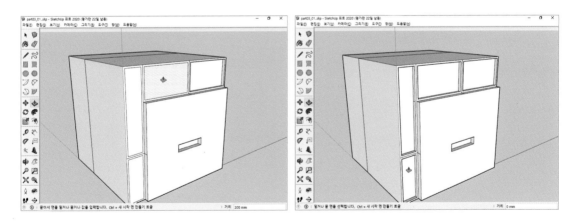

더블클릭

밀기/끌기 ◈ 툴로 면을 더블클릭하면 바로 이전에 입력했던 돌출 방향과 높이가 반복 실행됩니다.

가장자리 스타일

모델링의 가장자리(Edge) 스타일을 지정할 수 있습니다. [보기] 메뉴에서 [가장자리 스타일]을 선택하면 [가장자리] [뒤쪽 가장자리] [프로필] [깊이감] [확장]이 나타납니다.

● 예제 파일 | part03\edge.skp

[가장자리]는 모델링의 모서리를 보여줄지에 대한 여부를 설정하는 것이고, [뒤쪽 가장자리]는 보이지 않는 선을 점선으로 표시합니다. [프로필]은 모델링의 뒷면 가장자리를 굵게 표현해주고, [깊이감]은 앞면 가장자리를 좀 더 굵게 표현해줍니다. [확장]은 모델링의 각 모서리에 연장선을 표시합니다. [스타일] 트레이의 편집에서 연장선의 길이를 설정할 수 있습니다.

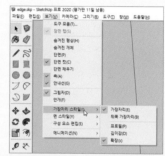

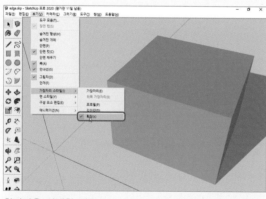

확장만을 선택한 경우

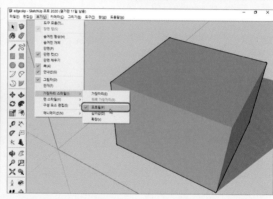

프로필만을 선택한 경우

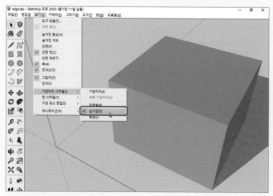

깊이감만을 체크한 경우

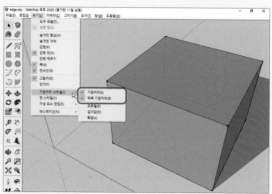

가장자리와 뒤쪽 가장자리를 체크한 경우

20 선 복사하기

❶ 객체를 선택하기 위해 선택▣ 툴로 건물 상부 모서리를 클릭합니다. ❷ 도구 모음에 있는 이동✛ 툴을 선택하고 시작점을 클릭한 후 객체를 복사하기 위해 Ctrl을 한 번 눌러 줍니다.

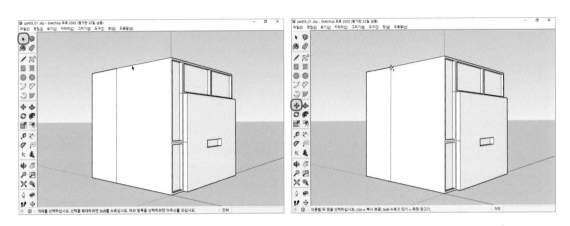

21 지붕 선 만들기

❶ 마우스를 아래쪽 방향(녹색 축)으로 이동하고 1000을 입력하고 Enter를 누릅니다. ❷ 선✏ 툴을 선택하고 그림과 같이 두 점을 연결하는 지붕 선을 만들어줍니다.

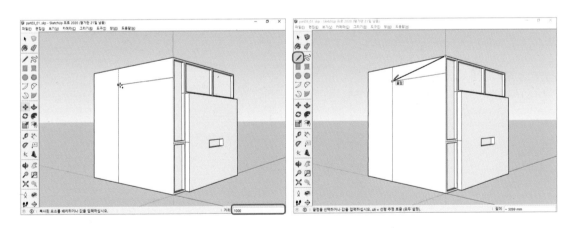

22 연장선 만들기

❶ 다시 한 번 선의 시작점을 클릭합니다. ❷ 앞에서 그린 선의 연장선을 만들기 위해 마우스를 왼쪽 하단으로 이동하면 분홍색 선이 나타납니다. 수직선 모서리를 클릭합니다.

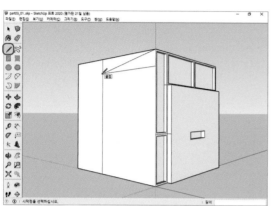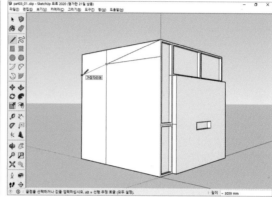

23 돌출하기

❶ 도구 모음에 있는 선택▨ 툴로 수직선을 클릭하고 Delete 를 눌러 삭제합니다. ❷ 면을 돌출하기 위해 밀기/끌기⬥ 툴을 선택하고 면을 클릭합니다.

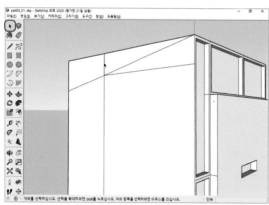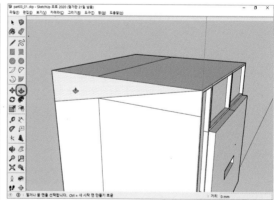

24 면 삭제하기

❶ 뒤쪽 방향으로 드래그하여 **오프셋 한계 −8000mm**가 나타나면 마우스를 클릭합니다. ❷ 면을 선택하기 위해 선택▣ 툴을 선택합니다. 시작점을 클릭하고 왼쪽 하단으로 드래그하여 점선 사각형에 걸친 면과 모서리를 선택합니다. [Delete]를 누릅니다.

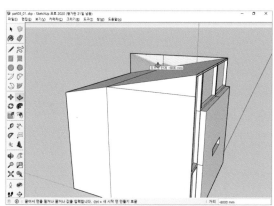 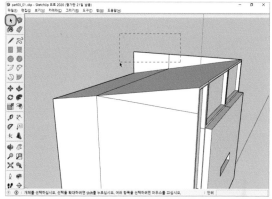

Tip

면 삭제

밀기/끌기▣ 툴로 면을 돌출할 경우 돌출이 끝나는 지점에 면이 있으면 그 면까지 돌출이 되며 면은 삭제됩니다. 빨간색 문자로 오프셋 한계 표시가 나타납니다.

면을 돌출하기 위해 도구 모음에 있는 밀기/끌기▣ 툴을 선택하고 돌출 면을 클릭한 후 오른쪽 방향으로 드래그한 다음 **오프셋 한계 -3000mm**가 나타나면 마우스를 클릭합니다. 면이 삭제된 것을 확인할 수 있습니다.

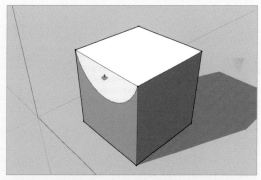

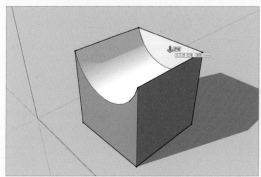 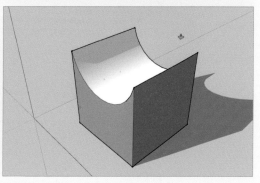

25 선택하기

❶ 객체를 선택하기 위해 선택▣ 툴을 선택하고 Shift 를 누른 채 두 개의 수직 모서리를 클릭합니다. ❷ 객체를 이동하기 위해 이동▣ 툴을 선택하고 시작점을 클릭합니다.

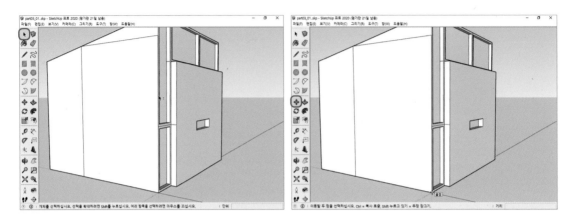

26 복사하기

❶ 선택된 모서리를 복사하기 위해 Ctrl 을 한 번 누르고 왼쪽 방향(파랑 축)으로 이동한 후 **1200**을 입력한 다음 Enter 를 누릅니다. ❷ 선▣ 툴을 선택하고 그림과 같이 두 끝점을 연결하는 선을 만들어줍니다.

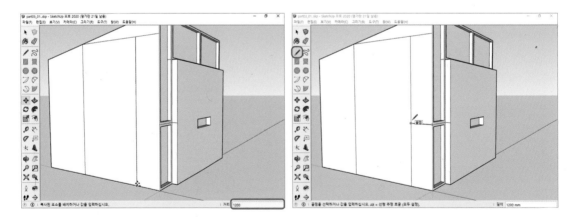

27 평행 복사하기

❶ 모서리를 안쪽 방향으로 평행 복사하기 위해 도구 모음에 있는 오프셋 툴을 선택합니다. 그림과 같이 면을 클릭하고 안쪽 방향으로 이동합니다. ❷ 이동 거리 100을 입력하고 Enter 를 누릅니다.

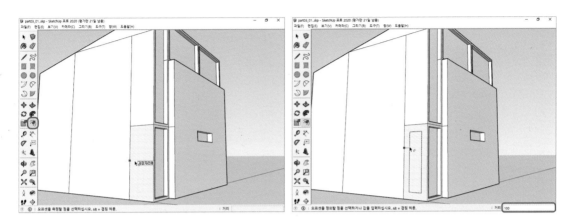

28 돌출하기

❶ 앞에서 실행한 명령을 반복하기 위해 다른 면을 더블클릭합니다. ❷ 면을 돌출하기 위해 밀기/끌기 툴을 선택하고 창틀을 클릭한 후 바깥쪽 방향으로 드래그한 다음 200을 입력하고 Enter 를 누릅니다.

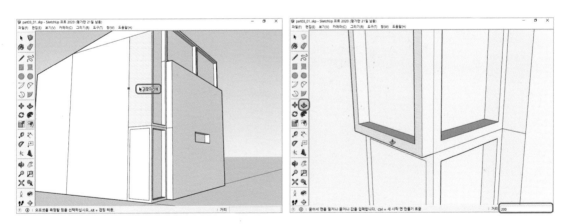

29 처마 만들기

❶ 돌출을 반복 실행하기 위해 다른 창틀을 더블클릭합니다. ❷ 처마를 만들기 위해 건물 아래 면을 보여줍니다. 밀기/끌기 ◈ 툴을 선택하고 면을 클릭합니다.

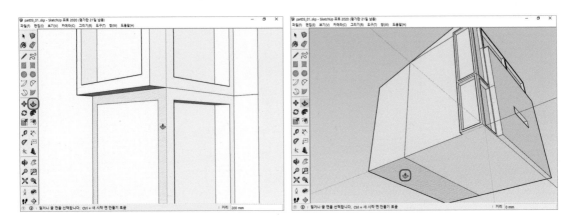

30 지하실 만들기

❶ 위 방향으로 드래그하고 **4900**을 입력한 다음 Enter 를 누릅니다. ❷ 지하실의 입면을 만들기 위해 도구 모음에서 선 ✎ 툴을 선택하고 모서리의 끝점을 클릭합니다.

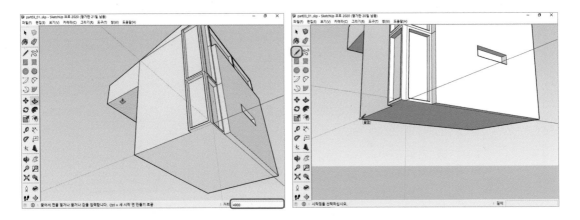

31 선 그리기

❶ 두 번째 점을 지정하기 위해 아래 방향(녹색 축에)으로 이동하고 **2000**을 입력한 후 Enter를 누릅니다. ❷ 이번에는 오른쪽 방향(빨강 축에)으로 이동하고 **3000**을 입력하고 Enter를 누릅니다.

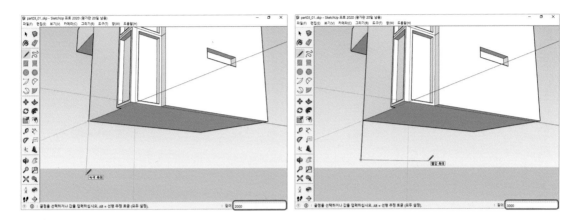

32 돌출하기

❶ 선 그리기를 마무리하기 위해 모서리 끝점을 클릭합니다. ❷ 면을 돌출하기 위해 밀기/끌기 툴을 선택합니다. 지하실의 입면을 클릭하고 오른쪽 방향으로 드래그한 후 **5000**을 입력한 다음 Enter를 누릅니다.

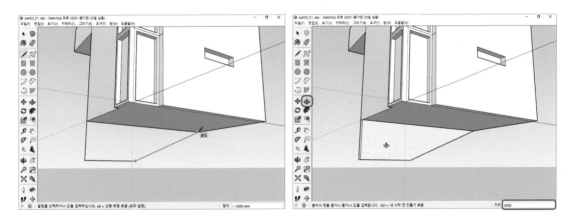

33 출입구 만들기

❶ 선✏️ 툴을 이용하여 선의 끝점과 상부 모서리와 수직이 되는 선을 만들어줍니다. ❷ 면을 돌출하기 위해 밀기/끌기◆ 툴을 선택합니다. 지하실의 출입구에 해당하는 면을 클릭한 후 안쪽 방향으로 드래그한 후 **500**을 입력한 다음 Enter 를 누릅니다.

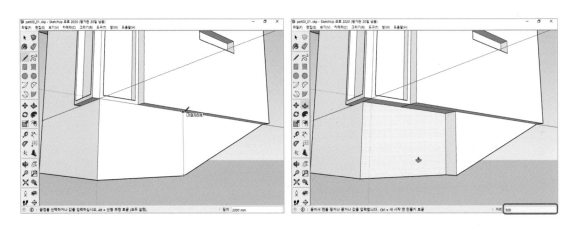

34 복사하기

❶ 객체를 선택하기 위해 선택▶ 툴로 모서리를 클릭합니다. ❷ 선택된 객체를 이동하기 위해 이동◆ 툴을 선택하고 모서리 끝점을 클릭합니다. Ctrl 을 한 번 눌러 복사합니다.

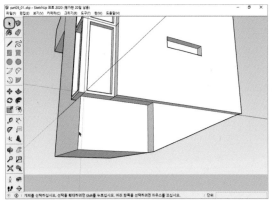
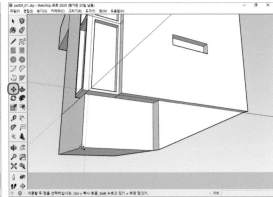

35 삭제하기

❶ 마우스를 오른쪽 방향(빨강 축에)으로 이동하고 **500**을 입력한 후 Enter를 누릅니다. ❷ 객체 선택을 해제하기 위해 선택 ![cursor] 툴로 바탕을 한 번 클릭합니다. 다시 한 번 Shift를 누른 채 두 개의 모서리를 클릭합니다.

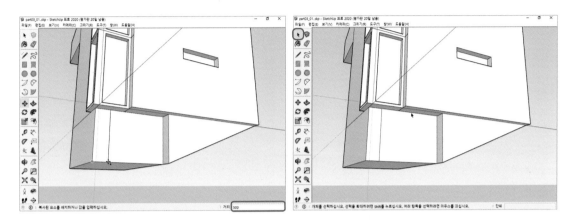

36 복사하기

❶ 선택된 객체를 이동하기 위해 이동 ![move] 툴을 선택하고 끝점을 클릭한 후 Ctrl을 한 번 눌러 복사합니다.
❷ 아래 방향(녹색 축에)으로 이동하고 **300**을 입력한 후 Enter를 누릅니다.

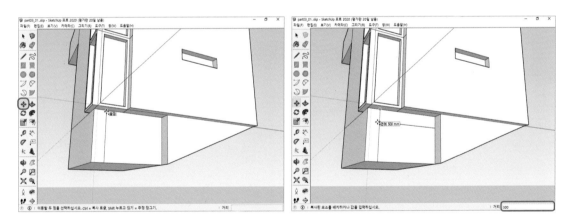

37 문틀 만들기

❶ 객체를 선택하기 위해 선택 ▶ 툴로 모서리를 클릭하고 Delete 를 눌러 선택된 객체를 삭제합니다. ❷ 모서리를 안쪽 방향으로 평행 복사하기 위해 도구 모음에 있는 오프셋 ⤵ 툴을 선택합니다. 그림과 같이 면을 클릭하고 안쪽 방향으로 이동합니다. 이동 거리 **100**을 입력하고 Enter 를 누릅니다.

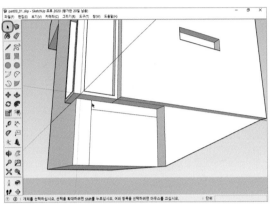
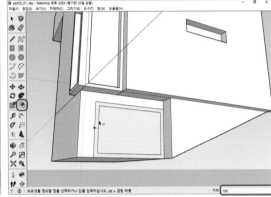

38 선 그리기

❶ 선을 그리기 위해 선 ✎ 툴을 선택하고 사각형의 왼쪽 하단 끝점을 클릭합니다. ❷ 마우스를 아래쪽 방향(녹색 축에)으로 이동하고 **가장자리에**가 나타나면 두 번째 점을 클릭합니다.

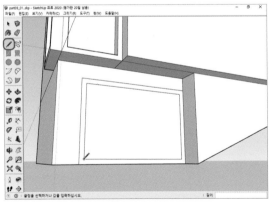
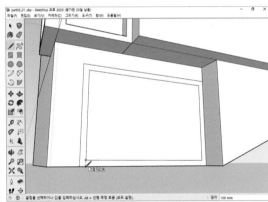

39 삭제하기

❶ 같은 방법으로 오른쪽 세로선을 만들어줍니다. ❷ 객체를 선택하기 위해 선택 ▸ 툴로 가로선을 클릭하고 선택된 객체를 삭제하기 위해 Delete 를 눌러줍니다.

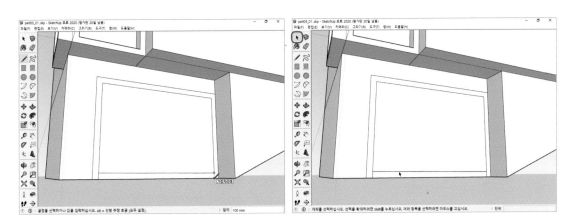

40 돌출하고 선 그리기

❶ 면을 돌출시키기 위해 밀기/끌기 ◈ 툴을 선택하고 면을 클릭하고 안쪽 방향으로 드래그한 후 **500**을 입력한 다음 Enter 를 누릅니다. ❷ 선을 그리기 위해 선 ✎ 툴을 선택하고 모서리 끝점을 클릭합니다.

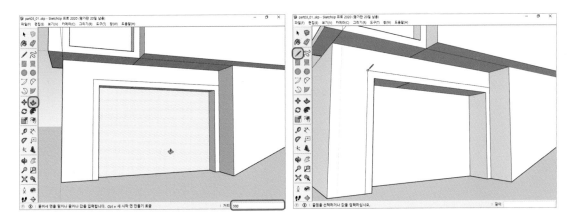

41 선 그리기

❶ 마우스를 왼쪽 방향(빨강 축에)으로 이동하고 **300**을 입력한 후 (Enter)를 누릅니다. ❷ 마우스를 위 방향(녹색 축에)으로 이동하고 **가장자리에**가 나타나면 두 번째 점을 클릭합니다.

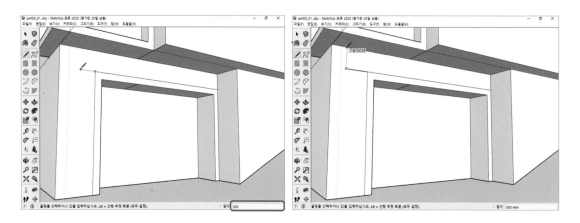

42 처마, 문틀 만들기

❶ 면을 돌출하기 위해 밀기/끌기 ![밀기/끌기 아이콘] 툴을 선택합니다. 면을 클릭하고 바깥쪽 방향으로 드래그한 후 **300**을 입력한 다음 (Enter)를 누릅니다. ❷ 이번에는 문틀에 해당하는 면을 클릭하고 바깥쪽 방향으로 드래그한 후 **200**을 입력하고 (Enter)를 누릅니다.

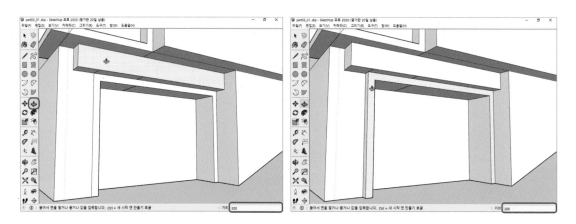

43 축 재설정하기

❶ Shift 를 누른 채 선택 ► 툴로 4개의 선을 클릭하고 Delete 를 눌러 삭제합니다. ❷ 축을 재설정하기 위해 축 위에서 마우스 오른쪽 버튼을 클릭하고 [재설정]을 선택합니다.

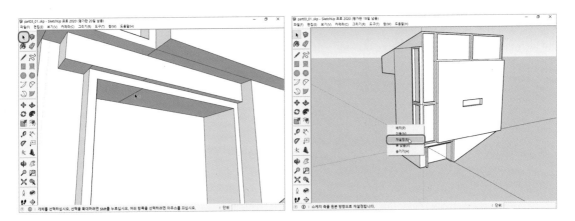

44 계단 만들기

❶ 계단 평면을 만들기 위해 도구 모음에 있는 직사각형 ■ 툴을 선택하고 시작점을 클릭한 후 마우스를 우측 상단으로 이동한 다음 **300,3000**을 입력한 후 Enter 를 누릅니다. ❷ 면을 돌출시키기 위해 밀기/끌기 ◆ 툴을 선택합니다. 면을 클릭하고 위쪽 방향으로 드래그한 후 **200**을 입력한 다음 Enter 를 누릅니다.

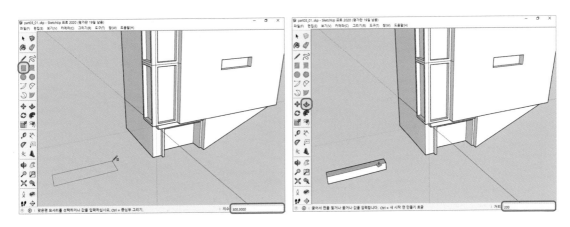

45 선택하고 이동하기

❶ 도구 모음에 있는 선택▣ 툴로 드래그하여 계단 1개를 선택합니다. ❷ 객체를 움직이기 위해 이동✦ 툴을 선택하고 시작점을 계단의 우측 하단 점에 지정합니다.

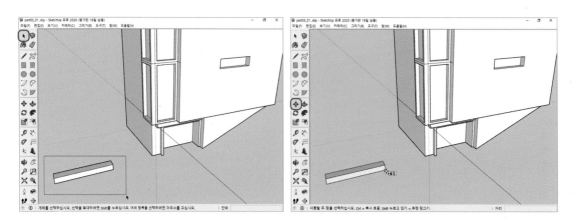

46 복사하기

❶ 객체를 복사하기 위해 [Ctrl]을 한 번 눌러주고 다음 점을 클릭합니다. ❷ 9개를 더 복사하기 위해 **x9**를 입력하고 [Enter]를 누릅니다.

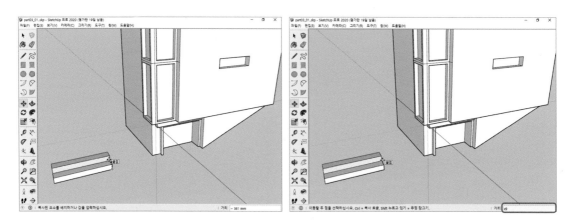

47 이동하기

❶ 객체를 선택하기 위해 선택↖ 툴로 드래그하여 계단 전체를 선택합니다. ❷ 객체를 움직이기 위해 이동✥ 툴을 선택하고 첫 번째 계단의 우측 하단 끝점을 클릭합니다.

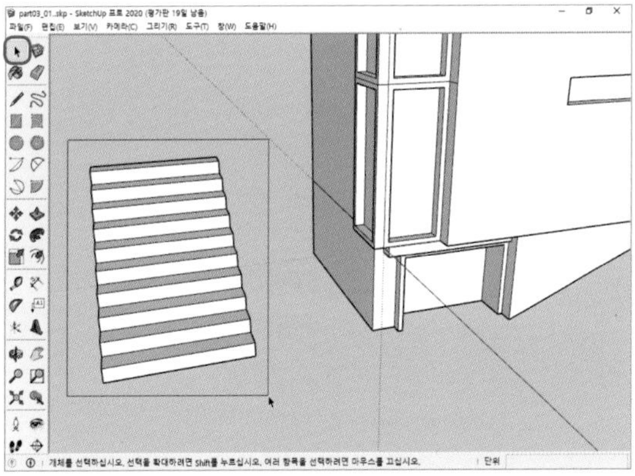

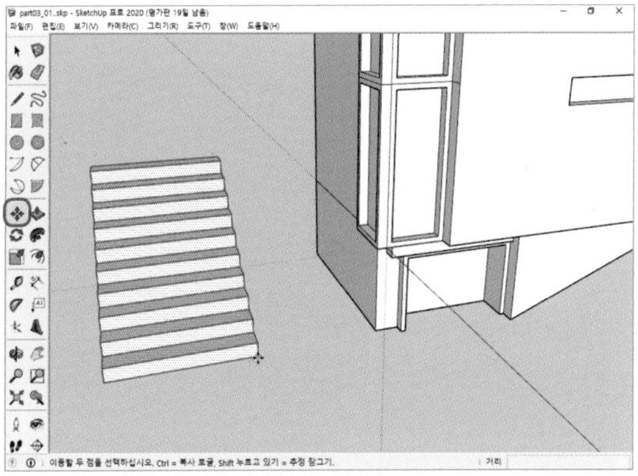

48 계단 옆면 만들기

❶ 다음 점을 건물의 지하실 입구 왼쪽 모서리 아래 끝점에 지정합니다. ❷ 계단의 옆면을 만들기 위해 선✎ 툴을 선택하고 시작점을 클릭합니다.

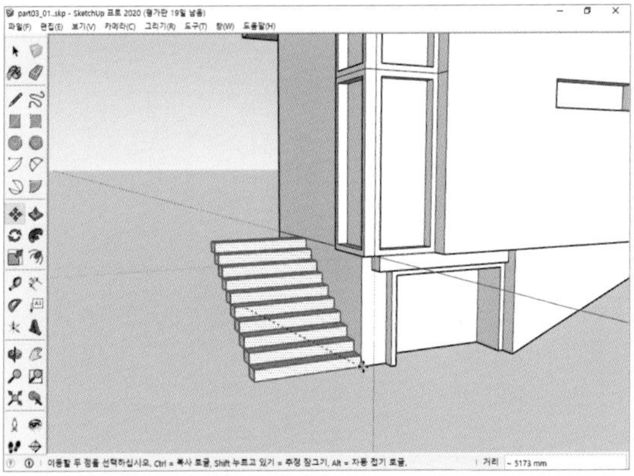

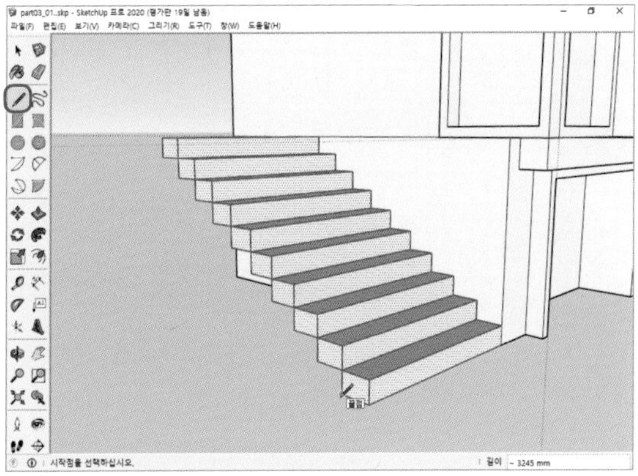

49 선 삭제하기

❶ 두 번째 점을 맨 마지막 계단의 왼쪽 하단 끝점에 지정합니다. ❷ 선택 ▶ 툴로 회색의 바탕화면을 한 번 클릭합니다. 맨 아래에 있는 세로선을 클릭합니다.

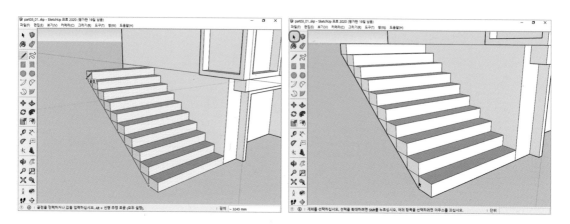

50 삭제하기

❶ 선택을 추가하기 위해 Shift 를 누르고 17개의 선을 클릭합니다. Delete 를 눌러 선택된 객체를 삭제합니다.
❷ 계단의 아래 면을 보여주고 선 ✏ 툴을 선택하고 시작점을 지정합니다.

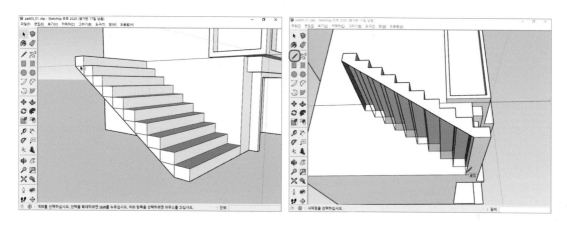

<u>51</u> 삭제하기

❶ 두 번째 점을 지정합니다. ❷ 선택▶ 툴을 선택하고 Shift 를 누른 채 8개의 선을 클릭한 후 선택된 객체를 삭제하기 위해 Delete 를 눌러줍니다.

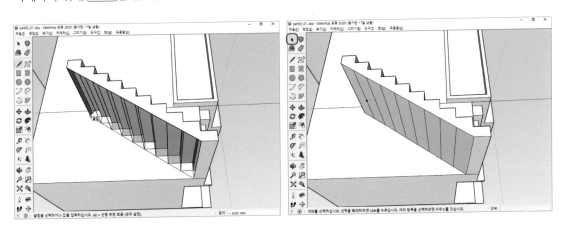

<u>52</u> 평행 복사하기

❶ 선택▶ 툴을 선택하고 Shift 를 누른 채 2개의 선을 클릭합니다. ❷ 모서리를 복사하기 위해 도구 모음에 있는 오프셋◉ 툴을 선택하고 모서리를 클릭합니다.

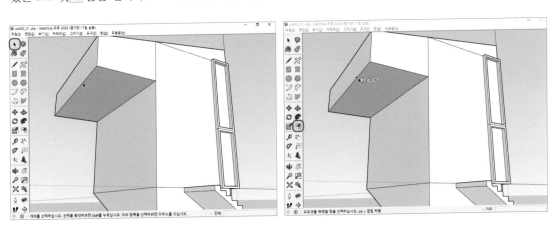

53 기둥면 만들기

❶ 마우스를 안쪽 방향으로 이동하고 **300**을 입력하고 [Enter]를 누릅니다. 기둥의 평면을 만들기 위해 직사각형▣ 툴을 선택하고 모서리 끝점을 클릭합니다. ❷ 면 위에서 마우스를 우측 하단 방향으로 이동하고 크기를 지정하기 위해 **300,300**을 입력한 후 [Enter]를 누릅니다.

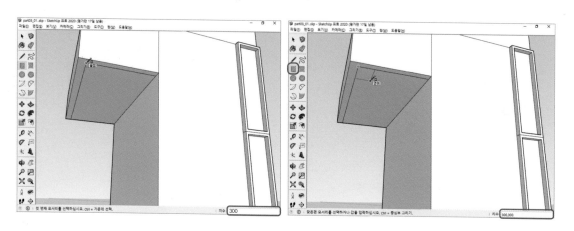

54 삭제하기

❶ 선택▶ 툴을 선택하고 [Shift]를 누른 채 2개의 선을 클릭한 후 [Delete]를 눌러 선택된 객체를 삭제합니다. ❷ 앞에서 그린 기둥면 내부를 더블클릭하고 심볼을 만들기 위해 마우스 오른쪽 버튼을 클릭한 후 [구성 요소 만들기]를 선택합니다.

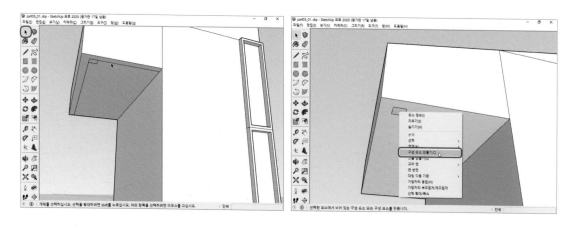

55 심볼 복사하기

❶ [구성 요소 만들기] 대화상자가 나타나면 일반의 정의에 **기둥면**을 입력하고 [만들기] 버튼을 클릭합니다.
❷ 선택▶ 툴을 선택하고 기둥면 심볼을 클릭합니다. 객체를 움직이기 위해 이동✦ 툴을 선택하고 기둥면 모서리의 끝점을 클릭합니다. 객체를 복사하기 위해 [Ctrl]을 한 번 누릅니다.

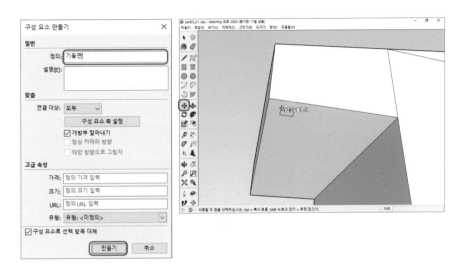

56 심볼 편집하기

❶ Y축 방향(녹색)으로 마우스를 이동하고 **7100**을 입력한 후 [Enter]를 누릅니다. ❷ 선택▶ 툴을 선택하고 기둥면 심볼을 더블클릭합니다.

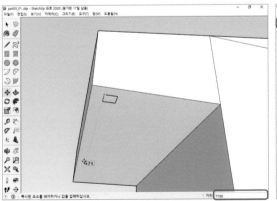 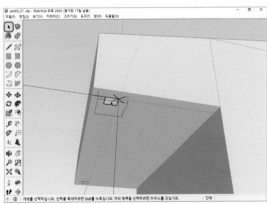

<u>57</u> 그림자 만들기

❶ 면을 돌출하기 위해 밀기/끌기 ◈ 툴을 선택하고 면을 클릭하고 아래쪽 방향으로 드래그한 후 **4900**을 입력한 다음 Enter 를 누릅니다. ❷ 좀 더 입체감을 보여주기 위해 [보기] 메뉴에서 [그림자]를 체크합니다. 그림자는 경우에 따라 해제해도 상관없습니다.

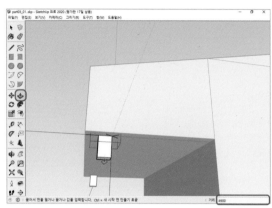
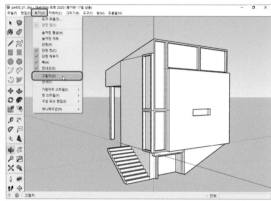

<u>58</u> 테두리 만들기

❶ 모서리를 평행 복사하기 위해 도구 모음에 있는 오프셋 ⓡ 툴을 선택합니다. 면을 클릭합니다. ❷ 마우스를 안쪽 방향으로 이동하고 **100**을 입력한 후 Enter 를 누릅니다.

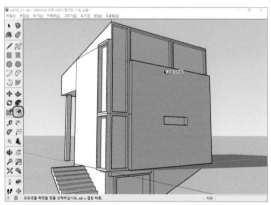
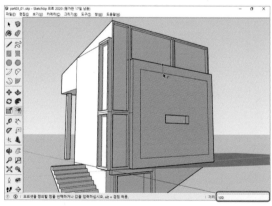

<u>59</u> 돌출하기

❶ 면을 돌출하기 위해 밀기/끌기◈ 툴로 면을 클릭하고 바깥쪽 방향으로 드래그한 후 **100**을 입력한 다음 Enter를 누릅니다. ❷ 선택▶ 툴로 지붕면의 모서리를 클릭하고 Delete를 눌러 삭제합니다.

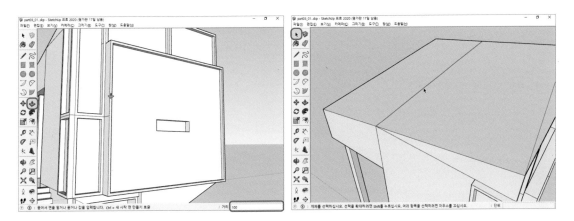

<u>60</u> 평행 복사하기

❶ 모서리를 평행 복사하기 위해 도구 모음에 있는 오프셋⑦ 툴을 선택합니다. 지붕면을 클릭합니다. ❷ 마우스를 바깥쪽 방향으로 이동하고 **200**을 입력한 후 Enter를 누릅니다.

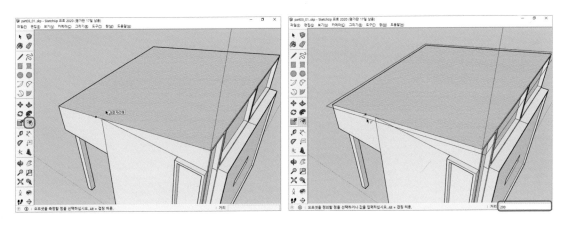

61 면 만들기

❶ 면을 돌출시키기 위해 밀기/끌기 ◆ 툴을 선택합니다. 면을 클릭하고 위쪽 방향으로 드래그한 후 **200**을 입력한 다음 Enter 를 누릅니다. ❷ 지붕면을 만들기 위해 선 ✎ 툴을 선택하고 시작점을 클릭합니다.

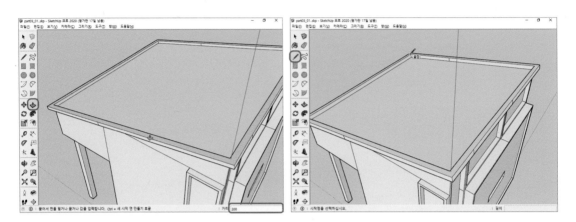

62 확인하기

지붕면을 막기 위해 다음 점을 클릭합니다. 면이 막힌 것을 확인할 수 있습니다.

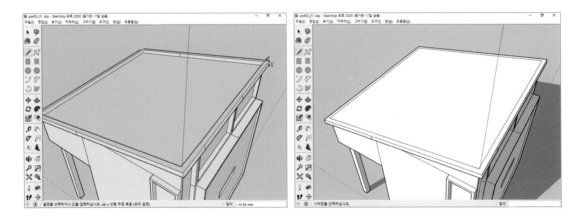

63 바닥 만들기

❶ 바닥을 만들기 위해 도구 모음에 있는 직사각형▣ 툴을 선택하고 시작점을 클릭합니다. ❷ 마우스를 왼쪽 상단으로 이동하고 **10000,10000**을 입력한 후 Enter를 누릅니다. 바닥면은 수치를 이용하지 않고 적당한 크기로 만들어도 됩니다.

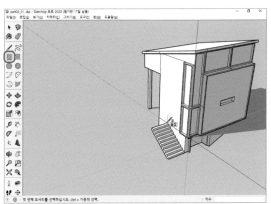
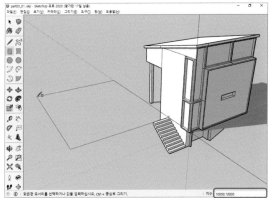

Ｔｉｐ

면이 뒤집혔다면?

스케치업에서는 기본적으로 밖에서 보이는 면의 색이 페인트통▣ 툴로 지정한 색이 보이게 됩니다. 그런데 작업하는 과정에서 선이 겹치거나 음의 방향으로 면을 돌출시키게 되면 내부의 면과 면이 뒤집어져 보이게 됩니다. 이를 해결하기 위해서는 [면 반전]을 지정하면 됩니다.

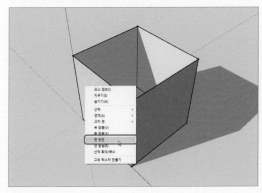

뒤집어진 면

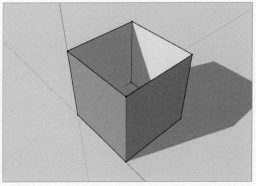

면 반전으로 뒤집은 면

64 다른 바닥 만들기

❶ 또 다른 바닥을 만들기 위해 시작점을 클릭합니다. 마우스를 우측 하단으로 이동하고 **8500,13000**을 입력한 후 [Enter]를 누릅니다. ❷ 다시 한 번 사각형을 만들기 위해 시작점을 클릭합니다.

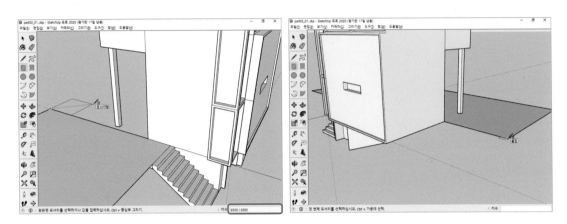

65 완성하기

❶ 사각형을 완성하기 위해 마우스를 이동하여 건물의 모서리 하단 끝점을 지정합니다. 만약 면이 뒤집혔다면 마우스 오른쪽 버튼을 클릭하고 면 반전을 실행하면 됩니다. ❷ 땅의 두께를 지정하기 위해 밀기/끌기 🔷 툴을 선택합니다. 바닥면을 클릭하고 복사하면서 돌출시키기 위해 [Ctrl]을 한 번 누릅니다.

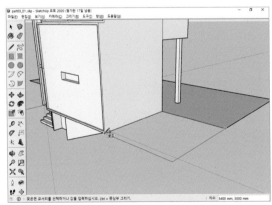 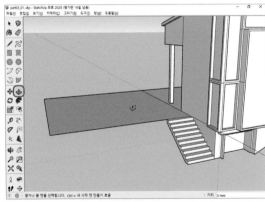

66 계단 면 만들기

❶ 마우스를 아래 방향으로 이동하고 **2000**을 입력한 후 Enter 를 누릅니다. ❷ 계단 아래의 측면을 만들기 위해 선 ✏ 툴을 선택하고 2개의 끝점을 지정합니다.

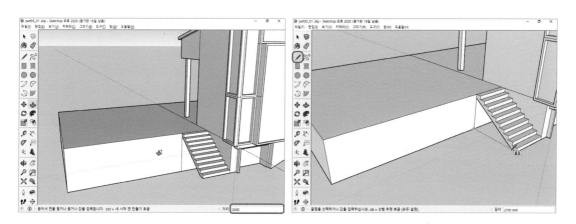

67 돌출하기

❶ 두께를 지정하기 위해 밀기/끌기 ◈ 툴을 선택합니다. 면을 클릭하고 마우스를 왼쪽 방향으로 이동한 후 **8000**을 입력한 다음 Enter 를 누릅니다. ❷ 궤도 ✦ 툴을 이용하여 그림처럼 뷰를 만들어줍니다.

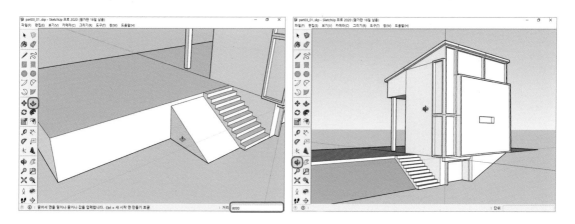

<u>68</u> 소점 만들기

❶ 소점을 지정하기 위해 [카메라] 메뉴에서 [2점 투시]를 선택합니다. ❷ 축을 숨겨주기 위해 [보기] 메뉴에서 [축]을 해제합니다. 도구 모음에 있는 이동(상하/좌우)🔧 툴을 화면이 위로 올라갔다면 아래도 이동해줍니다. [보기] 메뉴에서 [그림자]를 체크하여 보여줍니다.

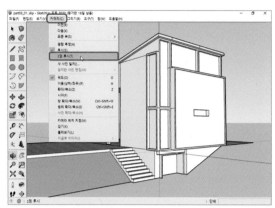 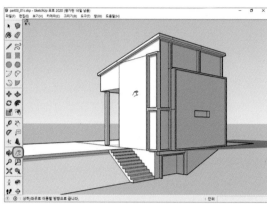

원형 계단만 만들어도 스케치업, 충분히 활용할 수 있어요~

필자는 원형계단 만드는 것을 적극 추천합니다. 원형계단을 만드는 과정에서 스케치업의 다양한 기능 활용법을 충분히 익힐 수 있기 때문입니다.

● 완성 파일 | cstair.skp

1. 다각형 만들기

❶ 다각형을 그리기 위해 도구 모음에 있는 다각형◉ 툴을 선택하고 측면의 수를 20으로 입력한 후 ❷ 좌표축의 중심에 다각형의 중심점을 지정한 다음 반지름 380을 입력하고 [Enter]를 누릅니다.

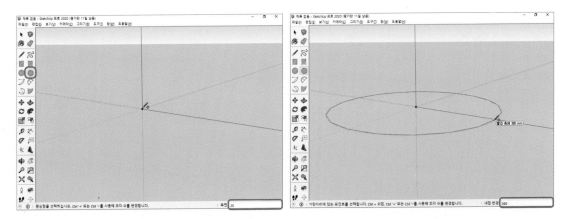

2. 선 그리기

❶ 다시 한 번 다각형을 그리기 위해 좌표축의 중심에 다각형의 중심점을 지정하고 반지름 3800을 입력한 후 [Enter]를 누릅니다. ❷ 선을 그리기 위해 선✎ 툴을 선택하고 시작점을 원점에 지정합니다.

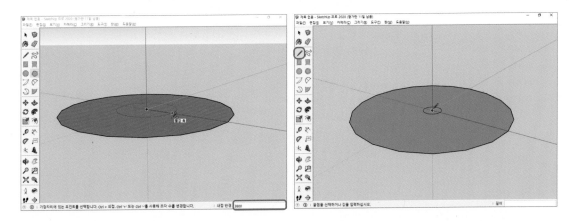

3. 선 그리기

❶ 다음 점을 큰 다각형의 모서리 끝점에 지정합니다. ❷ 선을 한 개 더 만들기 위해 다시 원점을 지정합니다.

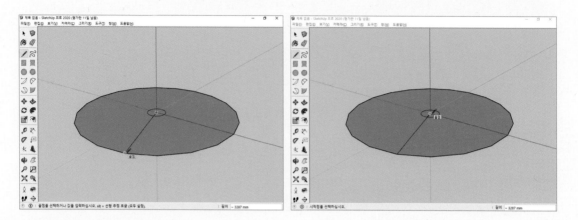

4. 돌출시키기

❶ 다음 점을 큰 다각형의 모서리 끝점에 지정합니다. ❷ 면을 돌출하기 위해 밀기/끌기 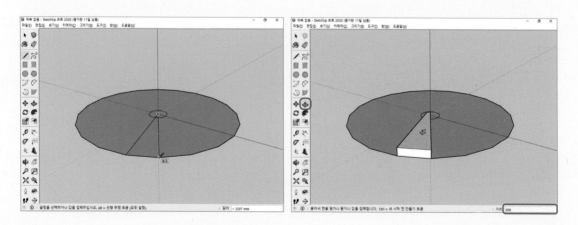 툴을 선택하고 면을 클릭해 위쪽 방향으로 드래그한 후 복사하면서 돌출하기 위해 Ctrl을 한 번 누른 다음 300을 입력하고 Enter를 누릅니다.

5. 구성 요소 만들기

❶ 객체를 선택하기 위해 선택 🔺 툴로 화면의 우측 하단 시작점을 지정하고 좌측 상단으로 드래그하여 사각 점선에 걸친 면과 모서리를 선택합니다. Delete 를 눌러 선택된 객체를 삭제합니다. ❷ Ctrl + A 를 눌러 전체 객체를 선택합니다. 구성 요소를 만들기 위해 마우스 오른쪽 버튼을 클릭하고 [구성 요소 만들기]를 선택한 후 [구성 요소 만들기] 대화상자가 나타나면 [만들기] 버튼을 클릭합니다.

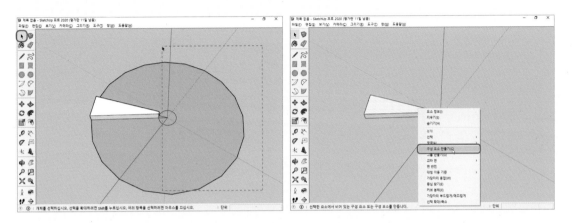

6. 회전하기

❶ 객체를 회전하기 위해 도구 모음에 있는 회전 🔄 툴을 선택하고 회전의 중심점을 좌표축의 중심에 지정합니다. ❷ 회전 각도의 시작점을 구성 요소의 모서리 끝점에 지정합니다.

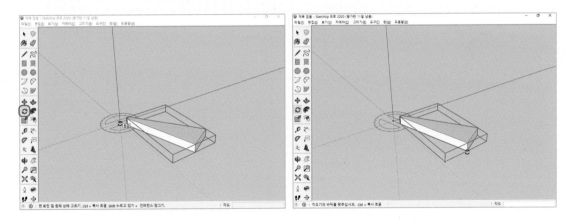

7. 복사하기

❶ 복사를 하기 위해 [Ctrl]을 한 번 눌러줍니다. 마우스를 시계방향으로 조금 회전하고 회전각도 **18**을 입력한 후 [Enter]를 누릅니다. ❷ 객체를 더 복사하기 위해 **x19**를 입력하고 [Enter]를 누릅니다.

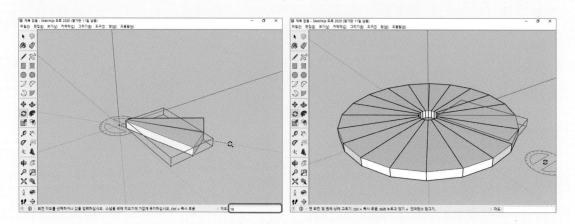

8. 이동 복사하기

❶ [Ctrl]+[A]를 눌러 모든 객체를 선택합니다. 객체를 이동하기 위해 이동 ✛ 툴을 선택하고 시작점을 구성 요소 내의 끝점에 지정합니다. ❷ 객체를 복사하기 위해 [Ctrl]을 한 번 누르고 앞에서 지정한 끝점 위에 있는 구성요소 내의 끝점을 지정합니다.

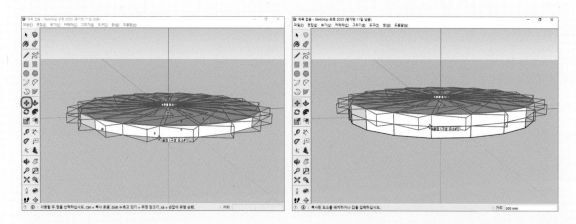

9. 객체 선택하기

❶ 객체를 더 복사하기 위해 x19를 입력하고 [Enter]를 누릅니다. ❷ 선택[↖] 툴로 [Shift]를 누른 채 상부에 있는 한 개의 계단을 선택한 후 나선형으로 돌아가면서 계단을 선택해줍니다.

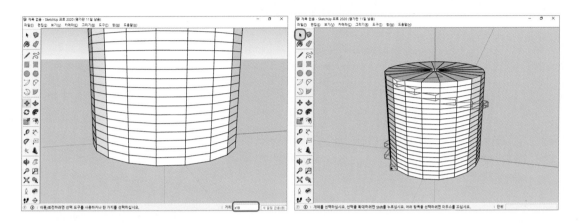

10. 삭제하고 보여주기

❶ 선택된 객체를 숨기기 위해 [편집] 메뉴에서 [숨기기]를 선택합니다. 모든 객체를 선택하기 위해 [Ctrl]+[A]를 누르고 [Delete]를 눌러 삭제합니다. ❷ 숨긴 객체를 다시 보여주기 위해 [편집] 메뉴에서 [숨기기 취소] - [마지막에 선택된 개체]를 선택합니다.

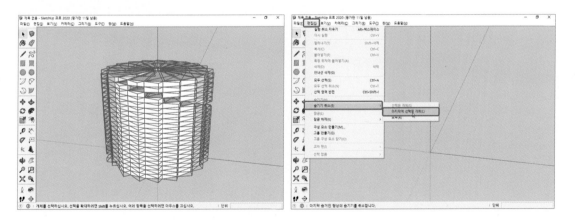

11. 기둥 만들기

❶ 원기둥을 만들기 위해 [그리기] 도구에 있는 원◉ 툴을 선택하고 좌표축의 원점에 중심점을 클릭한 후 반지름 380을 입력한 다음 [Enter]를 누릅니다. ❷ 면을 돌출하기 위해 [편집] 도구에 있는 밀기/끌기◈ 툴을 선택하고 원을 위쪽 방향으로 드래그한 다음 7000을 입력하고 [Enter]를 누릅니다.

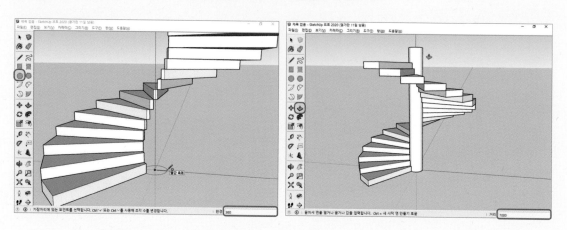

12. 구성 요소 편집하기

❶ 구성 요소 내부를 편집하기 위해 선택▶ 툴로 맨 아래에 있는 계단 한 개를 더블클릭합니다. ❷ 밀기/끌기◈ 툴을 선택하고 아래쪽 방향으로 이동하고 50을 입력한 다음 [Enter]를 누릅니다.

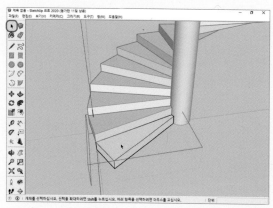
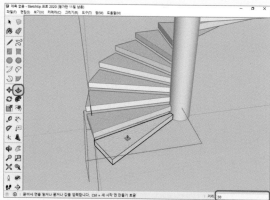

13. 난간 만들기

❶ 계단 난간을 그리기 위해 선 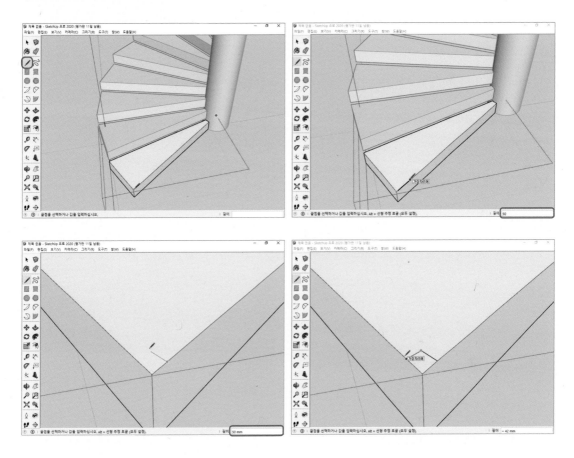 툴을 선택하고 계단 모서리 상부 끝점을 지정합니다. ❷ 마우스를 오른쪽 방향 가장자리로 이동하고 50을 입력한 후 Enter 를 누릅니다. ❸ 다시 한 번 선의 끝점을 지정하고 왼쪽 방향(분홍색)으로 이동한 후 50을 입력한 후 Enter 를 누릅니다. ❹ 마지막으로 아래쪽 방향(분홍색)으로 이동하고 가장자리에 마지막 점을 클릭합니다.

14. 색상 지정하기

❶ 난간 높이를 지정하기 위해 계단 모서리 상부
끝점을 지정하고 마우스를 위쪽 방향(파랑 축에)으
로 이동한 후 **1500**을 입력한 다음 Enter를 누릅니
다. ❷ 마우스를 왼쪽 방향으로 이동하여 계단 상부
왼쪽 모서리 상부 끝점을 클릭합니다. ❸ 페인트통
툴을 이용하여 원하는 색을 계단 바닥면에 입혀
줍니다.

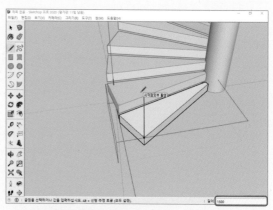

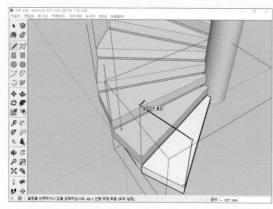

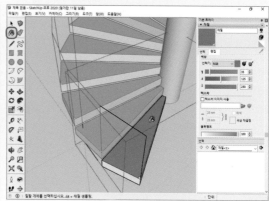

15. 경로 따라가기

❶ 선을 따라가는 객체를 만들기 위해 따라가기 툴을 선택하고 앞에서 만든 사각 면을 클릭합니다. ❷ 마우
스를 ㄱ자 난간 선을 따라 이동하여 선의 끝점에 최종점을 지정합니다.

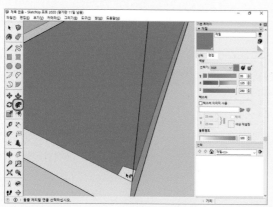

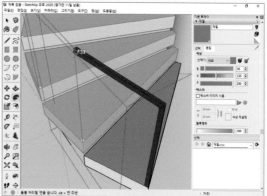

16. 완성하기

❶ 선택 [↖] 툴로 바탕화면을 클릭하여 구성 요소를 빠져나와 [보기] 메뉴에 있는 [그림자]를 체크합니다. ❷ [카메라] 메뉴에서 [표준 뷰]를 [맨 위]로 선택합니다. 전방, 후방 면을 보여주면 좀 더 확실하게 모델링 상태를 확인할 수 있습니다.

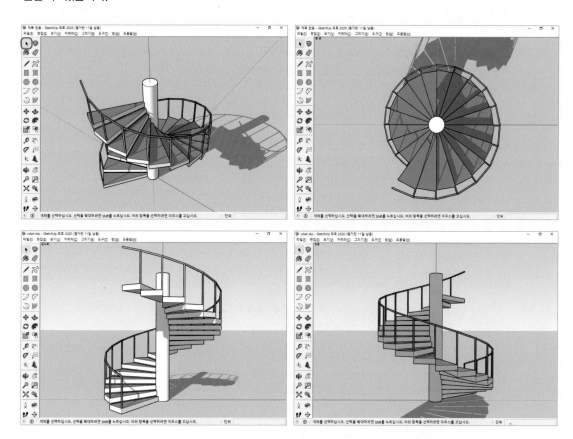

02 재질 입력하기

스케치업을 이용하여 완성한 모델링에 재질을 입력해보겠습니다. 모델링의 각 면에 해당하는 재질을 입혀주고 배경을 투명하게 만들어 이미지로 저장합니다. 모델링에 재질을 입히는 것을 맵핑(Mapping)이라고 하는데 이미지를 면에 직접 부여하는 방법과 페인트통🎨 툴을 이용하는 방법이 있습니다.

◦ 예제 파일 | part03_2c.skp

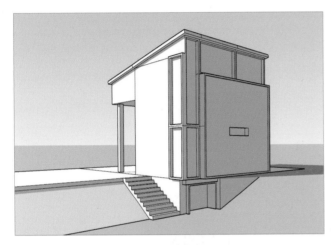

완성된 모델링

재질이 입혀진 모델링

01 창틀, 기둥 재질 입히기

❶ 먼저 현재 장면을 저장하기 위해 [보기] 메뉴에 있는 [애니메이션]에서 [장면 추가]를 선택합니다. 화면 좌측 상단에 장면1이 만들어진 것을 확인할 수 있습니다. 축이 보인다면 [보기] 메뉴에서 [축]을 해제합니다. 재질을 입력하기 위해 [창] 메뉴에 있는 [기본 트레이]의 [재질]을 체크하고 다시 한 번 [창] 메뉴에서 [트레이 표시]를 선택합니다. ❷ 색상을 만들기 위해 [재질] 트레이에서 재질 만들기 아이콘을 클릭합니다. [재질 만들기] 대화상자가 나타나면 이름에 **창틀, 기둥**을 입력하고 색상 탭에서 **빨 185 초 155 파 130**을 입력한 후 [확인] 버튼을 클릭합니다.

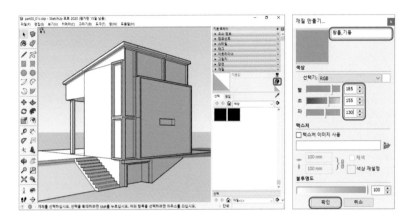

02 창틀 재질 입히기

❶ 재질을 입히기 위해 도구 모음에 있는 페인트통 툴을 선택하고 창틀 면을 클릭합니다. ❷ 다른 창틀의 면도 클릭합니다.

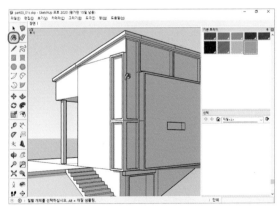
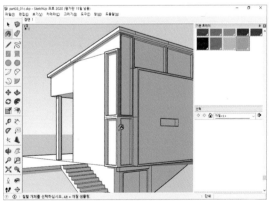

03 지하 벽 재질 만들기

❶ 마우스 휠을 누른 채 화면을 드래그하면 모델링을 자유롭게 돌려볼 수 있습니다. 창틀에 해당하는 모든 면을 클릭하여 색상을 입혀줍니다. ❷ 다른 색상을 만들기 위해 [재질] 트레이에서 재질 만들기 🗊 아이콘을 클릭합니다. [재질 만들기] 대화상자가 나타나면 이름에 **지하 벽**을 입력하고 색상 탭에서 빨 **125** 초 **125** 파 **130**을 입력한 후 [확인] 버튼을 클릭합니다.

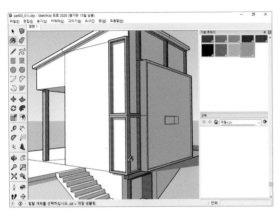
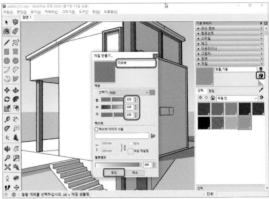

04 재질 입히기

❶ 지하 벽면을 클릭합니다. ❷ 다른 지하 벽면도 클릭해줍니다.

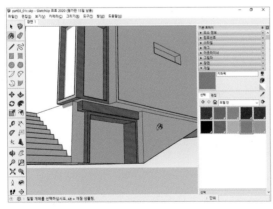
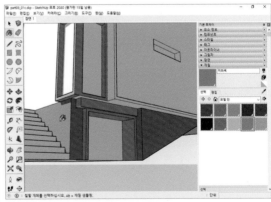

05 고정 창 재질 만들기

❶ 또 다른 색상을 만들기 위해 [재질] 트레이에서 재질 만들기 🎲 아이콘을 클릭합니다. [재질 만들기] 대화상자가 나타나면 이름에 **고정 창**을 입력하고 색상 탭에서 빨 **40** 초 **40** 파 **30**을 입력한 후 [확인] 버튼을 클릭합니다. ❷ 창문에 해당하는 면을 클릭합니다.

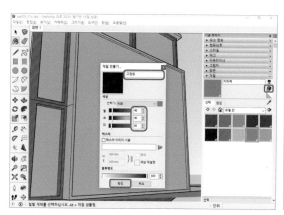 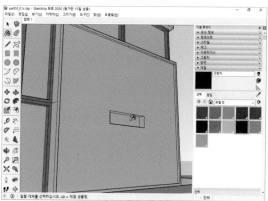

06 계단 재질 만들기

❶ 고정 창의 벽면을 모두 클릭합니다. ❷ 색상을 만들기 위해 [재질] 트레이에서 재질 만들기 🎲 아이콘을 클릭합니다. [재질 만들기] 대화상자가 나타나면 이름에 **계단**을 입력하고 색상 탭에서 빨 **85** 초 **90** 파 **70**을 입력한 후 [확인] 버튼을 클릭합니다.

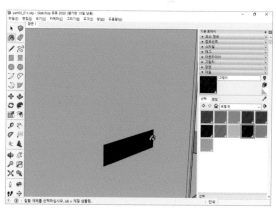 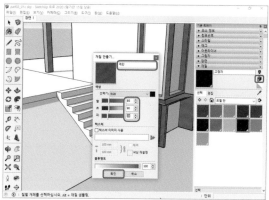

07 재질 입히기

❶ 계단에 해당하는 면을 클릭합니다. ❷ 계단에 해당하는 모든 면을 클릭합니다.

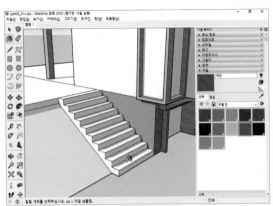 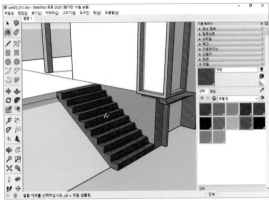

08 지붕 재질 만들기

❶ 지붕 색상을 만들기 위해 [재질] 트레이에서 재질 만들기 아이콘을 클릭합니다. [재질 만들기] 대화상자가 나타나면 이름에 **지붕**을 입력하고 색상 탭에서 빨 **20** 초 **20** 파 **20**을 입력한 후 [확인] 버튼을 클릭합니다. ❷ 지붕의 면을 클릭합니다.

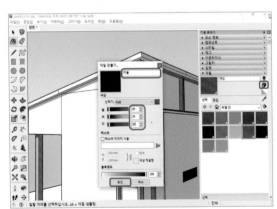 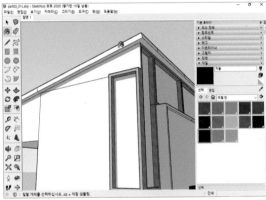

09 벽 재질 만들기

❶ 지붕에 해당하는 모든 면을 클릭합니다. ❷ 벽 일부분의 재질을 만들기 위해 [재질] 트레이에서 재질 만들기 🎲 아이콘을 클릭합니다. [재질 만들기] 대화상자가 나타나면 이름에 **L-벽**을 입력하고 색상 탭에서 빨 **130** 초 **130** 파 **130**을 입력합니다. 투영도를 지정하기 위해 불투명도에 **90**을 입력하고 [확인] 버튼을 클릭합니다.

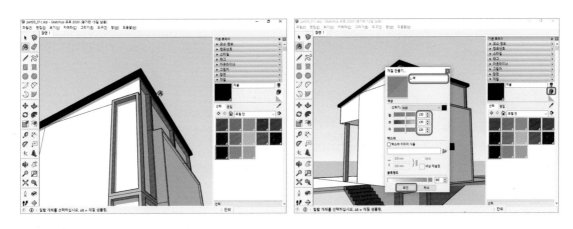

10 재질 입히기

❶ 벽면을 클릭합니다. ❷ 다른 벽면도 클릭합니다. 내부 공간이 10% 정도 보일 것입니다.

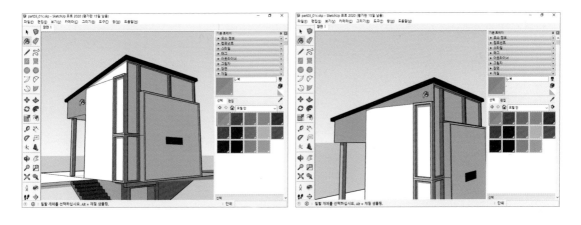

11 컬러 창 재질 만들기

❶ 컬러 창의 색상을 만들기 위해 [재질] 트레이에서 재질 만들기 아이콘을 클릭합니다. [재질 만들기] 대화 상자가 나타나면 이름에 **컬러 창**을 입력하고 색상 탭에서 **빨 100 초 70 파 50**을 입력합니다. 투영도를 지정하기 위해 불투명도에 **90**을 입력하고 [확인] 버튼을 클릭합니다. ❷ 컬러 창에 해당하는 면을 클릭합니다.

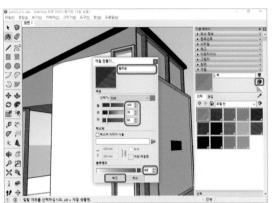
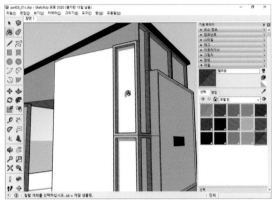

12 재질 수정하기

❶ 모델링에 입혀진 재질을 불러오기 위해 [재질] 트레이의 선택에 있는 샘플 페인트 아이콘을 클릭하고 계단 면을 클릭합니다. ❷ [재질] 트레이의 편집을 선택하고 초 색상을 **80**으로 수정합니다. 색상이 변경되는 것을 확인할 수 있습니다.

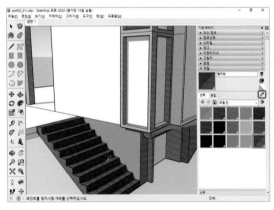
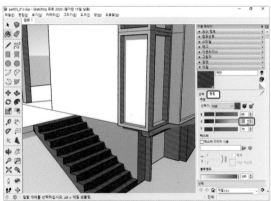

<u>13</u> 재질 소스 가져오기

❶ 저장한 장면을 불러오기 위해 화면 왼쪽 상단에 있는 장면1을 클릭합니다. ❷ 벽면에 해당하는 재질 소스를 불러오기 위해 [파일] 메뉴에서 [가져오기]를 선택합니다. [가져오기] 대화상자가 나타나면 sample₩part03₩mat01.jpg를 선택하고 이미지 사용 방법을 텍스처로 선택한 후 [가져오기] 버튼을 클릭합니다.

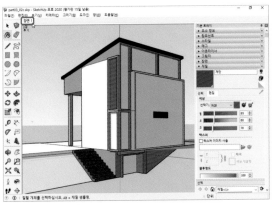 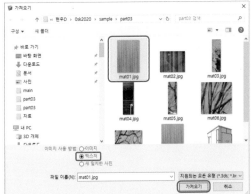

Tip

똑같은 재질 한꺼번에 바꾸기

모델링에 똑같은 재질이 부여되어 있을 때 한꺼번에 이 재질을 다른 재질로 변경하고 싶다면 [재질] 트레이에서 원하는 재질을 선택하고 Shift 를 누른 채 재질을 클릭하면 됩니다.

○ **예제 파일** | mat-eq.skp

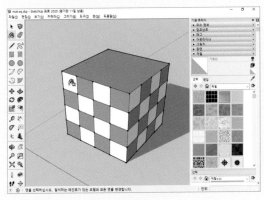 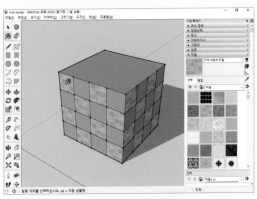

안개 만들기

모델링된 화면에 안개 효과를 만들어보겠습니다. 안개 효과는 모델링과 지면, 하늘을 좀 더 구체적으로 구별하고 입체감을 표현하기 위해 사용됩니다.

◦ 예제 파일 | fog.skp

❶ [파일] – [열기]를 이용하여 fog.skp을 엽니다. ❷ 안개를 만들기 위해 [창] 메뉴에서 [기본 트레이] – [안개]를 선택하고 [안개] 대화상자가 나타나면 [안개 표시]를 체크하고 [배경색 사용]을 체크합니다.

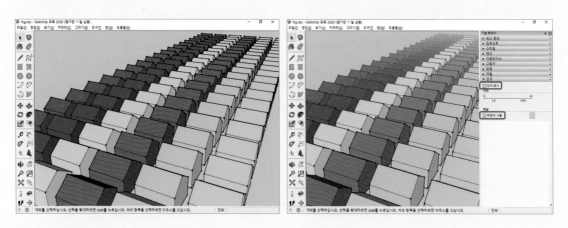

❸ 안개의 농도를 변경하기 위해 [안개] 트레이의 거리에 있는 0%의 위치와 100%의 위치를 변경합니다. ❹ 배경색을 변경하기 위해 [창] – [기본 트레이] 메뉴에 있는 스타일에서 배경색을 변경합니다. 원하는 색을 지정하면 안개의 배경색이 변경됩니다.

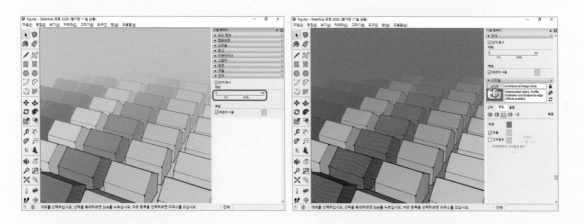

14 위치 지정하기

❶ 이미지가 삽입될 면의 첫 번째 점을 지정합니다. ❷ 두 번째 점을 지정합니다.

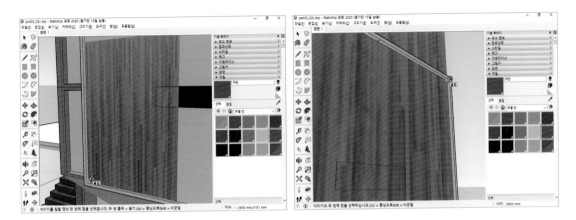

15 이미지 크기 변경하기

❶ 면에 입혀진 재질을 불러오기 위해 [재질] 트레이의 선택에 있는 샘플 페인트 🖊 아이콘을 클릭하고 벽면을 클릭합니다. ❷ [재질] 트레이의 편집을 선택하고 텍스처에 있는 가로 세로 비율 잠금/잠금 해제 ⫸ 아이콘을 클릭해 해제합니다. 가로 **6600mm** 세로 **5800mm**을 입력합니다.

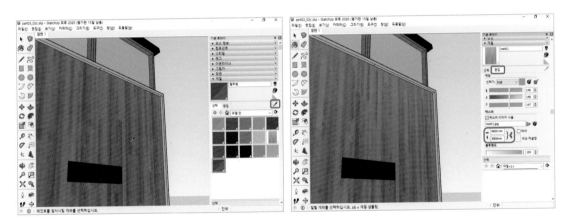

16 지하 출입구 재질 만들기

❶ 지하 출입구의 재질 소스를 불러오기 위해 [파일] 메뉴에서 [가져오기]를 선택합니다. [가져오기] 대화상자가 나타나면 sample ₩ part03 ₩ mat02.jpg를 선택하고 이미지 사용 방법을 텍스처로 선택한 후 [가져오기] 버튼을 클릭합니다. ❷ 이미지가 입혀질 면의 첫 번째 점을 지정합니다.

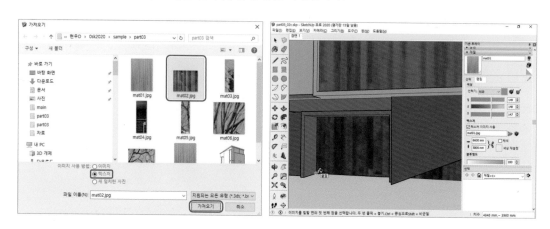

17 편집하기

❶ 두 번째 점을 지정합니다. ❷ 소스의 크기를 변경하기 위해 [재질] 트레이의 선택을 클릭하고 mat02 재질을 클릭한 후 편집을 선택합니다.

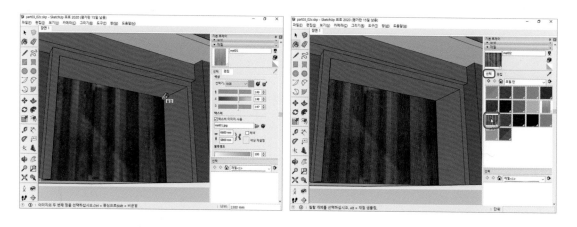

18 크기 변경하기

❶ 텍스처에 있는 가로 세로 비율 잠금/잠금 해제 ▮▮ 아이콘을 눌러 해제합니다. 가로 **2300mm** 세로 **1600mm**을 입력합니다. ❷ 창문 재질을 불러오기 위해 [파일] 메뉴에서 [가져오기]를 선택합니다. [가져오기] 대화상자가 나타나면 sample ₩part03 ₩mat03.jpg를 선택하고 이미지 사용 방법을 텍스처로 선택한 후 [가져오기] 버튼을 클릭합니다. 이미지가 입혀질 면의 첫 번째 점을 지정합니다.

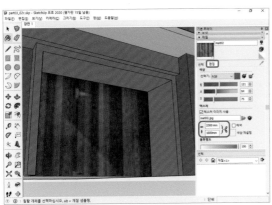
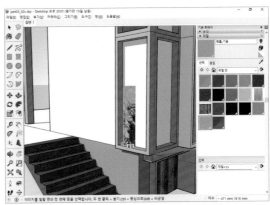

19 편집하기

❶ 두 번째 점을 지정합니다. ❷ 소스 수정을 위해 [재질] 트레이의 선택을 클릭하고 mat03 재질을 클릭한 후 편집을 선택합니다.

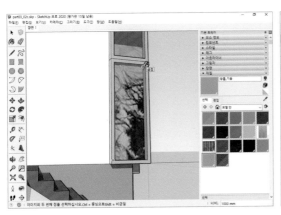
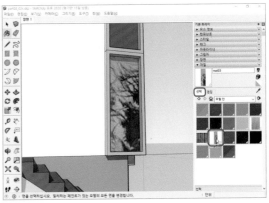

20 출입구 재질 만들기

❶ 텍스처에 있는 가로 세로 비율 잠금/잠금 해제 ⌿ 아이콘을 눌러 해제합니다. 가로 **1000mm** 세로 **2800mm**을 입력합니다. ❷ 1층 출입구 재질을 불러오기 위해 [파일] 메뉴에서 [가져오기]를 선택합니다. [가져오기] 대화 상자가 나타나면 sample ₩part03 ₩mat04.jpg를 선택하고 이미지 사용 방법을 텍스처로 선택한 후 [가져오기] 버튼을 클릭합니다. 이미지가 입혀질 면의 첫 번째 점을 지정합니다.

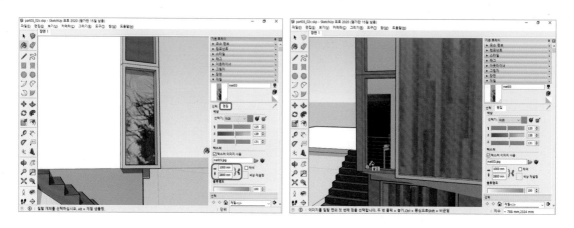

21 편집하기

❶ 두 번째 점을 지정합니다. ❷ 소스 수정을 위해 [재질] 트레이의 선택을 클릭하고 mat04 재질을 클릭한 후 편집을 선택합니다.

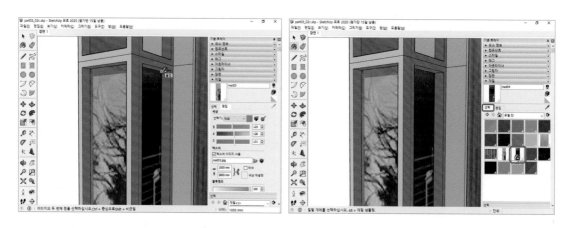

22 면 크기 지정하기

❶ 텍스처에 있는 가로 세로 비율 잠금/잠금 해제🔓 아이콘을 눌러 해제합니다. 가로 **1000mm** 세로 **2800mm**을 입력합니다. ❷ 또 다른 창문 재질을 불러오기 위해 [파일] 메뉴에서 [가져오기]를 선택합니다. [가져오기] 대화상자가 나타나면 sample₩part03₩mat05.jpg를 선택하고 이미지 사용 방법을 텍스처로 선택한 후 [가져오기] 버튼을 클릭합니다. 이미지가 입혀질 면의 첫 번째 점을 지정합니다.

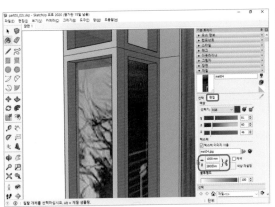 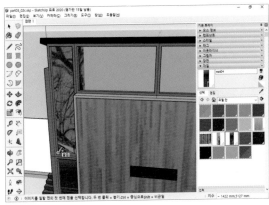

23 편집하기

❶ 두 번째 점을 지정합니다. ❷ 소스의 크기를 변경하기 위해 [재질] 트레이의 선택을 클릭하고 mat05 재질을 클릭한 후 편집을 선택합니다. 텍스처에 있는 가로 세로 비율 잠금/잠금 해제🔓 아이콘을 클릭해 해제합니다. 가로 **1000mm** 세로 **4800mm**을 입력합니다.

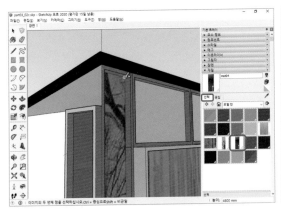 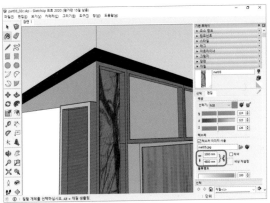

24 마무리하기

❶ 나머지 재질은 여러분이 직접 입력해보기 바랍니다. ❷ 그림자 옵션을 수정하기 위해 [그림자] 트레이에서 시간을 **09:25 오전**, 날짜를 **06/05**, 밝음은 **100**, 어두움 **20**을 설정합니다. 더 좋은 그림자가 있다면 여러분 임의대로 지정해도 됩니다.

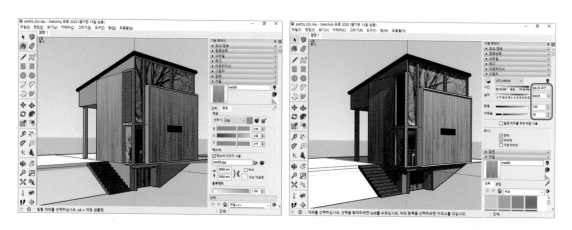

25 이미지 저장하기

❶ 배경색을 숨기기 위해 [스타일] 트레이에 있는 [편집]을 선택합니다. 세 번째에 있는 배경설정⬚을 클릭하고 하늘의 선택을 해제합니다. ❷ 이미지를 저장하기 위해 [파일] – [내보내기] –[2D 그래픽]을 선택합니다.

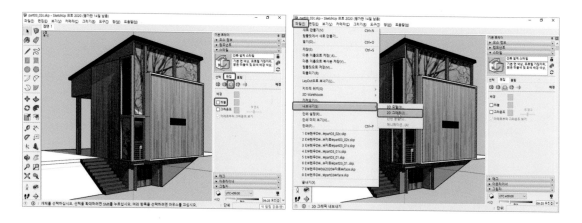

26 옵션 설정하기

❶ [2D 그래픽 내보내기] 대화상자가 나타나면 파일 형식을 Portable Network Graphics(*.png)로 지정하고 파일이름을 원하는 대로 입력한 후 [옵션] 버튼을 클릭합니다. ❷ [내보내기 옵션] 대화상자가 나타나면 배경을 투명하게 저장하기 위해 렌더링에서 [투명한 배경]을 체크하고 [확인] 버튼을 클릭합니다. 다시 [2D 그래픽 내보내기] 대화상자가 나타나면 [내보내기] 버튼을 클릭합니다.

스타일에 대해

스케치업에서는 모델링 면에 대한 스타일을 제공하고 있습니다. 도구 모음에 있는 [스타일] 도구 모음을 이용하면 객체에 대한 다양한 면의 스타일을 표현할 수 있습니다.

◎ **예제 파일** | facestyle.skp

- 재질과 그림자가 설정된 화면

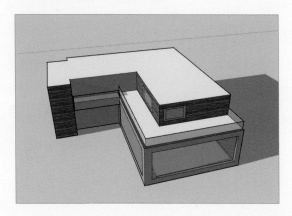

- **X선** 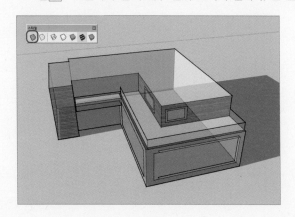 : 그림자와 함께 내부 면이 보이게 됩니다. 한 번 더 누르면 투영이 해제됩니다.

- **뒷면 가장자리**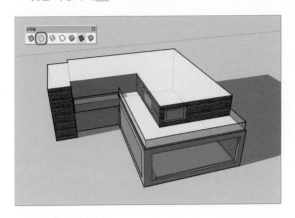 : 객체 뒷면의 모서리가 점선으로 보이게 됩니다.

- **와이어프레임** : 모델링이 선의 형태로만 나타납니다.

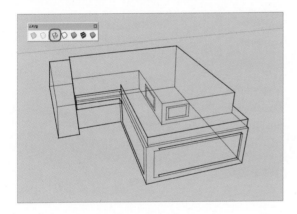

- **은선** : X선 을 비활성화하면 좀 더 명확하게 나타납니다. 면에 가려진 선을 숨기고, 재질과 컬러는 표현
되지 않습니다.

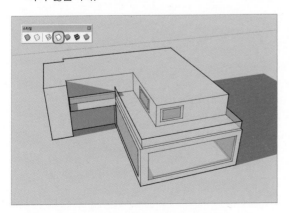

▪ **음영** : 재질의 색으로만 면이 표현되면 그림자도 나타납니다. 물론 그림자는 [보기] 메뉴에서 [그림자]를 체크해야 합니다.

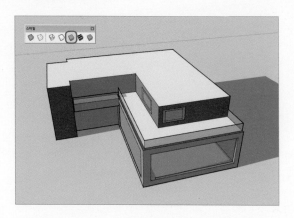

▪ **텍스처에 적용** : 명암과 재질이 나타나며 그림자가 나타납니다.

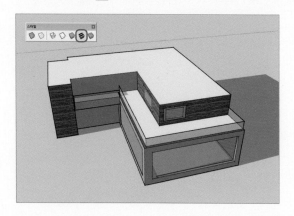

▪ **모노** : 면은 흰색, 선은 검정색으로 나타납니다. 음영 과 비슷하지만 좀 더 뚜렷한 명암이 표현됩니다.

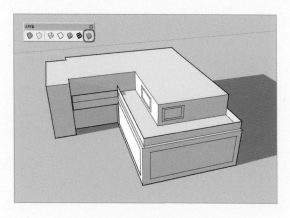

스타일 지정하고 출력하기

스케치업에서 작업한 모델링에 다양한 스타일을 지정하여 이미지로 저장하거나 바로 인쇄할 수 있습니다. 저장된 이미지는 포토샵에서 출력이 가능합니다.

◎ 예제 파일 | style.skp

❶ [파일] − [열기]를 실행해 style.skp 파일을 엽니다.

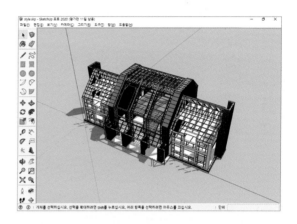

❷ 모델링에 스타일을 지정하기 위해 [창] 메뉴에서 [기본 트레이]를 선택합니다. [스타일] 트레이를 선택하고 [선택] 탭에서 Style Builder 대회 우승자를 선택하고 맨 마지막에 있는 [테크 펜 끝점] 스타일을 선택합니다.

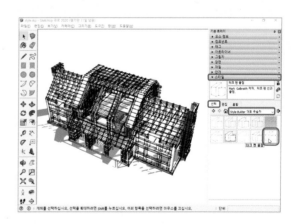

Tip

Style Builder 대회 우승자
[Style Builder 대회 우승자] 스타일은 재질 표현이 없어지며 면은 흰색, 선은 검은색으로 나타납니다.

Tip

[테크 펜 끝점] 스타일
[테크 펜 끝점] 스타일은 기본 면 색상, 프로필 가장자리, 연한 하늘색 및 진한 회색 배경으로 스타일을 만들어줍니다.

❸ 이번에는 출력하기 위한 스타일을 지정해보겠습니다. [연필 가장자리와 화이트아웃 경계] 스타일을 지정합니다.

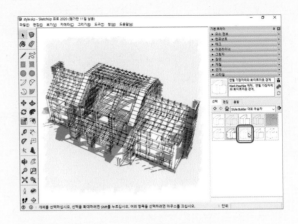

❹ 모델링을 출력하기 위해 [파일] 메뉴에서 [인쇄]를 선택합니다. [인쇄] 대화상자가 나타나면 프린터 기종과 옵션을 지정하고 [확인] 버튼을 클릭합니다.

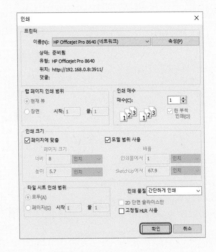

❺ 그림처럼 이미지가 출력된 것을 확인할 수 있습니다.

Tip
[연필 가장자리와 화이트아웃 경계] 스타일
[연필 가장자리와 화이트아웃 경계] 스타일은 연필 가장자리와 흰색 경계와 명암을 표현하는 스타일을 의미합니다.

03 포토샵 리터칭하기

스케치업에서 완성된 모델링 이미지를 포토샵에서 불러와 리터칭하겠습니다. CG 실무에서도 마찬가지로 마무리는 포토샵에서 작업을 합니다. 스케치업, 맥스에서 렌더링한 이미지를 포토샵에서 리터칭하는 내용은 매우 중요하므로 정확하게 숙지하기 바랍니다.

재질이 입혀진 모델링

완성 이미지

01 불러오기

❶ 포토샵을 실행하고 [파일] – [열기]를 이용하여 bg02.jpg를 엽니다. 이미지 전체를 선택하기 위해 Ctrl + A 를 누르고 Ctrl + C 를 눌러 복사한 후 Ctrl + W 를 눌러 이미지를 닫습니다. ❷ [파일] – [열기]를 이용하여 bg01.jpg를 열고 복사한 이미지를 붙여넣기 위해 Ctrl + V 를 누릅니다.

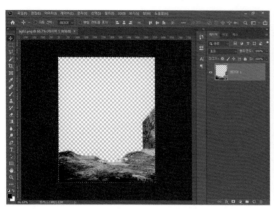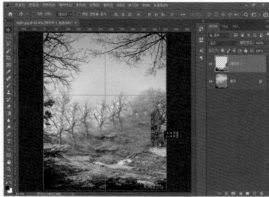

02 복사하기

❶ 도구상자에 있는 이동 ✛ 툴을 이용하여 삽입한 이미지를 화면 아래로 이동합니다. ❷ part03-2c.png를 엽니다. 이미지 전체를 선택하기 위해 Ctrl + A 를 누르고 Ctrl + C 를 눌러 복사한 후 Ctrl + W 를 눌러 이미지를 닫습니다.

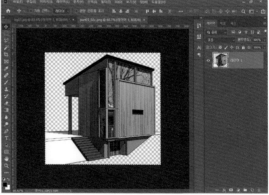

03 삽입하기

❶ [레이어] 팔레트에서 배경 레이어를 선택합니다. ❷ 복사한 이미지를 붙여넣기 위해 Ctrl+V를 누릅니다.

 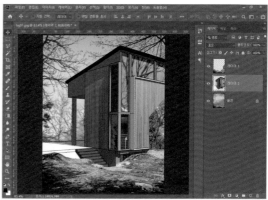

04 크기 위치 조절하기

❶ 객체를 자유롭게 편집하기 위해 Ctrl+T를 누르고 크기와 위치를 그림과 같이 지정합니다. ❷ [레이어] 팔레트에서 레이어 1을 선택하고 팔레트 하단에 있는 레이어 마스크 추가 아이콘을 클릭합니다.

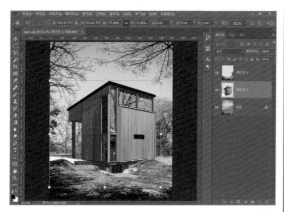 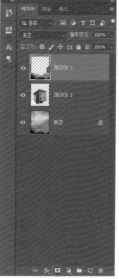

05 그레이디언트 설정하기

❶ 도구상자에 있는 다각형 올가미 ☑️ 툴을 이용하여 그림과 같이 영역을 선택합니다. ❷ 도구상자에서 그레이디언트 ▣ 툴을 선택하고 상부 옵션에서 그레이디언트 편집 도구 ◼️◼️◼️◻️ 를 클릭합니다. [그레이디언트 편집기] 대화상자가 나타나면 사전 설정에서 두 번째 그레이디언트를 선택하고 [확인] 버튼을 클릭합니다.

06 투영도 만들기

❶ 투영도를 지정하기 위해 화살표 방향으로 드래그합니다. 전경색이 검은색, 배경색이 흰색이 아니라면 ⒟ 를 눌러 컬러를 초기화하고 드래그합니다. ❷ 다시 한 번 화살표 방향으로 드래그하여 계단과 건물 지하 벽이 모두 보이게 합니다. 만약 계단과 지하 벽이 보이지 않는다면 다시 한 번 드래그합니다. 선택 영역을 해제하기 위해 Ctrl + ⒟ 를 누릅니다.

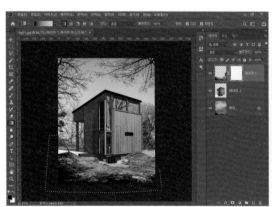 

07 시작점 지정하기

❶ [레이어] 팔레트에서 레이어 2를 선택합니다. 다각형 올가미 툴을 이용하여 계단 왼쪽 흰색 영역에 해당하는 부분을 광범위하게 선택합니다. ❷ 영역을 복제하기 위해 도구상자에서 복제 도장 툴을 선택하고 시작점을 지정하기 위해 Alt 를 누르고 우측 하단의 바위 지점을 클릭합니다.

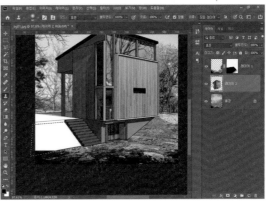

08 복제하기

❶ Alt 를 떼고 선택 영역 안쪽을 드래그합니다. 앞에서 지정한 부분부터 복사되는 것을 확인할 수 있습니다. ❷ 계속 드래그하여 완전히 복사합니다. 만약 영역이 벗어났다면 Alt 를 누르고 시작점을 다시 지정하면 됩니다.

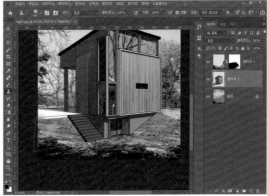

09 레이어 만들기

❶ 다각형 올가미  툴을 이용하여 테라스 일부분을 선택합니다. ❷ 선택된 영역을 레이어를 분리하기 위해 선택 영역에서 마우스 오른쪽 버튼을 클릭하고 오린 레이어를 선택합니다.

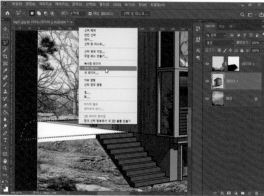

10 가져오기

❶ 이미지를 삽입하기 위해 [파일] 메뉴에서 [포함 가져오기]를 선택하고 [포함 가져오기] 대화상자가 나타나면 mat09.jpg를 선택한 후 [가져오기] 버튼을 클릭합니다. ❷ 크기와 위치를 지정하고 Enter를 누릅니다.

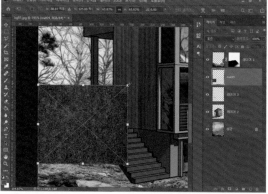

발코니, 베란다, 테라스, 포치의 차이점

우리 주변에 있는 건물을 보면 발코니, 베란다, 테라스, 포치가 구성되어 있습니다. 사용 공간, 용어가 비슷하기 때문에 혼동할 수 있지만 다음 내용을 확인하면 좀 더 자세하게 구분할 수 있을 것입니다. 특히 발코니와 베란다는 일상생활에서 많이 사용되는 용어이므로 정확히 이해해두기 바랍니다.

1. **발코니(Balcony)**는 2층 이상의 건물에서 거실을 연장하기 위해 내어 단 공간을 말합니다. 거실 공간을 연장하는 개념으로 건축물의 외부로 돌출되게 설치합니다. 원래는 지붕은 없고 난간이 있으며, 보통 2층 이상에 설치된 것으로 서양에서는 건물의 외관을 아름답게 만드는 중요한 장식적 요소로 받아들여졌습니다. 과거에는 권력자가 군중 앞에 모습을 나타내는 장소로 이용되기도 했습니다. 우리나라에서는 특히 정원이 없는 아파트 같은 건축물에 설치되어 바깥 공기를 접하는 장소로 사용됩니다.

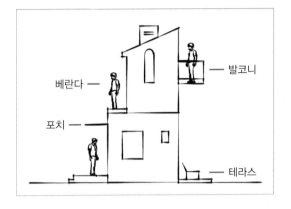

2. **베란다(Veranda)**는 1층과 2층의 면적 차이로 생긴 공간을 활용한 곳입니다. 우리나라에서는 베란다와 발코니가 자주 혼용되고 있지만 엄연히 따져보면 다른 부분입니다. 일반적으로 베란다는 1층 면적이 넓고 2층 면적이 적을 경우 1층의 지붕 부분 중 남는 부분을 활용한 것입니다.

3. **테라스(Terrace)**란 정원에 지붕이 없고 건물보다 낮도록 정원의 일부를 높게 쌓아 올린 대지(臺地)를 말합니다. 거실이나 식당에서 정원으로 직접 나가거나 실내의 생활을 옥외로 연장할 수 있게 합니다. 테이블을 놓거나 어린이들의 놀이터, 일광욕 등을 할 수 있는 장소로 쓰이고, 건물의 안정감이나 정원과의 조화를 위해 만들기도 합니다. 일반적으로 지붕이 없고 실내 바닥보다 20cm 정도 낮게 하여 타일이나 벽돌·콘크리트 블록 등으로 조성합니다.

4. **포치(Porch)**란 출입구 위에 설치해 비바람을 막는 곳입니다. 건물의 현관 또는 출입구에 설치되는 것으로 방문객이 집주인이 나올 때까지 기다리는 공간이며 입구에 가깝게 세운 차에서 비바람을 피해 주택의 내부로 들어가게 하는 역할도 합니다. 영국에서는 특히 교회의 현관을 말하는 용어로 쓰입니다. 건축적으로 현관 바깥쪽에 돌출되어 있으며 지붕이 있는 모양입니다. 대부분 지붕을 기둥으로 지지하거나 건물의 지붕을 길게 연결시키는 방법으로 만들어집니다.

11 클리핑 마스크 만들기

❶ 아래 레이어 영역만큼만 이미지를 보여주기 위해 [레이어] 메뉴에서 [클리핑 마스크 만들기]를 선택합니다.
❷ 그림자를 만들기 위해 다각형 올가미 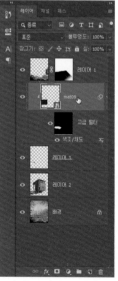 툴을 이용해 영역을 선택합니다.

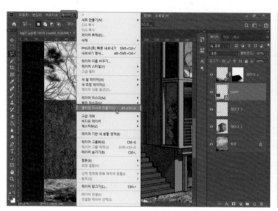

12 명암 조절하기

❶ 선택 영역의 명암을 조절하기 위해 [조정] 메뉴에서 [색조/채도]를 선택하고 [색조/채도] 대화상자가 나타
나면 밝기에 −39를 입력한 후 [확인] 버튼을 클릭합니다. ❷ [레이어] 팔레트에서 mat09를 확인하면 고급 필터
가 만들어지고 색조/채도가 추가된 것을 확인할 수 있습니다. [색조/채도]를 더블클릭하면 값을 수정할 수 있
습니다. 레이어를 복사하기 위해 Ctrl + J 를 누릅니다.

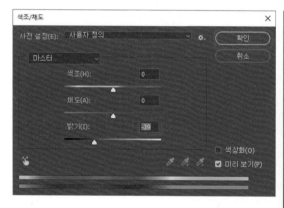

13 비트맵 만들기

❶ 다각형 올가미 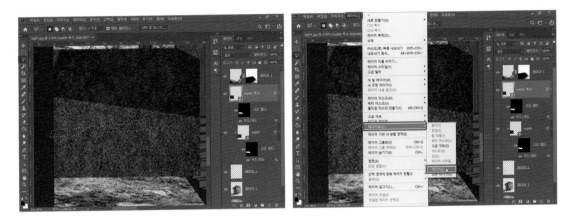 툴을 이용하여 그림과 같이 영역을 선택합니다. ❷ 포함 가져오기한 이미지를 비트맵으로 전환하기 위해 [레이어] 메뉴에서 [래스터화] – [레이어]를 선택합니다.

14 레이어 만들기

❶ 선택된 영역을 분리하기 위해 마우스 오른쪽 버튼을 클릭하고 오린 레이어를 선택합니다. ❷ [레이어] 팔레트에서 mat09 복사 레이어의 레이어 가시성을 나타냅니다 👁 아이콘을 눌러 이미지를 숨겨줍니다.

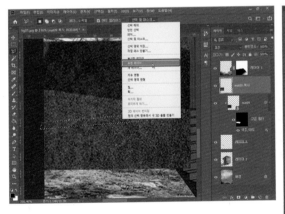

15 명암 조절하기

❶ 선택 영역의 명암을 조절하기 위해 [조정] 메뉴에서 [색조/채도]를 선택하고 [색조/채도] 대화상자가 나타나면 밝기에 **-40**을 입력한 후 [확인] 버튼을 클릭합니다. ❷ [레이어] 팔레트에서 레이어 2를 선택합니다. 도구상자에서 자동 선택  툴을 선택하고 상부 옵션의 허용치를 **10** 정도로 입력한 후 컬러 창을 클릭합니다.

16 이미지 가져오기

❶ 선택 영역을 레이어로 분리하기 위해 마우스 오른쪽 버튼을 클릭하고 오린 레이어를 선택합니다. ❷ 이미지를 삽입하기 위해 [파일] 메뉴에서 [포함 가져오기]를 선택하고 [포함 가져오기] 대화상자가 나타나면 mat10.jpg를 선택한 후 [가져오기] 버튼을 클릭합니다. 크기와 위치를 지정하고 Enter 를 누릅니다.

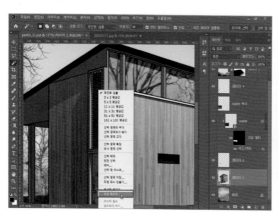
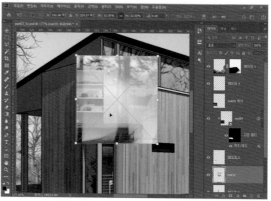

Tip

허용치

마술봉  툴의 허용치는 선택한 픽셀과 비슷한 색을 선택할 수 있는 허용 값을 의미합니다. 1부터 255까지 지정할 수 있으며 수치가 클수록 좀 더 많은 범위를 선택할 수 있습니다.

17 브랜딩 모드 지정하기

❶ 아래 레이어 영역만큼만 이미지를 보여주기 위해 [레이어] 메뉴에서 [클리핑 마스크 만들기]를 선택합니다.

❷ 아래 레이어와 합성하기 위해 mat10 레이어의 브랜딩 모드를 색상 닷지로 선택합니다.

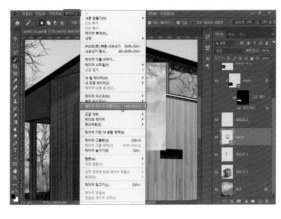 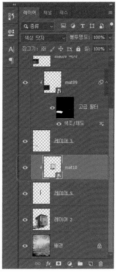

18 투영도 지정하기

❶ 포함 가져오기한 이미지를 비트맵으로 전환하기 위해 [레이어] 메뉴에서 [래스터화] - [레이어]를 선택합니다. ❷ 색상 닷지를 적용한 이미지의 하이라이트 값을 줄이기 위해 그레이디언트▣ 툴을 선택하고 화살표 방향으로 드래그합니다.

 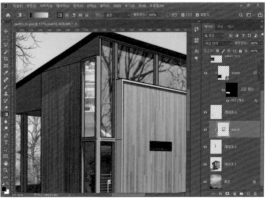

확대, 축소

[Alt]를 누른 채 마우스 가운데 휠 버튼을 위, 아래로 돌리면 화면이 확대 또는 축소됩니다.

19 사람 합성하기

❶ [파일] – [열기]를 이용하여 bg03.png를 엽니다. 이미지 전체를 선택하기 위해 Ctrl+C를 누르고 Ctrl+W를 눌러 이미지를 닫습니다. ❷ [레이어] 팔레트에서 맨 위에 있는 레이어 1을 선택하고 복사한 이미지를 붙여넣기 위해 Ctrl+V를 누릅니다. Ctrl+T를 누르고 그림처럼 크기와 위치를 지정하고 Enter를 누릅니다.

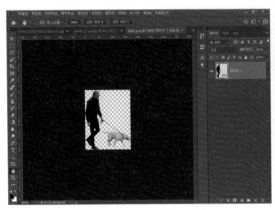 

20 그림자 만들기

❶ 앞에서 삽입한 사람과 강아지의 그림자를 만들어보겠습니다. Ctrl+J를 눌러 레이어를 복사합니다. ❷ 레이어 6을 선택하고 색을 채우기 위해 [편집] 메뉴에서 [칠]을 선택합니다. [칠] 대화상자가 나타나면 내용을 검정으로 지정하고 혼합의 투명도 유지를 체크한 후 [확인] 버튼을 클릭합니다. ❸ 이미지 변형을 위해 [편집] – [변형] – [왜곡]을 선택합니다.

21 왜곡하기

❶ 그림과 같이 그림자에 해당하는 이미지를 왜곡시키고 [Enter]를 누릅니다. ❷ 투명도를 지정하기 위해 불투명도에 **60**을 입력합니다.

 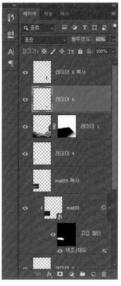

22 선택하기

❶ 건물을 좀 더 입체감 있게 만들기 위해 레이어 2를 선택합니다. 사각형 선택 윤곽 🔲 툴을 이용하여 건물의 우측면을 선택합니다. ❷ [Shift]를 누른 채 창틀의 면을 드래그하여 추가 선택합니다.

23 명암 조절하기

❶ 다시 한 번 Shift 를 누른 채 왼쪽 기둥면을 추가 선택합니다. ❷ 선택 영역의 명암을 조절하기 위해 [레이어] 팔레트에서 새 칠 또는 조정 레이어를 만듭니다. 아이콘을 클릭하고 [명도/대비]를 선택합니다.

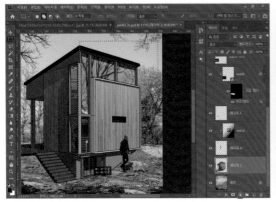
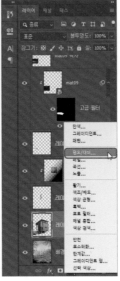

24 선명도 조절하기

❶ [속성] 대화상자가 나타나면 명도에 **40**을 입력합니다. 아래 레이어에만 명도/채도를 적용하기 위해 이 조정은 아래의 모든 레이어에 적용됩니다 아이콘을 클릭합니다. ❷ 배경 레이어를 선택합니다. 이미지의 선명도(채도)를 조절하기 위해 다시한 번 [레이어] 팔레트에서 새 칠 또는 조정 레이어를 만듭니다 아이콘을 클릭하고 [색조/채도]를 선택합니다.

<u>25</u> 완성하기

❶ [속성] 대화상자가 나타나면 채도에 **+50**을 입력합니다. ❷ 배경 이미지의 선명도가 높아진 것을 확인할 수 있습니다. 합성이나 리터치가 필요한 부분이 있다면 여러분이 직접 해보기 바랍니다.

실무테크닉 Ⅱ
웹툰, 인테리어 모델링부터
특수기능 활용하기

이번 파트에서는 요즘 유행하는 웹툰부터 실제 설계부터 시공까지
진행했던 인테리어 모델링을 제작해보겠습니다. 또한 카메라로 찍은 사진을
불러와 모델링을 제작해보고, 포토샵에서 리터칭하는 실무적인 내용과
AutoCAD를 활용하는 부분을 익혀보겠습니다. 고체(합집합, 차집합,
교집합) 도구를 알아보고, 3D Warehouse를 통해 세계적으로 사용되고
있는 모델링 공유사이트에서 모델링을 공유하는 방법을 익혀보겠습니다.

SKETCHUP   2021

01 웹툰 모델링 만들기

요즘 웹툰(Webtoon)이 많은 인기를 끌고 있습니다. 스케치업을 이용하여 웹툰에 사용하는 배경 이미지를 만들어보겠습니다. 스케치업을 이용하여 웹툰의 인물 캐릭터까지 그리기에는 다소 무리가 있지만 배경 모델링과 렌더링은 충분히 가능한 작업입니다.

● 완성 파일 | part04_1c.skp

펜 스케치 이미지

완성된 웹툰 모델링

01 펜 스케치하기

연필, 플러스펜 등을 이용하여 웹툰에 사용될 이미지를 스케치합
니다. 자유롭게 스케치한 이미지이지만 스케치업 프로 2021을 이
용하여 모델링할 때는 정확한 수치를 입력해야 합니다.

02 삭제하기

❶ 스케치업을 실행하고 선택 🔖 툴로 기본 모델링인 로라를 클릭한 후 (Delete)를 눌러 삭제합니다. ❷ 축을 재
설정하기 위해 도구 모음에 있는 축 🔖 툴을 선택하고 원점을 클릭합니다.

 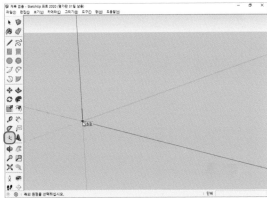

Tip

도구 모음 쉽게 나타내기

기존 [도구 모음] 대화상자 위에서 마우스 오른쪽 버튼을
클릭하면 모든 도구들이 나타납니다. 원하는 도구를 체크
하여 화면에 나타나게 하면 됩니다.

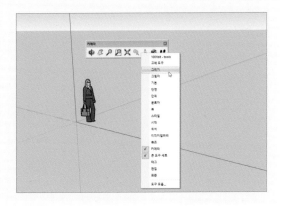

03 축 재설정하기

❶ X축을 지정하기 위해 **빨강 축에** 임의의 점을 클릭합니다. ❷ Y축을 재지정하기 위해 **파랑 축에** 임의의 점을 클릭합니다.

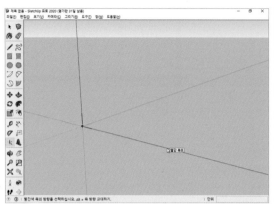 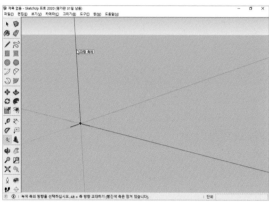

타원형 만들기

스케치업에서는 타원형(Ellipse)을 만들 수 있는 도구가 없습니다. 원을 그린 후 배율📐 툴을 이용하여 한쪽 방향으로 크기를 줄여주면 됩니다.

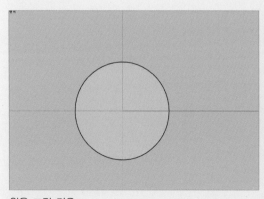 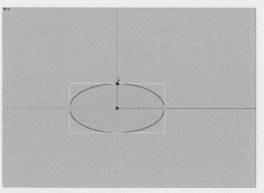

원을 그린 경우   배율 툴로 Y축을 줄인 경우

04 벽 만들기

❶ 벽면을 만들기 위해 도구 모음에 있는 직사각형▣ 툴을 선택하고 원점을 클릭하고 우측 상단으로 드래그한 다음 **7000,3000**을 입력하고 Enter 를 누릅니다. ❷ 면을 돌출하기 위해 도구 모음에 있는 밀기/끌기◈ 툴을 선택하고 면을 클릭한 후 뒤쪽 방향으로 드래그한 후 **500**을 입력한 다음 Enter 를 누릅니다.

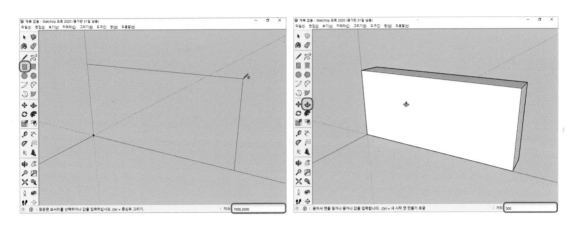

05 모서리 복사하기

❶ 객체를 선택하기 위해 선택▶ 툴로 벽체 왼쪽 모서리를 클릭합니다. ❷ 도구 모음에 있는 이동✛ 툴을 선택하고 시작점(원점)을 클릭한 후 객체를 복사하기 위해 Ctrl 을 한 번 눌러줍니다. 마우스를 오른쪽 방향(빨간색 축)으로 이동하고 **500**을 입력한 후 Enter 를 누릅니다.

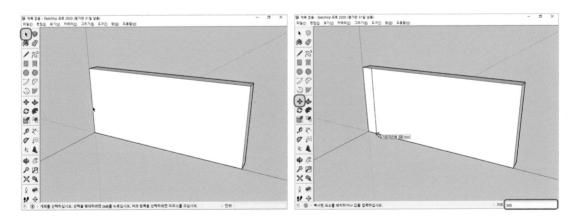

06 정리하기

❶ 객체를 더 복사하기 위해 **X6**을 입력하고 Enter 를 누릅니다. ❷ 선택 🔺 툴을 선택하고 Shift 를 누른 채 3개의 선을 클릭한 후 선택된 객체를 삭제하기 위해 Delete 를 눌러줍니다.

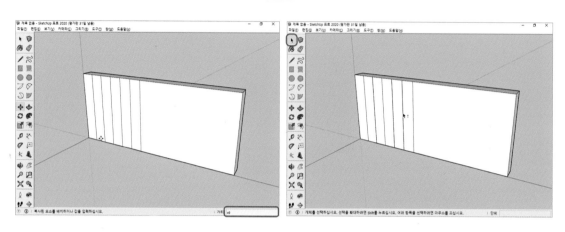

Tip

객체 지우기

선택한 객체를 지울 때 키보드의 Delete 를 눌러도 되지만 마우스 오른쪽 버튼을 클릭하고 [지우기]를 선택해도 됩니다.

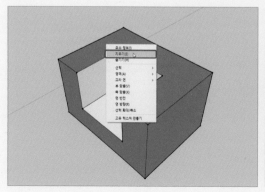 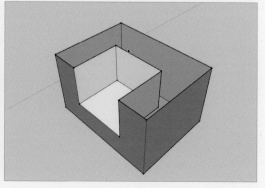

07 복사하기

❶ 객체를 선택하기 위해 선택⬚ 툴로 벽체 아래쪽 모서리를 클릭합니다. ❷ 도구 모음에 있는 이동✥ 툴을 선택하고 끝점을 클릭한 후 객체를 복사하기 위해 Ctrl을 한 번 눌러줍니다. 마우스를 위쪽 방향(녹색 축)으로 이동하고 **900**을 입력한 후 Enter를 누릅니다.

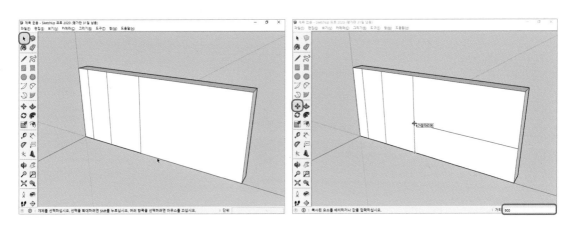

08 돌출하기

❶ 선택⬚ 툴로 필요 없는 모서리를 클릭하고 Delete를 눌러 제거합니다. ❷ 면을 돌출시키기 위해 밀기/끌기 ✥ 툴을 선택해 면을 클릭하고 뒤쪽 방향으로 드래그한 후 **500**을 입력한 다음 Enter를 누릅니다.

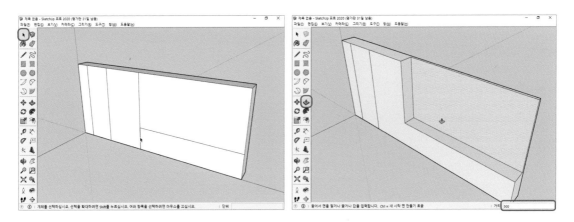

09 면 만들기

❶ 다시 한 번 밀기/끌기 ![밀기/끌기] 툴로 기둥면을 클릭하고 안쪽 방향으로 드래그한 후 **100**을 입력한 다음 Enter를 누릅니다. ❷ 면을 만들기 위해 도구 모음에 있는 직사각형 ![직사각형] 툴을 선택하고 시작점을 클릭합니다.

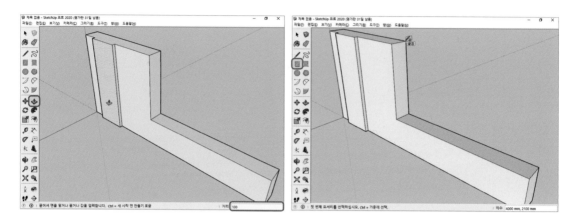

10 면 반전하기

❶ 면의 두 번째 점을 지정합니다. ❷ 면의 방향을 뒤집기 위해 선택 ![선택] 툴로 면을 클릭하고 마우스 오른쪽 버튼을 클릭한 후 [면 반전]을 선택합니다.

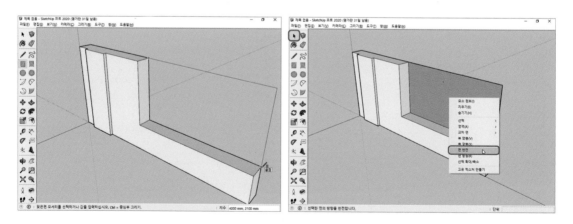

11 모서리 복사하기

❶ 객체를 선택하기 위해 선택 ▶ 툴로 모서리를 클릭합니다. ❷ 도구 모음에 있는 이동 ✦ 툴을 선택하고 수직, 수평 모서리가 만나는 끝점을 클릭한 후 객체를 복사하기 위해 [Ctrl]을 한 번 눌러줍니다. 마우스를 위쪽 방향(녹색 축)으로 이동하고 **500**을 입력한 후 [Enter]를 누릅니다.

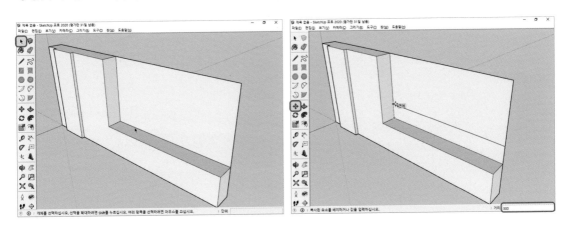

12 평행 복사하기

❶ 모서리를 복사하기 위해 도구 모음에 있는 오프셋 ⬓ 툴을 선택하고 면을 클릭합니다. ❷ 마우스를 안쪽 방향으로 이동하고 **60**을 입력한 후 [Enter]를 누릅니다.

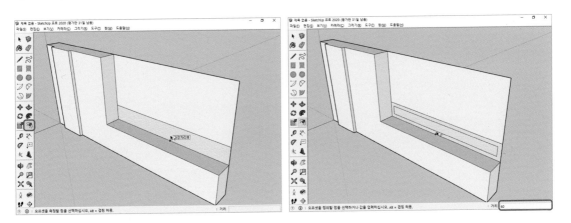

13 복사하기

❶ 객체를 선택하기 위해 선택 ▶ 툴로 벽체 수직 모서리를 클릭합니다. ❷ 도구 모음에 있는 이동 ✥ 툴을 선택하고 수직 모서리 아래 끝점을 클릭한 후 객체를 복사하기 위해 Ctrl 을 한 번 눌러줍니다. 마우스를 오른쪽 방향(빨간색 축)으로 이동하고 수평 모서리 오른쪽 끝점을 지정합니다.

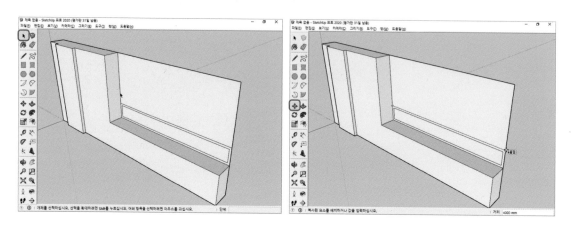

14 등분 복사하기

❶ 객체를 등분하여 복사하기 위해 /3을 입력하고 Enter 를 누릅니다. ❷ 선을 그리기 위해 선 ✏ 툴을 선택하고 시작점을 지정합니다.

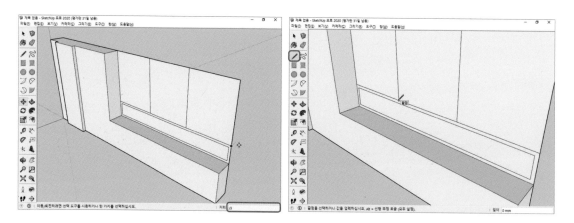

15 선 그리기

❶ 아래쪽 방향(녹색 축)으로 하여 수평 모서리와 만나는 가장자리에 선의 두 번째 점을 지정합니다. ❷ 오른쪽에도 같은 방법을 선을 만들어줍니다.

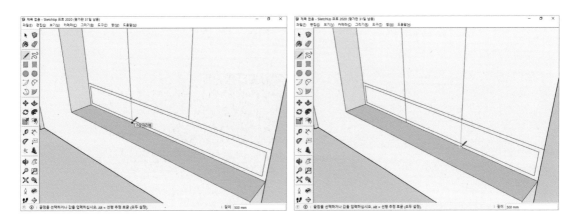

16 다중 복사하기

❶ 객체를 선택하기 위해 선택 ▶ 툴을 선택하고 다중 선택을 위해 Shift 를 누른 상태로 7개의 모서리를 클릭합니다. ❷ 도구 모음에 있는 이동 ✛ 툴을 선택하고 작은 수직 모서리 아래 끝점을 클릭한 후 객체를 복사하기 위해 Ctrl 을 한 번 눌러 줍니다. 마우스를 오른쪽 방향(빨간색 축)으로 이동하고 **60**을 입력한 후 Enter 를 누릅니다.

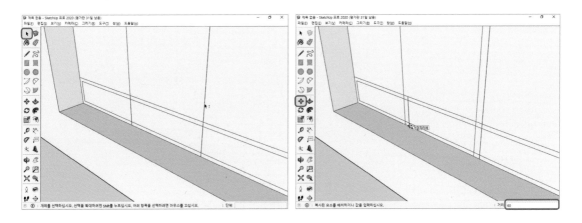

17 돌출하기

❶ 객체를 선택하기 위해 선택🔲 툴을 선택하고 다중 선택을 위해 Shift를 누르고 15개의 모서리를 클릭합니다. 선택된 객체를 삭제하기 위해 Delete를 누릅니다. ❷ 면을 돌출하기 위해 밀기/끌기◈ 툴을 선택하고 면을 클릭한 후 뒤쪽 방향으로 드래그한 후 **30**을 입력한 다음 Enter를 누릅니다.

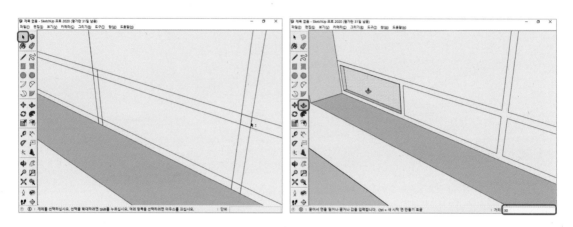

18 반복하기

❶ 면 돌출을 반복하기 위해 오른쪽 면을 더블클릭합니다. ❷ 나머지 3개의 면도 더블클릭합니다.

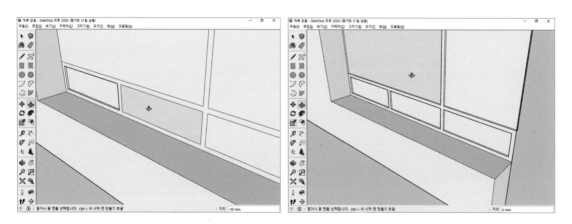

19 축 재설정하기

❶ 도구 모음에서 선택 ▶ 툴을 선택하고 축 위에서 마우스 오른쪽 버튼을 클릭한 후 축을 초기화하기 위해 재설정을 누릅니다. ❷ 객체를 선택하기 위해 선택 툴로 벽 아래에 있는 모서리를 클릭합니다.

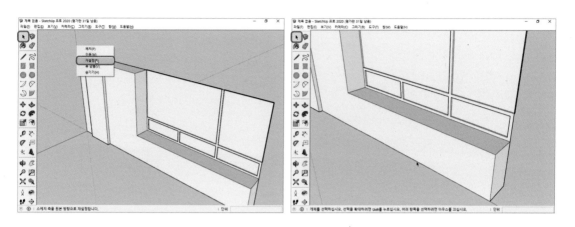

20 걸레받이 만들기

❶ 도구 모음에 있는 이동 ✛ 툴을 선택하고 벽체 오른쪽 모서리 아래 끝점을 클릭한 후 객체를 복사하기 위해 Ctrl을 한 번 눌러줍니다. 마우스를 위쪽 방향(파란색 축)으로 이동하고 **100**을 입력한 후 Enter를 누릅니다. ❷ 면을 돌출시키기 위해 밀기/끌기 ✛ 툴을 선택하고 면을 클릭한 후 안쪽 방향으로 드래그한 후 **30**을 입력한 다음 Enter를 누릅니다.

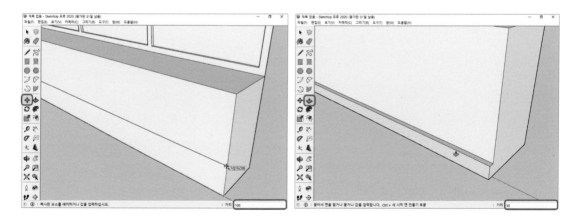

21 바닥 만들기

❶ 바닥면을 만들기 위해 도구 모음에 있는 직사각형▦ 툴을 선택하고 원점을 클릭합니다. ❷ 우측 하단으로 드래그하고 **7000,5000**을 입력한 후 Enter 를 누릅니다.

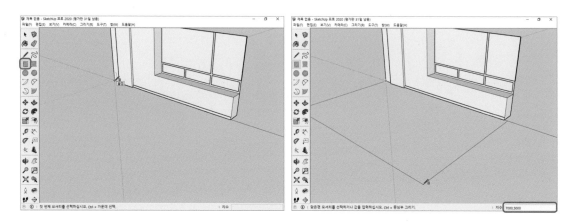

22 이미지 저장하기

❶ 도구 모음에 있는 궤도✛ 툴을 이용하여 그림과 같이 뷰를 만들어줍니다. ❷ 이미지를 저장하기 위해 [파일] − [내보내기] − [2D 그래픽]을 선택합니다.

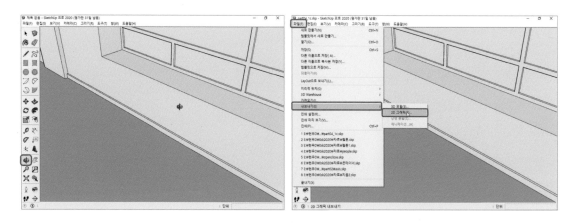

Tip

마우스 이용하기

마우스 가운데 휠 버튼을 누른 채 드래그하면 궤도✛ 툴이 나타납니다. Shift 를 누르고 마우스 가운데 휠 버튼을 누른 채 드래그하면 이동(상하/좌우)✍ 툴이 나타나므로 마우스를 충분히 활용하기 바랍니다.

23 옵션 설정하기

❶ [2D 그래픽 내보내기] 대화상자가 나타나면 파일 형식을 JPEG 이미지(*.jpg)로 지정하고 파일 이름을 원하는 대로 입력한 후 [옵션] 버튼을 클릭합니다. ❷ [내보내기 옵션] 대화상자가 나타나면 이미지 크기의 뷰 크기 사용을 해제하고 너비에 **1000**을 입력합니다. 높이는 자동으로 설정되며 모니터 해상도에 따라 높이는 다르게 입력될 수 있습니다. [확인] 버튼을 클릭합니다.

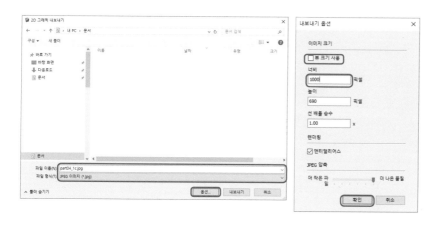

24 모델링 삽입하기

❶ 모델링을 삽입하기 위해 [파일] 메뉴에서 [가져오기]를 선택합니다. [가져오기] 대화상자가 나타나면 people.skp 파일을 선택하고 [가져오기] 버튼을 클릭합니다. ❷ 바닥 면을 클릭하여 위치를 지정합니다.

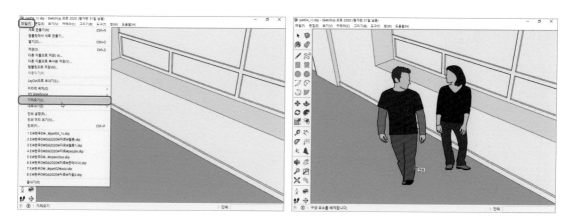

25 선택 반전하기

❶ 현재 선택된 객체의 나머지 객체를 선택하기 위해 [편집] 메뉴에서 [선택 영역 반전]을 선택합니다. ❷ 선택된 객체를 삭제하기 위해 Delete 를 누릅니다.

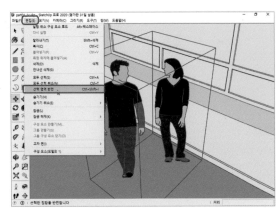 

26 이미지 저장하기

❶ 이미지를 저장하기 위해 [파일] − [내보내기] − [2D 그래픽]을 선택합니다. [2D 그래픽 내보내기] 대화상자가 나타나면 파일 형식을 Portable Network Graphics(*.png)로 지정하고 파일 이름을 원하는 대로 입력한 후 [옵션] 버튼을 클릭합니다. ❷ [내보내기 옵션] 대화상자가 나타나면 배경을 투명하게 저장하기 위해 렌더링에서 [투명한 배경]을 체크하고 [확인] 버튼을 클릭합니다. 다시 [2D 그래픽 내보내기] 대화상자가 나타나면 [내보내기] 버튼을 클릭합니다.

확장 도구 만들기

스케치업에 제공하는 기본적인 도구 외에 추가적으로 제공하는 확장 도구를 이용하면 좀 더 쉽게 모델링을 할 수 있습니다. 확장 도구를 사용하는 방법에 대해 살펴보겠습니다.

▪ 확장 도구 인스톨하기

❶ [창] 메뉴에서 [Extension Warehouse]를 선택합니다. Extension Warehouse 창이 열리면 **1001bit**를 입력하고 Enter를 누릅니다. 모깎기(Fillet), 모따기(Chamfer) 등 다양한 기능을 제공하는 1001bit Tools 도구이며 프리 버전입니다. ❷ 확장 도구를 설치하기 위해 [Install] 버튼을 클릭합니다.

▪ 설치하기

❶ 운영체제와 버전을 물어보는 메시지가 나타나면 [Yes] 버튼을 클릭합니다. ❷ [SketchUp] 대화상자가 나타나면 [예] 버튼을 클릭합니다.

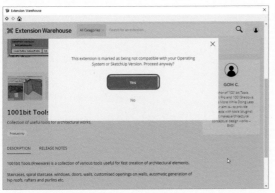 

▪ 확인하기

❶ 확장 기능이 설치되었고 지금 사용할 수 있습니다라는 메시지가 나타나면 [확인] 버튼을 클릭합니다. ❷ 도구 모음을 열고 1001bit – tools를 체크합니다.

▪ 1001bit - tools 사용하기

[1001bit – tools] 도구상자가 나타나는 것을 확인할 수 있습니다. 운영체제와 스케치업 버전에 따라 사용할 수 없는 도구도 있습니다. 2D 도형의 모서리를 둥그렇게 모깎기 해보겠습니다. ❶ 가로, 세로 1000mm인 사각형을 만듭니다. ❷ 1001bit – tools 도구상자에서 Fillet 2 edges 툴을 선택하고 수평 모서리를 클릭합니다.

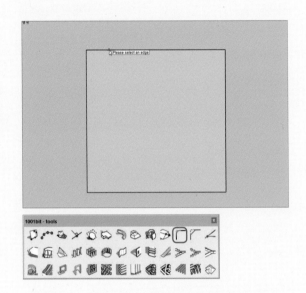

▪ 반지름 지정하기

❶ 나머지 수직 모서리를 클릭하고 ❷ [1001bit – Fillet] 대화상자가 나타나면 Fillet radius에 **300**을 입력한 후 [확인] 버튼을 클릭합니다.

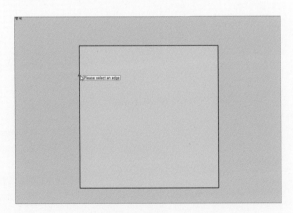

- **확장기능 사용 여부**

❶ 2개의 모서리 사이가 반지름 300mm만큼 모깎기 된 것을 확인할 수 있습니다. ❷ 만약 확장 기능을 사용하고 싶지 않다면 확장 관리자에서 확장 기능을 사용 안 함으로 지정하면 됩니다.

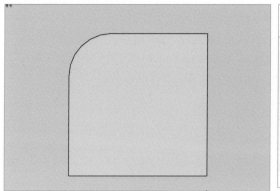

Tip

루비 설치

확장 기능(루비) 파일인 *.rbz가 컴퓨터에 저장되어 있다면 확장 관리자📦 툴에서 [확장 설치] 버튼을 클릭하고 컴퓨터에 저장한 *.rbz 파일을 열면 됩니다. [확장 관리자] 대화상자에서 설치된 루비 확장 기능의 사용 여부를 설정할 수 있습니다.

02 웹툰 완성하기

앞에서 만든 웹툰 배경 모델링을 포토샵에서 불러와 웹툰을 완성해보겠습니다. 웹툰에서 사용하는 배경 모델링은 3d max, SketchUp 그래픽 프로그램에서 많이 작업합니다. 모델링을 이미지로 저장하여 포토샵에서 편집, 수정하여 웹툰이 완성되는 것입니다.

완성 이미지

01 확대하기

❶ 포토샵을 실행하고 [파일] - [열기]를 이용하여 part04_1c.jpg를 불러옵니다. 포토샵 버전은 중요하지 않습니다. 필자가 사용하는 포토샵은 Photoshop CC 한글 버전입니다. ❷ 이미지를 확대하기 위해 돋보기 🔍 툴을 선택하고 그림처럼 모서리를 드래그합니다.

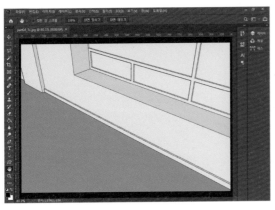
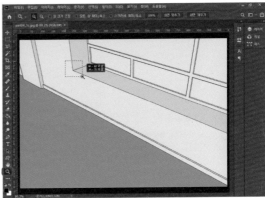

02 픽셀 선택하기

❶ 픽셀을 선택하기 위해 도구상자에서 자동 선택 🪄 툴을 선택합니다. 상부 옵션에서 허용치를 10으로 지정하고 앤티 앨리어스를 해제한 후 인접을 해제한 다음 픽셀 1개를 클릭합니다. 모니터 해상도에 따라 선택 범위가 달라질 수 있습니다. ❷ 선택을 추가하기 위해 Shift 를 누르고 다른 픽셀을 한번 더 클릭합니다.

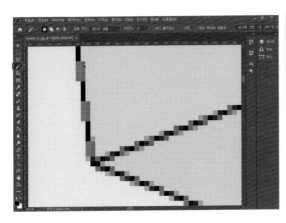
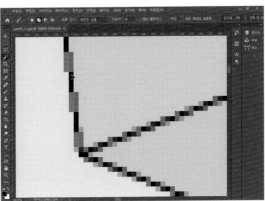

03 레이어 만들기

❶ 다시 한 번 Shift 를 누르고 다른 픽셀을 클릭합니다. 검정 모서리를 선택하기 위해서이므로 책과 다르게 선택될 수 있습니다. 검은색 모서리만 선택되면 됩니다. ❷ 레이어를 만들기 위해 마우스 오른쪽 버튼을 클릭하고 복사한 레이어를 선택합니다.

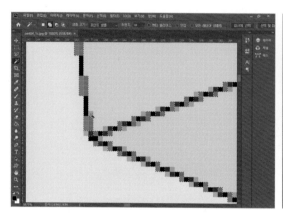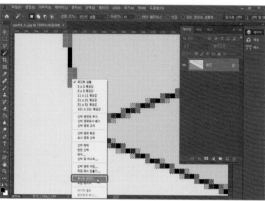

04 레이어 이름 변경하기

❶ [레이어] 팔레트에서 레이어 1 이름을 더블클릭하고 **모서리**라고 이름을 변경합니다. ❷ 배경 레이어를 선택하고 색상을 채우기 위해 도구상자에서 페인트통  툴을 선택합니다.

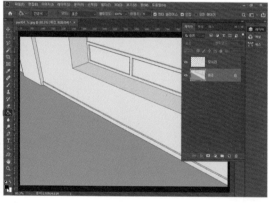

05 색 채우기

❶ 색상을 변경하기 위해 도구상자의 전경색과 배경색█에서 전경색(검정색)을 클릭하고, [색상 피커(전경색)] 대화상자가 나타나면 R:**190** G:**190** B:**200**을 입력하고 [확인] 버튼을 클릭합니다. ❷ 색을 채우기 위해 창문 앞에 있는 왼쪽 벽을 클릭합니다.

 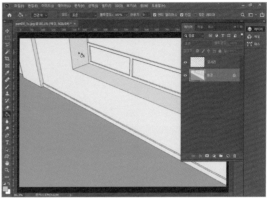

06 색 만들기

❶ 추가로 기둥의 앞면을 클릭합니다. ❷ 색상을 변경하기 위해 도구상자의 전경색과 배경색█에서 전경색(검정색)을 클릭하고, [색상 피커(전경색)] 대화상자가 나타나면 R:**210** G:**210** B:**220**을 입력하고 [확인] 버튼을 클릭합니다.

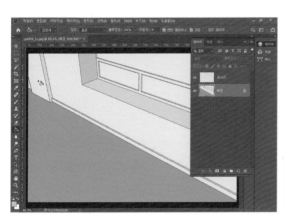 

Tip

색 초기화

키보드의 D를 누르면 전경색과 배경색█을 초기화합니다.

07 색 채우기

❶ 창문 앞의 아래 벽면을 클릭합니다. ❷ 기둥의 옆면을 추가로 클릭합니다.

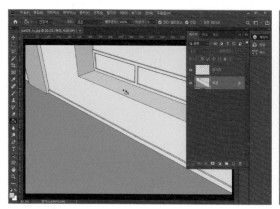 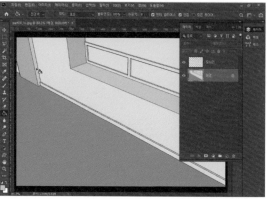

08 벽면 색 채우기

❶ 색상을 변경하기 위해 도구상자의 전경색과 배경색 █에서 전경색(검정색)을 클릭하고, [색상 피커(전경색)] 대화상자가 나타나면 R:**160** G:**160** B:**150**을 입력하고 [확인] 버튼을 클릭합니다. ❷ 색을 채우기 위해 벽면을 클릭합니다.

 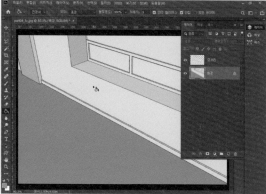

09 걸레받이 색 채우기

❶ 색상을 변경하기 위해 다시 한 번 도구상자의 전경색과 배경색█에서 전경색(검정색)을 클릭하고, [색상 피커(전경색)] 대화상자가 나타나면 R:**150** G:**140** B:**100**을 입력하고 [확인] 버튼을 클릭합니다. ❷ 색을 채우기 위해 걸레받이 면을 클릭합니다.

 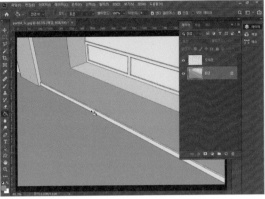

10 그림자 만들기

❶ 새로운 레이어를 만들기 위해 Ctrl + Shift + T을 누르고 [새 레이어] 대화상자가 나타나면 이름에 **그림자**를 입력한 후 [확인] 버튼을 클릭합니다. ❷ 다각형 올가미🗹 툴을 이용하여 그림자 영역을 선택합니다.

 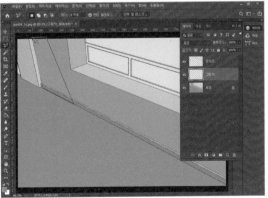

11 그림자 색 채우기

❶ 도구상자의 전경색과 배경색 █에서 전경색(검정색)을 클릭하고, [색상 피커(전경색)] 대화상자가 나타나면 R:120 G:120 B:120을 입력하고 [확인] 버튼을 클릭합니다. ❷ 색을 채우기 위해 [편집] 메뉴에서 [칠]을 선택합니다. [칠] 대화상자가 나타나면 내용을 전경색으로 변경하고 혼합의 투명도 유지를 해제한 후 [확인] 버튼을 클릭합니다. 선택 영역을 해제하기 위해 [Ctrl]+[D]를 누릅니다.

12 브랜딩 모드 적용하기

❶ 레이어 색을 혼합하기 위해 레이어 팔레트의 그림자 레이어의 브랜딩 모드를 곱하기로 변경합니다. ❷ [레이어] 팔레트에서 [배경] 레이어를 선택하고 기둥 옆에 있는 벽면을 클릭합니다.

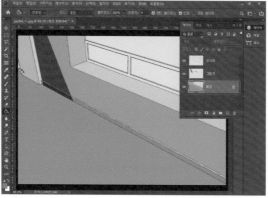

13 레이어 만들기

❶ 자동 선택 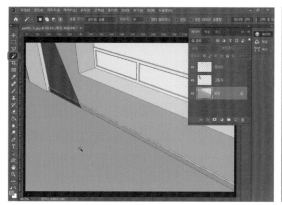 툴을 이용하여 바닥면을 클릭합니다. ❷ 선택된 영역을 레이어로 만들기 위해 마우스 오른쪽 버튼을 클릭하고 [복사한 레이어]를 선택합니다.

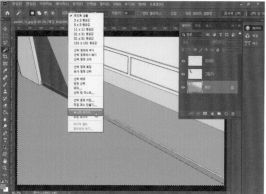

14 타일 불러오기

❶ [레이어] 팔레트에서 레이어1의 이름을 더블클릭해서 **바닥**으로 변경합니다. ❷ [파일] – [열기]를 이용하여 tile.jpg를 불러옵니다. Ctrl + A 를 눌러 전체 영역을 선택하고 Ctrl + V 를 눌러 복사한 후 Ctrl + W 를 눌러 이미지를 닫습니다.

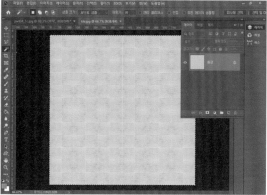

15 변형하기

❶ 복사한 이미지를 불러오기 위해 Ctrl + V 를 누릅니다. ❷ 이미지를 변형하기 위해 [편집] 메뉴에서 [변경] – [왜곡]을 선택합니다.

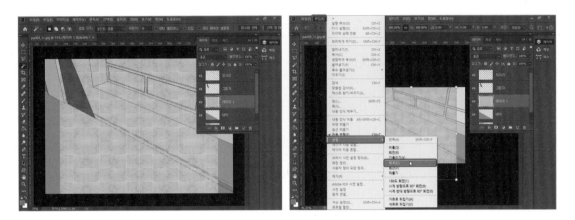

16 왜곡하기

❶ 조절점을 이동하여 소점에 맞게 이미지를 변경하고 Enter 를 누릅니다. ❷ 아래 레이어 영역만큼만 이미지를 보여주기 위해 [레이어] 메뉴에서 [클리핑 마스크 만들기]를 선택합니다.

17 창문 선택하기

❶ [배경] 레이어를 선택하고 자동 선택 ⚡ 툴을 선택한 후 상부 옵션에서 [앤티 앨리어스]를 체크합니다. 인접을 해제하고 가장 큰 창문을 클릭합니다. ❷ 선택을 추가하기 위해 Shift를 누르고 두 개의 창문을 클릭합니다.

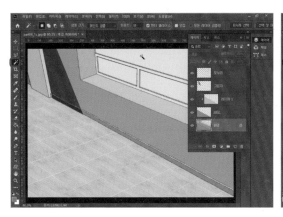 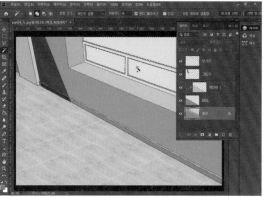

18 레이어 만들기

❶ 레이어를 만들기 위해 마우스 오른쪽 버튼을 클릭하고 [복사한 레이어]를 선택합니다. ❷ [레이어] 팔레트에서 레이어2 이름을 더블클릭하고 **창문**으로 이름을 변경합니다.

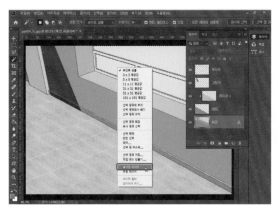 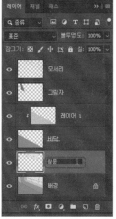

19 창문 색 채우기

❶ 도구상자의 전경색과 배경색에서 전경색(검정색)을 클릭하고, [색상 피커(전경색)] 대화상자가 나타나면 R:**60** G:**140** B:**220**을 입력하고 [확인] 버튼을 클릭합니다. ❷ 색을 채우기 위해 [편집] 메뉴에서 [칠]을 선택합니다. [칠] 대화상자가 나타나면 내용을 전경색으로 변경하고 혼합의 투명도 유지를 체크한 후 [확인] 버튼을 클릭합니다.

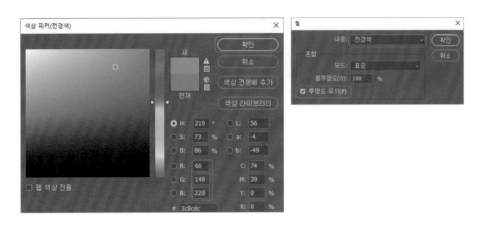

20 선 만들기

❶ 새로운 레이어를 만들기 위해 Ctrl+Shift+N을 누르고 [새 레이어] 대화상자가 나타나면 이름에 **하이라이트**를 입력한 후 [확인] 버튼을 클릭합니다. ❷ 선을 그리기 위해 선 툴을 선택합니다. 현 레이어에 선을 만들기 위해 상부 옵션의 선택 도구 모드를 픽셀로 변경합니다. ❸ 두께를 **70**픽셀로 지정하고 선을 만들어줍니다.

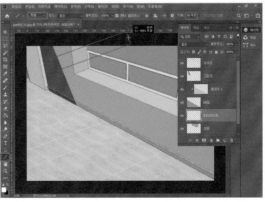

21 하이라이트 만들기

❶ 세 개의 선을 더 만들어줍니다. ❷ 선의 두께를 **15**픽셀로 변경하고 가는 선을 더 만들어줍니다.

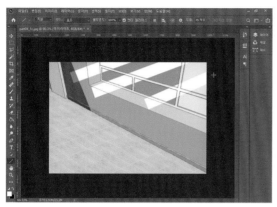 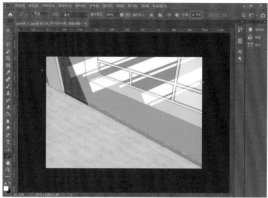

22 불투명도 지정하기

❶ 아래 레이어 영역만큼만 이미지를 보여주기 위해 [레이어] 메뉴에서 [클리핑 마스크 만들기]를 선택합니다.
❷ [레이어] 팔레트에서 [하이라이트 레이어의 불투명도]를 **20%**로 설정합니다.

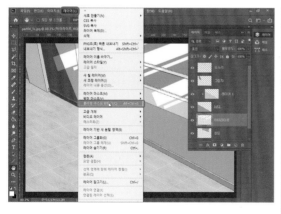 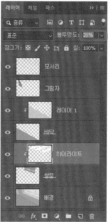

23 투영도 만들기

❶ 창문 하이라이트의 투영도를 지정하기 위해 [레이어] 메뉴에서 [레이어 마스크] – [모두 나타내기]를 선택합니다. ❷ 그레이디언트 툴을 선택하고 그림과 같이 드래그합니다.

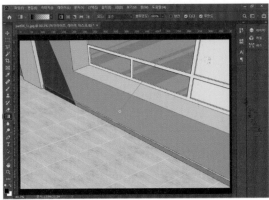

24 사람 불러오기

❶ [레이어] 팔레트에서 맨 위에 있는 [모서리] 레이어를 선택합니다. 이미지를 삽입하기 위해 [파일] 메뉴에서 [포함 가져오기]를 선택합니다. ❷ [포함 가져오기] 대화상자가 나타나면 part04_1c.png를 선택하고 이미지가 삽입되면 Enter를 누릅니다.

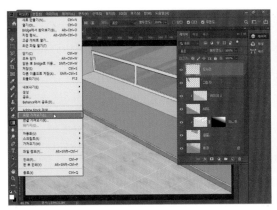

25 비트맵 만들기

❶ 레이어를 복사하기 위해 Ctrl + J 를 누릅니다. ❷ [레이어] 팔레트에서 part04_1c 레이어를 선택하고 벡터 이미지를 비트맵으로 전환하기 위해 [레이어] 메뉴에서 [래스터화] – [고급 개체]를 선택합니다.

26 레이어 분리하기

❶ [레이어] 팔레트에서 part04_1c 레이어 이름을 더블클릭하고 **사람 그림자**로 이름을 변경합니다. ❷ 도구상 자에서 사각형 선택 윤곽  툴을 선택하고 왼쪽 사람을 선택한 후 레이어를 분리하기 위해 마우스 오른쪽 버 튼을 클릭한 다음 [오린 레이어]를 선택합니다.

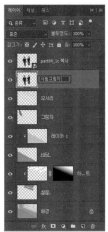

27 그림자 만들기

❶ [레이어] 팔레트에서 레이어 2 이름을 더블클릭하고 **사람 그림자**1로 이름을 변경합니다. ❷ 이미지를 변형하기 위해 [편집] 메뉴에서 [변형] – [왜곡]을 선택하고 각 조절점을 이용하여 그림처럼 변형한 후 Enter 를 누릅니다.

28 색 채우기

❶ 사람그림자 레이어를 선택하고 마찬가지로 왜곡을 이용하여 그림자를 만들어줍니다. ❷ 색을 채우기 위해 [편집] 메뉴에서 [칠]을 선택합니다. [칠] 대화상자가 나타나면 내용을 검정으로 변경하고 혼합의 투명도 유지를 체크한 후 [확인] 버튼을 클릭합니다.

29 불투명도 설정하기

❶ 사람그림자 레이어의 불투명도를 **60**으로 지정합니다. ❷ 사람그림자1 레이어를 선택합니다. 색을 채우기 위해 [편집] 메뉴에서 [칠]을 선택합니다. [칠] 대화상자가 나타나면 내용을 검정으로 변경하고 혼합의 투명도 유지를 체크한 후 [확인] 버튼을 클릭합니다.

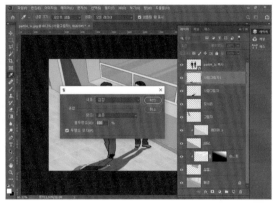

30 모양 선택하기

❶ 사람그림자1 레이어의 불투명도를 **60**으로 지정합니다. ❷ [레이어] 팔레트에서 part04_1c 복사 레이어를 선택하고 웹툰에 사용할 말풍선을 만들어보겠습니다. 도구상자에서 사용자 정의 모양 툴을 선택하고 상부 옵션에서 선택 도구 모드를 모양으로 지정한 후 모양에서 대화1 모양을 선택합니다.

31 말풍선 만들기

❶ 전경색을 흰색으로 지정하고 말풍선을 만들어줍니다. ❷ 이미지를 변형하기 위해 [편집] 메뉴에서 [패스 변형] – [가로로 뒤집기]를 선택합니다.

32 테두리선 만들기

❶ 객체의 테두리선을 만들기 위해 [레이어] 팔레트에서 레이어 스타일을 추가합니다. *fx*를 클릭하고 [획]을 선택합니다. ❷ [획] 대화상자가 나타나면 구조의 크기를 **2px**로 지정하고 색상을 검은색으로 설정한 후 [확인] 버튼을 클릭합니다.

 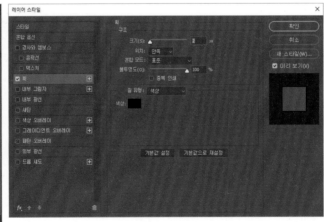

33 문자 입력하기

전경색을 검은색으로 지정합니다. 문자를 입력하기 위해 도구상자에서 수평 문자  툴을 선택하고 상부 옵션에서 문자크기를 23pt 정도로 지정한 후 **오늘 스케치업 론칭 행사는 몇 시에 하나요?**를 입력하고 [확인] 버튼을 클릭합니다. 도구상자에서 이동 툴로 문자를 말풍선 내부로 이동합니다. 창문 나머지 영역의 색과 하이라이트는 여러분이 직접 만들어보기 바랍니다.

03 인테리어 모델링하기

모던한 거실 인테리어를 모델링하고 재질까지 입혀보겠습니다. 인테리어 모델링에서 중요한 것은 공간에 대한 기초 도면을 정확하게 작성하는 것입니다. 그러기 위해서는 가구들의 형태를 정확하게 이해해야 합니다. 또한 매핑 이미지를 정확히 지정하여 재질을 만들어보겠습니다.

◎ 완성 파일 | part04_3c.skp

완성된 모델링

01 가벽 만들기

❶ 객체를 선택하기 위해 선택✛ 툴을 이용하여 기본 사람 모델링을 클릭하고 Delete 를 눌러 삭제합니다. 벽체의 평면을 만들기 위해 직사각형▦ 툴을 선택하고 원점을 클릭합니다. 마우스를 우측 상단으로 이동하고 **5000,3500**을 입력한 후 Enter 를 누릅니다. ❷ 면을 돌출시키기 위해 밀기/끌기◆ 툴을 선택하고 면을 클릭한 후 위쪽 방향으로 드래그한 다음 **2300**을 입력하고 Enter 를 누릅니다.

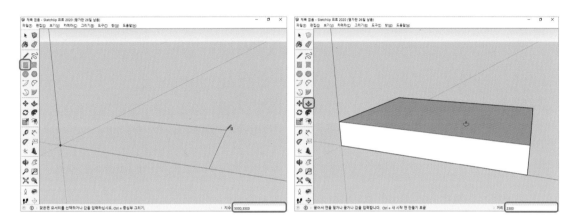

02 면 반전하기

❶ 객체를 선택하기 위해 선택✛ 툴을 선택하고 정면을 클릭한 후 삭제하기 위해 Delete 를 누릅니다. ❷ Ctrl +A 를 눌러 모든 면을 선택하고 면 방향을 바꾸기 위해 마우스 오른쪽 버튼을 클릭한 후 [면 반전]을 선택합니다.

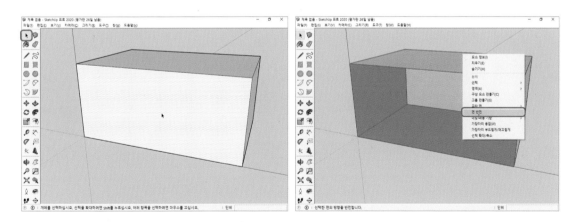

03 복사하기

❶ 객체를 선택하기 위해 선택 ![k] 툴로 벽면 아래 모서리를 클릭합니다. ❷ 도구 모음에 있는 이동 ![십자] 툴을 선택하고 시작점을 클릭한 후 객체를 복사하기 위해 ⌈Ctrl⌉을 한 번 눌러 줍니다. 마우스를 위쪽 방향(파란색 축)으로 이동하고 **150**을 입력한 후 ⌈Enter⌉를 누릅니다.

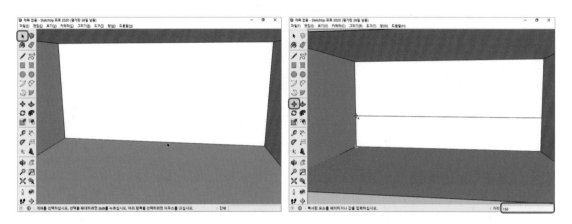

04 복사하기

❶ 다시 한 번 시작점을 클릭하고 마우스를 위쪽 방향(파란색 축)으로 이동한 후 **250**을 입력한 다음 ⌈Enter⌉를 누릅니다. ❷ 객체를 선택하기 위해 선택 ![k] 툴로 벽면 오른쪽 모서리를 클릭합니다.

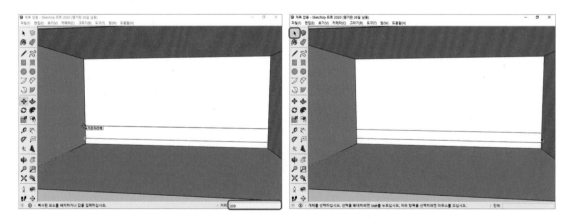

05 돌출하기

❶ 시작점을 클릭하고 마우스를 왼쪽 방향(빨간색 축)으로 이동한 후 **4000**을 입력한 다음 Enter 를 누릅니다.
❷ 면을 돌출하기 위해 밀기/끌기 ◆ 툴을 선택하고 면을 클릭한 후 앞쪽 방향으로 드래그한 다음 **500**을 입력하고 Enter 를 누릅니다.

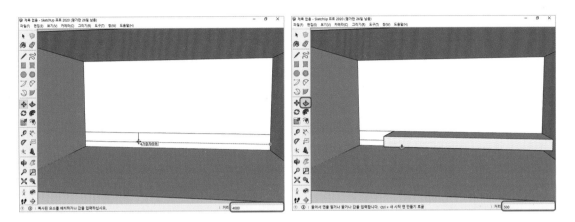

06 매지 라인 만들기

❶ 객체를 선택하기 위해 선택 ▶ 툴로 모서리를 클릭합니다. ❷ 도구 모음에 있는 이동 ◆ 툴을 선택하고 시작점을 클릭한 후 객체를 복사하기 위해 Ctrl 을 한 번 눌러줍니다. 마우스를 오른쪽 방향(빨간색 축)으로 이동하고 **700**을 입력한 후 Enter 를 누릅니다.

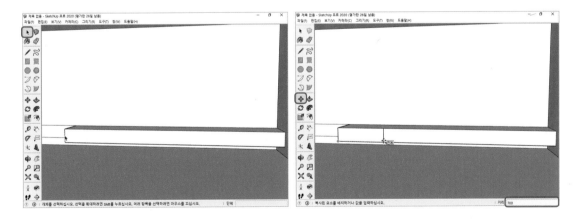

07 다중 복사하기

❶ 같은 간격으로 객체를 더 복사하기 위해 x3을 입력하고 Enter 를 누릅니다. ❷ 선택 ▶ 툴로 모서리를 클릭하고 Delete 를 눌러 삭제합니다.

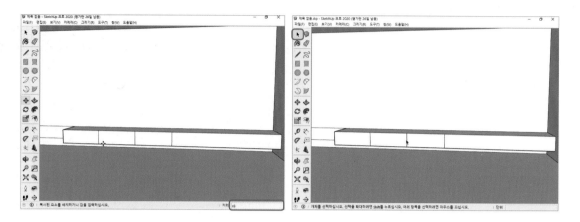

08 평행 복사하기

❶ 면을 평행 복사하기 위해 오프셋 ⓐ 툴로 수납장의 정면을 클릭한 후 마우스를 안쪽 방향으로 이동한 다음 20을 입력하고 Enter 를 누릅니다. ❷ 면을 돌출하기 위해 밀기/끌기 ◈ 툴을 선택하고 면을 클릭한 후 안쪽 방향으로 드래그한 다음 450을 입력하고 Enter 를 누릅니다.

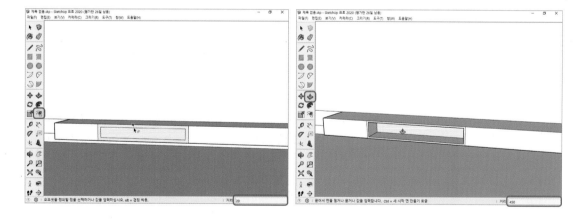

09 나누기

❶ 선을 등분하기 위해 선택 ▶ 툴로 수납장 아래 모서리를 클릭하고 마우스 오른쪽 버튼을 클릭한 후 [나누기]를 선택합니다. ❷ 등분 개수 **3**을 입력하고 Enter 를 누릅니다.

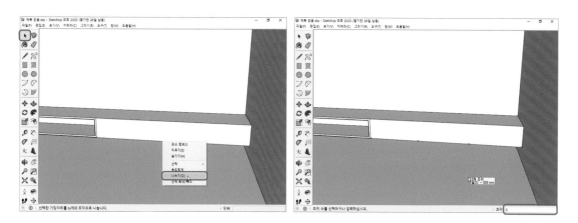

10 선 그리기

❶ 선 ✎ 툴을 선택하고 끝점과 가장자리 점을 연결하는 선을 만들어줍니다. ❷ 같은 방법으로 나머지 등분된 위치에도 선을 한 개 더 만들어줍니다.

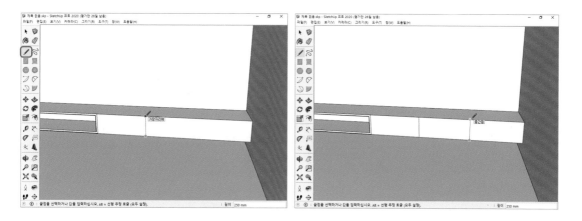

11 복사하기

❶ 선택▣ 툴을 선택하고 [Shift]를 누른 채 두 개의 모서리를 클릭합니다. ❷ 도구 모음에 있는 이동✛ 툴을 선택하고 시작점을 클릭한 후 객체를 복사하기 위해 [Ctrl]을 한 번 눌러줍니다. 마우스를 오른쪽 방향(빨간색 축)으로 이동하고 **20**을 입력한 후 [Enter]를 누릅니다.

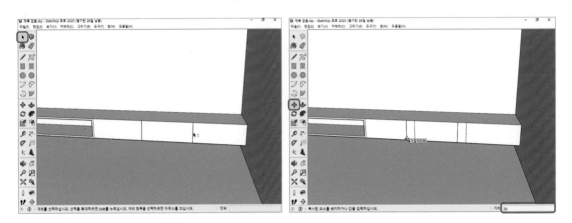

12 돌출하기

❶ 면을 돌출하기 위해 밀기/끌기◈ 툴을 선택하고 면을 클릭한 후 안쪽 방향으로 드래그한 다음 **20**을 입력하고 [Enter]를 누릅니다. ❷ 돌출을 반복하기 위해 오른쪽에 있는 면을 더블클릭합니다.

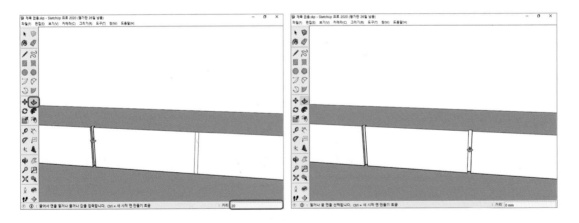

<u>13</u> 보조선 만들기

❶ TV 위치를 설정하기 위한 보조선을 만들겠습니다. 선 ✏ 툴을 선택하고 수납장의 끝점과 안쪽 모서리 가장 자리 점(녹색 축)을 연결합니다. ❷ 다시 한 번 시작점을 클릭하고 위쪽 방향(파란색 축)으로 이동한 후 **210**을 입력한 다음 Enter 를 누릅니다.

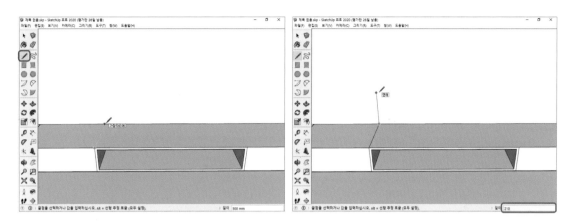

<u>14</u> 모델 불러오기

❶ 3D 모델 공유사이트를 이용하여 모델링을 불러오겠습니다. [창] 메뉴에서 [3D 웨어하우스]를 선택하고 [3D 웨어하우스] 대화상자가 나타나면 모든 카테고리에 **TV**를 입력하고 Enter 를 누릅니다. ❷ 제품에서 모델 을 선택합니다. 원하는 형태의 TV를 선택하고 ⬇ 버튼을 누릅니다. **모델로 로드하시겠습니까?** 메시지가 나타 나면 [예] 버튼을 클릭합니다.

15 위치 설정하기

❶ 화면에 TV 모델링이 나타나면 바탕화면을 클릭합니다. ❷ 객체를 선택하기 위해 선택 [아이콘] 툴을 선택하고 구성 요소를 편집하기 위해 TV 모델링을 더블클릭합니다.

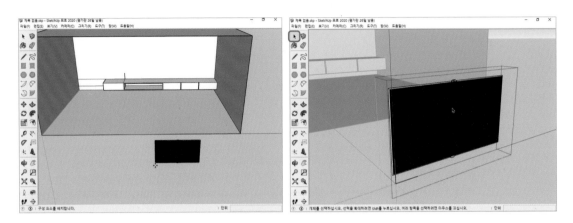

16 구성 요소 편집하기

❶ 두 점간의 거리를 측정하기 위해 줄자 [아이콘] 툴을 선택하고 TV 왼쪽 하단 끝점을 클릭합니다. ❷ TV 반대 방향을 보여주고 우측 하단 끝점을 클릭합니다.

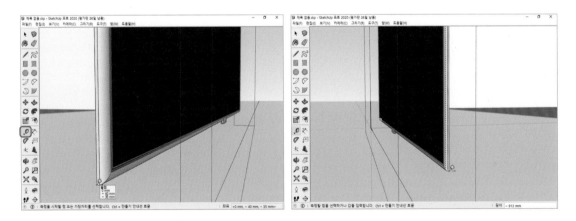

17 크기 변경하기

❶ [SketchUp] 대화상자가 나타나고 **활성 그룹 또는 구성 요소의 크기를 변경하시겠습니까?** 메시지가 나오면 [예] 버튼을 클릭합니다. ❷ 바탕 화면을 클릭하고 구성 요소 편집을 빠져나온 후 다시 한 번 TV를 선택합니다.

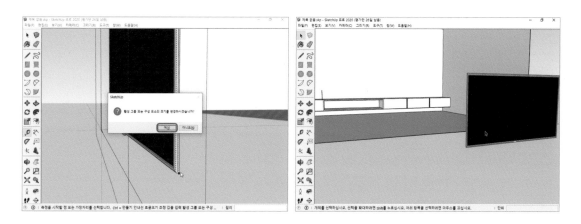

18 이동하기

❶ 객체를 이동하기 위해 이동🟦 툴을 선택하고 TV 그룹의 왼쪽 하단 끝점을 클릭합니다. ❷ 마우스를 이동하여 앞에서 그린 보조선 위 끝점을 클릭합니다.

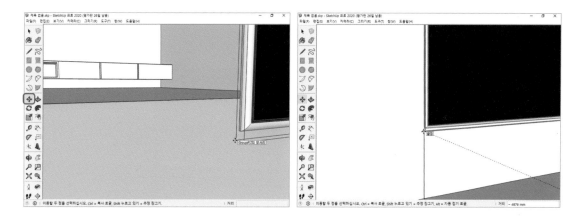

고체 도구의 모든 것

스케치업에서 사용하는 6가지 고체 도구 사용법에 대해 살펴보겠습니다. 외부 셀, 교차, 결합, 빼기, 트리밍, 분할에 대해 살펴보도록 하겠습니다.

ㅇ 예제 파일 | solid01.skp, solid02.skp

1. 외부 셀

겹쳐 있는 2개의 그룹 객체를 한 개의 객체로 만들면서 겹쳐진 부분의 면을 합칩니다.

❶ 스케치업에서 [파일] – [열기]를 이용하여 solid01.skp 파일을 엽니다. 객체를 선택하기 위해 선택 툴을 선택하고 2번 객체를 클릭합니다. ❷ 객체를 움직이기 위해 이동 툴을 선택하고 첫 번째 점을 2번 객체의 우측 면 하단 끝점에 클릭합니다. 두 번째 점을 1번 객체의 우측면 상부 끝점에 지정합니다.

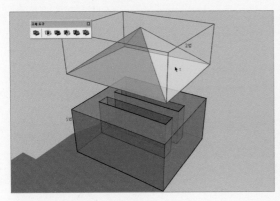
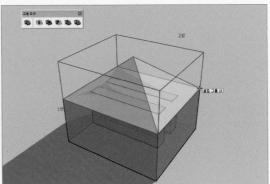

❸ 외부 셀을 만들기 위해 고체 도구에서 외부 셀 툴을 선택하고 1번 객체를 클릭합니다. ❹ 1번 객체 내부에 뚫린 면이 없어진 것을 확인할 수 있습니다.

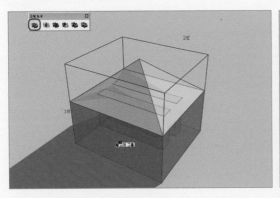
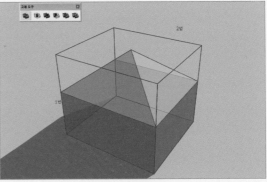

2. 교차

❶ solid02.skp 파일을 열고 선택 ▶ 툴을 이용하여 2번 객체를 클릭합니다. 서로 교차되는 부분을 객체로 만들기 위해 고체 도구에서 교차 ▣ 툴을 선택하고 1번 객체를 선택합니다. ❷ 2개의 그룹 객체 중에서 교차되는 부분만 남겨진 것을 확인할 수 있습니다.

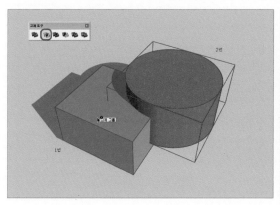
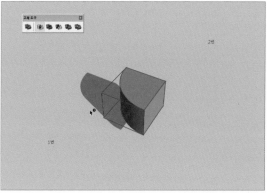

3. 결합

❶ 선택 ▶ 툴을 이용하여 2번 객체를 클릭합니다. 2개의 객체를 1개의 객체로 만들기 위해 고체 도구에서 결합 ▣ 툴을 선택하고 1번 객체를 선택합니다. ❷ 2개의 그룹 객체가 1개의 객체로 결합된 것을 확인할 수 있습니다.

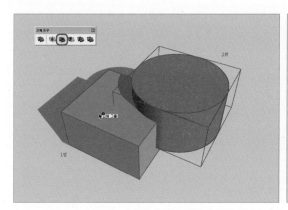
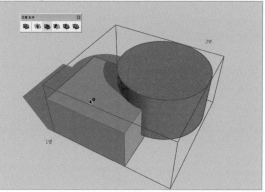

4. 빼기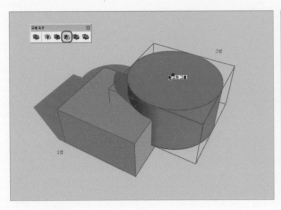

❶ 선택 툴을 이용하여 1번 객체를 클릭합니다. 2번 객체에서 1번 객체를 빼내기 위해 고체 도구에서 빼기 툴을 선택하고 2번 객체를 선택합니다. ❷ 2번 객체에서 1번 객체가 빠진 것을 확인할 수 있습니다.

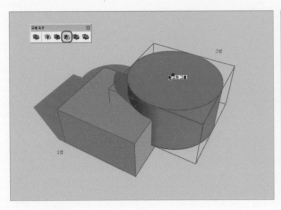
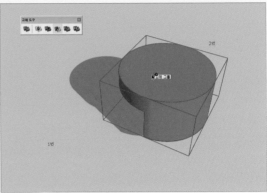

5. 트리밍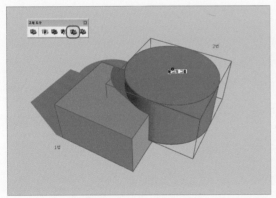

❶ 선택 툴을 이용하여 1번 객체를 클릭합니다. 1번 객체에서 2번 객체를 도려내기 위해 고체 도구에서 트리밍 툴을 선택하고 2번 객체를 클릭합니다. ❷ 이동 툴을 이용하여 2번 객체를 이동하면 2번 객체에서 1번 객체 부분이 빠진 것을 확인할 수 있습니다.

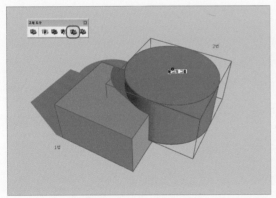
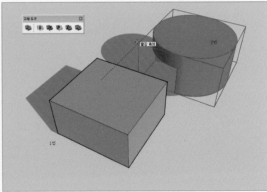

6. 분할 📋

❶ 선택 🔺 툴을 이용하여 1번 객체를 클릭합니다. 1번 객체에서 2번 객체를 도려내기 위해 고체 도구에서 분할 📋 툴을 선택하고 2번 객체를 클릭합니다. ❷ 이동 ✛ 툴을 이용하여 2번 객체를 이동하면 1번 객체에서 2번 객체와 겹쳐진 부분에 선이 만들어진 것을 확인할 수 있습니다.

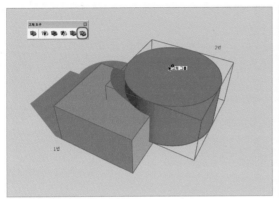
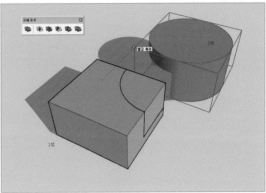

외부 셸과 결합의 차이점

외부 셸 📋은 서로 겹쳐진 부분의 면에서 내부에 뚫린 면을 없애주지만 결합 📋은 있는 그대로 2개의 객체가 1개의 객체로 만들어집니다.

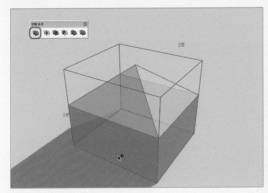

외부 셸을 적용한 경우

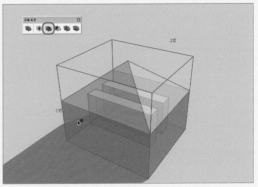

결합을 적용한 경우

19 선 지우고 선 만들기

❶ 선택 ▶ 툴을 선택하고 Shift 를 누른 채 4개의 모서리를 클릭합니다. 선택한 객체를 삭제하기 위해 Delete 를 누릅니다. ❷ 선 ✏ 툴을 선택하고 수납장의 홈이 파인 안쪽 끝점을 클릭합니다.

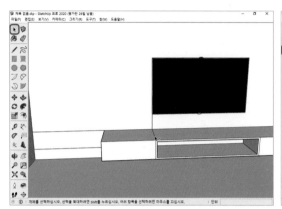 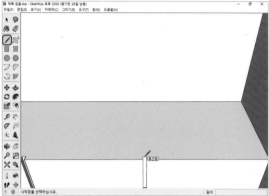

20 보조선 만들기

❶ 마우스를 Y축 방향으로 이동하여 벽 아래 모서리와 만나는 가장자리 점을 지정합니다. ❷ 다시 한 번 선의 안쪽 끝점을 지정하고 Z축 방향으로 이동한 후 **600**을 입력한 다음 Enter 를 누릅니다.

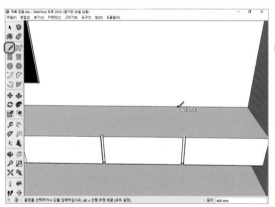 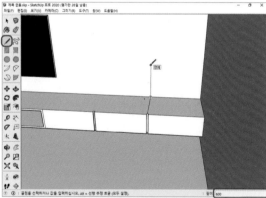

21 선반 만들기

❶ 선반을 만들기 위해 도구 모음에 있는 직사각형▣ 툴을 선택하고 보조선 위 끝점을 지정합니다. 중심부터 사각형을 만들기 위해 Ctrl 을 한 번 누르고 우측 상단으로 이동한 후 **900,20**을 입력한 다음 Enter 를 누릅니다. ❷ 면을 돌출시키기 위해 밀기/끌기◆ 툴을 선택하고 면을 클릭한 후 안쪽 방향으로 드래그한 다음 **300**을 입력하고 Enter 를 누릅니다.

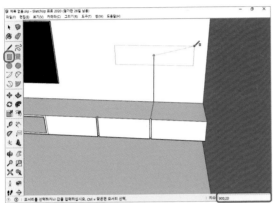 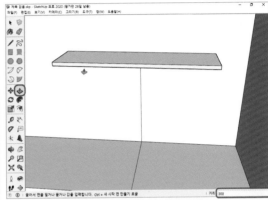

Tip

가선, 보조선을 만들 경우

[축조] 도구에 있는 줄자 🖉 툴, 각도기 🖉 툴을 이용하면 점선을 만들 수 있는데 이를 가선, 보조선 또는 안내선이라고 합니다. 점선을 복사, 회전할 수 있으며 이를 잘 이용하면 중복된 선을 만들지 않아도 되며, 프린터로 인쇄할 경우 출력되지 않습니다.

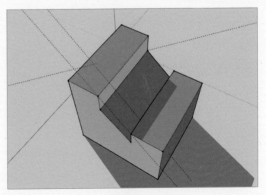

안내선(가선, 보조선)이 만들어진 경우

22 돌출하기

❶ 선택▣ 툴을 선택하고 [Shift]를 누른 채 2개의 모서리를 클릭합니다. 선택한 객체를 삭제하기 위해 [Delete]를 누릅니다. ❷ 면을 돌출시키기 위해 밀기/끌기◈ 툴을 선택하고 오른쪽 벽면을 클릭한 후 바깥쪽 방향으로 드래그한 다음 **300**을 입력하고 [Enter]를 누릅니다.

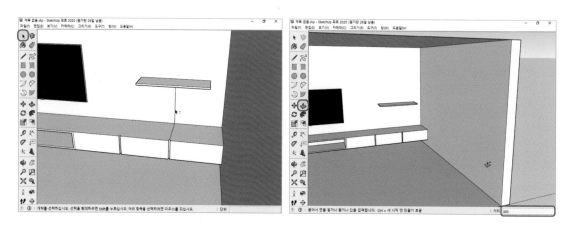

23 면 삭제하기

❶ 선택▣ 툴을 선택하고 [Shift]를 누른 채 1개의 면과 3개의 모서리를 클릭합니다. 선택한 객체를 삭제하기 위해 [Delete]를 누릅니다. ❷ 다시 한 번 [Shift]를 누른 채 2개의 면을 선택하고 [Delete]를 누릅니다.

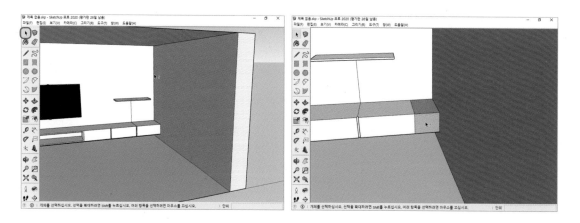

> **Tip**
>
> **선택 더하기, 빼기**
>
> [Ctrl]을 누른 채 선, 모서리, 면을 클릭하면 선택이 추가되며 [Ctrl]+[Shift]를 함께 누른 채 선택된 면을 클릭하면 선택이 해제됩니다. [Shift]를 누른 채 선택된 객체를 클릭하면 선택이 해제되고, 선택되지 않은 객체를 클릭하면 선택이 추가됩니다.

24 삭제하고 선 그리기

❶ 다시 한 번 Shift 를 누른 채 2개의 면과 2개의 모서리를 선택하고 Delete 를 누릅니다. ❷ 선 ✐ 툴을 선택하고 2개의 모서리 끝점을 연결하는 선을 만들어줍니다.

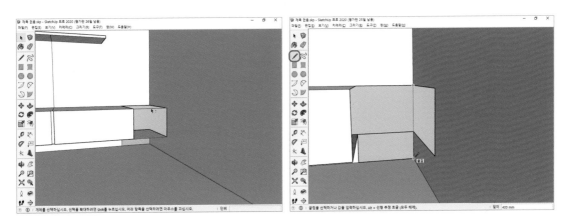

25 정리하기

❶ 선 ✐ 툴을 선택하고 두 끝점을 연결하는 선을 만들어줍니다. ❷ 선택 ▸ 툴을 선택하고 Shift 를 누른 채 8개의 모서리를 클릭합니다. 선택한 객체를 삭제하기 위해 Delete 를 누릅니다.

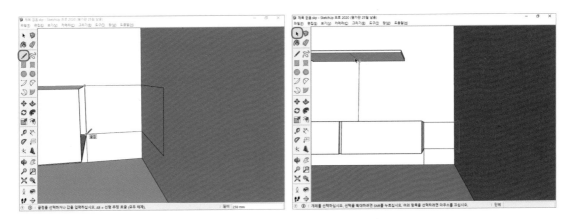

교차면 만들기

두 개의 그룹 객체가 교차되어 있을 경우 교차되는 부분에 선을 만들 수 있습니다. 반드시 교차된 객체들은 그룹이 지정되어 있어야 합니다.

◉ **예제 파일 |** int.skp

❶ 2개의 그룹 객체 중에서 1개를 선택하고 마우스 오른쪽 버튼을 누릅니다. [교차면] – [모델 사용]을 선택합니다. ❷ 2개의 그룹 객체가 교차하는 부분에 선이 만들어진 것을 확인할 수 있습니다.

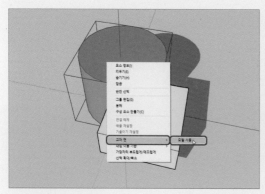 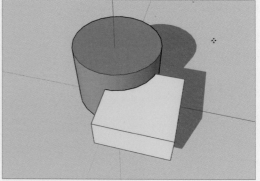

❸ 2개의 그룹 객체를 이동해 보면 좀 더 정확하게 파악할 수 있습니다. ❹ 만약 2개의 그룹 객체를 모두 선택했을 경우에는 마우스 오른쪽 버튼을 누르고 [교차면] – [선택 항목 사용]을 선택해야 합니다.

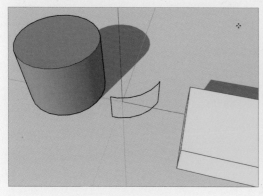 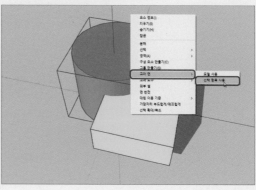

26 복사하기

❶ 선택 ▶ 툴을 선택하고 천장에 있는 1개의 모서리를 클릭합니다. ❷ 도구 모음에 있는 이동 ✛ 툴을 선택하고 시작점을 클릭한 후 객체를 복사하기 위해 Ctrl 을 한 번 눌러줍니다. 마우스를 왼쪽 방향(빨간색 축)으로 이동하고 **20**을 입력한 후 Enter 를 누릅니다.

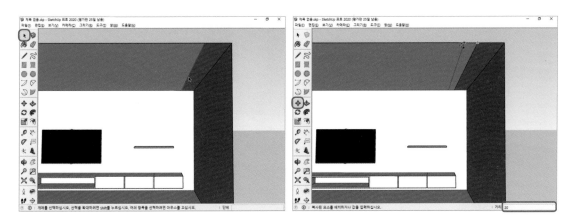

27 3D 모델 공유하기

❶ 면을 돌출시키기 위해 밀기/끌기 ✛ 툴을 선택하고 면을 클릭한 후 아래쪽 방향으로 드래그한 다음 **300**을 입력하고 Enter 를 누릅니다. ❷ 3D 모델 공유사이트를 이용하여 모델링을 불러오겠습니다. [창] 메뉴에서 [3D 웨어하우스]를 선택하고 [3D 웨어하우스] 대화상자가 나타나면 모든 카테고리에 **curtain**을 입력하고 Enter 를 누릅니다.

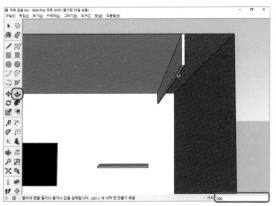

28 불러오기

❶ 제품에서 모델을 선택합니다. 원하는 형태의 커튼을 선택하고 ⬇ 버튼을 클릭합니다. **모델로 로드하시겠습니까?** 메시지가 나타나면 [예] 버튼을 클릭합니다. ❷ 바탕화면 바닥을 클릭하여 커튼 모델을 삽입합니다.

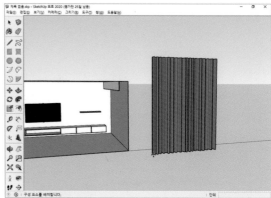

29 회전하기

❶ 객체를 회전하기 위해 도구 모음에 있는 회전 🔄 툴을 선택하고 커튼 왼쪽 하단 모서리 끝점을 클릭합니다. ❷ 마우스를 오른쪽 방향(빨강 축에)으로 이동하고 적당한 위치를 클릭합니다.

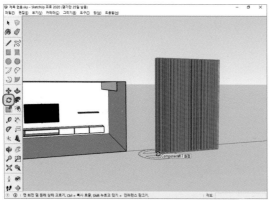
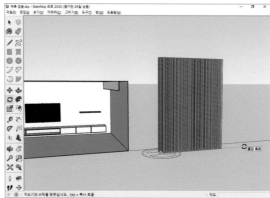

30 이동하기

❶ 회전각도 **90**을 입력하고 Enter 를 누릅니다. ❷ 객체를 이동하기 위해 이동 ✥ 툴을 선택하고 커튼의 우측 상단 끝점을 지정합니다.

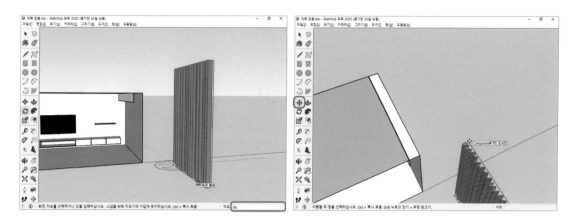

31 크기 조절하기

❶ 다음 점을 벽면 우측 상단 끝점에 지정합니다. ❷ 크기를 조절하기 위해 도구 모음에 있는 배율 ▨ 툴을 선택하고 하단에 있는 가운데 조절점을 클릭합니다.

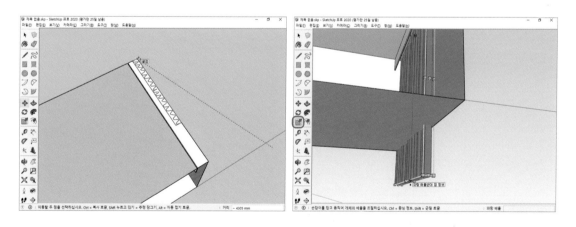

<u>32</u> 복사하기

❶ 위쪽 방향으로 이동하여 바닥면에 클릭하여 크기 조절을 마무리합니다. ❷ 객체를 이동하기 위해 이동✛ 툴을 선택하고 커튼의 우측 상단 끝점을 지정합니다.

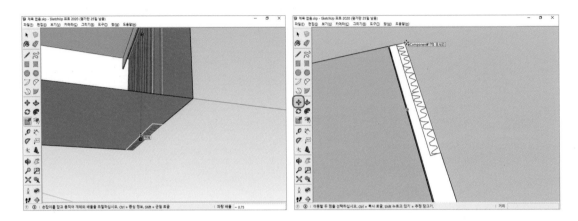

<u>33</u> 크기 변경하기

❶ 객체를 복사하기 위해 Ctrl을 한 번 누르고 커튼 길이만큼 이동하여 모서리의 가장자리를 클릭합니다. ❷ 다시 한 번 크기를 조절하기 위해 도구 모음에 있는 배율▣ 툴을 선택하고 우측에 있는 가운데 조절점을 클릭합니다.

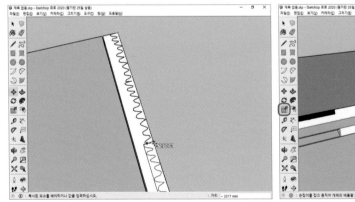
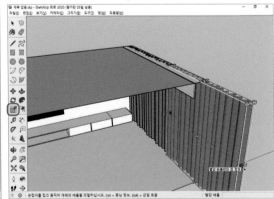

34 고유하게 지정하기

❶ 마우스를 이동하여 벽면 모서리 가장자리 지점을 클릭합니다. ❷ 선택 ▶ 툴로 구성 요소로 만들어진 커튼 위에서 마우스 오른쪽 버튼을 클릭하고 [고유하게 지정]을 선택합니다.

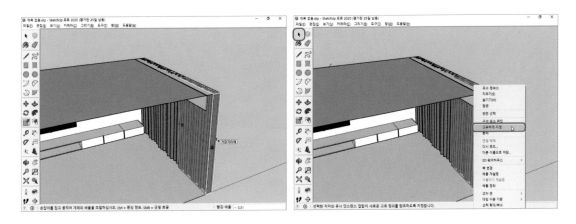

35 고유하게 지정하기

❶ 구성 요소를 편집하기 위해 커튼을 더블클릭합니다. Ctrl + A 를 눌러 모든 구성 요소를 선택합니다. ❷ 다시 한 번 마우스 오른쪽 버튼을 클릭하고 [고유하게 지정]을 선택합니다.

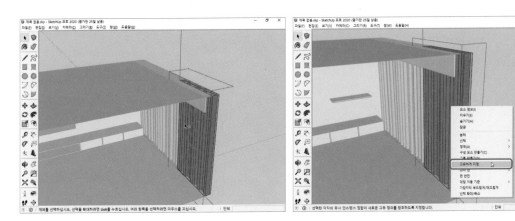

<u>36</u> 재질 만들기

❶ 오른쪽 구성 요소를 더블클릭하고 Ctrl+A를 눌러 모든 면을 선택합니다. ❷ [기본 트레이]의 [재질] 트레이에서 재질 만들기⬢를 클릭합니다.

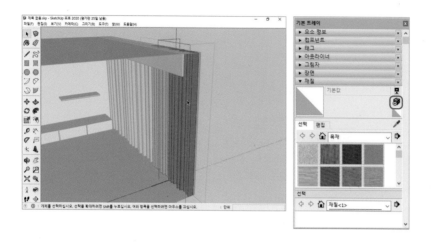

<u>37</u> 재질 입히기

❶ [재질 만들기] 대화상자가 나타나면 재질 이름에 **화이트커튼**을 입력하고 [확인] 버튼을 클릭합니다. ❷ 도구모음에서 페인트통⬢ 툴을 선택하고 커튼 면을 클릭합니다.

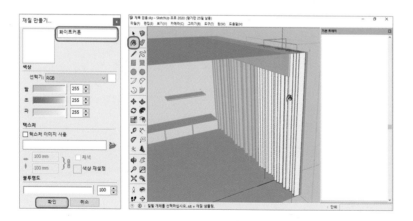

38 그룹 만들기

❶ 선택 ▣ 툴을 선택하고 바탕화면을 더블클릭합니다. 그룹을 만들기 위해 바탕화면 위에서 마우스 오른쪽 버튼을 클릭하고 [그룹 만들기]를 선택합니다. ❷ 거실용 테이블을 만들기 위해 도구 모음에 있는 직사각형 ▣ 툴을 선택합니다. 시작점을 클릭하고 마우스를 우측 상단으로 이동한 후 **900,900**을 입력한 다음 [Enter]를 누릅니다.

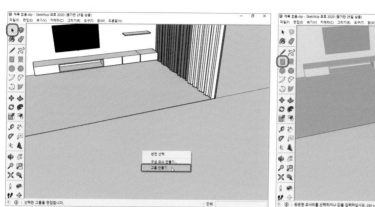
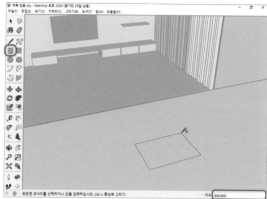

마커 넓게 스타일

스케치업 스타일에는 매우 다양한 유형이 있습니다. 손으로 스케치한 느낌을 연출하기 위해 가장자리 스케치에 있는 [마커 넓게] 스타일을 많이 사용합니다.

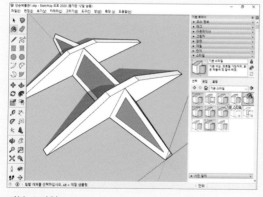

기본 스타일

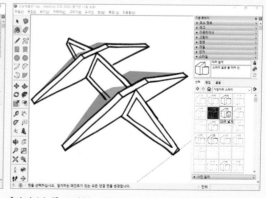

[마커 넓게] 스타일

39 돌출하고 평행복사하기

❶ 면을 돌출시키기 위해 밀기/끌기 툴을 선택하고 면을 클릭한 후 위쪽 방향으로 드래그한 다음 **400**을 입력하고 Enter를 누릅니다. ❷ 모서리를 평행 복사하기 위해 도구 모음에 있는 오프셋 툴을 선택합니다. 면을 클릭하고 바깥쪽 방향으로 이동합니다. 이동 거리 **300**을 입력한 후 Enter를 누릅니다.

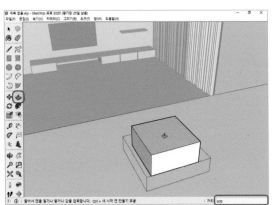
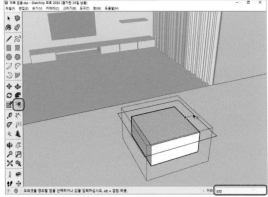

40 크기 조절하기

❶ 선택 툴로 면을 클릭합니다. ❷ 크기를 조절하기 위해 배율 툴을 선택하고 모서리 끝점을 클릭합니다.

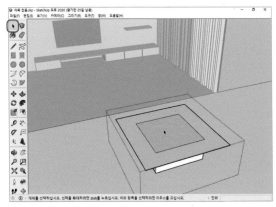
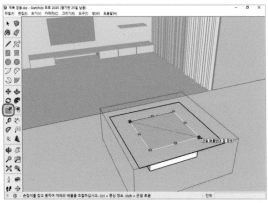

41 면 선택하기

❶ 중앙에서부터 크기를 조절하기 위해 Ctrl을 누르고 큰 사각형의 모서리 끝점을 클릭합니다. ❷ 선택▲ 툴로 옆면을 클릭합니다.

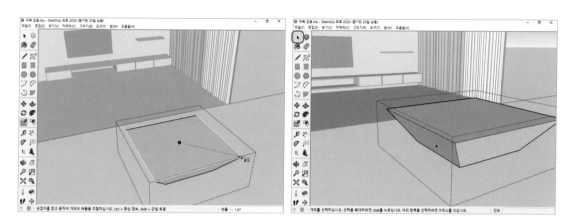

42 복사하고 돌출하기

❶ 객체를 이동하기 위해 이동✛ 툴을 선택하고 테이블의 하단 모서리 끝점을 클릭한 후 왼쪽 방향(빨간색축)으로 이동한 다음 400을 입력하고 Enter를 누릅니다. ❷ 면을 돌출하기 위해 밀기/끌기◆ 툴을 선택하고 복사된 면을 클릭한 후 아래쪽 방향으로 드래그한 다음 20을 입력하고 Enter를 누릅니다.

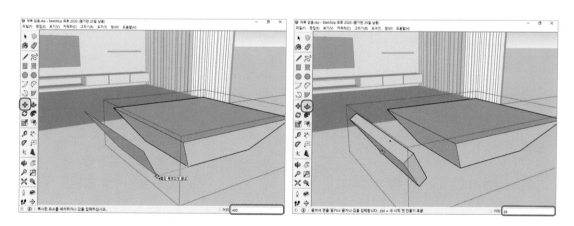

43 평행 복사하기

❶ 테이블 상부 면을 클릭하고 위쪽 방향으로 이동한 후 **20**을 입력한 다음 [Enter]를 누릅니다. ❷ 모서리를 평행 복사하기 위해 도구 모음에 있는 오프셋 🌀 툴을 선택합니다. 면을 클릭하고 안쪽 방향으로 이동한 후 **20**을 입력한 다음 [Enter]를 누릅니다.

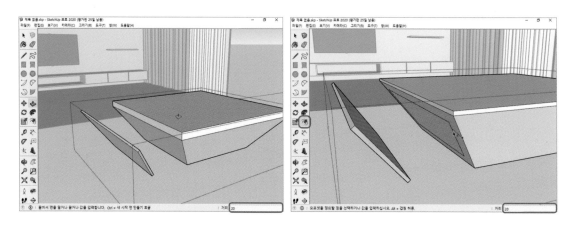

44 면 삭제하기

❶ 같은 방법으로 복사된 면도 안쪽 방향으로 20만큼 평행 복사합니다. ❷ 선택 ▶ 툴로 테이블의 면을 클릭하고 삭제하기 위해 [Delete]를 누릅니다.

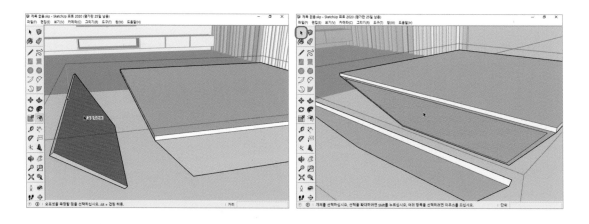

45 선 그리기

❶ 모서리를 평행 복사하기 위해 도구 모음에 있는 오프셋🖉 툴을 선택합니다. 테이블의 안쪽 면을 클릭하고
안쪽 방향으로 이동한 후 **20**을 입력한 다음 Enter를 누릅니다. ❷ 면을 막기 위해 선🖊 툴을 이용하여 2개의
모서리 끝점을 지정합니다.

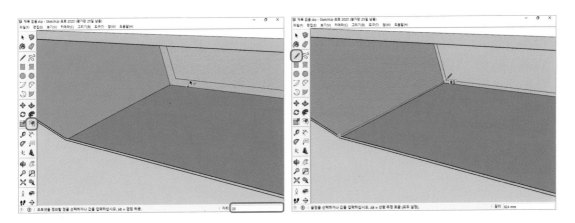

46 선 만들기

❶ 다시 한 번 선🖊 툴을 이용하여 2개의 모서리 끝점을 지정합니다. ❷ 반대 방향의 아래에도 선을 만들어줍
니다.

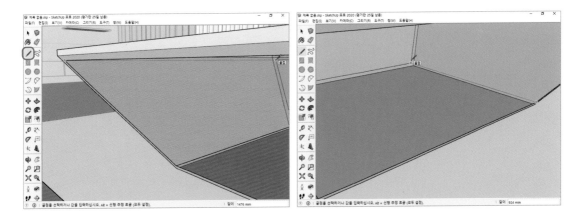

47 선택하기

❶ 다시 한 번 위에도 선을 만들어줍니다. ❷ 객체를 선택하기 위해 선택▶ 툴로 테이블 안쪽 아래에 있는 모서리를 클릭합니다.

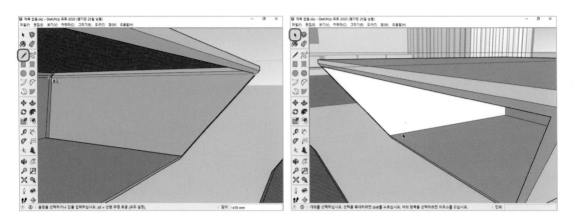

48 돌출하기

❶ 객체를 움직이기 위해 이동✜ 툴을 선택하고 시작점을 클릭한 후 객체를 복사하기 위해 Ctrl 을 한 번 눌러줍니다. 마우스를 오른쪽 방향(녹색 축)으로 이동하고 20을 입력한 후 Enter 를 누릅니다. ❷ 면을 돌출하기 위해 밀기/끌기◈ 툴을 선택합니다. 면을 클릭하고 위쪽 방향으로 드래그한 후 150을 입력한 다음 Enter 를 누릅니다.

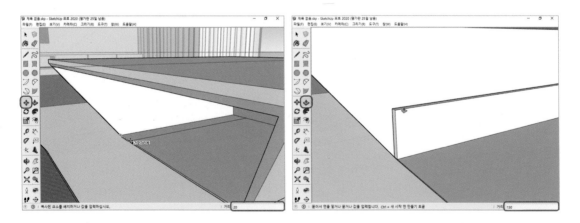

49 돌출하고 선택하기

❶ 다시 한 번 돌출된 면의 앞쪽 면을 클릭하고 드래그하여 복사된 면의 모서리 끝점을 지정합니다. ❷ 선택 툴로 돌출된 면의 상부 모서리를 클릭합니다.

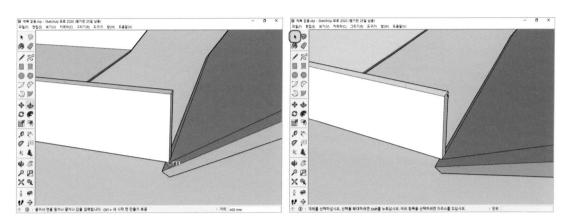

50 이동하기

❶ 객체를 움직이기 위해 이동 툴을 선택하고 선택한 모서리를 오른쪽 방향(빨간색 축)으로 이동하여 기울어진 면을 클릭합니다. ❷ 반대편도 같은 방법으로 만들어줍니다.

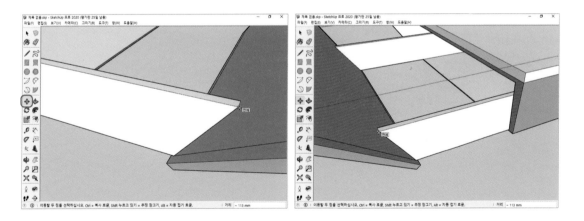

51 선 그리기

❶ 면을 막기 위해 선 ✏ 툴을 선택하고 모서리의 끝점을 지정합니다. ❷ 반대편을 보여주고 모서리 끝점을 클릭합니다.

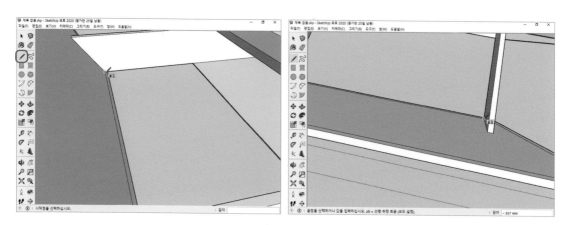

52 마무리하기

❶ 선택 ▶ 툴로 바탕화면을 클릭해서 그룹을 빠져나오고 이동 ✛ 툴을 테이블을 안쪽으로 이동합니다. ❷ 3D 웨어하우스를 이용하여 여러분의 감각을 살려 인테리어 소품을 불러와 배치합니다.

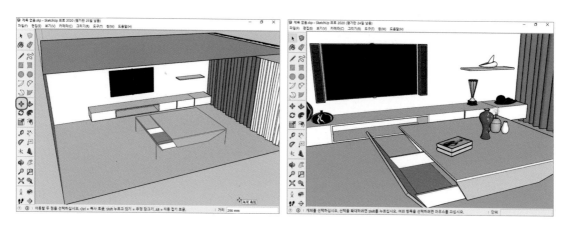

CAD 도면으로 스케치업 모델링하기

스케치업은 건축, 인테리어, 조경, 환경, 공간디자인 분야에서 주로 사용되므로 AutoCAD에서 도면을 불러와 작업하는 경우가 많습니다. AutoCAD에서 치수를 입력하여 정확한 평면도와 입면도, 3차원 도면을 만들 수 있기 때문에 AutoCAD와 스케치업의 활용 방법은 반드시 파악하고 있어야 합니다.

ㅇ 예제 파일 | cad-skup.dwg

1. 캐드 도면 스케치업에서 불러오기

❶ AutoCAD 도면을 가져오기 위해 [파일] 메뉴에서 [가져오기]를 선택합니다. [가져오기] 대화상자가 나타나면 [옵션] 버튼을 클릭하고 단위를 밀리미터로 지정합니다. 파일 형식을 AutoCAD 파일(*.dwg, *.dxf)로 지정하고 cad-skup.dwg 파일을 선택한 후 [가져오기] 버튼을 클릭합니다. [가져오기 결과] 대화상자가 나타나면 [닫기] 버튼을 누릅니다. ❷ AutoCAD 도면이 스케치업 화면에 불러온 것을 확인할 수 있습니다. 선을 선명하게 보여 주기 위해 [보기] – [가장자리 스타일]에서 [가장자리]만 체크합니다.

 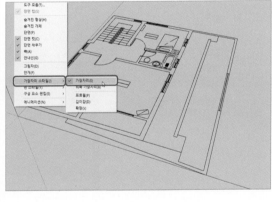

도면 정리하기

캐드에서 스케치업으로 도면을 가져갈 때 치수선, 치수 보조선, 문자, 해치 등은 삭제하는 것이 좋습니다.

2. 면 만들기

❶ 도구 모음에 있는 선택 ▶ 툴을 이용하여 도면을 클릭해보고 만약 그룹으로 지정되었다면 마우스 오른쪽 버튼을 클릭해 [분해]를 선택해야 합니다. AutoCAD 버전에 따라 다소 차이가 날 수 있습니다. ❷ 면을 만들기 위해 선 ✏ 툴을 이용하여 벽체 모서리 끝 두 점을 클릭합니다. 선택 ▶ 툴을 이용하여 보조선을 선택하고 Delete 를 누릅니다. 캐드 도면을 불러와 모델링 작업을 하게 되면 보조선이 많이 만들어지는데 모델링 완성 후 삭제하면 됩니다.

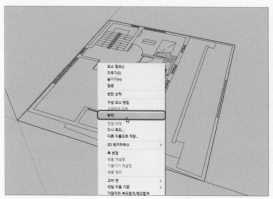
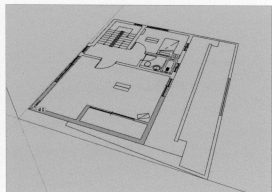

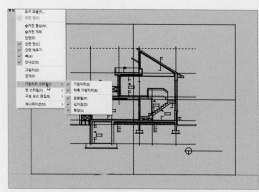

캐드 파일 가장자리 스타일

캐드 파일을 스케치업에서 불러왔을 경우에는 [가장자리 스타일]에서 [가장자리]만 체크해야 도면을 심플하게 볼 수 있습니다.

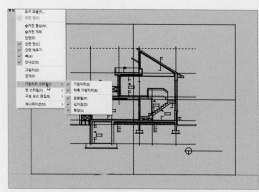

가장자리 스타일을 모두 체크한 경우

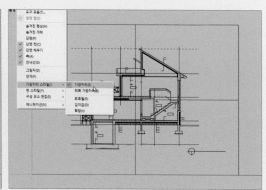

가장자리 스타일 중 가장자리만 체크한 경우

3. 벽체 만들기

❶ 면을 돌출하기 위해 밀기/끌기 🔲 툴을 선택하고 면을 클릭한 후 위쪽 방향으로 이동한 다음 **2300**을 입력하고 Enter 를 누릅니다. ❷ 선택 🔺 툴과 Shift 를 이용하여 필요 없는 선을 선택한 후 Delete 를 눌러 삭제합니다. ❸ 같은 방법으로 다른 벽체도 만들고 필요 없는 선분은 삭제합니다. ❹ 3D Warehouse를 열고 필요한 제품을 불러옵니다.

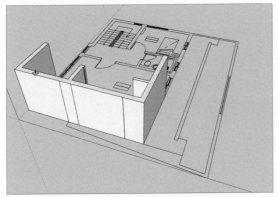 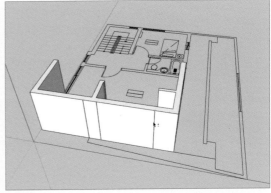

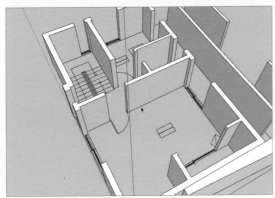 

Tip

중복 선

AutoCAD에서 스케치업으로 도면을 가져오면 선이 중복되어 있는 경우가 있습니다. 선을 한 개 삭제해도 중복된 선이 또 나타날 수 있습니다.

4. 모델링 완성하기

❶ 창문과 문 모델링을 불러와 크기와 위치에 맞게 삽입합니다. ❷ 기타 소파, 침대 등 다른 인테리어 소품을 불러와 삽입합니다.

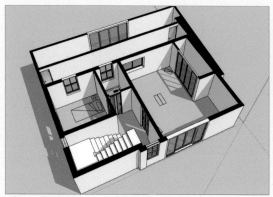 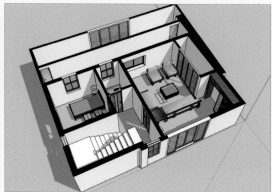

Tip

내 모델링 공유하기

3D Warehouse는 전 세계의 스케치업 유저들이 파일을 수시로 업로드하기 때문에 3D Warehouse 창을 열 때마다 구성이 달라질 수 있습니다. 3D Warehouse에서 [내 컨텐츠]를 클릭하고 Models에 있는 [Add Model]을 이용하면 나만의 3D Warehouse를 만들 수 있습니다.

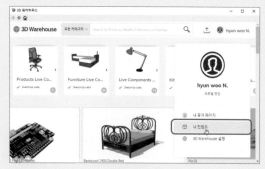 

04 모델링에 재질 입히고 리터칭하기

거실 인테리어의 모델링부터 재질, 리터칭까지 익혀보겠습니다. 인테리어 모델링을 할 때는 평면도를 정확하게 작성해야 하며, 가구들의 형태를 정확하게 이해하는 것이 중요합니다. 또한 매핑 이미지를 정확히 지정하여 재질을 만들고 포토샵에서 리터칭하겠습니다.

● 완성 파일 | part04_4c.skp, part04_4c.psd

완성된 모델링

포토샵으로 리터칭한 모델링

01 노출 콘크리트 입히기

❶ 벽면에 해당하는 재질 소스를 불러오기 위해 [파일] 메뉴에서 [가져오기]를 선택합니다. [가져오기] 대화상자가 나타나면 sample₩part04₩wallpaper.jpg를 선택하고 이미지 사용 방법을 텍스처로 선택한 후 [가져오기] 버튼을 클릭합니다. ❷ 이미지가 삽입될 벽면의 왼쪽 모서리 끝점을 더블클릭합니다.

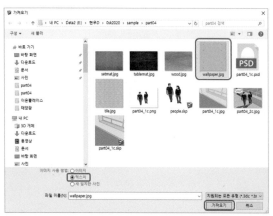 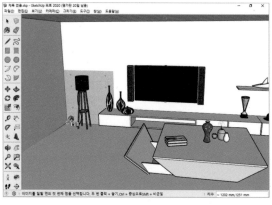

02 재질 크기 변경하기

❶ 면에 입혀진 재질을 불러오기 위해 [재질] 트레이의 선택에 있는 샘플 페인트 🖊 아이콘을 클릭하고 벽면을 클릭합니다. ❷ [재질] 트레이의 편집을 선택하고 텍스처에 있는 가로 세로 잠금/잠금 해제 🔒 아이콘을 눌러 해제합니다. 가로 **900mm** 세로 **900mm**을 입력합니다.

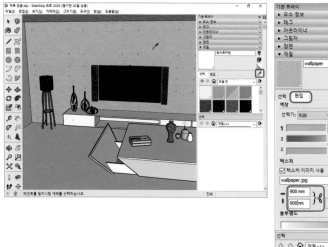 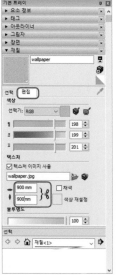

○ 예제 파일 | import.skp

모델링의 면에 이미지를 가져와 부착할 수 있습니다. [파일] 메뉴에서 [가져오기]를 선택하고 [가져오기] 대화상자에서 이미지 사용 방법을 텍스처로 지정합니다. import.jpg를 선택하고 [가져오기] 버튼을 선택합니다. 이때 Shift 를 누르면서 이미지를 가져오면 선택한 이미지의 가로, 세로 비율이 무시되며 면에 부착됩니다.

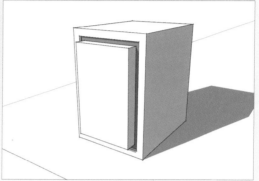

❶ 면의 첫 번째 점과 두 번째 점을 클릭합니다. 이미지의 가로, 세로 비율이 유지된 채 면의 크기에 맞게 배치됩니다.
❷ 면의 첫 번째 점을 클릭하고 Shift 를 누른 채 두 번째 점을 클릭하면 이미지의 가로, 세로 비율이 무시된 채 면에 맞게 배치됩니다.
❸ 면의 첫 번째 점을 더블클릭합니다. 이미지의 가로, 세로 크기가 유지된 채 면에 반복 배치됩니다.

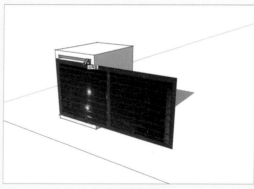
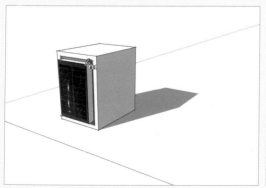
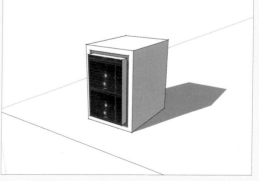

03 재질 입히고 만들기

❶ 도구 모음에 있는 페인트통🎨 툴을 선택하고 왼쪽 벽면을 클릭합니다. ❷ 재질을 만들기 위해 [재질] 트레이에서 재질 만들기🎨 아이콘을 클릭합니다. [재질 만들기] 대화상자가 나타나면 이름에 바닥을 입력하고 텍스처에서 텍스처 이미지 사용을 해제한 후 재질 이미지 파일 찾아보기🖼를 클릭합니다.

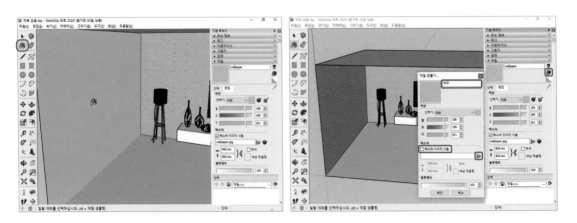

04 이미지 불러오기

❶ [이미지 선택] 대화상자가 나타나면 wood.jpg를 선택하고 [열기] 버튼을 클릭합니다. ❷ 다시 [재질 만들기] 대화상자가 나타나면 가로 세로 잠금/잠금 해제🔗 아이콘을 눌러 해제합니다. 가로 **5000mm** 세로 **3500mm**을 입력하고 [확인] 버튼을 클릭합니다.

05 재질 입히고 그룹 편집하기

❶ 페인트통 툴로 바닥 면을 클릭합니다. ❷ 도구 모음에 있는 선택 툴로 그룹으로 만들어진 거실용 테이블을 더블클릭합니다. 서랍의 바닥면을 클릭하고 마우스 오른쪽 버튼을 클릭한 후 [면 반전]을 선택합니다.

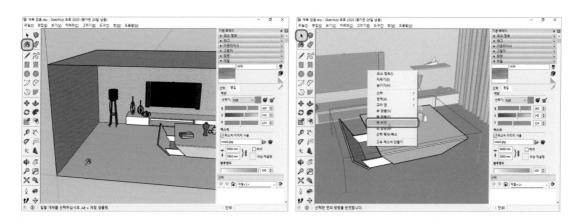

06 이미지 불러오기

❶ Ctrl + A 를 눌러 모든 면을 선택합니다. 재질을 만들기 위해 [재질] 트레이에서 재질 만들기 아이콘을 클릭합니다. [재질 만들기] 대화상자가 나타나면 이름에 **테이블**을 입력하고 텍스처에서 텍스처 이미지 사용을 해제한 후 재질 이미지 파일 찾아보기 아이콘을 클릭합니다. ❷ [이미지 선택] 대화상자가 나타나면 tablemat.jpg를 선택하고 [열기] 버튼을 클릭합니다.

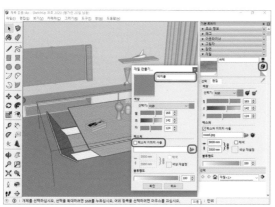

07 선택하기

❶ 페인트통 툴로 테이블의 면을 클릭합니다. 선택 툴로 바탕화면을 클릭하여 그룹을 빠져나옵니다. ❷ 3D 웨어하우스에서 불러온 모델링과 그룹을 Shift 를 누른 채 클릭합니다.

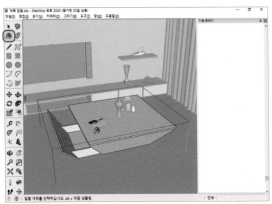 

08 숨기고 선택하기

❶ 마우스 오른쪽 버튼을 클릭하고 선택한 객체가 보이지 않도록 [숨기기]를 선택합니다. ❷ 그림처럼 드래그하여 선반을 모두 선택합니다.

 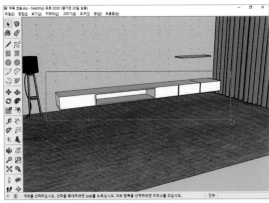

09 재질 만들기

❶ 재질을 만들기 위해 [재질] 트레이에서 재질 만들기 █를 클릭합니다. [재질 만들기] 대화상자가 나타나면 이름에 **선반**을 입력하고 텍스처에서 텍스처 이미지 사용을 해제한 후 재질 이미지 파일 찾아보기 █를 클릭합니다. ❷ [이미지 선택] 대화상자가 나타나면 setmat.jpg를 선택하고 [열기] 버튼을 클릭합니다.

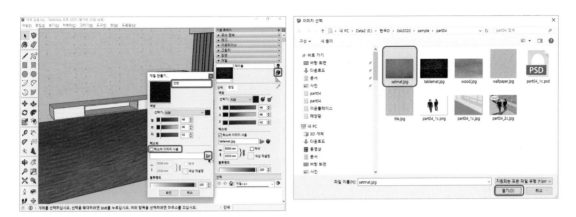

10 보여주기

❶ 페인트통 █ 툴로 선반의 면을 클릭합니다. ❷ 숨긴 객체를 보여주기 위해 [편집] 메뉴에서 [숨기기 취소] − [모두]를 선택합니다.

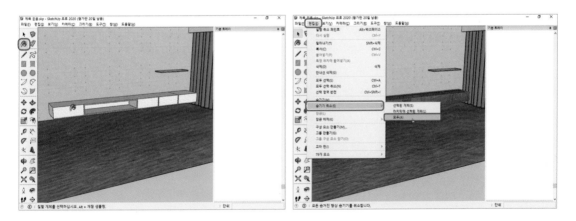

11 그림자 지정하기

❶ 정면에서 본 뷰를 보여주기 위해 [카메라] 메뉴에서 [표준 뷰]를 선택하고 [전방]을 선택합니다. 그림자를 나타내기 위해 [보기] 메뉴에서 [그림자]를 선택합니다. ❷ [그림자] 트레이에서 시간과 날짜를 원하는 대로 지정합니다.

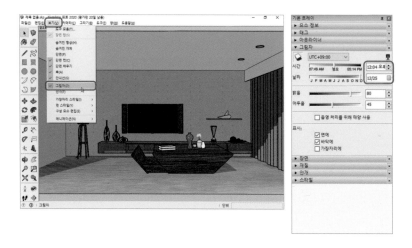

12 재질 편집하기

❶ 도구 모음에 있는 이동(상하/좌우) 툴을 이용하여 적당한 뷰를 만들어줍니다. ❷ 재질을 편집하기 위해 재질 트레이의 선택에서 모델 안을 클릭하고 테이블을 선택한 후 편집을 클릭합니다.

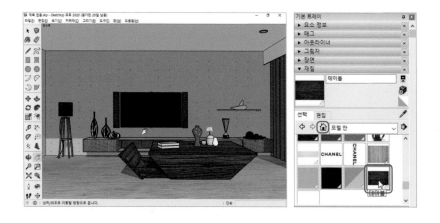

> **Tip**
>
> **붓 크기**
> 포토샵에서 붓의 크기를 조절하려면 [[]와 []]를 누르면 됩니다.

13 이미지 저장하기

❶ 이미지의 크기를 조절하기 위해 텍스처에 있는 가로 세로 잠금/잠금 해제⬚ 아이콘을 눌러 해제합니다. 가로 **6000mm** 세로 **500mm**을 입력합니다. ❷ 이미지를 저장하기 위해 [파일] – [내보내기] – [2D 그래픽]을 선택합니다. [2D 그래픽 내보내기] 대화상자가 나타나면 파일 형식을 JPEG 이미지(*.jpg)로 지정하고 파일 이름을 자유롭게 입력한 후 [내보내기] 버튼을 클릭합니다.

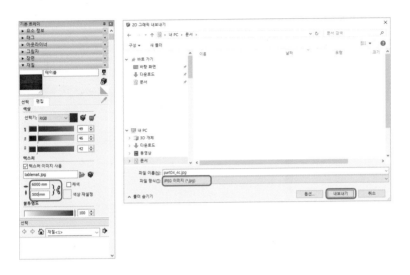

14 포토샵 리터칭 시작하기

❶ 포토샵을 실행하고 part04_4c.jpg를 불러옵니다. 새로운 레이어를 만들기 위해 Ctrl+Shift+N을 누르고 [새 레이어] 대화상자가 나타나면 이름에 **천장조명**을 입력한 후 Enter를 누릅니다. 전경색과 배경색을 초기화하기 위해 D를 누릅니다. ❷ X를 눌러 전경색과 배경색을 전환합니다. 도구상자에서 브러시 도구 🖌 를 선택하고 상부에서 브러시 사전 설정⬚을 클릭한 후 크기를 **700**픽셀, 경도를 **0%**로 설정합니다.

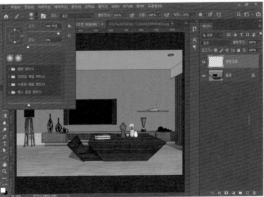

15 붓 크기 조절하기

❶ 천장 가운데 지점을 클릭합니다. ❷ Ctrl + T 를 눌러 브러시의 크기를 조절하고 Enter 를 누릅니다.

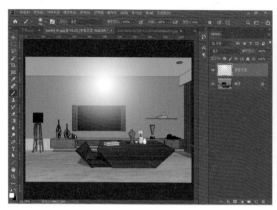 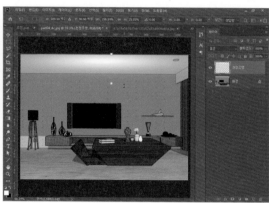

16 벽면 그림자 만들기

❶ 새로운 레이어를 만들기 위해 Ctrl + Shift + N 을 누르고 [새 레이어] 대화상자가 나타나면 이름에 **벽면**을 입력한 후 Enter 를 누릅니다. ❷ 사각형 선택 윤곽 🔲 툴을 이용하여 벽면을 선택합니다.

17 그레이디언트 설정하기

❶ 도구상자에서 그레이디언트▣ 툴을 선택하고 상부 옵션에서 그레이디언트 편집▣▣▣▣▣ 툴을 클릭합니다. [그레이디언트 편집 도구] 대화상자가 나타나면 사전 설정에서 두 번째에 있는 [전경색에서 투명으로]를 선택하고 [확인] 버튼을 클릭합니다.

18 레이어 복사하기

❶ D를 눌러 전경색과 배경색을 초기화합니다. 화살표 방향으로 드래그하여 색상을 만들어줍니다. 선택 영역을 해제하기 위해 Ctrl+D를 누릅니다. ❷ 레이어를 복사하기 위해 Ctrl+J를 누릅니다.

19 그림자 만들기

❶ [Ctrl]+[T]를 눌러 크기와 위치를 조절하고 [Enter]를 누릅니다. ❷ 벽면 복사 레이어 이름을 더블클릭하여 **TV아래그림자**로 변경합니다.

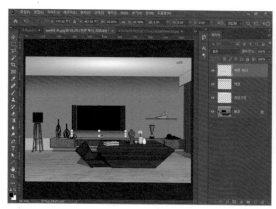

20 선택하기

❶ 새로운 레이어를 만들기 위해 [Ctrl]+[Shift]+[N]을 누르고 [새 레이어] 대화상자가 나타나면 이름에 **TV화면 조명**을 입력한 후 [Enter]를 누릅니다. ❷ 사각형 선택 윤곽 [📷] 툴을 이용하여 TV 화면을 선택합니다.

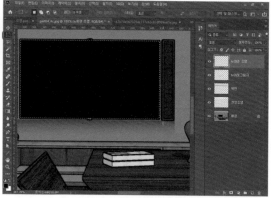

21 하이라이트 만들기

❶ [X]를 눌러 전경색과 배경색을 전환합니다. 도구상자에서 그레이디언트█ 툴을 클릭하고 화살표 방향으로 드래그합니다. ❷ 새로운 레이어를 만들기 위해 [Ctrl]+[Shift]+[N]을 누르고 [새 레이어] 대화상자가 나타나면 이름에 **테이블 조명**을 입력한 후 [Enter]를 누릅니다.

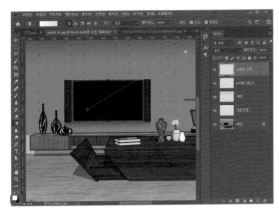

22 그레이디언트 적용하기

❶ 다각형 올가미█ 툴로 테이블 오른쪽 모서리 영역을 선택하고 그레이디언트█ 툴을 이용하여 하이라이트를 만들어줍니다. ❷ [레이어] 팔레트에서 tv아래그림자 레이어를 선택하고 레이어를 복사하기 위해 [Ctrl]+[J]를 누릅니다.

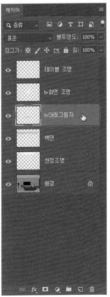

23 레이어 이름 변경하기

❶ Ctrl+T를 눌러 크기와 위치를 조절하고 Enter를 누릅니다. ❷ tv아래그림자 복사 레이어 이름을 더블클릭하여 **선반 아래 그림자**로 변경합니다.

24 갓 하이라이트 만들기

❶ 새로운 레이어를 만들기 위해 Ctrl+Shift+N을 누르고 [새 레이어] 대화상자가 나타나면 이름에 **스탠드 조명**을 입력한 후 Enter를 누릅니다. ❷ 사각형 선택 윤곽 🔲 툴을 이용하여 갓을 선택하고 그레이디언트 🔳 툴로 화살표 방향으로 드래그합니다. Ctrl+D를 눌러 선택영역을 해제합니다.

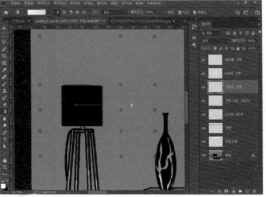

25 조명 불러오기

❶ [파일] – [열기]를 이용하여 조명.psd를 엽니다. [레이어] 팔레트에서 2 레이어를 선택하고 Ctrl + A 를 눌러 전체 영역을 선택한 후 Ctrl + C 를 눌러 복사합니다. ❷ 작업하던 파일을 선택하고 Ctrl + V 를 눌러 붙여넣기 합니다. [편집] 메뉴에서 [변형] – [세로로 뒤집기]를 선택합니다.

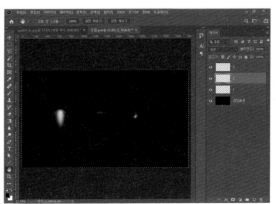 

26 조명 강도 조절하기

❶ 삽입된 조명을 좀 더 강하게 하기 위해 Ctrl + J 를 눌러 레이어를 복사합니다. Ctrl 을 누른 채 레이어 1과 레이어 1 복사 두 개의 레이어를 선택합니다. ❷ Ctrl + E 를 눌러 선택된 레이어를 병합하고 레이어 이름을 **간접조명**으로 변경합니다.

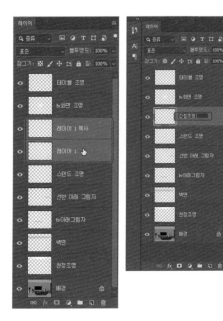

<u>27</u> 조명 복사하기

❶ 이동 ✛ 툴을 이용하여 스탠드 조명의 갓 위로 배치합니다. ❷ Alt 를 누른 채 오른쪽 방향으로 이동하여 조명을 복사합니다.

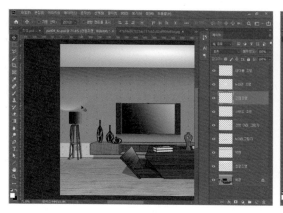 

<u>27</u> 조명 불러오기

❶ 조명.psd 파일을 선택합니다. [레이어] 팔레트에서 1 레이어를 선택하고 Ctrl + A 를 눌러 전체 영역을 선택한 후 Ctrl + C 를 눌러 복사합니다. ❷ 작업하던 파일을 선택하고 Ctrl + V 를 눌러 붙여넣기합니다. Ctrl + T 를 눌러 크기와 위치를 조절하고 Enter 를 누릅니다.

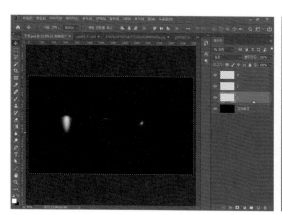 

28 하이라이트 불러오기

❶ 다시 조명.psd 파일을 선택합니다. [레이어] 팔레트에서 3 레이어를 선택하고 Ctrl+A를 눌러 전체 영역을 선택한 후 Ctrl+C를 눌러 복사합니다. ❷ 작업하던 파일을 선택하고 Ctrl+V를 눌러 붙여넣기합니다. Ctrl+T를 눌러 크기와 위치를 조절하고 Enter를 누릅니다.

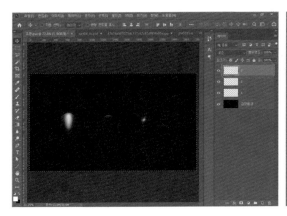 

29 바닥 반사이미지 만들기

❶ 나머지 조명은 여러분이 직접 만들어보기 바랍니다. [레이어] 팔레트에서 [배경] 레이어를 선택합니다. 다각형 올가미 툴로 바닥 영역을 선택합니다. ❷ Ctrl+J를 눌러 레이어를 복사하고 이름을 **반사**로 변경합니다.

<u>30</u> 클리핑 마스크 만들기

❶ [배경] 레이어를 선택하고 [Ctrl]+[J]를 눌러 레이어를 복사합니다. [배경 복사] 레이어를 반사 레이어 위로 이동합니다. 아래 레이어 영역만큼만 현재 레이어 이미지를 보여주기 위해 [레이어] 메뉴에서 [클리핑 마스크 만들기]를 선택합니다. ❷ 이동 ✛ 툴을 이용하여 복사된 이미지를 아래 방향으로 조금 이동합니다.

<u>31</u> 마무리하기

❶ 투영도를 조절하기 위해 배경 복사 레이어의 불투명도를 **10%**로 변경합니다. ❷ 바닥에 은은한 반사이미지가 만들어진 것을 확인할 수 있습니다. 너무 과하다 싶은 조명이 있다면 레이어를 숨겨도 됩니다. 포토샵 리터칭은 실무에서 많이 사용되는 내용이므로 단순한 기능이라도 다양하게 활용하는 방법을 터득하는 것이 좋습니다.

05 내가 찍은 사진으로 모델링하기

내가 찍은 사진을 스케치업으로 불러와 사진 위에서 바로 모델링을 진행해보겠습니다. 이는 매우 혁신적인 모델링 방법으로 프리핸드 스케치와 더불어 디자이너에게 반드시 필요한 기능이라고 할 수 있습니다. 투시도 기법과 모델링 기법에 대한 활용도를 높일 수 있을 것입니다.

● **완성 파일** | part04_5c.skp

카메라로 찍은 사진 파일

완성된 모델링

01 사진 불러오기

❶ 스케치업을 실행하고 기본 사람 모델링을 삭제합니다. 핸드폰으로 찍은 사진을 불러오기 위해 [카메라] 메뉴에서 [새 사진 일치]를 선택합니다. ❷ [배경 이미지 파일] 대화상자가 나타나면 photo.jpg를 선택하고 [열기] 버튼을 클릭합니다.

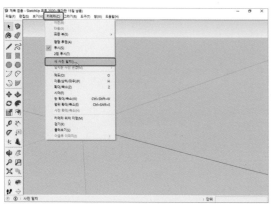

02 원점 이동하기

❶ 화면 왼쪽 상부에 photo 장면이 추가되면서 배경 이미지가 삽입된 것을 확인할 수 있습니다. 빨강 축(X축), 녹색 축(Y축), 파랑 축(Z축)이 만나는 지점이 원점(노란색 점)이 됩니다. ❷ 이 노란색 점을 건물의 좌측면과 정면이 만나는 모서리의 하단 지점으로 이동합니다.

> **Tip**
>
> **선 색에 따른 명칭**
>
> 녹색 선은 Y축의 소실점 선을 의미하고, 빨간색 선은 X축의 소실점 선을 의미합니다. 또한 노란색 선은 GL(Grand Line)로 지평선을 의미합니다. 파란색 선은 Z축의 소실점을 의미합니다.

03 X축 설정하기

❶ 두 개의 빨강 축(X축)을 위에 있는 빨강 축과 건물의 왼쪽 상부 모서리에 맞게 이동합니다. ❷ 아래에 있는 빨강 축과 건물의 왼쪽 하부 모서리에 맞게 이동합니다.

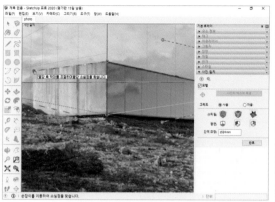

04 Y축 설정하기

❶ 두 개의 녹색 축(Y축)을 그림과 같이 건물의 정면 벽 쪽에 배치합니다. 자동으로 노란 선(지평선)이 조절됩니다. ❷ 마우스 오른쪽 버튼을 클릭하고 [완료]를 선택합니다.

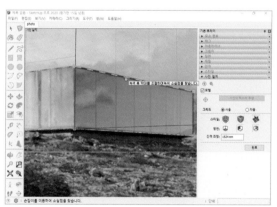

Tip

소실점

건물의 기울기에 맞게 녹색, 빨간색 선을 정확히 맞추어야만 소실점에 맞는 모델링을 할 수 있습니다.

05 면 만들기

❶ 면을 만들기 위해 선  툴을 선택하고 원점을 지정합니다. ❷ 마우스를 Z축(파랑 축에) 방향으로 이동하여 건물 상부 꼭짓점 부분을 클릭합니다.

Tip

원, 호 중심 찾기

원이나 호를 그리고 난 이후 원, 호의 중심점을 찾을 수 있습니다. 원, 호를 선택하고 마우스 오른쪽 버튼을 클릭한 후 [중심 찾기]를 선택하면 됩니다.

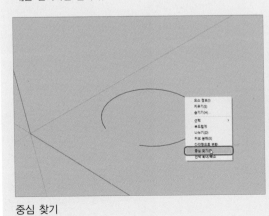
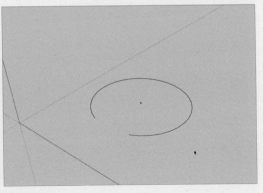

중심 찾기 | 중심점 형성

06 선 만들기

❶ 마우스를 왼쪽 방향(빨강 축에)으로 이동하여 다음 점을 지정합니다. ❷ 다시 아래 방향(파랑 축에)으로 이동하여 빨강 축과 파랑 축이 만나는 지점을 클릭합니다.

안내선 모두 삭제

[축조] 도구 모음에 있는 줄자 🖉 툴을 이용하면 안내선을 만들 수 있습니다. 이 안내선을 한꺼번에 삭제하기 위해서는 [편집] 메뉴에 있는 [안내선 삭제]를 선택하면 됩니다.

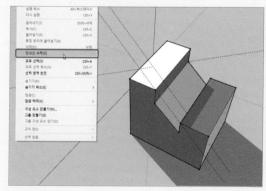 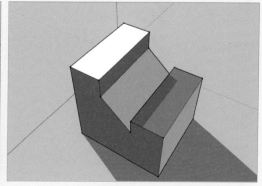

안내선이 만들어진 경우   안내선이 모두 삭제된 경우

07 면 돌출하기

❶ 원점을 클릭하여 면 만들기를 종료합니다. ❷ 도구 모음에 있는 밀기/끌기◈ 툴을 선택하고 면을 오른쪽 방향으로 건물의 폭만큼 드래그합니다.

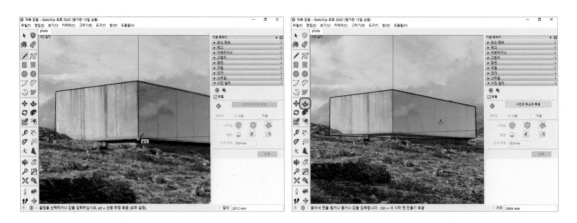

08 평행 복사하기

❶ 도구 모음에 있는 궤도◈ 툴을 이용하여 건물의 정면을 좀 더 보여줍니다. ❷ 모서리를 안쪽 방향으로 평행 복사하기 위해 도구 모음에 있는 오프셋◈ 툴을 선택합니다. 면을 클릭하고 안쪽 방향으로 이동합니다. 이동 거리 **30**을 입력하고 Enter 를 누릅니다.

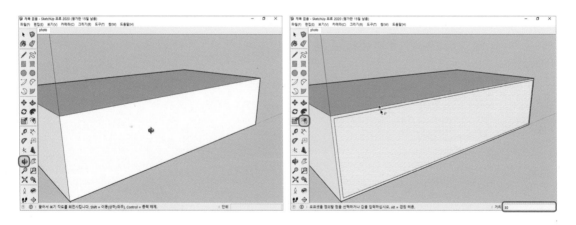

09 재질 불러오기

❶ 밀기/끌기 툴을 선택하고 면을 안쪽 방향으로 이동한 후 **30**을 입력한 다음 Enter를 누릅니다. ❷ 벽면에 해당하는 재질 소스를 불러오기 위해 [파일] 메뉴에서 [가져오기]를 선택합니다. [가져오기] 대화상자가 나타나면 front.jpg를 선택하고 이미지 사용 방법을 텍스처로 선택한 후 [가져오기] 버튼을 클릭합니다.

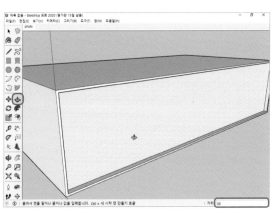

일치한 사진 편집

[사진 일치] 트레이로 사진을 이용하여 모델링을 작업하면서 X, Y, Z축을 다시 설정해야 하는 경우가 있습니다. 장면 이름을 클릭하고 [사진 일치] 트레이에서 일치한 사진 편집 🛠을 누르면 다시 축 설정을 할 수 있습니다.

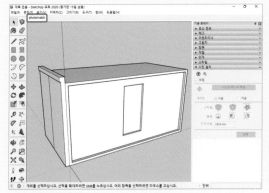

10 재질 편집하기

❶ 재질을 삽입하기 위해 정면 왼쪽 하단 끝점을 더블클릭합니다. ❷ 재질을 편집하기 위해 [재질] 트레이의 선택에서 모델 안 🏠을 클릭하고 [front]를 선택한 후 편집을 누릅니다.

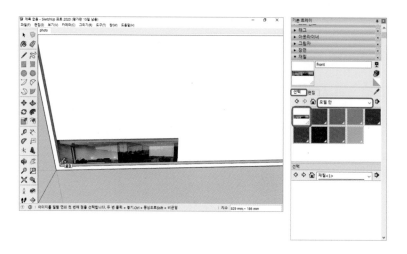

11 창틀 만들기

❶ 이미지의 크기를 조절하기 위해 텍스처에 있는 가로 세로 잠금/잠금 해제 🔗 아이콘을 눌러 해제합니다. 가로 **5539mm** 세로 **1249mm**를 입력합니다. 모니터의 해상도에 따라 크기를 달라질 수 있습니다. 건물의 정면 크기를 지정하면 됩니다. ❷ 선을 등분하기 위해 선택 ▸ 툴로 건물 아래 모서리를 클릭하고 마우스 오른쪽 버튼을 클릭한 후 [나누기]를 선택합니다.

12 선 그리기

❶ 등분 개수 7을 입력하고 [Enter]를 누릅니다. ❷ 나누기된 지점에 선  툴을 선택하고 끝점을 지정합니다.

13 선택하기

❶ 마우스를 위 방향(파랑 축)으로 이동하고 건물 상부 아래 모서리 가장자리를 클릭합니다. ❷ 선택 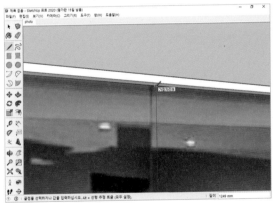 툴로 선을 클릭합니다.

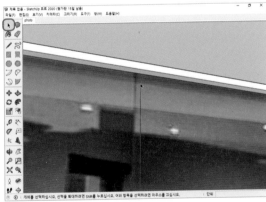

14 복사하고 색 추출하기

❶ 도구 모음에 있는 이동✥ 툴을 선택하고 선의 상부 끝점을 클릭한 후 객체를 복사하기 위해 [Ctrl]을 한 번 눌러줍니다. 마우스를 왼쪽 방향(녹색 축)으로 이동하고 **30**을 입력한 후 [Enter]를 누릅니다. ❷ 모델링에 입혀진 재질을 불러오기 위해 [재질] 트레이의 선택에 있는 샘플 페인트🖉 아이콘을 클릭하고 흰색 면을 클릭합니다.

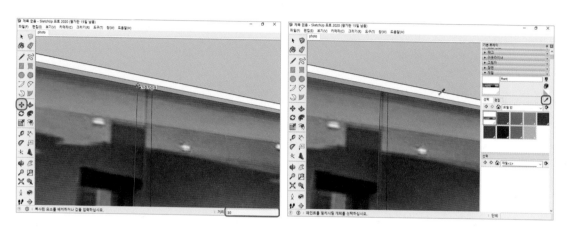

15 재질 입히고 돌출하기

❶ 재질을 부여하기 위해 면을 클릭합니다. ❷ 면을 돌출하기 위해 밀기/끌기◈ 툴을 선택합니다. 면을 클릭하고 바깥쪽 방향으로 드래그한 후 **30**을 입력한 다음 [Enter]를 누릅니다.

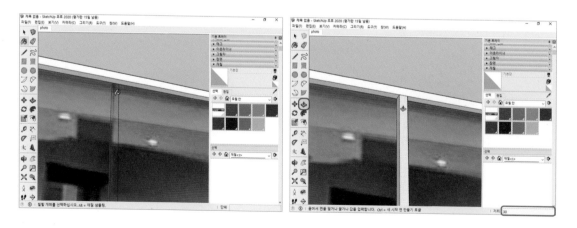

16 복사하기

❶ 객체를 선택하기 위해 선택 ![선택] 툴을 선택하고 그림처럼 창틀을 선택합니다. ❷ 도구 모음에 있는 이동 ![이동] 툴을 선택하고 창틀 모서리 왼쪽 하단 끝점을 클릭한 후 객체를 복사하기 위해 [Ctrl]을 한 번 눌러줍니다.

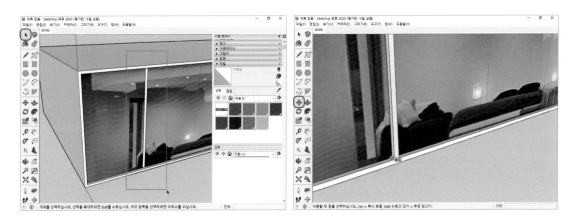

17 추가 복사하기

❶ 마우스를 오른쪽 방향(녹색 축)으로 이동하고 나누기된 선의 끝점을 지정합니다. ❷ 객체를 더 복사하기 위해 X5를 입력하고 [Enter]를 누릅니다.

Tip

절대 좌표, 상대 좌표

스케치업에는 절대 좌표와 상대 좌표에 의해 좌표를 지정할 수 있습니다. [X,Y,Z]를 입력하면 절대 좌표로 입력되고, 〈X,Y,Z〉로 입력하면 상대 좌표로 입력됩니다.

18 재질 불러오기

❶ 다른 벽면에 해당하는 재질 소스를 불러오기 위해 [파일] 메뉴에서 [가져오기]를 선택합니다. [가져오기] 대화상자가 나타나면 left.jpg를 선택하고 이미지 사용 방법을 텍스처로 선택한 후 [가져오기] 버튼을 클릭합니다. ❷ 재질을 삽입하기 위해 측면 왼쪽 하단 끝점을 더블클릭합니다.

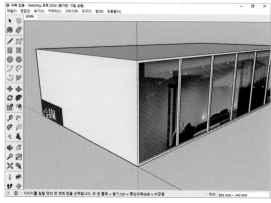

19 재질 편집하기

❶ 재질을 편집하기 위해 [재질] 트레이의 선택에서 모델 안🏠을 클릭하고 left를 선택한 후 편집을 클릭합니다. ❷ 이미지의 크기를 조절하기 위해 텍스처에 있는 가로 세로 잠금/잠금 해제⧓ 아이콘을 눌러 해제합니다. 가로 **2912mm** 세로 **1309mm**를 입력합니다.

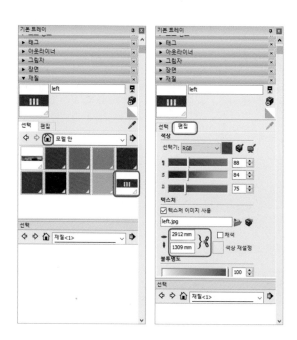

20 배경 숨기기

❶ 화면 왼쪽 상단의 photo 장면을 클릭합니다. ❷ [스타일] 트레이에 있는 [편집]을 선택합니다. 안내선을 해제하고 사진 일치의 전경 사진, 배경 사진의 선택을 해제합니다.

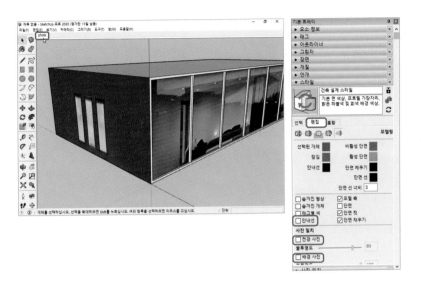

21 이미지 저장하기

❶ [보기] 메뉴에서 [그림자]를 체크합니다. [그림자] 트레이에서 시간과 날짜를 그림과 같이 설정합니다. 똑같이 설정하지 않아도 됩니다. ❷ 이미지를 저장하기 위해 [파일] – [내보내기] – [2D 그래픽]을 선택합니다. [2D 그래픽 내보내기] 대화상자가 나타나면 파일 형식을 Portable Network Graphics(*.png)로 지정하고 파일 이름을 원하는 대로 입력한 후 [옵션] 버튼을 클릭합니다.

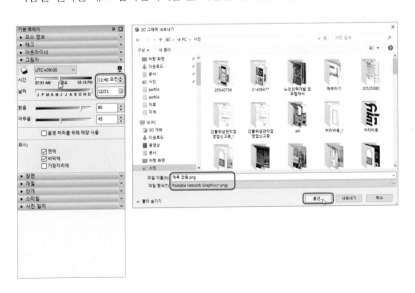

22 포토샵 리터칭하기

❶ [내보내기 옵션] 대화상자가 나타나면 배경을 투명하게 저장하기 위해 렌더링에서 [투명한 배경]을 체크하고 [확인] 버튼을 클릭합니다. 다시 [2D 그래픽 내보내기] 대화상자가 나타나면 [내보내기] 버튼을 클릭합니다. ❷ 포토샵을 실행하고 psrc.jpg를 엽니다.

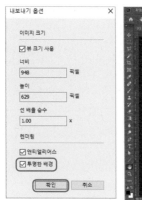 

23 건물 삽입하기

❶ 다시 part04_5c.png를 엽니다. D 를 눌러 전경색과 배경색을 초기화합니다. 색상을 채우기 위해 도구상자에서 페인트통 ◈ 툴을 선택하고 건물 아래를 클릭합니다. Ctrl + A 를 눌러 이미지 전체를 선택하고 Ctrl + C 를 눌러 복사한 후 Ctrl + W 를 눌러 닫습니다. ❷ psrc.jpg를 이미지를 선택하고 Ctrl + V 를 눌러 복사한 이미지를 붙여넣기합니다. Ctrl + T 를 눌러 크기와 위치를 지정하고 Enter 를 누릅니다.

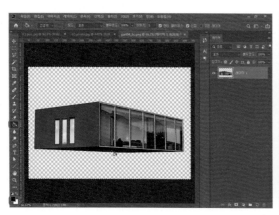 

24 레이어 복사하기

❶ [레이어] 팔레트에서 레이어 1 레이어의 불투명도를 **20%**로 설정하고 배경 레이어를 선택합니다. 다각형 올
가미  툴을 이용하여 건물 아래 부분을 선택합니다. ❷ 레이어를 복사하기 위해 마우스 오른쪽 버튼을 클릭
하고 [복사한 레이어]를 선택합니다. Ctrl+J를 눌러도 됩니다.

25 레이어 순서 변경하기

❶ 레이어 순서를 변경하기 위해 [레이어] 메뉴에서 [정돈] – [맨 앞으로 가져오기]를 선택합니다. ❷ 레이어 1
레이어의 불투명도를 **100%**로 설정합니다.

26 확인하기

그림과 같이 핸드폰으로 찍은 사진을 이용하여 스케치업에서 모델링한 다음 포토샵에서 리터칭하는 작업이 완료되었습니다. 실무에서 많이 사용되는 내용이므로 좀 더 확실하게 익혀두기 바랍니다.

Tip

구글 맵 불러오기

구글 지도에 있는 특정 위치의 맵을 스케치업에서 불러올 수 있습니다. 구글 맵을 불러와 그 위에 모델링을 할 수 있으며 모델링한 데이터를 3D Warehouse로 내보내기할 수 있습니다.

❶ [위치] 도구를 불러오기 위해 [보기] 메뉴에서 [도구 모음]을 선택하고 [도구 모음] 대화상자에서 위치를 체크합니다. 구글 맵을 불러오기 위해 [위치 도구 모음]에서 위치 추가 🔲 툴을 클릭합니다. [위치 추가] 대화상자가 나타나면 **Yongsan-Gu, KR**을 입력하고 [검색] 버튼을 클릭합니다. Yongsan-Gu, KR 맵이 검색되면 마우스 가운데 휠 버튼을 위아래로 돌려 영역을 확대하고 [지역 선택] 버튼을 클릭합니다. ❷ 위치와 맵의 크기를 조절하고 맵을 스케치업에서 불러오기 위해 [가져오기] 버튼을 클릭합니다.

❸ 선택 🔲 툴로 맵을 클릭하면 빨간색 테두리가 보이는 것을 확인할 수 있습니다. ❹ 지형의 높낮이를 보여주기 위해 위치 도구에서 지형 토글 🔲 툴을 클릭합니다. 이미지를 편집하려면 지도 위에서 마우스 오른쪽 버튼을 클릭하고 잠금 해제를 선택해야 합니다.

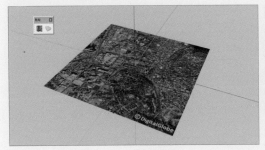
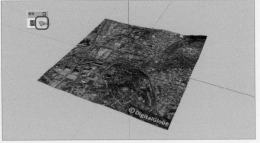

스케치업 도면 캐드에서 불러와 출력하기

스케치업에서 작업한 도면을 AutoCAD에서 불러오는 경우가 있습니다. 특히 스케치업에서 작업한 3D 모델링을 AutoCAD에서 불러와 2D 도면과 함께 화면을 분할하여 출력하는 경우가 있습니다. 스케치업에서 모델링 내보내기를 이용하여 3D 모델링을 캐드로 내보내기합니다. 캐드에서 화면을 분할하고 시점을 변경하여 한꺼번에 네 개의 뷰를 출력해봅니다.

○ 예제 파일 | skup-cad.skp

1. 내보내기

❶ 스케치업을 실행하고 skup-cad.skp을 불러옵니다. 파일을 캐드로 내보내기 위해 [파일] 메뉴에서 [내보내기] – [3D 모델]을 선택합니다. ❷ [모델 내보내기] 대화상자가 나타나면 내보내기 유형을 AutoCAD DWG 파일 (*.dwg)로 선택하고 [옵션]을 클릭합니다.

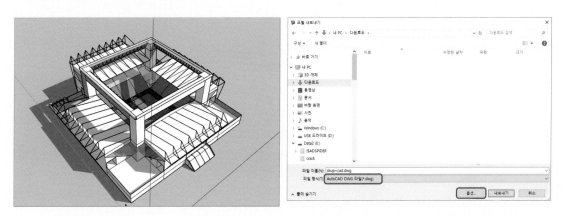

2. 옵션 설정하기

❶ [DWG/DXF 내보내기 옵션] 대화상자가 나타나면 AutoCAD 버전과 내보내기 옵션을 체크하고 [확인] 버튼을 클릭합니다. ❷ [SketchUp] 대화상자가 나타나면 [확인] 버튼을 클릭합니다. 다시 [모델 내보내기] 대화상자가 나타나면 파일 이름을 지정하고 [내보내기] 버튼을 클릭합니다.

3. 파일 열기

❶ AutoCAD를 실행하고 스케치업에서 내보내기한 skup-cad.dwg를 엽니다. [열기 – 외부 DWG 파일] 대화
상자가 나타나는 경우가 있습니다. [DWG 파일 그냥 열기]를 클릭합니다. 필자가 사용하는 AutoCAD 버전은
AutoCAD 2020입니다. 스케치업에서 내보내기할 때 옵션에서 지정한 AutoCAD 버전 이상의 버전만 사용하면
됩니다. 와이어 프레임 형태로 도면을 보여주기 위해 명령창에 **SHADEMODE**를 입력하고 [Enter]를 누른 후 **2D**
를 입력한 다음 [Enter]를 누릅니다.

명령: SHADEMODE [Enter]

VSCURRENT

옵션 입력 [2D 와이어프레임(2)/와이어프레임(W)/숨김(H)/실제(R)/개념(C)/음영처리(S)/모서리로 음영처리됨
(E)/회색 음영처리(G)/스케치(SK)/X 레이(X)/기타(O)] <와이어프레임>: 2D [Enter]
모형 재생성 중.

❷ 마우스 가운데 휠 버튼을 위, 아래로 돌려 확대하고 휠 버튼을 누른 채 드래그하여 화면을 이동합니다. 은선
을 제거하기 위해 HIDE 명령을 실행합니다. PLOT 명령을 이용하여 도면을 출력하면 됩니다.

명령 : HIDE [Enter]
모형 재생성 중.

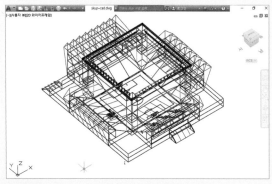 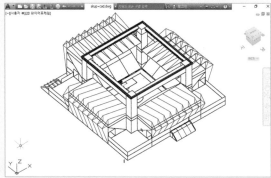

Tip

재질

[내보내기 옵션]에 있는 재질을 체크하면 스케치업에서 사용한 재질(이
미지)이 포함된 폴더가 별도로 만들어집니다.

재질(이미지) 폴더

메모하세요

V-Ray 스케치업 렌더링

스케치업 외부 프로그램인 V-Ray를 설치하고 재질과 빛을 지정하여
렌더링하는 내용을 익혀보겠습니다. V-Ray는 3D Max, Maya,
Softimage, Phoenix, SketchUp에서 렌더링을 하는 프로그램으로 가장
많은 유저를 확보하고 있기 때문에 환경 설정부터 렌더링까지의 활용법을
자세하게 익혀두어야 합니다.

01 V-Ray 설치하기

스케치업 플러그인 중에서 렌더링 시 대표적으로 사용하는 V-Ray를 CHAOSGROUP에서 다운로드하여 설치해보겠습니다. 또한 설치된 V-Ray를 이용하여 렌더링 이미지를 만들어보겠습니다.

01 V-Ray 다운로드하기

❶ V-Ray를 다운로드하기 위해 스케치업 제작사 웹사이트 http://chaosgroup.com/kr에 접속합니다. 오른쪽 상단에 있는 [다운로드]를 클릭합니다. ❷ [로그인하기] 대화상자가 나타나면 이메일 혹은 유저네임과 비밀번호를 입력하고 [로그인하기] 버튼을 클릭합니다. 만약 회원가입이 되어 있지 않다면 우측 상단에 있는 [계정 생성하기]를 클릭해 먼저 회원가입을 합니다.

❸ V-Ray를 사용할 대상인 SketchUp을 선택합니다. ❹ 스케치업 버전 2021을 선택합니다.

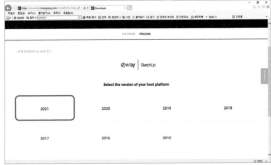

❺ [다운로드 Windows x64] 버튼을 클릭합니다. ❻ 컴퓨터의 운영체제에 해당하는 다운로드 버튼을 클릭합니다.

❼ V-Ray 프로그램 저장 폴더를 지정하고 [저장] 버튼을 클릭합니다.

02 V-Ray 설치하기

❶ 다운로드한 vray_50003_sketchup_win.exe 파일을 실행합니다. ❷ Welcome to V-Ray 5 for SketchUp이 나타나면 [I AGREE] 버튼을 누릅니다.

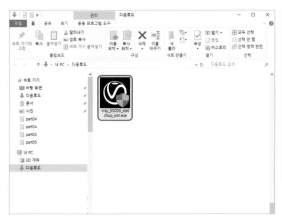 

03 스케치업 버전 확인하기

❶ 현재 사용하고 있는 스케치업 버전이 나타납니다. [INSTALL] 버튼을 클릭합니다. ❷ V-Ray가 설치되는 것을 확인할 수 있습니다.

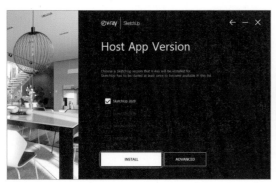 

04 설치 완료하기

V-Ray 5 is ready가 나타나면 설치가 완료된 것입니다. [DONE] 버튼을 클릭합니다.

05 라이센스 활성화하기

❶ V-Ray 프로그램을 30일 동안 사용하기 위해서는 라이센스를 확인해야 합니다. http://localhost:30304 사이트에 접속하고 온라인 라이선스를 클릭한 후 [SIGN IN] 버튼을 클릭해 로그인합니다. ❷ 로그인이 되면 설치된 V-Ray의 만료기간이 나타납니다. 이 사이트에서 라이선스를 등록하지 않으면 30일 버전 V-Ray를 사용할 수 없습니다.

06 V-Ray 설치 확인하기

❶ 스케치업을 실행하면 V-Ray에 관련된 도구상자가 추가된 것을 확인할 수 있습니다. ❷ [보기] 메뉴에 있는 도구 모음을 확인하면 V-Ray for SketchUp, V-Ray Lights, V-Ray Objects, V_Ray Utilities가 추가된 것을 확인할 수 있습니다.

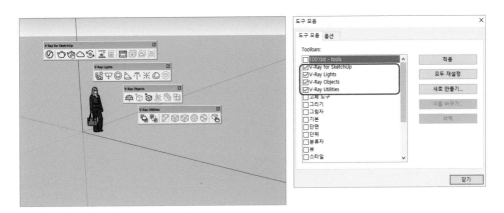

02 V-Ray 실행하기

V-Ray 설치가 모두 완료되었습니다. 예제 파일을 불러와 V-Ray 기본 옵션 값을 설정하고 퀄리티와 빛의 강도를 높여 렌더링해보겠습니다.

◎ 예제 파일 | part05_1.skp

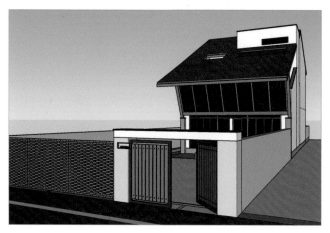

기본값으로 렌더링한 이미지

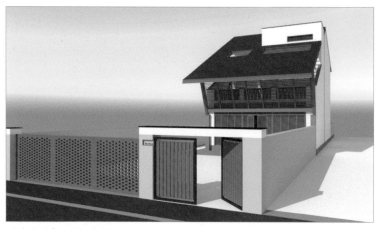

퀄리티 값을 높여 렌더링한 이미지

01 V-Ray 렌더링하기

❶ 스케치업을 실행하고 part05_1.skp 파일을 엽니다. 렌더링을 하기 위해 [V-Ray for SketchUp] 도구에서 Render  툴을 클릭합니다. ❷ [V-Ray frame buffer] 대화상자가 나타나면서 렌더링되는 것을 확인할 수 있고, [V-Ray frame buffer] 대화상자 우측 하단에 있는 Show log를 클릭하면 ❸ V-Ray Process Window를 통해 렌더링 진행과정을 상세하게 파악할 수 있습니다.

02 퀄리티 높이기

❶ 렌더링 퀄리티와 스카이 라이트를 높이기 위해 [V-Ray for SketchUp] 도구에서 Asset Editor 툴을 클릭합니다. [V-Ray Asset Editor] 대화상자가 나타나면 Settings를 클릭합니다. [Render] 탭에서 Quality를 High+로 설정하고 [Environment] 탭의 Background를 2로 변경한 후 대화상자를 닫습니다. ❷ 렌더링을 하기 위해 [V-Ray for SketchUp] 도구에서 Render 툴을 클릭합니다. ❸ [V-Ray frame buffer] 대화상자를 확인하면 기존보다 훨씬 밝아지고, 렌더링 이미지의 표면이 매끄러워진 것을 확인할 수 있습니다. 단, 렌더링 속도가 더 오래 걸리는 것도 확인할 수 있을 것입니다.

03 이미지로 저장하기

렌더링 이미지를 저장하기 위해 [V-Ray frame buffer] 대화상자에서 Save current channel █ 아이콘을 누릅니다. [Choose output image file] 대화상자가 나타나면 파일 형식을 JPEG Image file(*.jpg *.jpeg)로 선택하고 파일 이름에 원하는 파일명을 입력한 후 [저장] 버튼을 클릭합니다. 포토샵에서 vary01.jpg를 불러와 리터칭 또는 합성하면 좀 더 나은 렌더링 이미지를 만들 수 있습니다.

Tip

HELP 파일을 이용해보세요

V-Ray를 공부하다 보면 참고 사이트나 스터디 커뮤니티가 필요한 경우가 있습니다. 국내 포털사이트의 카페, 블로그를 보면 V-Ray 커뮤니티는 많지만 V-Ray에 대한 상세 정보는 부족한 경우가 더러 있습니다. 해외 사이트 중에서도 참고할 만한 사이트가 많습니다. 그중에서 Chaosgroup(https://docs.chaosgroup.com/display/VSKETCHUP)에서 제공하는 HELP 파일을 이용하면 브이레이를 공부하는 데 도움이 될 것입니다.

참고 사이트
https://docs.chaosgroup.com/display/VSKETCHUP

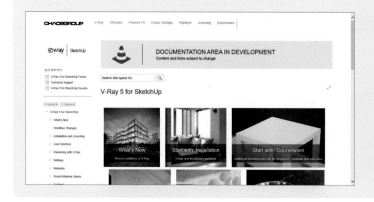

03 V-Ray 핵심기능 반사, 굴절 표현하기

스케치업 렌더링 프로그램인 V-Ray에서 반사와 굴절은 아주 핵심적인 기능입니다. 건물의 바닥 재질과 구의 재질을 만들어보면서 반사와 굴절을 자세히 익혀보겠습니다.

◦ 예제 파일 | part05_02.skp

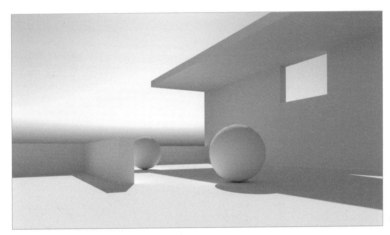

컬러만으로 렌더링한 이미지

재질을 입력하고 렌더링한 이미지

01 렌더링하기

❶ [파일] – [열기]를 이용하여 part05_02.skp를 엽니다. 렌더링을 하기 위해 [V-Ray for SketchUp] 도구에서
Render🔘 툴을 클릭합니다. ❷ 재질이 없는 상태에서 렌더링된 것을 확인할 수 있습니다.

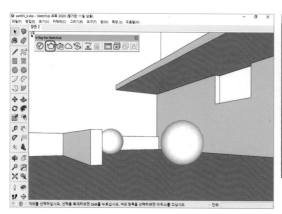

02 바닥 재질 입히기

❶ [재질] 트레이에서 [선택]을 클릭하고 석재를 선택한 후 대리석 카레라를 클릭합니다. ❷ 바닥을 클릭하여
재질을 입혀줍니다.

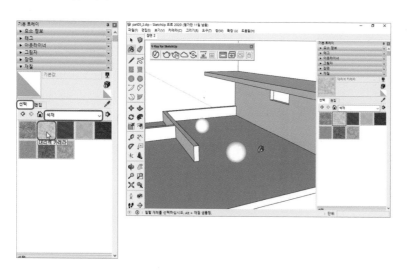

03 벽면 재질 만들기

❶ 이미지의 크기를 조절하기 위해 [재질] 트레이에서 편집의 텍스처 너비/높이 변경 실행 취소▲ 가로에 **1500**을 입력합니다. ❷ 벽면 재질을 만들기 위해 선택에서 타일을 선택하고 정사각형 유리 타일 03을 클릭합니다.

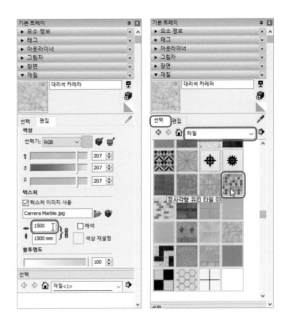

04 이미지 크기 조절하기

❶ 벽면을 클릭하여 재질을 입혀줍니다. ❷ 이미지의 크기를 조절하기 위해 [재질] 트레이에서 편집의 텍스처 너비/높이 변경 실행 취소▲ 가로에 **1200**을 입력합니다.

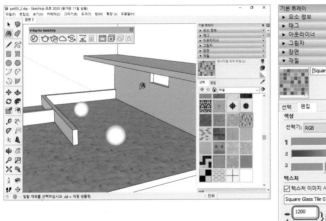

05 재질 확인하기

❶ 다른 벽면도 재질을 입혀줍니다. ❷ 재
질이 입혀졌는지 확인하기 위해 [V-Ray for
SketchUp] 도구에서 Render◯ 툴을 클릭합
니다.

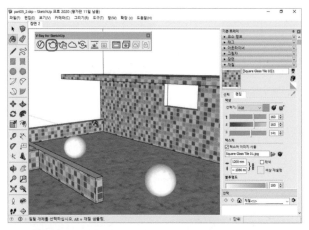

Tip

텍스처 이미지 크기

재질에 사용된 이미지의 크기를 키우면 반복되는 이미지의 개수가 더 적어집니다.

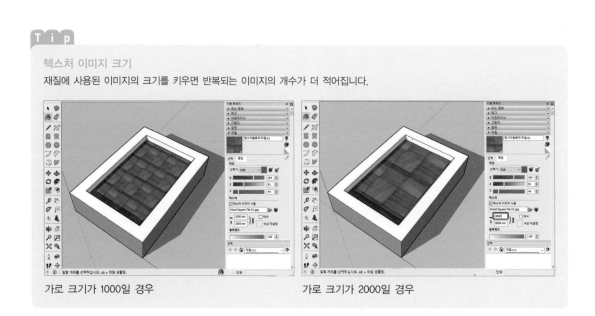

가로 크기가 1000일 경우   가로 크기가 2000일 경우

06 반사 재질 만들기

❶ V-Ray 재질을 수정하기 위해 [V-Ray for SketchUp] 도구에서 Asset Editor⊘ 툴을 클릭하고 [V-Ray Asset Editor] 대화상자가 나타나면 Materials█를 클릭합니다. 반사 재질을 만들기 위해 [Materials List]에서 [대리석 카레라]를 선택하고 오른쪽 [Generic] 탭에 있는 Reflection의 Reflection Color를 흰색에 가깝게 변경합니다. 아래에 있는 Use Fresnel을 해제합니다. Reflection Color가 흰색에 가까울수록 반사 강도가 높아집니다. ❷ 반사 재질이 잘 만들어졌는지 확인하기 위해 [V-Ray for SketchUp] 도구에서 Render↻ 툴을 클릭합니다.

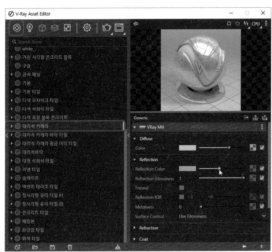

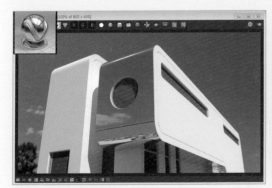

Fresnel을 해제한 경우

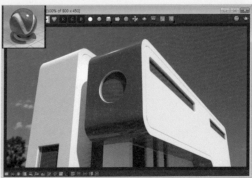

Fresnel을 체크한 경우

Tip

Fresnel을 체크하면

반사 재질의 강도는 흰색일수록 더욱 강하게 반사됩니다. Fresnel을 체크하지 않으면 주변 객체를 그대로 반사시키지만 Fresnel을 체크하면 Diffuse 컬러가 보이면서 굴절이 이루어진 부분에서만 주변 객체를 반사하게 됩니다.

07 구슬 재질 만들기

❶ 새로운 재질을 만들기 위해 [재질] 트레이에서 재질 만들기⊘를 클릭합니다. [재질 만들기] 대화상자가 나타나면 재질 이름을 **구슬**로 입력하고 색상을 R:**207** G:**207** B:**207**로 설정한 후 텍스처의 텍스처 이미지 사용을 해제하고 [확인] 버튼을 클릭합니다. ❷ 페인트통🎨 툴을 이용하여 2개의 구에 재질을 입혀줍니다.

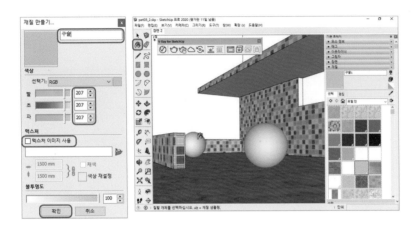

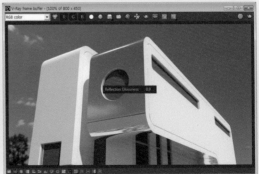

08 구슬 반사 재질 만들기

❶ V-Ray 재질을 수정하기 위해 [V-Ray for SketchUp] 도구에서 Asset Editor⊘ 툴을 클릭하고 [V-Ray Asset Editor] 대화상자가 나타나면 Materials▨를 클릭합니다. 반사 재질을 만들기 위해 [Materials List]에서 구슬을 선택하고 오른쪽 [Generic] 탭에 있는 Reflection의 Reflection Color를 흰색으로 변경합니다. 아래에 있는 Use Fresnel을 해제합니다. ❷ 반사 재질이 잘 만들어졌는지 확인하기 위해 [V-Ray for SketchUp] 도구에서 Render ⟳ 툴을 클릭합니다.

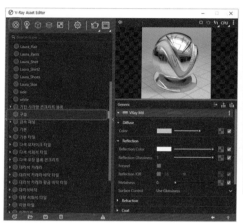

09 굴절시키고 돔 라이트 만들기

❶ Asset Editor⊘ 툴을 클릭하고 [V-Ray Asset Editor] 대화상자가 나타나면 Materials▨를 클릭합니다. 굴절 재질을 만들기 위해 [Materials List]에서 구슬을 선택하고 VRayBRDF에 있는 Refraction의 Refraction Color를 흰색으로 변경합니다. ❷ 돔 라이트를 만들기 위해 V-Ray Lights에 있는 Dome Light⊘를 선택하고 위치를 클릭합니다. 돔 라이트의 위치는 어디든 상관없습니다.

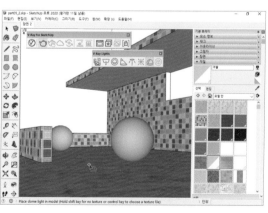

10 라이트 강도 조절하기

❶ 돔 라이트를 확인하기 위해 [V-Ray for SketchUp] 도구에서 Render⟳ 툴을 클릭합니다. ❷ 돔 라이트의 옵션을 조절하기 위해 [V-Ray for SketchUp] 도구에서 Asset Editor⟁를 클릭하고 [V-Ray Asset Editor] 대화상자가 나타나면 Lights⟁를 클릭합니다. LightDome의 강도(Intensity)를 **40**으로 설정하고 SkyLight의 강도를 **4**로 설정합니다.

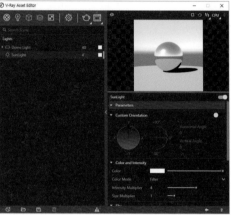

돔 라이트가 작을 경우의 렌더링 이미지

돔 라이트가 클 경우의 렌더링 이미지

11 HDRI 이미지 불러오기

❶ 고해상도 배경 이미지인 HDRI 이미지를 불러오기 위해 Color/Texture HDR의 Texture Slot█을 클릭합니다.
❷ Image File의 Open File🗁을 클릭하고 [Select an image] 대화상자가 나타나면 back.hdr 파일을 선택한 후 [열기] 버튼을 클릭합니다.

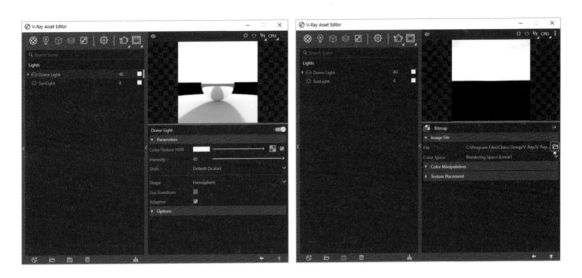

12 마무리하기

[V-Ray for SketchUp] 도구에서 Render🔘 툴을 눌러 렌더링을 합니다. 창문도 만들어 반사와 굴절을 지정하고 HDRI 이미지를 변경한 후 벽면에도 약간의 반사를 지정하여 다시 렌더링을 합니다. 빛의 강도, 반사 강도를 변경하면서 렌더링을 하면 차이를 파악할 수 있습니다.

Tip

HDRI 이미지 다운로드

돔 라이트에 사용할 HDRI(High Dynamic Range Imaging) 이미지를 무료로 다운로드할 수 있는 사이트를 소개합니다. HDRI-SKIES(http://hdri-skies.com)에 접속하고 원하는 이미지 위에 마우스를 올리면 장바구니 아이콘이 나타납니다. 장바구니 아이콘을 클릭하고 우측 상단의 장바구니를 확인하면 이미지의 개수가 표시됩니다. 이 버튼을 클릭한 후 Proceed to Checkout 버튼을 누릅니다. 간단하게 정보를 입력하고 PLACE ORDER 버튼을 누르면 HDRI 이미지를 다운로드할 수 있습니다.

스케치업으로 입체 구 만들기

3D 그래픽 프로그램인 3D Max, AutoCAD 등에서는 입체 구를 한 번에 그릴 수 있는 기능을 제공하고 있습니다. 그러나 스케치업에서는 구를 만들 수 있는 기능을 제공하지 않기 때문에 따라가기 툴을 이용하여 만들어야 합니다.

1. 원 만들기

❶ 원을 만들기 위해 도구 모음에 있는 원◉ 툴을 선택하고 사이드 면의 수 **50**을 입력하고 원의 중심점을 지정합니다. ❷ 마우스를 드래그하여 적당한 크기의 원을 만들어줍니다.

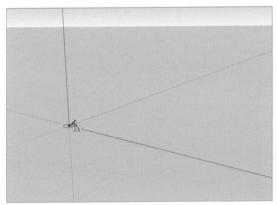
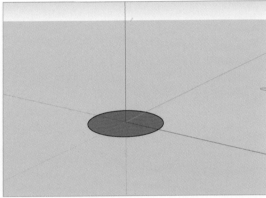

2. 큰 원 그리기

❶ X축 방향에 직각이 되는 원을 그리기 위해 →를 한 번 누릅니다. ❷ 원점에 원의 중심점을 지정하고 앞에서 그린 원보다 크게 원을 만들어줍니다.

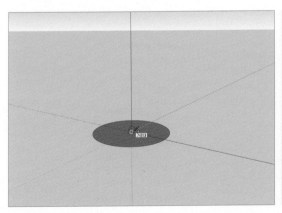
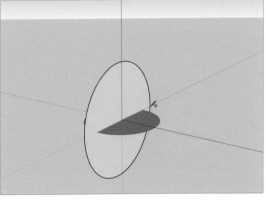

3. 경로 지정하기

❶ 경로 객체를 만들기 위해 선택 툴로 작은 원의 면을 클릭합니다. ❷ 경로를 따라갈 객체를 지정하기 위해 도구 모음에 있는 따라가기 툴을 선택하고 큰 원의 면을 클릭합니다.

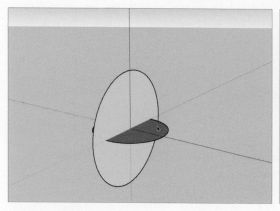 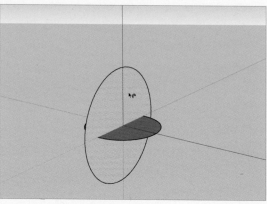

4. 구 완성하기

❶ 입체 구가 만들어진 것을 확인할 수 있습니다. ❷ 큰 원을 먼저 선택하고 따라가기 툴로 작은 원을 클릭해도 됩니다.

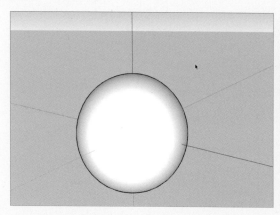 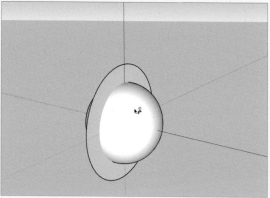

> **Tip**
>
> 경로 선택
> 입체의 구를 만들 때 큰 원과 작은 원 중에서 어느 것을 먼저 선택하고 경로를 선택하느냐에 따라 모양이 달라질 수 있습니다.

범프 맵으로 울퉁불퉁한 이미지 만들기

객체의 표면에 텍스처를 입히거나 색상을 입힌 후 특정 이미지를 불러와 이미지에서 밝은 부분을 돌출시킬 수 있습니다. 이를 범프(Bump) 맵이라고 하며 자세한 활용법을 알아보겠습니다.

○ 예제 파일 | vraybump.skp

1. 범프 맵 지정하기

❶ vraybump.skp 파일을 열고 V-Ray 재질을 수정하기 위해 [V-Ray for SketchUp] 도구에서 Asset Editor ⓥ 툴을 클릭합니다. [V-Ray Asset Editor] 대화상자가 나타나면 Materials █를 클릭합니다. [Materials List]에서 [접합목재]를 선택하고 Maps에 있는 Bump의 On을 체크하고 Texture Slot █을 클릭합니다. ❷ 이미지를 불러오기 위해 Bitmap █ Bitmap 을 클릭합니다.

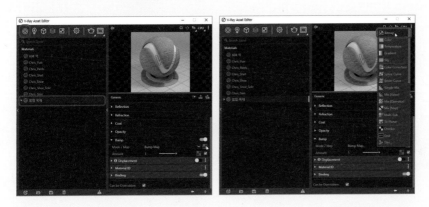

2. 이미지 불러오기

❶ [Select a file] 대화상자가 나타나면 vraybump.jpg 파일을 선택하고 [열기] 버튼을 클릭합니다. ❷ 이전 단계로 돌아가기 위해 Up the Assets Hierarchy █ 버튼을 클릭합니다.

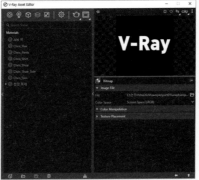

3. 렌더링하기

❶ [V-Ray Asset Editor] 대화상자가 나타나면 렌더링을 하기 위해 Render with V-Ray 를 클릭합니다.
❷ 나무 재질 이미지에서 V-Ray 문자 이미지가 돌출되어 보이는 것을 확인할 수 있습니다.

4. 강도 높이기

❶ Bump의 강도를 높이기 위해 Bump의 Amount를 8로 조정합니다. ❷ 렌더링을 하기 위해 Render with V-Ray 를 클릭합니다. V-Ray 문자가 좀 더 돌출되어 보이는 것을 확인할 수 있습니다.

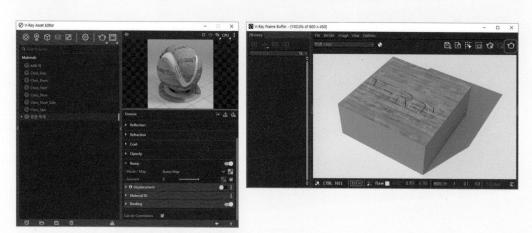

T i p

Displacement 강도

Displacement의 강도는 Multiplier로 지정합니다. 0부터 10까지 입력이 가능하며 수치가 높을수록 강한 돌출이 이루어지지만 렌더링 속도가 현저히 저하됩니다.

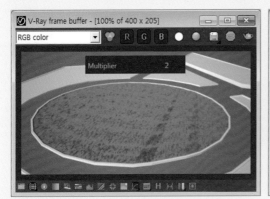
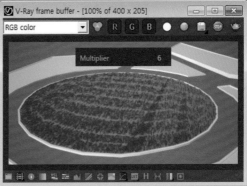

T i p

Displacement와 Bump의 차이점

Displacement에 이미지를 지정하면 지정한 이미지의 밝기에 따라 실제로 이미지가 돌출되지만 Bump는 지정한 이미지가 돌출된 것처럼 보이는 것입니다. Displacement가 좀 더 사실적으로 보일 수 있습니다.

Displacement

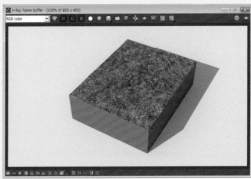

Bump

04 V–Ray Fur

V–Ray Fur를 이용하면 퍼(털) 재질을 쉽게 만들 수 있습니다. 대표적으로 인테리어 부분에서는 카펫, 소파, 쿠션을, 익스테리어 부분에서는 잔디, 모래, 흙 등의 재질을 사실적으로 만들 수 있습니다.

○ 예제 파일 | part05_4**.**skp

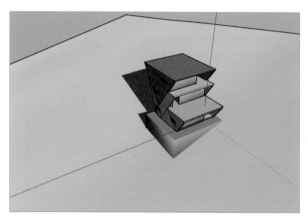

모델링 화면

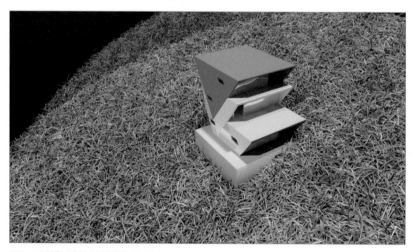

FUR 재질을 입혀 렌더링한 이미지

01 잔디 재질 만들기

❶ [파일] – [열기]를 이용하여 part05_4.skp 파일을 엽니다. 새로운 재질을 만들기 위해 [재질] 트레이에서 재질 만들기◈를 클릭합니다. [재질 만들기] 대화상자가 나타나면 재질 이름을 **잔디**로 입력하고 이미지를 불러오기 위해 텍스처 탭에 있는 재질 이미지 파일 찾아보기▷를 클릭합니다. ❷ [이미지 선택] 대화상자가 나타나면 grass.jpg를 선택하고 [열기] 버튼을 클릭합니다.

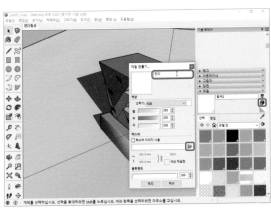

02 잔디 재질 입히기

❶ 잔디 이미지의 크기를 조절하기 위해 텍스처의 너비/높이 변경 실행 취소 ↕ 가로에 **500**을 입력하고 [확인] 버튼을 클릭합니다. ❷ 도구 모음에 있는 페인트통 🎨 툴을 선택하고 바닥 면을 클릭합니다.

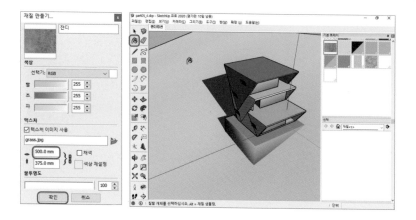

03 Fur 만들기

❶ 객체를 선택하기 위해 선택 ▶ 툴을 선택하고 잔디가 입혀진 면을 더블클릭합니다. 그룹을 만들기 위해 마우스 오른쪽 버튼을 클릭한 후 [그룹 만들기]를 선택합니다. ❷ 잔디 무늬를 입체적으로 표현하기 위해 [V-Ray Objects] 도구에 있는 Fur 🌿 툴을 클릭합니다.

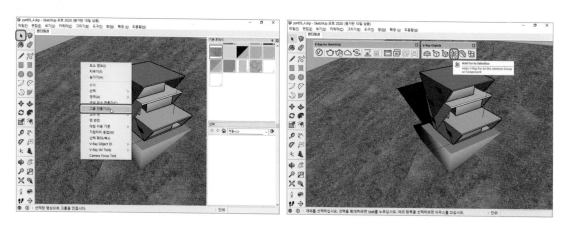

Tip

Fur 객체

Fur 객체를 만들기 위해서는 반드시 선택한 객체가 그룹으로 만들어져 있어야 합니다.

04 렌더링하기

❶ V-Ray 재질을 수정하기 위해 [V-Ray for SketchUp] 도구에서 Asset Editor◯ 툴을 클릭합니다. [V-Ray Asset Editor] 대화상자가 나타나면 Geometry▣를 클릭하고 Geometries의 Fur를 클릭합니다. 오른쪽에 있는 Fur의 Parameters에서 Count(Area)를 **6**, Length를 **2**로 설정합니다. 렌더링을 하기 위해 Render with V-Ray▣ 를 클릭합니다. ❷ 렌더링을 확인하면 단순하게 잔디 이미지가 보이는 것이 아니라 면의 표면에 잔디가 입체적으로 만들어진 것을 확인할 수 있습니다.

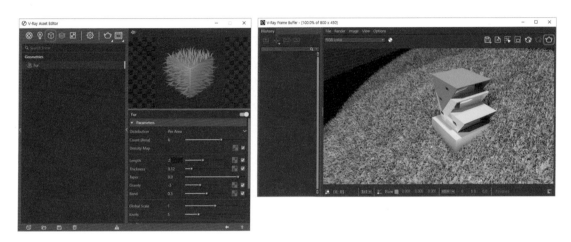

05 옵션 변경하기

❶ V-Ray 재질을 수정하기 위해 [V-Ray Asset Editor] 대화상자가 나타나면 Geometry▣를 클릭하고 Geometries의 Fur를 클릭합니다. 오른쪽에 있는 Fur의 Parameters에서 Count(Area)를 **10**, Length를 **4**로 변경합니다. 잔디를 좀 더 구부리기 위해 Bend에 **1**을 입력합니다. 렌더링을 하기 위해 Render with V-Ray▣를 클릭합니다. ❷ 잔디가 더욱 사실적으로 만들어졌습니다. Parameters의 값을 높일수록 렌더링 시간이 더 오래 걸립니다.

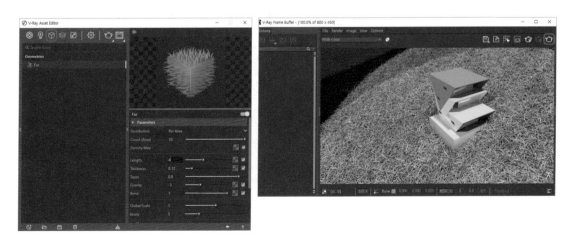

Fur의 Parameters를 조절한 경우

Fur의 Parameters 값을 조절해야 좀 더 사실적인 렌더링 이미지를 만들 수 있습니다.

조절 1
수량이 많지 않고 길이가 크게 설정된 경우

 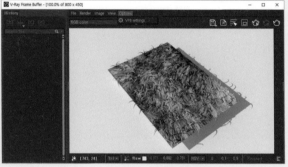

Count(Area) 1, Length 2, Thickness 0.1, Bend 1

조절 2
수량이 많고 길이가 작게 설정된 경우

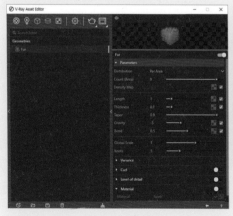 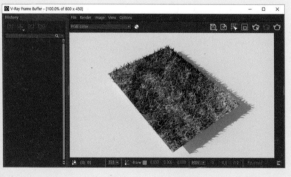

Count(Area) 9, Length 1, Thickness 0.1, Bend 0.5

05 V-Ray 조명 재질 만들기

V-Ray에서 조명, 램프, 형광등과 같이 객체 자체에서 빛을 발산하는 재질을 만들어야 하는 경우가 매우 많습니다. 이런 경우에는 Emissive(자체 발광)를 이용합니다.

ㅇ 예제 파일 | part05_05.skp

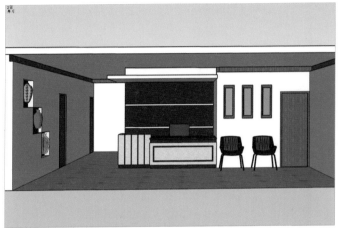

모델링 화면

조명을 입혀 렌더링한 이미지

01 기본 빛 없애기

❶ [파일] – [열기]를 이용하여 part05_05.skp을 엽니다. V–Ray 환경 설정을 위해 [V–Ray for SketchUp] 도구에서 Asset Editor◎ 툴을 클릭합니다. [V–Ray Asset Editor] 대화상자가 나타나면 Settings▨를 클릭합니다. V–Ray에서 기본적으로 제공하는 배경 맵을 없애기 위해 [Renderer]를 선택하고 [Environment]–Background의 Texture Slot▨ 우측에 있는 체크를 해제합니다. ❷ 빛의 옵션을 지정하기 위해 Lights◉를 클릭하고 기본적으로 제공하는 태양광을 없애기 위해 Lights의 SunLight를 클릭한 후 오른쪽 탭 SunLight의 Color and Intensity에서 Color를 검은색으로 변경합니다.

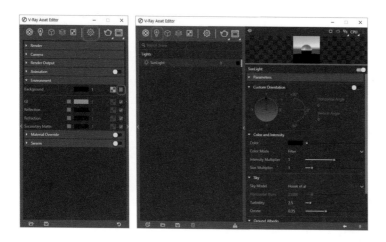

02 Emissive 추가하기

❶ 그룹 내의 객체를 선택하기 위해 선택▨ 툴로 정면 의자 뒤 벽체에 있는 흰색 박스를 더블클릭합니다. 그룹으로 만든 객체에는 Emissive 재질을 입힐 수 없기 때문에 더블클릭한 것입니다. Ctrl+A를 눌러 모든 면을 선택합니다. ❷ 자체 발광 재질을 추가하기 위해 [V–Ray Asset Editor] 대화상자에서 Materials▨를 클릭하고 좌측 하단에 있는 Create Asset◈을 클릭한 후 [Materials] – [Emissive]를 선택합니다.

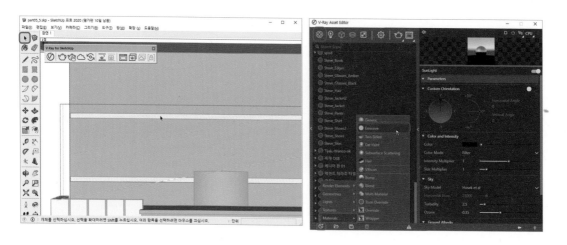

03 Emissive 입히기

❶ 선택된 객체에 재질을 부여하기 위해 [V-Ray Asset Editor] 대화상자의 [Emissive] 위에서 마우스 오른쪽 버튼을 클릭하고 [Apply To Selection]을 선택합니다. 스케치업 바탕화면을 더블클릭합니다. ❷ 자체 발광의 강도를 높이기 위해 오른쪽 탭 [Generic]의 [Emissive]에 있는 Intensity를 **20**으로 설정합니다.

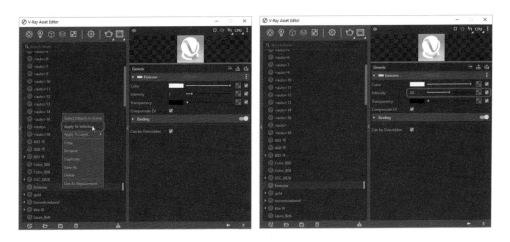

04 코너 조명 만들기

❶ 다시 한 번 그룹 내의 객체를 선택하기 위해 선택 [⬉] 툴로 천정과 벽 사이 코너 객체를 더블클릭합니다. [Ctrl]+[A]를 눌러 모든 면을 선택합니다. ❷ 자체 발광 재질을 추가하기 위해 V-Ray Asset Editor 대화상자에서 Materials [⬡]를 클릭하고 좌측 하단에 있는 Create Asset [⬕]을 클릭한 후 [Materials] - [Emissive]를 선택합니다.

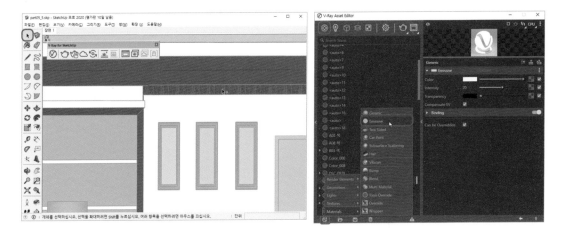

05 액자 조명 만들기

❶ 자체 발광의 옵션을 변경하기 위해 오른쪽 탭 [Generic]의 [Emissive]에 있는 Intensity를 **10**으로 설정하고 컬러를 파란색으로 지정합니다. 선택된 객체에 재질을 부여하기 위해 [V-Ray Asset Editor] 대화상자의 Emissive#1 위에서 마우스 오른쪽 버튼을 클릭하고 [Apply To Selection]을 선택합니다. 스케치업 바탕화면을 더블클릭합니다. ❷ 벽에 붙어 있는 첫 번째 액자의 면을 클릭합니다.

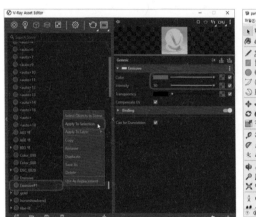
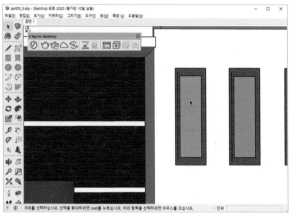

06 이미지 추가하기

❶ 재질을 추가하기 위해 [V-Ray Asset Editor] 대화상자에서 Materials 를 클릭하고 좌측 하단에 있는 Create Asset 을 클릭한 후 [Materials] - [Emissive]를 선택합니다. Emissive#2를 클릭하고 자체 발광 강도를 높이기 위해 오른쪽 탭 [Generic] - [Emissive]의 Intensity를 **5**로 설정합니다. 이미지를 불러오기 위해 Emissive의 Color에 있는 Texture Slot 을 누르고 Bitmap 을 선택합니다.

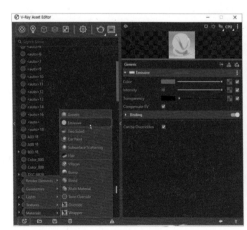
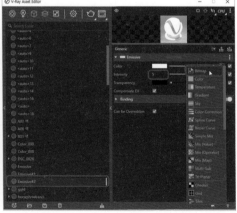

07 재질 입히기

❶ Bitmap 탭이 활성화되는 동시에 [Select a file] 대화상자가 열립니다. 액자1.jpg 파일을 선택하고 [열기] 버튼을 클릭합니다. ❷ 선택된 객체에 재질을 부여하기 위해 [V-Ray Asset Editor] 대화상자의 Emissive#2 위에서 마우스 오른쪽 버튼을 클릭하고 Apply To Selection을 선택합니다.

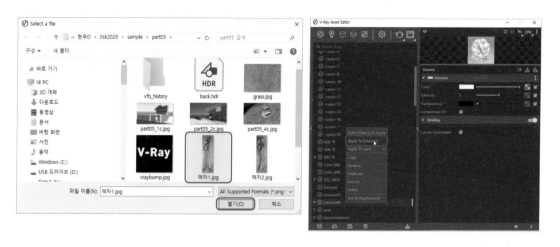

08 확인하기

❶ 화면 왼쪽 상단에 있는 장면1을 클릭합니다. 자체 발광 느낌을 확인하기 위해 [V-Ray for SketchUp] 도구에서 Render📷 툴을 클릭합니다. ❷ 앞에서 지정한 3개의 객체에서 빛이 발산되는 것을 확인할 수 있습니다.

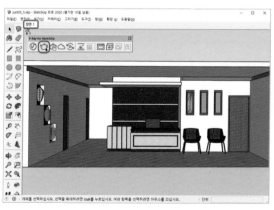

09 재질 추가하고 렌더링하기

❶ 나머지 액자 2개, 천장 아래에 있는 흰색 박스에는 여러분이 직접 재질을 만들어 입혀줍니다. 자체 발광 객체가 벽면으로부터 떨어져 있는 정도에 따라서도 느낌이 다를 수 있습니다. ❷ 렌더링 퀄리티를 높이기 위해 [V-Ray Asset Editor] 대화상자의 Settings █를 클릭하고 [Render] 탭에서 Quality를 High+로 설정합니다. 렌더링을 하기 위해 Render with V-Ray █를 클릭합니다.

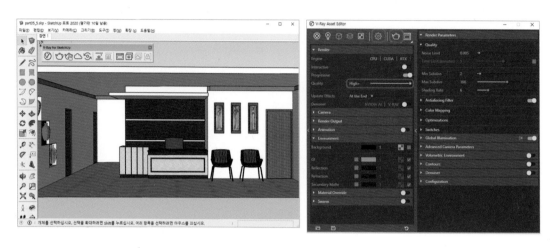

10 마무리

렌더링이 완료되었습니다. 렌더 타임이 2~3배는 더 소요되었습니다. 재질이 추가될수록 렌더링 시간은 더 소요됩니다. 컬러, 이미지, 강도를 조절해서 다시 한 번 렌더링해보기 바랍니다.

V-Ray Infinite Plane 활용하기

실내 및 실외 장면을 렌더링할 때 반드시 필요한 객체가 바로 바닥입니다. 이때 V-Ray Infinite Plane을 사용하면 좀 더 쉽게 바닥 객체를 만들고 재질을 입혀줄 수 있습니다.

◎ 예제 파일 | vray-plane.skp

❶ 렌더링을 하기 위해 [V-Ray for SketchUp] 도구에서 Render🖸 툴을 클릭합니다. 바닥이 없어서 그림자가 보이지 않는 것을 확인할 수 있습니다.

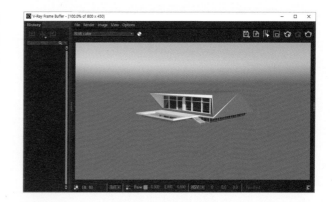

❷ 브이레이 무한 평면을 만들기 위해 [V-Ray Objects] 도구에 있는 Infinite Plane🖾 툴을 클릭하고 좌표축의 중심점을 클릭합니다.

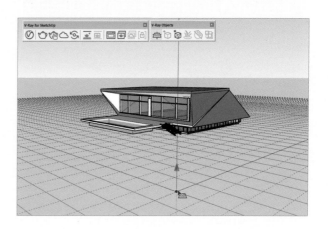

❸ 렌더링을 하기 위해 [V-Ray for SketchUp] 도구에서 Render🔘 툴을 클릭합니다. 무한 평면이 만들어져 지평선이 보이고 그림자가 나타나는 것을 확인할 수 있습니다.

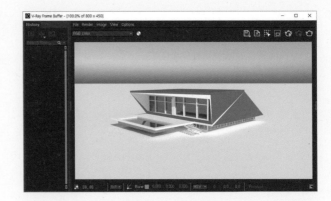

❹ 바닥에 색을 입히고 렌더링을 해봅니다.

Tip

V-Ray Plane의 특징
① 크기와 상관없이 무한 평면을 만들 수 있습니다.
② 색상이니 재질을 입힐 수 있습니다.
③ 지평선, 수평선을 만들기 수월합니다.

06 HDRI 환경 맵 활용하기

HDRI를 이용하여 좀 더 사실적인 렌더링 이미지를 만들어보겠습니다. HDRI란 High Dynamic Range Image 의 약어로 아주 많은 정보를 갖고 있는 이미지라고 할 수 있습니다. HDRI 이미지에는 보통 4장에서 8장의 이미 지가 합쳐져 있기 때문에 사실적인 반사 이미지를 만들 때 사용됩니다.

○ 예제 파일 | part05_06.skp

모델링한 화면

환경 맵을 입혀 렌더링한 이미지

01 유리 재질 만들기

❶ 스케치업을 실행하고 part05_06.skp을 엽니다. 재질을 만들기 위해 도구 모음에 있는 페인트통 🖌 툴을 클릭합니다. 새로운 재질을 만들기 위해 [재질] 트레이에서 재질 만들기 🎨 를 클릭합니다. [재질 만들기] 대화상자가 나타나면 재질 이름을 유리로 입력하고 R:240 G:255 B:255를 설정한 후 [확인] 버튼을 클릭합니다. 텍스처 이미지 사용은 해제해야 합니다. ❷ 창문에 해당하는 유리면을 클릭합니다.

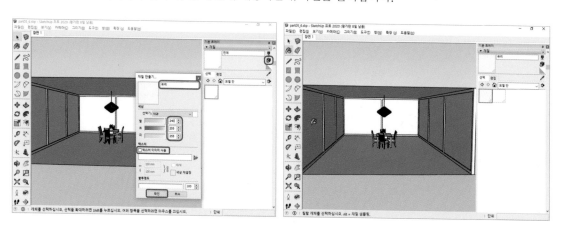

02 바닥 재질 만들기

❶ 바닥 재질을 만들기 위해 [재질] 트레이의 선택에서 목재를 선택하고 바닥 목재를 선택한 후 바닥을 클릭합니다. ❷ 재질을 편집하기 위해 [재질] 트레이의 [편집]에서 텍스처의 너비/높이 변경 실행 취소 🔗 가로에 1000을 입력합니다.

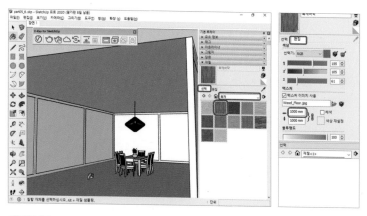

Tip

같은 재질 입히기

페인트통 🖌 툴을 선택하고 Shift 를 누른 채 면을 클릭하면 같은 재질로 입혀진 객체에 새로 만들어진 재질을 동시에 입힐 수 있습니다.

03 SunLight 해제하기

❶ 렌더링을 하기 위해 [V-Ray for SketchUp] 도구에서 Render🔘 툴을 클릭합니다. ❷ 빛을 수정하기 위해 [V-Ray for SketchUp] 도구에서 Asset Editor⊘ 툴을 클릭합니다. 빛의 옵션을 지정하기 위해 Lights🔲를 클릭하고 기본적으로 제공하는 태양광을 없애기 위해 SunLight를 클릭한 후 오른쪽 탭의 Global and Intensity에 있는 Color를 검은색으로 변경합니다.

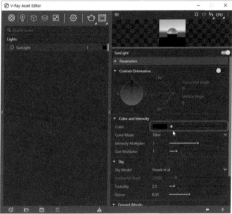

04 유리 재질 편집하기

❶ V-Ray 재질을 수정하기 위해 [V-Ray for SketchUp] 도구에서 Asset Editor⊘ 툴을 클릭합니다. [V-Ray Asset Editor] 대화상자가 나타나면 Materials🔲를 클릭합니다. [Materials List]에서 유리를 선택하고 반사를 지정하기 위해 오른쪽 [Generic] 탭에 있는 Reflection의 Reflect Color를 회색으로 변경한 후 Use Fresnel을 해제합니다. Reflect Color가 흰색에 가까울수록 반사도가 심해집니다. 투명도를 지정하기 위해 Opacity의 Opacity에 **0.2**를 입력합니다. ❷ 이번에는 바닥 재질을 편집하기 위해 Materials🔲를 클릭합니다. [Materials List]에서 목재 바닥을 선택하고 반사를 지정하기 위해 오른쪽 [Generic] 탭에 있는 Reflection의 Reflect Color를 회색으로 변경한 후 Use Fresnel을 체크합니다.

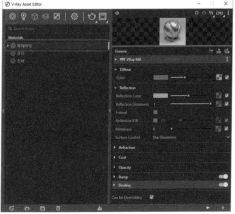

05 돔 라이트 설치하기

❶ 돔 라이트를 만들기 위해 V-Ray Lights에 있는 Dome Light◯를 선택하고 라이트의 위치를 바닥에 클릭합니다. ❷ 돔 라이트의 옵션을 조절하기 위해 [V-Ray for SketchUp] 도구에서 Asset Editor◯를 클릭하고 [V-Ray Asset Editor] 대화상자가 나타나면 Lights◯를 클릭합니다. ❸ V-Ray Dome Light를 선택하고 고해상도 배경 이미지인 HDRI 이미지를 불러오기 위해 오른쪽 탭에 있는 Dome Light-Parameters의 Color/Texture HDR의 Texture Slot◯을 클릭합니다.

 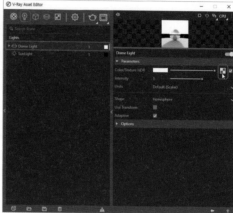

06 환경 맵 이미지 불러오기

❶ [Bitmap] 탭에 있는 Image File의 Open File◯ 클릭합니다. [Select an image] 대화상자가 나타나면 back.hdr 파일을 선택한 후 [열기] 버튼을 클릭합니다. ❷ [Select an image] 대화상자가 나타나면 back01.hdr 파일을 선택하고 [열기] 버튼을 클릭합니다. 이전 단계로 돌아가기 위해 Up the Assets Hierarchy◯ 버튼을 클릭합니다.

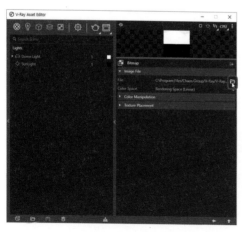 

07 렌더링하기

❶ 돔 라이트의 강도를 조절하기 위해 Dome Light-Parameters의 Intensity를 **60**으로 설정합니다. ❷ [V-Ray Asset Editor] 대화상자의 Render with V-Ray 🔘를 클릭합니다.

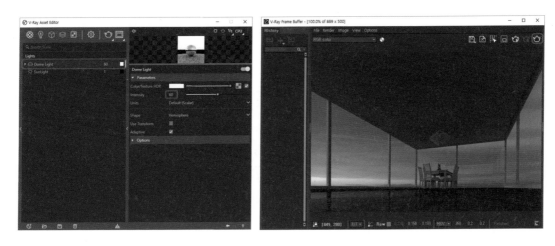

08 옴니 라이트 설치하기

❶ 백열등에 해당하는 라이트를 설치해보겠습니다. V-Ray Lights에 있는 Omni Light ✳️를 선택하고 펜던트 위 끝점을 지정합니다. ❷ 이동 ✛ 툴을 이용하여 라이트를 아래 방향(파란색 축)으로 살짝 이동합니다.

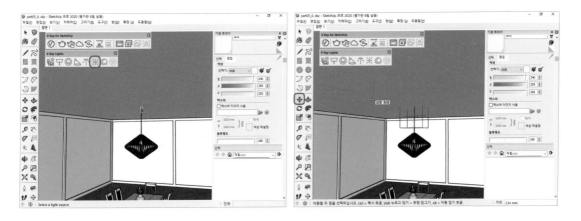

09 렌더링하기

❶ 옴니 라이트의 옵션을 조절하기 위해 [V-Ray for SketchUp] 도구에서 Asset Editor✅를 클릭하고 [V-Ray Asset Editor] 대화상자가 나타나면 Lights⬜를 클릭합니다. Lights의 Omni Light를 선택합니다. 오른쪽 [Omni Light-Parameters] 탭에 있는 Decay를 No Decay를 설정하고, Intensity를 100으로 설정합니다. Decay는 감쇠 효과이며, Intensity는 강도입니다. ❷ 렌더링 해상도를 높이기 위해 [V-Ray Asset Editor] 대화상자의 Settings⬜를 클릭하고 [Render] 탭에서 Quality를 High+로 설정하고 Render⬜ 툴을 클릭합니다.

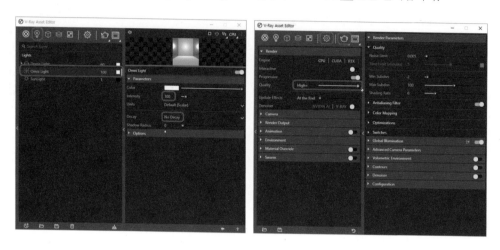

10 확인하기

렌더링된 장면을 확인할 수 있습니다. 이번에는 여러분이 직접 빛의 강도, 반사도, 재질을 변경하여 다시 한 번 렌더링해보기 바랍니다.

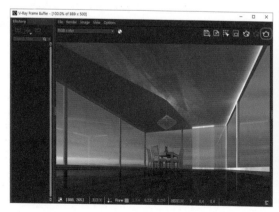 

감쇠 효과

빛의 감쇠 효과를 이용하면 좀 더 자연스러운 그림자, 분위기를 연출할 수 있습니다.

Omni Light, Spot Light에는 Decay라는 감쇠 효과가 있습니다. No Decay, Inverse, Inverse Square, Inverse Cube 4가지의 형태가 있는데 No Decay는 빛이 시작하는 부분의 빛의 강도와 끝나는 빛의 강도가 같습니다. 그러나 Inverse, Inverse Square, Inverse Cube는 빛이 시작하는 부분에서는 강하지만 끝나는 부분에서는 빛의 강도가 0이 됩니다. 자연스러운 빛은 Inverse, Inverse Square, Inverse Cube로 설정해야 합니다. 빛의 감쇠 효과를 Inverse, Inverse Square로 설정하면 빛이 너무 약할 수 있기 때문에 여러 개의 빛을 지정해야 합니다.

1. Inverse로 변경하기

❶ decay.skp 파일을 열고 옴니 라이트의 옵션을 조절하기 위해 [V-Ray for SketchUp] 도구에서 Asset Editor⊘를 클릭하고 [V-Ray Asset Editor] 대화상자가 나타나면 Lights🔅를 클릭합니다. ❷ Lights의 V-Ray Omni Light1을 선택합니다. 오른쪽 [Omni Light-Parameters] 탭에 있는 Decay를 Inverse로 설정합니다. 나머지 3개의 빛도 Inverse로 지정합니다.

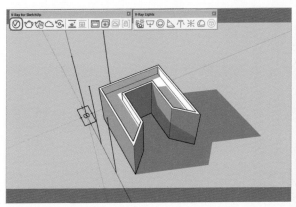
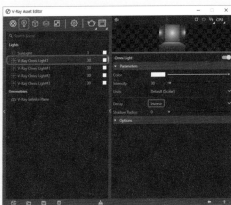

2. No Decay로 변경하기

❶ 렌더링을 하기 위해 Render with V-Ray █를 클릭합니다. 장면에 4개의 Omni Light가 존재하지만 매우 어둡습니다. ❷ Lights의 V-Ray Omni Light1을 선택합니다. 오른쪽 [Omni Light-Parameters] 탭에 있는 Decay를 No Decay로 설정합니다. V-Ray Omni Light#1도 Decay를 No Decay로 설정합니다. 렌더링을 하기 위해 Render with V-Ray를 클릭합니다.

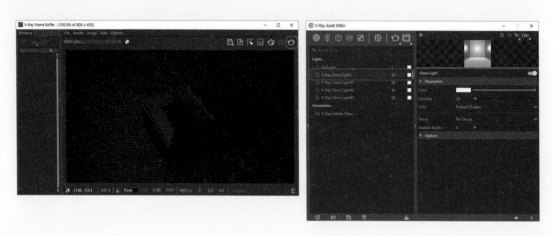

3. 감쇠 효과 지정하기

❶ Inverse로 설정한 것보다 훨씬 밝아졌습니다. 장면의 구성에 따라 빛의 Decay를 조절하면서 렌더링할 필요가 있습니다. ❷ 이번에는 Decay를 Inverse Square로 지정하고 Intensity를 90000으로 변경하고 렌더링을 합니다. 조금 어둡기는 하지만 No Decay보다 훨씬 자연스러운 빛 연출과 그림자가 만들어진 것을 확인할 수 있습니다. Intensity를 더 높이면 좀 더 밝은 빛을 만들 수 있습니다.

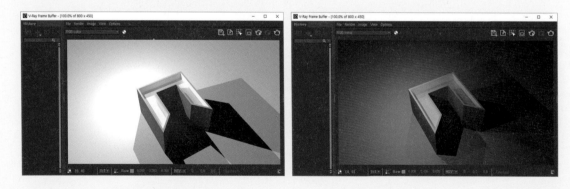

07 V-Ray Lights 활용하기

V-Ray를 이용하여 렌더링할 경우 빛(Light)은 매우 중요한 역할을 담당합니다. V-Ray Lights에는 Omni Light, Plane Light, Spot Light, Dome Light, Sphere Light, IES Light, Mesh Light 등 7개의 라이트가 있습니다. 이 라이트를 이용하여 내부 공간에 빛을 설치하고 활용하는 방법에 대해 익혀보겠습니다.

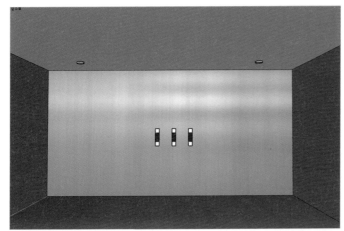

모델링, 맵핑 화면

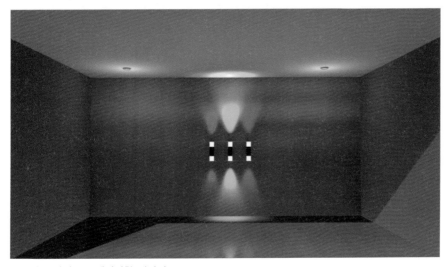

브이레이 라이트로 렌더링한 이미지

01 사각 빛 설치하기

❶ 렌더링을 하기 위해 [V−Ray for SketchUp] 도구에서 Render🔘 툴을 클릭합니다. ❷ 사각 평면 형태의 빛을 설치하기 위해 [V−Ray Lights] 도구에 있는 Rectangle Light🔽를 선택하고 시작점과 두 번째 점을 클릭합니다.

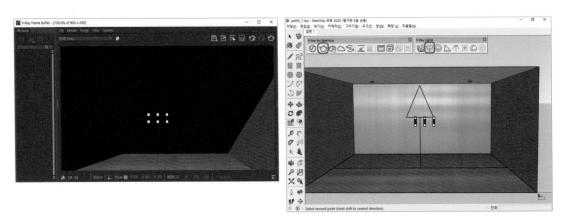

02 빛 옵션 지정하기

❶ 빛의 옵션을 조절하기 위해 [V−Ray for SketchUp] 도구에서 Asset Editor🔘를 클릭하고 [V−Ray Asset Editor] 대화상자가 나타나면 Lights🔲를 클릭합니다. Lights의 Rectangle Light를 선택합니다. 강도를 조절하기 위해 오른쪽 [Rectangle Light−Parameters] 탭에 있는 Intensity를 100으로 설정합니다. ❷ 빛의 형태를 숨기기 위해 Options에 있는 Invisible을 체크합니다.

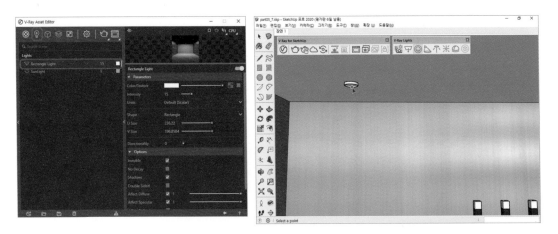

03 구 형태 빛 설치하기

❶ 입체 구 형태의 빛을 설치하기 위해 [V-Ray Lights] 도구에 있는 Sphere Light◎를 선택하고 중심점을 클릭합니다. ❷ 마우스를 드래그하여 구의 크기를 지정합니다. 구의 크기가 클수록 빛의 범위가 커집니다.

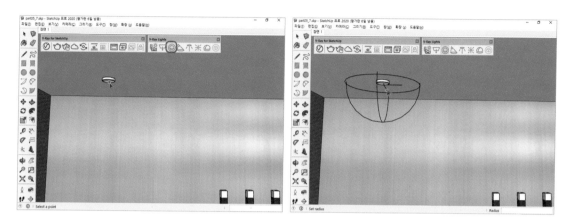

04 옵션 지정하기

❶ 빛의 옵션을 조절하기 위해 [V-Ray for SketchUp] 도구에서 Asset Editor◎를 클릭하고 [V-Ray Asset Editor] 대화상자가 나타나면 Lights◎를 클릭합니다. Lights의 Sphere Light를 선택합니다. 강도를 조절하기 위해 오른쪽 [Light Sphere -Main] 탭에 있는 Intensity를 **30**으로 설정합니다. 빛의 형태를 숨기기 위해 Options에 있는 Invisible을 체크합니다. ❷ 이동✥ 툴을 이용하여 구 형태의 빛은 천장 아래로 이동합니다.

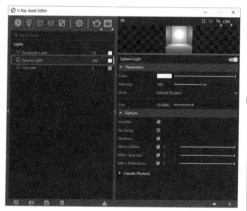
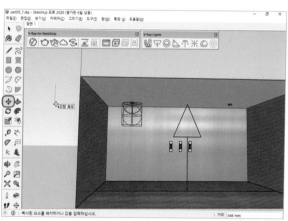

05 IES Light 설치하기

❶ 다시 한 번 이동 툴을 이용하여 구 형태의 빛을 오른쪽 매입등 아래에 복사합니다. ❷ 장식 조명을 설치하기 위해 [V-Ray Lights] 도구에 있는 IES Light 를 선택합니다. [IES File] 대화상자가 나타나면 light.ies 파일을 선택하고 [열기] 버튼을 클릭합니다.

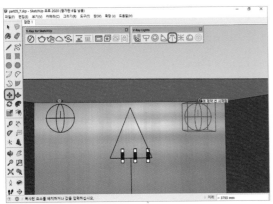

Invisible

V-Ray Lights 도구에 있는 빛에는 Invisible 옵션이 있습니다. Invisible을 체크하면 빛의 모양은 보이지 않지만 빛은 존재하는 것입니다.

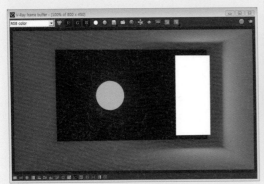

Invisible을 해제한 경우   Invisible을 체크한 경우

06 위치 지정하기

❶ 벽 등 아래의 선 가운데에 빛의 위치를 지정합니다. ❷ 두 군데를 더 지정하여 2개의 IES Light를 만들어줍니다.

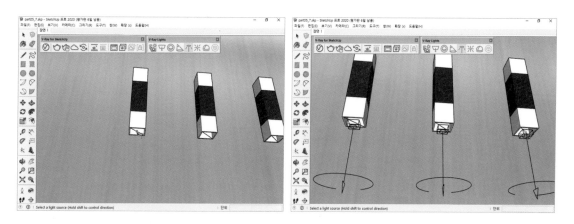

07 강도, 컬러 지정하기

❶ 빛의 옵션을 조절하기 위해 [V-Ray for SketchUp] 도구에서 Asset Editor☑를 클릭하고 [V-Ray Asset Editor] 대화상자가 나타나면 Lights█를 클릭합니다. Lights의 IES Light를 선택합니다. 강도를 조절하기 위해 오른쪽 [IES Light -Parameters] 탭에 있는 Intensity를 60000으로 설정합니다. Color를 빨간색으로 변경해줍니다. ❷ IES Light#1의 Color는 녹색, IES Light#2의 Color는 파란색으로 설정하고 강도는 모두 60000으로 설정합니다.

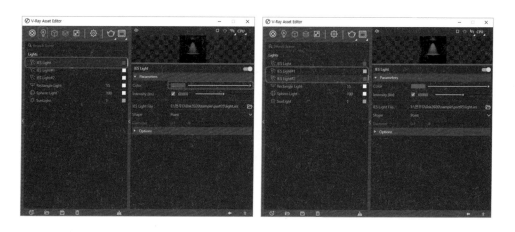

08 IES Light 추가하기

❶ 다시 한 번 벽 등 위 선의 가운데를 클릭하여 IES Light를 추가합니다. ❷ 회전 🔄 툴을 이용하여 IES Light 를 180도 회전합니다.

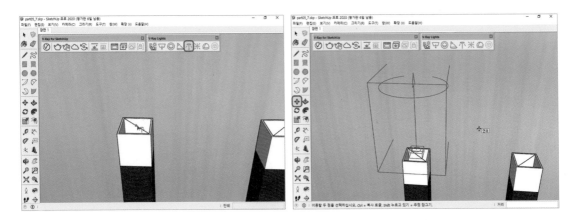

09 옵션 변경하기

❶ 같은 방법으로 회전된 2개의 IES Light를 더 만듭니다. ❷ 빛의 옵션을 조절하기 위해 [V-Ray for SketchUp] 도구에서 Asset Editor☑를 클릭하고 [V-Ray Asset Editor] 대화상자가 나타나면 Lights▣를 클릭합니다. Lights의 IES Light#3을 선택합니다. 강도를 조절하기 위해 오른쪽 IES Light -Parameters 탭에 있는 Intensity를 **60000**으로 설정합니다. Color를 빨간색으로 변경합니다.

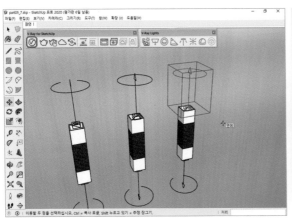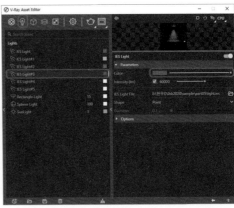

10 렌더링하기

❶ IES Light#4의 Color는 녹색, IES Light#5의 Color는 파란색으로 설정하고 강도는 모두 **60000**으로 설정합니다. ❷ 렌더링 해상도를 높이기 위해 [V-Ray Asset Editor] 대화상자의 Settings 🔧에서 [Render] 탭에서 Quality를 High+로 설정하고 Render 🖲 툴을 클릭합니다.

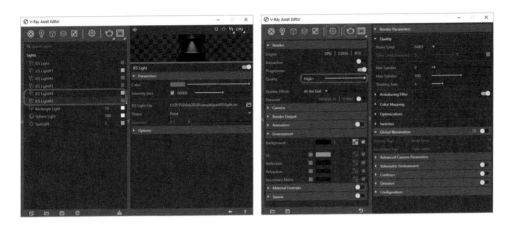

11 확인하기

렌더링이 되었습니다. 빛의 강도와 색상을 변경하여 다시 한 번 렌더링해보기 바랍니다.

Mesh Light

V-Ray Light 중 Mesh Light는 스케치업에서 모델링한 객체를 빛으로 만들 수 있습니다. 객체를
Mesh Light로 지정하기 위해서는 반드시 객체가 그룹으로 만들어져 있어야 합니다.

◉ 예제 파일 | meshlight.skp

1. Mesh Light 지정하기

❶ meshlight.skp 파일을 열고 선택 ▮ 툴을
이용하여 1개의 원형 객체를 클릭합니다. Mesh
Light를 만들기 위해 [V-Ray Lights] 도구에
있는 Mesh Light ◎를 클릭합니다.

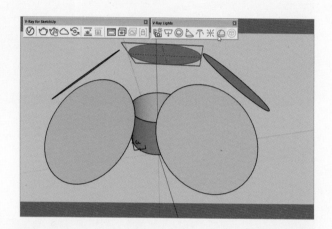

❷ 나머지 4개의 객체에도 Mesh Light를 지
정합니다.

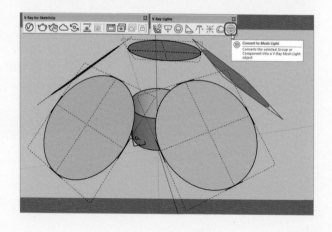

2. 렌더링하기

❶ 라이트의 옵션을 조절하기 위해 [V-Ray for SketchUp] 도구에서 Asset Editor⊘를 클릭하고 [V-Ray Asset Editor] 대화상자가 나타나면 Lights🕯를 클릭합니다. Lights의 Mesh Light를 선택합니다. 강도를 높이기 위해 오른쪽 Mesh Light-Parameters 탭에 있는 Intensity를 **50**으로 설정합니다. 양쪽 면을 모두 렌더링하기 위해 Options의 Double Sided를 체크합니다. 나머지 4개의 Mesh Light에도 Intensity **50**, Double Sided를 체크합니다. ❷ 렌더링을 하기 위해 Render with V-Ray🔘를 클릭합니다. Double Sided를 체크하면 Mesh Light 객체의 양쪽 면에서 빛이 발산됩니다.

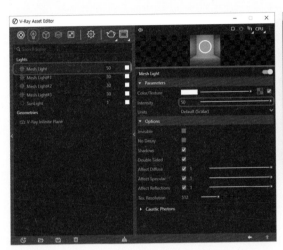

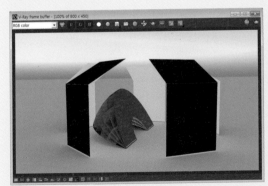
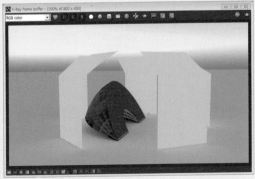

Tip

Mesh Light Double Sided
Mesh Light의 Options에서 Double Sided를 체크하지 않으면 한쪽 면만 빛이 발산되지만 Double Sided를 체크하면 양쪽 면에서 빛이 발산됩니다.

Double Sided를 해제한 경우   Double Sided를 체크한 경우

찾아보기

국문

한효석의 너무나도 쉬운 논술

모범답안

한효석 지음

아카넷

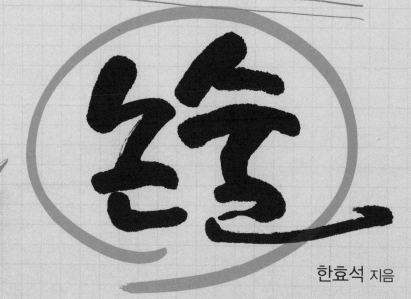

한효석의 너무나도 쉬운 논술

한효석 지음

모범 답안

아카넷

차례

모범 답안

1장

논술 문장

1 문장을 짧게 하자

1. 현대인이 이웃에 관심이 없는 것은 아니다. 이기적일 뿐이다. 옆집에 큰일이라도 나면 제일 먼저 구경하러 온다는 사실만 보아도 알 수 있다.

2. 우리나라의 인구 분포를 유의해 보아야 한다. 어떤 계층은 인구가 급격히 감소한다. 그것은 그 당시 사회 변화가 심해 인구 증가에 커다란 영향을 주었기 때문이다.

3. 때로는 산모의 입장만을 고려하기도 한다. 그래서 태아를 불필요한 맹장처럼 여긴다. 필요에 따라서는 맘대로 없앨 수 있다고 본다. 그러나 그것은 생명의 시초인 태아를 경시하는 것이다. 곧 생명의 소중함을 경시하는 행위이다.

4. 명백한 불법 행위를 한 경우에는 사법 처리가 가능하다. 그러나 법 위반 여부가 모호하거나 중요 공약을 번복한 경우, 도덕적으로 지탄받는 처신 등에 대해서는 책임을 물을 수단이 없었다.

5. 따라서 더욱 강조돼야 할 것이 있다. 교육 기회와 여건에서 불리한 처지에 있는 읍·면 지역을 비롯한 낙후지역 학교에 투자를 대폭 확대해야 한다. 그래서 학생의 사회·경제적 배경에 따른 학력 격차를 해소해야 한다.

6. 국가 또는 공공단체 말고도 때로는 개인 기업인도 사업 주체가 될 수 있다. 그러나 그것은 개인 기업인의 이익을 보호하려는 것이 아니다. 그 사업이 사회 공공의 이익에 적합하고 필요하기 때문이다.

7. 과학 기술이 발달하면서 사회 모든 것이 기계화한다. 그래서 예술은 우리에게 참다운 인간의 가치를 일깨워 준다. 왜냐하면 예술은 사람의 손으로 (직접) 이루어지며, 자연의 본모습과 인류의 참사랑을 주제로 하기 때문이다.

8. 소설 속의 인물, 홍길동은 우리와 친숙하여 위에서 제시한 두 가지 인생관에 비교하기 쉽다. 홍길동은 관료로서 사회에 큰 영향력을 발휘할 수 있었다. 다시 말해 나라라는 큰 사회의 이익, 즉 공익을 위해 살 수 있었다.

9. 물론 어느 개인의 인생관이 옳고 그르다는 것을 판별하여, 표준으로 삼을 만한 인

생관을 규정하는 일은 쉽지 않다. 그러나 오늘날과 같은 경쟁 사회에서 개인이 많은 시간과 노력을 투자하여 어떤 기득권을 획득하였을 경우, 그 사람은 만인을 부리면서 분명히 그 권력을 행사하려 할 것이다.

10. 과학이 순수하고 중립적일 경우에는 이에 대한 책임을 질 필요가 없을 것이다. 그런데도 노벨이나 아인슈타인 등은 자신의 연구물이 평화적으로 이용되지 않고 살상용으로 이용되자 가슴 아파했다. 심지어 그에 대한 책임을 지려고 했다.

11. '모르는 사람과는 절대 이야기하지 말라', '누가 길을 물어봐도 절대 가르쳐 주지 말라'는 등 불특정 다수에 대한 공포감을 주입해서는 안 된다. 길을 알려 줄 수는 있지만 따라가서는 안 된다고 가르쳐야 한다. 어른이 도움을 요청하더라도 어린이가 할 수 있는 일과 할 수 없는 일을 구분하도록 일러 주어야 한다. 그리고 자신의 의사를 명확히 표현하도록 지도해야 한다.

2 서술어를 짧게 하자

1. 폭탄선언이었다. / 폭탄선언과 같았다. / 폭탄선언이나 마찬가지였다. / 폭탄선언과 다름없었다.
2. 그 짐을 국민에게 전가한 사례가 부동산실명제였다.
3. 사회 구조를 왜곡하는 문제점도 (분명히) 있었다.
4. 지방자치제 실시 이전에 비하여 여의치 않을 것 같다. → 문장이 장황하다.
5. 가격 상승을 유발할 수도 있다.
6. 국유지 관리는 크게 3단계로 나눌 수 있다. 따라서 이것은 국유 재산 관리에 새로운 전환점이 될 것이다.
7. 그 문제를 우리 사회에서 떠맡아야 한다(할 것이다).
8. 실명으로 전환해야 하는 기업이 많다(고 보아야 한다).
9. 결국 국민이 부담하게 되었다.
10. 서민 생활과 직결되기도 하니 (직결되는 측면도) 눈여겨보아야 한다.

3 서술어를 부사어로 강조하자

1. 그러는 것이 정말 더 부끄러웠다.
2. 우리도 확실히 맞대응해야 한다.
3. 분명히 오래전부터 쌓아온 신뢰 덕분이었다.
4. 우리가 지닌 폭력성 때문이었다.

5. 매운 것을 정말 싫어하는 것 같았다.

6. 모든 여건의 실태를 파악해야 한다.

7. 그 나라가 보기에는 선전 포고였다.

8. 사회 정의가 확실히 후퇴하였다.

9. 이러다간 대권 경쟁이 전투가 될 것 같다.

10. 소비자들이 엄청나게 항의할까 봐 무척 걱정스러웠다.

4 쉬운 말로 쓰자

1. 북한과 미국이 두 번 만났다.

2. 욕심을 부릴수록 실패하기 쉽다.

3. 특별 기획 부서에서 교육 개혁의 방향과 일정을 계획하였다.

4. 난민들은 굶어죽을 판이라서 본능적으로 행동하기 시작하였다.

5. 포로가 어디 있는지 알 수 없고, 협상도 깨질 수 있었다(협상이 안 될 수 있었다).

6. 우리는 텔레비전을 보면서 날마다 많은 사람을 만난다.

7. 6자회담에서 이 문제를 다루지 않을 것 같다.

8. 이 일을 그냥 넘어가지 않겠으며 받아들이지도 않겠다.

5 외래어를 기준에 맞추어 쓰자

1. 내 자동차 보닛과 머플러를 서비스센터 아저씨가 수건(타월)으로 닦았다.

2. 텔레비전을 플라자에서 사고, 주유소에서 기름을 가득 넣었다.

3. 서울에 왔다 갔다 하더니(오가더니), 사람이 아주 훤칠하게 달라졌다. →'-리, 삐까'
   는 일본말 흔적.

4. 뷔페식당에서 샐러드를 먹으니, 기분이 한껏 좋아져 즐거웠다.

5. 커피숍에서 자기 마음대로 음악 테이프를 틀어서는 안 된다.

6. 나는 파이팅을 외치는 사람보다 확실한(끊고 맺는 것이 분명한) 사람이 좋다.

7. 플라스틱 컵에 오렌지 주스를 따라 마셨다.

8. 덩샤오핑은 중국 사람, 도요토미 히데요시는 일본 사람이다.

9. 프라이팬에 기름을 붓고 도넛을 만들었다.

10. 커닝하다가 들켜서 점퍼를 벗고 화장실 타일을 닦았다.

11. 플라스틱 로켓과 장난감 로봇, 배터리를 상자에 담았다.

12. 상품의 주문 주기(오더 사이클)에 대해 기자와 만나서 이야기(인터뷰)하였다.

6 '의'를 줄이자

1. 지식을 습득하려고 교과서로 배우는데……. / 지식을 얻으려고 교과서를 익히는데…….

2. 여러 분야에서 호소하고 반성하는 목소리가 높았다.

3. 우리나라에서 외국인을 차별하는 것은 바람직하지 않다.

4. 건축물 부실을 줄이려면 건축물을 잘 설계해야 한다.

5. 생활수준이 향상되고 생활양식이 변하여 삶이 지닌 가치를 많이 따진다.

6. 일제가 통치한 적이 있어서 아직도 일본인 이름으로 된 재산이 많다.

7. 연극, 음악, 책 같은 대중문화에서 대부분 공통적으로 나타나는 현상이다.

8. 잘못하면 '천국의 문'처럼 사이비 종교가 주장하는 그릇된 가치관에 빠질 수 있다.

9. 어느 정도 위험을 인정하나 선의로(잘) 이용하면 인류 행복을 증진시킬 수 있다.

7 주어와 서술어를 호응시키자

1. 시장 개방은 한국 산업 전체를 긴장시키는 큰 요인이 된다.

2. 가치관이 소유에서 거주로 바뀐다.

3. 이 제도는 기업의 자기 자본을 유지하자는 취지로 도입하였다(만들었다).

4. 돈을 잘 빌려 주지 않던 은행들이 대출 상품을 경쟁적으로 내놓는다. / (사람들이) 돈 빌리기가 어려웠는데, 은행들이 대출 상품을 (지금) 경쟁적으로 내놓는다.

5. 학교는 학생들을 조사하여 피해 결과를 집계하였다. / (사람들은) 학생들 피해가 더욱 늘어날 것으로 전망한다.

6. 이것 역시 효를 표현하고 조상의 음덕을 기원하고자 하는 유교적 가치관에서 기인한 것이다.

7. (대중이) 오히려 접근시킨 문화 자체에 관심을 두지 않을 것 같다.

8. 여성들은 성격이 점점 온순해졌고 행동이 소극적으로 바뀌었다.

9. 묘소로 제공될 토지가 턱없이 부족한데도…….

10. 또 다른 특징은 인간종을 변형할 수도 있다는 것이다.

11. 그런 편견 때문에 회사뿐만 아니라 사회도 그렇게 여긴다.

12. 우리가 싸움에 진 이유는 그쪽을 너무 가볍게 보았다는 것이다(보았기 때문이다).

8 관형어(관형절)을 줄이자

1. 새해에는 복 많이 받으세요.
2. 국회의원을 국회 회의실에서 만났는데, 얼굴에 희색이 만연했다.
3. 시내버스 조합은 6세 미만 어린이 무임승차를 3명까지 확대하기로 하였다. 지금은 성인이 동반하였을 때 1명까지 가능하다.
4. 설비 투자가 최근 경기 회복에 기여한다. 그러나 반대쪽 사람들은 '반짝 효과'로 그칠 가능성이 높다며 그 지속성에 의문을 제기한다.
5. 시민들은 행정 기관에 민원 전화를 하며, 불친절한 공무원을 만나 불편을 겪기도 한다. 어떤 공무원은 민원 전화가 업무에 지장을 준다고 생각한다. 그러면 담당자와 연결될 때까지 문의 사항을 반복해서 말해야 한다.
6. 인간관계가 약해진다.
7. (통계적으로) 범죄 발생률이 증가하는 것도 이를 뒷받침한다.
8. 컴퓨터가 일 처리를 신속 정확하게 하였다. / 컴퓨터가 신속 정확하게 일을 처리하였다.
9. 가족생활이 대가족 중심으로 이루어졌다.
10. 다행히 비가 많이 오지 않고 조금 내렸다.
11. 출발이 불안했으나 지금은 소통 상태가 좋습니다(소통이 잘 됩니다).
12. 학생들은 대부분 부모한테 용돈을 타 쓰므로 물건을 많이 살 수 없다.
13. 교통이 통제되어 정체가 심합니다.
14. 지금 우리는 무한 경쟁 속에서 국경 없이 사는데, 일류 기업만 살아남을 것이다.
15. 대중이 깊이 있는 문화에 많이 접촉하도록 할 수밖에 없다.
16. 오늘날 그런 구분이 반드시 필요하지 않은데도 이어져 온다.
17. 그러나 자연 환경을 계속 무분별하게 개발하여 환경을 변화시키고 파괴하면, 결국 인류도 파괴될 것이다.
18. 안락사를 올바로 판정하고 장기를 공정하게 이식하면 안락사 인정은 생명을 존중하는 일이 될 것이다.

9 영어식 글 버릇을 우리말답게 바꾸자

1. 현대 사회를 유지해 나갈 때 절대 자유를 제한하는 것이……
2. 인간의 진화론은 수긍하면서 창조론은 수긍하지 않는다.
3. 컴퓨터 때문에 정보화 사회를 이룩할 수 있었다.

4. 컴퓨터 기술이 발전하면서 부정적인 측면이 드러났다.

5. 과학 기술이 발전하면서 정보의 홍수 현상이 나타났다.

6. 그랬더니 문제점이 계속해서 늘어났다. → '늘어났다'에 이미 복수 의미가 담겼다.

7. 권력이 집중되면 권력을 남용하기 쉽다.

8. 이런 짓은 사회 질서를 깨뜨리는 일이다.

9. 우리 회사가 서울에 있습니다.

10. 긴급히 모여 대책을 논의하기로 하였다.

11. 누구나 경제 위기에 조금씩 책임을 져야 한다.

10 영어식 피동문을 우리말답게 바꾸자

1. 지구 환경이 급격히 변하면 인간에게 어떤 일이 일어날까?

2. 사람들은 범법자를 보는 대로 무조건 잡아 가두었다.

3. 아직도 많은 사람들이 그런 견해를 제기한다.

4. 산업 사회에서 정보 사회로 바뀌는 것이라고 할 수 있다.

5. (사람들이) 초고속 정보 통신망을 구축하여 (내가 짐작컨대) 정보 분야가 확산될 것 같다.

6. (사람들이) 사업을 원활히 수행하려면 재원 확보 방안도 충분히 검토하고 추진해야 한다.

7. 한 개인이 절대 자유를 추구하면 다른 사람의 자유를 침해하기 쉽다.

8. 컴퓨터 기술 발전을 악용하여 해커들이 정보를 유출하기도 한다.

9. 사회적으로 안락사를 인정하자고 목소리를 높이는 것도 바로 이러한 이유 때문이다.

10. (사람들이) 도로를 적절하게 관리하지 않아 여러 곳이 망가졌다.

11. 지혜를 발휘해야 할 시점이다(일 것이다).

12. 현대 사회를 정보화 사회라고 한다(부른다).

11 명사절을 줄이자

1. 우리가 이별은 하지 않았으면 좋겠다.

2. 사람들은 훌쩍 여행을 떠나고 싶어 한다.

3. 언젠가 내 꿈을 이룰 수 있다고 믿으며 오늘도 땀을 흘린다.

4. 대통령은 새 질서를 만들려 하지 말고, 국민이 새 질서를 고민하게 해야 한다.

5. 배불리 먹으려고 직업을 선택하면서, 삶의 질이 점점 떨어지는 것 같다.

6. 하천을 개수하여 지역 여건이 변하자 사람이 모였다.

7. 우리 모임은 친목을 도모하고자 한다.

8. 유출 현상이 변하자 상황이 달라졌다.

9. 국민이 열심히(많이) 노력하지만 진전이 없다.

10. 인정 범위가 점차 넓어지는데도 아직 좋아지지 않았다.

11. 토지 취득이 어렵지 않으므로 산업 단지로 지정되었다.

12. 이 방안이 최선이며 급선무이다(일 것이다).

13. 이러한 사례로 보건대 다목적 댐을 더욱 확충해야 할 것이다.

14. 공급 체계를 구축하여 규모가 확대되자 경제가 되살아났다.

15. 가족 규모가 작아지고 세분화하면서 인간 소외 현상이 나타났다.

16. 인류에게 엄청난 행복을 주지만 파멸을 가져다 줄 수 있다.

17. 현대 문화는 말초적인 것이 주류를 이룬다.

18. 여성이라고 조용히 있지 말고 여성이 적극 나서서 '기회의 평등'을 찾아야 한다.

19. 피해를 줄이려고 투자를 많이(상당히) 하였으나 피해가 매년 반복되었다.

12 명사문을 줄이자

1. 오늘날 대다수 비정규직 노동자가 절박한 상황에 놓였다.

2. 나는 라면이라도 먹을 수 있었으면 좋겠다.

3. 먼저 사회 구성원의 무관심부터 깨야 한다.

4. 우리 단체는 부패를 감시하려고 설립한다.

5. 회원은 회비를 꼭 내야(납부해야) 한다.

6. 시대를 되돌려 놓을 후보가 당선되어서는 안 된다(그 후보가 당선되면 시대를 되돌려 놓는다).

7. 물론 놀기를 좋아하였다.

8. 동물은 본능에 따라 산다.

9. 상환 조건은 20년이며 지금 기준과 동일하다.

10. 빈곤을 퇴치하고 기술을 축적해야 한다.

11. 지방자치단체가 관례적으로 먼저 취득하였다.

12. 그 사람들 사이에서 나는 늘 답답하기만 하였다.

13. 첫째, 물가가 계속 올라서 생활고에 시달렸다.

14. 둘째는 농촌이 상대적으로 더욱 가난해졌다.

13 서술어 '있다'를 줄이자

1. 가치관이 충돌하면서 엄청나게 혼란스럽다.
2. 금융감독원이 면밀하게 검토하였다.
3. 우리는 군사 쿠데타를 겪었다(경험하였다).
4. 승용차와 화물차가 충돌하였다.
5. 그 후보는 재산을 축적하며 불법을 저질렀다.
6. 그곳은 지금 도로를 도색합니다.
7. 주최 측이 사업 과정을 설명하였다.
8. 고소 취하를 두고 서로 다투었다.
9. 제도화해야 한다고 시민단체가 주장하였다.
10. 위법 사항을 여러 차례 지적해도 개선하지 않는다고 한다.
11. 청소년들이 재미있게 분석하였다.

14 객관적으로 쓰자

(1) 존칭어를 쓰지 말자

1. 기성세대부터 반성해야 한다.
2. 어느 교수가 발표한 바에 따르면…….
3. 교사가 학생들을 혼낼 때마다 갈등이 커진다.
4. 정상 회담 이후 대통령이 세계화 정책을 내놓았다.
5. 인권 단체에서 대통령에게 항의 편지를 보냈다고 한다.

(2) 개인 정서를 절제하자

1. 도덕과 가치관이 무너져 사회가 아주 혼란스럽다(흔들린다).
2. 지식인들이 (오히려) 제 몫을 다하지 못한다. / 지식인들이 (오히려) 지식인답지 않다.
3. 이 사실을 사람들이 알면 화를 낼 것이다. / 이 사실을 사람들이 전혀 믿지 않을 것이다.
4. 학생들이 그런 행동을 하면 비난받기 쉽다.
5. 아주 적극적인(맹렬한) 사람들이 많다.
6. 신비주의를 내세워 이성을 흐려 놓는다.
7. 요즘 사람들은 명품에 집착하는 편이다.

8. 그럴 수 없다고 주장하였다.

9. 공항에서 화투를 쳐서는 안 된다.

(3) 보조사와 보조용언을 잘 쓰자

1. 기성세대는 물리적 폭력에 익숙한 편이다.

2. 우리나라가 그런 방식을 쓰면 안 된다.

3. 경제 대국들이 상대방 문화를 이해하지 못하고 파괴한다.

4. 그 사실을 알면 많은 사람들이 비난할 것이다.

5. 그런 일이 자주 벌어지면 사람 관계가 악화하기도 한다.

6. 그 사람이 술을 좋아해서 하는 일이 제대로 풀리지 않았다.

7. 다른 사람이 그 일을 거들면 유지할 수 있다.

(4) 불평하지 말자

1. 모르기는 해도

2. 남들은 나를 오해할지 모르지만

3. 어차피 밝혀지지 않을 테고

4. 이런 소리를 하면 욕먹을지 모르나

5. 극단적으로 말하면

6. 사람들은 이런 말을 허황하다고 하겠지만

7. 깊은 내막을 알지 못하나

(5) 평서문으로 쓰자

1. 그런 경우가 많지 않을 것이다. 만약 그렇다면 좌시해서는 안 된다.

2. 시청률을 의식하여 수준 낮은 내용을 방송한다.

3. 아직은 이르므로 일본 가요를 받아들여서는 안 된다.

4. 우리나라에는 청소년이 즐길 만한 문화 시설이 거의 없다.

5. 한때 우리 사회의 지표였던 유교적 가치관을 오늘날 찾아보기 힘들다.

6. 내 말에 대부분 사람들이 찬성할 것이다.

7. 요즘 젊은이들이 예의가 없는 편이다.

8. 고구려는 약한 나라가 아니었다. → 최상급 표현을 빼든지, 뒤에 근거를 덧보탠다.

9. 얼굴에 퍼렇게 멍이 들었다.

(6) 정서를 이성으로 바꾸자

1. 주차장에 차를 10대쯤 세우자, 차댈 곳이 없었다.

2. 화장실에 물이 나오지 않고, 휴지도 없었다.

3. 종합 운동장이 학생들로 거의 다 찼다.

4. 식물원에 장미, 튤립, 금강초롱 등이 활짝 피었다.

5. 저 사람은 비판적이다.

6. 저 사람은 돈보다 사람을 우선한다.

7. 처음에 청소년들은 음료수로 콜라, 사이다 등의 청량음료를 많이 찾았다. → '우리, 었'을 빼야 한다.

8. 이 영화는 수준이 낮은 것으로 평가되지만 많은 사람이 관람하였다.

9. 사람들은 그들의 범죄 사실에 분노하면서, 양심이 없는 인간으로 여겼다.

10. 소크라테스의 논리적인 철학과 헤르만 헤세의 아름다운 문장력에 사람들은 종종 놀란다. 과거의 수준 높은 시나 소설, 철학은 여유가 바탕이 되었을 것이다.

11. 서구에서는 복지 제도가 발달하여 노후에 적정 생활수준을 유지할 수 있다. 실직자에게는 실업 수당을 준다. 그런데 우리나라에서는 어느 날 갑자기 실직하면 대책이 거의 없다.

(7) 언어를 순화하자

1. 대학총장이 어느 정치 모임에 참여하였다.

2. 하고 싶은 일을 다 하면서 말썽을 피운다.

3. 부모가 아이들을 방치하였다(방치해서는 안 된다).

4. 노동자들이 단체 행동을 하지 않았으면 좋겠다.

5. 네가 저 사람을 찍지 않았으면 좋겠다(저 사람을 찍지 마라).

6. 그 사람은 아주 의젓했다.

7. 자기도 성인이라며 초라한 모습으로 도박장을 드나들었다.

(8) 문학적으로 쓰지 말자

1. 부익부 빈익빈이 깊어지면서 우리 사회는 갈등이 커졌다.

2. 정보화 사회에서는 정보를 주체적으로 받아들여 비판하고, 또 자신의 의견을 나타낼 수 있어야 한다.

3. 인터넷을 활용하여 수업하고 인터넷의 순기능을 최대한 계발한다면 인터넷은 지식 창출의 도구가 될 것이다.

4. 이해관계가 대립되는 단체는 서로 갈등하게 마련이다. 그런 갈등을 겪고 성숙하는

것이므로, 갈등이 클수록 부딪치면서 해결해야 한다.

5. 현대인은 정보에 묻혀 살면서, 자칫하면 정보에서 헤어나지 못한다. 그러므로 정보화 시대에 능동적으로 대처하여 분별력을 키우고 정보를 제대로 활용할 수 있어야 한다.

6. 편안하고 자유로운 공간을 마련해야 한다. 사람들이 지닌 인간미를 일깨워야 한다. 예술이 없으면 마음이 평화롭지 못하고 여유를 잃기 쉽다.

7. 우리 문화에 자부심을 지녀야 한다. → 처음부터 끝까지 비유로 서술하여 무엇을 말하려는지 알 수 없다. '우리 문화에 대한 자부심'이 '큰 기둥'이라면, '잔 나무'는 무엇이며, '쓰러지는 것'이 어떻게 된다는 것인지 모르겠다.

8. 텔레비전에서 사형 집행을 앞둔 사형수들의 얼굴을 공개하였다. 사형수들은 언제 사형이 집행될지 모르지만 대부분 종교에 귀의해 산다고 한다. 일부 사형수는 피해자들에게 속죄하는 마음으로 장기를 기증하기로 약속했다고 한다. → 자신이 겪은 일을 '일반화'하지 못했다.

9. 정보화 사회에서 미성년자들은 정보에 휘둘리기 쉽다. → 처음부터 끝까지 화려한 단어를 사용했으나 무슨 소리인지 모르겠다. 뭐가 넘쳐나는데? 미완성 인격자라니? 그들의 관념을 추종자와 일치시키다니? 추종자가 누군데? 뭘 묻고 지켜?

사실적 이해와 함축적 이해

연 습 문 제 1

1. 1) ①, 사실   2) ②, 함축
2. 1) ①, 사실   2) ②, 함축   3) ③, 함축   4) ④, 함축

연 습 문 제 2

1. 1. 오십보백보 : 본질을 '부정'으로 보면 액수에 상관없이 둘 다 부정직한 짓이다.
   2. 불륜 : 남에게 피해를 주더라도 법으로 해결할 일이 아니라는 것이 본질이다. 국가가 개인 정서(사생활)까지 간섭할 일은 아니다.
   3. 천리 길도 한 걸음부터 : 시작이 있어야 끝도 있다는 것이 본질이다.

연 습 문 제 3

1. 사실 : ① ② ③   함축 : ④
2. 사실 : ① ②   함축 : ③ ④
3. 사실 : ① ② ③ ④   함축 : ⑤
4. 사실 : ② ③   함축 : ① ④
5. 사실 : ② ③ ④ ⑤ ⑥   함축 : ① ⑦
6. 사실 : ② ③ ④   함축 : ① ⑤
7. 사실 : ① ② ③ ④   함축 : ⑤
8. 사실 : ① ②   함축 : ③ ④ ⑤
9. 사실 : ① ② ④   함축 : ③ ⑤ ⑥
10. 사실 : ① ②   함축 : ③ ④

연 습 문 제 4

1. 제시문에 주어진 사실에서 전혀 벗어나지 못했다. 제시문에 함축된 의미가 무엇인지를 말하지 못했다.

2. 제시문 (가)와 (나)를 비교하라는 것은 함축적 의미의 공통점과 차이점을 확인해 보라는 뜻이다. 제시문을 읽고 느낀 개인 정서를 늘어놓아서는 안 된다.

3. 제시문 (가)에 함축된 내용이 '더불어, 이기심'이라면 그것을 집중적으로 설명해야 한다. 수험생이 슬쩍 던지듯이 언급하는 것은 이해는 하였지만 논의하지는 않은 것이다.

4. 제시문에 주어진 사실에서 거의 벗어나지 못했다. 함축적으로 이해하여 논의하려는 흔적이 거의 보이지 않는다.

5. 장황한 편이다. 제시문에 있는 내용은 군더더기이므로 모두 빼고, ③과 ④와 ⑥이 쓸모 있는 문장이므로 이것을 바탕으로 단락을 확장하는 것이 좋겠다.

6. 제시문에 주어진 사실에서 거의 벗어나지 못했다. 함축된 내용을 '절망, 낙천'처럼 너무 간단히 처리하였다.

7. 장황하다. 제시문에 주어진 사실에서 거의 벗어나지 못했다. 제시문을 요약하는 수준에 그쳤다.

연 습 문 제 5

1. 맹목적인 태도가 상황을 더 나쁘게 만든다. / 어느 것에 집착하면 현실을 제대로 보지 못한다.

2. 지나친 것이 모자란 것만 못하다. / 지나치게 깔끔하면 불편하고, 투박해도 익숙하면 편하다. / 인간을 대상(수단)으로 보면 안 된다. / 인간을 기본으로 삼아야 한다.

3. 선행을 실천하기는 어렵지만, 그 보람은 크다. / 과정이 좋으면 결과도 좋다. / 용감한 사람이 자신을 바꾼다. / 타인의 시선을 극복하는 사람은 용감한 사람이다.

4. (보통사람들이) 할 수 없는 것을 하는 사람은 위대하다. / 말보다 실천이 앞서야 한다. / 선행은 실천하는 것이지, 계산하는 것이 아니다. / 인간은 죽음을 두려워하게 마련이다.

5. 실천하는 사람은 아름답다. / 최선을 다하면 성공할 것이다. / 과정이 있어야 결과가 있다.

6. 개구리 올챙이 적 생각 못한다. / 사람은 상황에 따라 변하기 쉽다. / 자리가 사람을 좌우한다.

7. 오늘날 청소년 삶이 획일화하였다. / 다양성이 사라졌다. / 청소년의 공동체 의식이 약해졌다. / 오늘날 청소년은 개인주의적이다. / 사회가 청소년을 배려하지 않는다.

8. 다른 것이 당연하다. / 편견과 차별을 버려야 한다. / 사람은 편견 때문에 진실을 보지 못한다. / 차별과 차이는 다르다. / 배려(사랑)는 상대방을 기준으로 해야 한다.

9. 사람들 취향이 다양해졌다. / 현대인들은 삶의 질을 추구한다. / 자기 취향이 주관

적이다. / 이해하지 못하는 것은 못하는 것이다.

10. 배려(도덕)의 기준이 이중적이다. / 낯선 사람에게 마음을 선뜻 열지 못한다.

연 습 문 제 6

1. 1) **사실적 이해** : 기념으로 남기려고 한다. / 지위가 높으니까 찍는다.

   모호한 이해 : 이미지를 좋게 하려고 한다.(어떤 이미지?) / 사회에 과시하려고 한다.(무엇을?) / 선행을 남기려고 한다.(어디에?)

   함축적 이해 : 명예욕, 자기 과시 때문이다. / 자선이 다른 목적을 이루는 수단으로 이용되었다. / 마음에서 우러나온 사랑(이타심)보다 남들에게 내보이려는 이기심이 더 크다.

   2) **사진 찍자는 사람** : 물질적인 것. / 자기 자신에 충실. / 자기가 만족해야 한다.

   자원 봉사자 : 사랑, 보람, 봉사. / 대상자에 충실. / 받는 사람이 만족해야 한다.

   3) 더불어 산다. / 기쁨과 사랑을 나눈다. / 대가를 바라지 않는다. / 도움을 주는 것이 아니라 자신이 도움을 받는다고 생각한다.

2. 1) **사실적 이해** : 부정행위(커닝)를 저지르는 사람이 없었으면 좋겠다.

   모호한 이해 : 좋아질 때까지 기다리겠다.(어떤 것이 좋아질 때까지?) / 좀 더 알아보겠다.(무엇을?)

   함축적 이해 : 무감독 시험 결과를 모두 받아들일지 지켜보겠다. / 도덕적으로 구성원(학생과 학생, 학생과 학교, 부모와 학교 따위)이 서로 믿는지를 보겠다. / 학생들이 양심적으로 행동하는지를 지켜보겠다. / 이 제도에 올바로 적응하는지 기다려 보겠다.

   2) 서로 믿고 살아서 좋다. / 부정을 저지르고 싶은 유혹을 떨쳐 버리는 도덕 훈련이 된다. / 실력대로 평가가 이루어지며 인간관계가 두터워진다. / 학교를 사랑한다. / 불신 풍조를 몰아낸다. / 서로 인격적으로 대한다. / 시험을 감독해야 하는 부담을 던다. / 자율 정신과 책임감을 키운다.

   3) **학생** : 다른 학생이 부정을 저지를 때 그 학생을 어떻게 해야 할지 갈등한다. / 학교에서 발표한 성적(채점 기준, 등수 따위)을 불신한다. / 자신도 부정행위를 하려는 마음이 생긴다. / 노력하지 않고 쉽게 결과를 얻으려 한다. / 학교에서 제시하는 규칙과 질서를 믿지 않는다.

   학교 : 정직한 학생들의 점수를 의심한다. / 어떤 일이든 학생들의 자율을 믿지 않는다. / 학생보다 학교(교사) 중심으로 일을 꾸려 나간다. / 공정한 결과를 얻으려고 감독을 강화한다.

3. 1) **사실적 이해** : 애들은 몰라도 된다. / 다 크면 어른들이 알려 준다.

모호한 이해 : 너희들이 각자 알아봐라. / 성장하면서 나이에 따라 성은 저절로 알게 된다. / 성인이 되면 지금보다 성에 대해 자유롭다.

함축적 이해 : 폐쇄적인 성 문화 때문에 얼굴을 맞대고 일러 주기 어렵다. / (학교에서 공개적으로 가르치지 않으면) 기성세대로서는 이야기하기 힘들다.

2) **사실적 이해** : 야하고 정서에 도움이 안 된다. / 학생이 보면 안 좋고 질이 나쁜 것이다. / 느낌으로 알았다. / 상식이다. / 그냥 알았다.

모호한 이해 : 사람에 따라 다르다.(어떻게?) / 성행위를 표현한 것이나 정상적인 성관계를 넘은 것이다.('정상'의 기준은?) / 성관계를 지나치게 과장한 것이다.('지나치게'의 기준은?) / 나체가 나오는 것이다.('나체'의 정도는?) / 문란하고 더러운 성관계를 묘사한 것이다.('문란하고 더러운' 정도는?)

함축적 이해 : 성(외설)을 보여 주려고 예술 형식을 빌린 것이다. / 사회적으로 성을 인식하는 태도에 달렸다. / 시대에 따라 기준이 변하며 그 사회 수준에 달렸다.

4. 1) **사실적 이해** : 다 귀찮다. / 그런다고 예금 실적이 오르냐? / 창피해서 못하겠다.

모호한 이해 : 나는 중견 간부다.(그게 어쨌는데?) / 일이 신나지 않는다.(왜?)

함축적 이해 : 이 회사는 중견 간부를 사소한 일에 써서 싫다. / 이 회사는 사람을 적절하게 쓸 줄 모른다. / 이 회사는 전문직을 평사원처럼 쓴다. / 잠깐도 아니고 오랫동안 이 일을 시키다니 비효율적이며 비이성적이다. / 전문가에게 단순한 일을 시키며 전문성을 무시한다.

2) **사실적 이해** : 권위주의에 빠졌다. / 가족들이 불쌍하다. / 이 험한 세상을 어떻게 살려고 그러냐?

모호한 이해 : 책임감이 부족하다.(어떤 면으로?) / 중견 간부는 자기 생각만 한다.(어떻게?) / 자기를 대단하다고 생각한다.(어떤 면에서?)

함축적 이해 : 중견 간부로서 평사원과 호흡을 맞추며 보람을 찾아야 한다. / 문제점을 상부에 건의하여 개선해 나가야 한다. / 꽃을 돌려서라도 회사가 잘 된다면 참아야 한다. / 중견 간부라면 그 회사에서 큰 것이니 그 정도는 보답해야 한다. / 남아서 아직도 꽃을 돌리는 다른 간부들의 처지를 난처하게 한다.

3) 운동 선수에게 운동장을 관리하게 한다. / 주방 요리사가 음식을 배달하러 나간다. / 경제학 교수가 유치원에서 아이들과 놀아 준다. / 대통령이 어느 동네에서 하루 종일 모내기를 한다. / 회사에서 대학졸업자를 뽑아서 커피 심부름을 시킨다. → 전문가가 자신의 전공과 상관없는 곳에서 일하는 경우를 찾으면 됩니다.

5. 1) **사실적 이해** : 공 주인이 반말을 했다. / 돈 많은 것을 자랑했다. / 공 주인이 건방지다.

   모호한 이해 : 줄기를 무시한다.(어떻게?) / 공 주인이 괘씸하다.(무엇이?) / 싸가지가 없다.(어떤 면으로?) / 공 주인이 반성하지 않는다.(무엇을?)

   함축적 이해 : 공 주인은 줄기에게 사과하지 않았다. / 공 주인은 잘못을 돈으로만 해결하려고 한다. / 줄기는 돈보다 부주의(실수)를 탓하려 했다. / 줄기가 어떻게 하자고 말하지 않았는데, 공 주인은 자기 마음대로 결정하였고 줄기에게 강요하였다.

   2) 잘못한 사람이 찾아가 실수한 상황을 설명(해명)하고 → 잘잘못을 따져서 잘못을 인정하고(책임 소재를 가리고) → 서로 이해하고(잘못이 또 일어나지 않도록 하고) → 사과하고 용서하고 → 손해를 배상하든지 피해를 보상한다.

   3) 아무 설명도 없이 어제 치른 시험을 무효로 하고 오늘 재시험을 본다. / 남의 물건을 부숴 놓고 피해자에게 "사 주면 될 것 아니냐"라고 큰소리친다. / 사람을 다치게 해 놓고 잘못했다는 말 한 마디 없이 치료비를 준다고 한다. / '광주 사태'가 '광주 민주화 운동'으로 바뀌었으나 진상을 밝히지 못한 채 피해자에게 보상해 주고 다 끝났다고 생각한다. / 일본이 군 위안부 문제를 시인하고도, 진상을 규명하지 않고 사과하지도 않는다.

6. 1) **사실적 이해** : 자리를 빼앗겼기 때문이다. / 학생은 망신당했다고 생각한다. / 남들이 안 좋은 학생으로 오해할까 봐 그렇다.

   모호한 이해 : 찜찜하다.(뭐가?) / 그 학생이 마음으로는 갈등한다.(어떤 갈등?) / 노인이 이해해 주지 않는다고 생각한다.(무엇을?)

   함축적 이해 : 마음에서 우러난 것이 아니라, 선행을 강요당했다.

   2) **사실적 이해** : 나이가 많다고 무조건 화를 낼 수 있나? / 늙은 것이 벼슬이냐?

   모호한 이해 : 노인이 화를 내서는 안 된다.(왜?) / 노인은 상대방 처지를 생각하지 않는다.(어떤 처지?) / 윗사람답지 못했다.(어떤 면으로?) / 이기적이다.(어떤 점에서?)

   함축적 이해 : 노인은 너그럽지 않다. / 일방적으로 희생을 요구하며, 남을 생각하지 않는다(배타적). / 노인은 학생에게 도리를 일러 주어야 했다. / 자리에 자기가 꼭 앉아야 하는 것으로 생각하였다.

   3) **사실적 이해** : 상황에 따라 다르다. / 장유유서나 관습에 따라 노인을 우대한다. / 양심에 따라 돕는다.

   모호한 이해 : 자리에 꼭 앉아야 하는 사람.('꼭'의 정도는?) 어려운 사람.('어려운'의

기준은?) 도와주어야 하는 사람.('도와주는'의 기준은?)

함축적 이해 : 사회적 약자. 사회에서 배려해야 할 사람들(노인, 어린이, 임산부, 장애인 따위).

7. 1) **사실적 이해** : '어른들이 하지 말라는 것까지'이다. / '공부하는 데 방해되는 행동까지'이다. / 그 기준이라는 것은 교사 마음에 달렸다(같은 것을 보고 어떤 교사는 멋있다고 하고, 어떤 교사는 교칙을 어겼다고 한다).

모호한 이해 : 사회 규범에 어긋나서는 안 된다.(규범이 어디까지?) / '모든 사람이 인정하는 데까지'이다.(모든 사람의 범위는? 인정하는 정도는?)

함축적 이해 : '교칙에 학생의 신분을 구체적으로 규정한 것까지'이다(무스를 바르면 안 된다고 교칙에 규정하여야 무스 바른 학생이 교칙을 어긴 것이다).

2) 같은 결과를 사람에 따라 달리 판단한다. / 사회 구성원이 적용 기준에 혼란을 일으킨다. / 상대방을 나쁘게 보기로 하면 모든 사람에게 적용할 수 있다. / 판단하는 사람의 주관이나 이해관계에 따라 적용 범위나 처벌 내용이 달라진다. / 처벌 받은 사람들이 법의 형평에 어긋났다고 항의한다. / 기준이 수시로 바뀌어 사람들은 공정한 법으로 받아들이지 않는다.

3) '감독 교사가 부정행위를 했다고 인정하면'이라는 규정은 부정행위를 구체적으로 정하지 않았기 때문에 감독 교사 마음 먹기에 따라 학생의 행동을 부정행위로 볼 수 있다. / '학생의 품위를 유지해야'라고 하면 사람들마다 품위의 기준을 각각 다르게 생각한다. / '사회 질서의 혼란을 조성할 우려가 있는'이라고 했을 때 '혼란, 조성, 우려' 같은 표현이 모두 추상적이고 모호하여 법으로 공정하게 적용하기 어렵다.

연습문제 7

1. 1) 현대 문명은 비개성적이다. / 현대 문명은 인간을 규격화(획일화)한다. / 현대 문명은 뭐든 재어 보려 한다(계량화, 효율화).

2) 인간은 끊임없이 자신을 성찰해야 한다.

3) 댓글의 진실을 알려면 댓글에 댓글을 달며 검증해야 한다.

2. 1) 소설가가 문명사회에서 인간이 효율 또는 목적에 따라 등급이 나뉠 것이라고 상징적으로 표현한 것이다. 소설가가 상상한 것처럼, 제2차 세계대전 때 나치 독일은 유대인에게 가슴에 유대인 표시를 달게 하였다. 그리고 필요에 따라 언제든지 마음대로 유대인을 다루었다. 오늘날로는 노사, 상류층과 극빈층, 고학력자와 저학력자 같은 계층을 상징한다. 정답은 ②이다.

2) 어디에 밑줄을 긋는지에 따라 다르다. '태아를 인위적으로 조작한다'에 주목하

면 조작을 효율과 대량 생산으로 해석한다. 함축적 의미를 '현대는 인간을 효율의 수단(도구)으로 여긴다, 현대는 인간의 존엄성을 경시한다'쯤으로 정리할 수 있다.

또 '계층이 낮을수록 산소도 부족해야 한다'에 주목하면 이 산소를 오늘날 '교육(정보, 기회, 돈)'으로 해석한다. 함축적 의미를 '현대는 교육 양극화가 깊어지기 쉽다(기회가 독점되기 쉽다)'로 정리할 수 있다.

연 습 문 제 8

1. 찐빵집 – 새 찐빵집, 유명인 – 요즈음 청소년
2. 엄청나게(피나게) 노력한다 – 대충대충 넘어간다.
3. 과정 없이 좋은 결과를 기대할 수 없다.
4. 목표를 정하고 꾸준히 노력하자.

연 습 문 제 9

1. 뇌물 스캔들이 끊이지 않는다.
2. 관습, 윤리 감각 마비.
3. 부정부패는 온 사회가 나서서 적극적으로 대처하여야 그 뿌리가 뽑힌다.

연 습 문 제 10

1. 1) 난방하기 어렵다.
   2) 감귤 값을 끌어올리려고.
   3) 소홀했던 주변을 돌아볼 줄 모른다.
2. 형편이 좋지 않은 이웃들에게 나눠 줄 순 없었을까.
3. 사회는 더불어 사는 곳이다. / 이웃을 진정으로 배려해야 한다.

3장

논증

연 습 문 제 1

1. ① 사람은 자기를 위해 산다.

   ② 남을 배려하는 것이 자기를 위하는 것이다.

2. ① 사랑은 나누는 것이다.

   ② 나누는 것은 어렵다.

3. ① 악법은 소수를 이롭게 한다.

   ② 법은 다수에 봉사해야 한다.

4. ① 인간의 이성은 육체적 고통에 약하다.

   ② 고문은 육체적 고통을 준다.

연 습 문 제 2

1. 그 사실을 거의 몰랐다. / 그 사실을 전혀 몰랐던 셈이다.

2. 요즘 청소년들은 예의가 없는 편이다.

3. 잘 먹어야 잘 뛸 수 있다. / 잘 먹어야 잘 뛸 것이다.

4. 사람은 본능을 억제하기 어렵다(쉽지 않다. 힘들다).

5. 그 아기는 먹을 만큼 먹은 편이다(셈이다).

6. 젊은이는 변화를 좋아하는 편이다. / 많은 젊은이들이 변화를 좋아한다.

7. 그 상황에서 사람은 안전을 선택하기 쉽다. → '대부분'을 '안전을' 앞에 넣어도 된다.

8. 그 사람은 사람이라고 하기 어렵다.

연 습 문 제 3

1. 라면이 좋다. → '라면이 밥보다 좋다'고는 주장할 수 없다. 본론 단락에 라면의 장점만 거론하였고, 밥의 문제점을 언급하지 않았기 때문이다.

2. 적극적 안락사를 허용해야 한다.

3. 본론에서 교육이 물질적 여유를 얻기 위한 수단이 되었을 때 문제점(병폐)을 지적

하였을 것이다. 글쓴이는 교육이 목적이 되어야 한다고 주장하는 사람이니, 서론에 교육 목적을 언급하며 시작하였을 것이다.

4. 본론에 사회적 갈등의 병폐를 언급하되 산업화와 관련지어 설명하였을 것이다. 산업화에 따른 계층 분화이니까 '상류층과 극빈층'을 다루거나, '부익부 빈익빈의 폐해, 노사 충돌, 배금주의 풍토, 생명 경시, 도농의 차별' 따위를 다루었을 것이다.

5. 본론에서 '개인주의 병폐, 경쟁 심리'를 언급했으니까, 결론에서는 그 상황을 뒤집어 '집단주의(연대), 경쟁 불식(협동)'을 주장할 것이다. 그래야 우리 사회가 '냉정한 사회, 남들 외면'을 벗어나 '따뜻한 사회, 정(인간미) 넘치는 곳'으로 간다고 전망할 것이다. 서론에서는 최근 일어난 '살인, 납치'를 거론하면서 사람들이 깜짝 놀랐고, 사회학자는 그 사건을 이렇게 이야기하더라고 언급하였을 것이다.

6. 본론에서 '교육 본질, 인격 완성'에 대해 충분히 언급하였을 것이다. 또 본론에서 입시 위주 교육이 인격 완성에 얼마나 나쁜지를 논의하였을 것이다. 서론은 교육이 얼마나 황폐화하였는지를 구체적 사례 또는 통계를 이야기하며 시작하였을 것이다.

7. 결론에서 왕따를 근절하자고 주장하였다. 그렇다면 본론에서 왕따가 '사회악'으로 얼마나 나쁜지를 설명하였을 것이다(실태). 또 결론으로 추론해 보면, 본론에서는 왕따의 원인으로 가족끼리 제대로 대화하지 않았으며, 사회에서 남의 인격을 존중하도록 청소년을 교육하지 않았다고 언급하였을 것이다(원인).

8. 서론에서 외국어를 언급하고, 결론에서 우리말로 통일하자고 주장한다. 그렇다면 이 문제는 언어와 관련된 문제이다. 결론으로 추론해 보면, 본론에서는 '골프를 이해하지 못하고, 우리 선수의 위업을 느끼지 못하였다'고 서술하였을 것이다. 즉, 본론을 두 단락으로 쪼개 '왜 이해하지 못하고, 어째서 느끼지 못했는지'를 언급하였을 것이다.

　　본론 1 : 가령 골프를 모르는 사람은 좀처럼 알아듣기 어려운 용어가 많았다. 버디, 이글, 보기, 페어웨이 같은 말이 무엇을 의미하는지 알 수 없었다.

　　　　2 : 그래서인지 우리 선수가 도대체 얼마 만한 위업을 달성한 것인지 감이 잡히지 않았다. 말하자면 2승이니 3승이니 하는 말이 실감나지 않는 것이다.

9. 본론을 둘로 나누어 '중소기업, 이자, 도산, 국가 경제'를 묶고, '더구나' 뒤에 있는 '서민, 금리, 고통, 가계소득, 이자 증가'를 묶는다. 그러면 서론에서 대출 금리가 높다 → 본론에서 ① 중소기업이 이자 때문에 힘들다 ② 가계도 이자 때문에 고통이 크다 → 결론에서는 서론과 연결하여 대출 금리를 내리라고 주장하고, 그 뒤에 본론 상황을 뒤집어 붙인다.

　　결론 : 대출 금리를 내려야 한다. 그래야 중소기업과 가계가 이자 부담이라는 고통

에서 벗어난다. 나아가 안정된 경제 속에서 각자 살길을 모색할 수 있을 것이다.

연습문제 4

1. 결론으로 추론해 보면, 본론에서는 '세태 탓이 아니며, 기성세대가 모범이 되지 못했다'를 언급했을 것이다. 즉, 원인 1은 '기성세대가 세태를 탓하면서 변화에 소극적이었다', 원인 2는 '기성세대가 모범이 되지 못했다(정치인, 성직자 같은 사람이 이런 짓을 해서 지탄을 받았다)' 따위를 구체적으로 서술하였을 것이다.

2. 원인 1이 폐쇄성(의식)이고, 2가 제도이니까 대책 1은 의식 개혁을, 2는 제도적 조치를 언급하여야 짝이 맞는다. 즉, 대책 1에서 포용력, 인류애를 서술하고 대책 2에서는 법 개선, 구제 조치를 서술해야 한다.

3. 결론에서 '고루, 상승효과'라고 하였다. 원인/대책 2에서 왜 편중되었는지를 확인하여 어째서 문제가 되는지 '상승효과'에 맞추어 서술하고, 어떻게 개선할지를 덧보탠다. 즉, '대부분 젊은 음악가가 서양의 빠른 음악에 익숙하다. 그러나 퓨전이라는 현대 음악의 추세로 미루어 한계가 보인다. 좀 더 다른 장르와 결합할 수 있는 여건을 정책적으로 지원해야 한다'로 잡아야 한다.

연습문제 5

1. 서론에 인터넷, 정보, 악플의 실태와 문제점을 정리한다. 본론에서는 댓글의 장점을 1, 2, 3으로 나누어 정리한다.

   서론 : ①, ②, ③, ⑧

   본론 1 : ④, ⑦

   　　 2 : ⑤, ⑨

   　　 3 : ⑥

2. 서론에 악플 또는 댓글의 실태를 구체적으로 정리한다. 본론 1에 인터넷과 정보의 의미를 정리하고, 2에 악플의 문제점을, 3에 댓글의 장점을 거론한다. 이때 장점을 모두 정리하기는 공간이 좁으니, 병렬 구조에서 잡은 장점 3개 가운데 하나를 선택하여 정리한다.

   본론 1 : ②, ③, ⑧

   　　 2 : ①

   　　 3 : ④, ⑤, ⑥, ⑦, ⑨(이 가운데 장점 하나만 선택)

3. 서론에 악플 또는 댓글의 실태를 구체적으로 정리한다. 본론 1에 인터넷, 정보, 악플의 문제점을 정리하고, 본론 2와 3에 댓글의 장점을 거론한다. 이때도 병렬 구조에서 잡은 3개 장점 가운데 두 개를 선택하여 정리한다.

본론 1 : ①, ②, ③, ⑧

2 : ④, ⑦

3 : ⑤, ⑨

연 습 문 제 6

본론에서 사회적 약자에게 기회를 주어야 하는 이유와 장점, 또는 안 주었을 때의 문제점을 거론하면 된다. 정답은 ①, ④~⑧이다(②는 결론, ③과 ⑨는 서론, ⑩은 결론, ⑪은 서론에 들어갈 문장이다).

연 습 문 제 7

1. 서론 : ② ⑦   본론 1 : ① ③   본론 2 : ④ ⑧   결론 : ⑤ ⑥

2. 서론 : ② ⑧   본론 1 : ③ ⑦   본론 2 : ④ ⑤   결론 : ① ⑥

3. 서론 : ② ⑥   본론 1 : ① ⑤   본론 2 : ④ ⑦   결론 : ③ ⑧

4. 서론 : ① ⑥   본론 1 : ④ ⑧   본론 2 : ② ⑦   결론 : ③ ⑤

5. 서론 : ③ ⑧   본론 1 : ② ④   본론 2 : ⑤ ⑦   결론 : ① ⑥

6. 1) ⑩ → ⑪ → ⑨   2) ① − ②, ③ − ④   3) ⑦   4) ⑧   5) ⑤ ⑥

6) 서론 : ⑨ ⑩ ⑪   본론 1 : ① ②   본론 2 : ③ ④   결론 : ⑦ ⑧

연 습 문 제 8

1. 옛날 사람도 세태가 빠르게 변한다고 개탄하였다. 빠르다고 말할 수 있는 근거를 대야 한다.

2. 옛날 사람도 자기중심적이었다.

3. 거짓말이다. 원시시대 이후 왕조시대까지 '민주 국가'라는 개념조차 몰랐다. '인류는 모든 속박에서 벗어나 인간다운 권리를 누리고자 끊임없이 노력해 왔다'가 옳은 표현이다.

4. 과장이다. 현재로서는 불가능한 일이다. '언젠가는 가능할 것이라고 한다'쯤으로 바꾸어야 한다.

5. 성서에 소개된 아담과 이브를 대부분 사람들은 역사적 사실로 보지 않는다. 종교는 믿음을 바탕으로 하므로, 논리와 거리가 멀다.

6. 지나친 흑백 논리이다. 컴퓨터가 발전하여 인터넷 등을 통해 정보를 공유하면서 사

람다운 삶에 좀 더 관심을 쏟기도 한다.

7. 시청률이 낮지만 교양, 시사 프로그램도 많이 제작한다.

8. 그렇게 보지 않는 시각도 많다.

9. 망한 이유를 글자로 보는 것은 '한글'이 소중하다는 것을 강조하려고 하기 때문이다. 글자를 버린 나라도 있으나, 망하지는 않았다. 청나라가 만주 글자를 버린 적도 없다.

10. 지나친 이분법. 서양 선진국이 인권 측면에서 훨씬 더 진보적이다.

11. 대개 물질적으로 풍요해질수록 정신적 가치(문화, 예술 따위)를 더욱 따진다.

12. '문명 발전은 곧 파괴'라고 생각하는 단순한 논리이다. 문명을 자연 보존에 이용하는 선진국도 많다(환경 친화적인 개발).

13. 말이 난 김에 학교 폭력까지 언급하였으나, 체벌을 학교 폭력과 연결하려면 원고지 열 장으로도 모자란다.

14. 무력과 문화로 나누어 멸망의 원인을 문화 수준으로 본다. 흑백 논리이다.

15. 옛날이 언제인지, 중시하였다는 정도가 어느 정도인지, 오늘날은 중시하지 않는다는 소리인지 알 수 없다.

16. '제대로'의 기준이 어디까지인지? 살인죄로 교도소에 갇혀 있는 사람들이 대부분 학교를 졸업한 사람들이다. 학교를 다니지 않으면 살인할 가능성이 높은지?

17. 아니다. 두뇌가 작아도 지구에서 몇 억 년을 살았으며, 학자들은 지구와 혜성의 충돌로 지구가 급속히 냉각하면서 사라진 것으로 본다.

연 습 문 제 9

1. 즉, 이웃 또는 다른 사람과 소통하며 살아야 사람이다. → 이 밖에 '관계, 배려, 끈, 대화, 더불어'처럼 양쪽을 잇는 어휘를 이용하여도 좋다. 이 말을 드러내려고 '단절, 고립, 외톨이, 소외' 같은 단어를 쓸 수도 있다.

2. 자칫하면 이끼 낄 새 없이 쉬지 말고 굴러야 한다는 뜻으로 쓰일 수 있기 때문이다. / 자칫하면 끊임없이 노력하여야 먹을 수 있다는 말처럼 들린다. / 자칫하면 네가 돈을 모으지 못한 것은 노력하지 않아 그렇다는 뜻으로 쓰일 수 있다.

3. 원숭이는 자기가 선택하는 주체라고 사람에게 선언한 것이다. / 원숭이는 사람과 논의하는 대상으로 존재하였다. / 원숭이는 자기 권리를 자기가 선택하고 싶었다. / 원숭이는 사람과 대등한 관계로 존재하고 싶었다.

4. 슬그머니 제도적인 문제를 두고도 사람을 탓하게 한다. / 슬그머니 구조적인 비리도 대충 넘어가라고 강요한다. / 슬그머니 사람이 마음만 먹으면 제도적인 모순도 감당할 수 있을 것처럼 쓰인다. / 슬그머니 거대한 사회에 맞서지 말라며 사람을 잘게 만든다.

5. 이 문장을 '힘을 모으면 무슨 일이든지 할 수 있다'로 알아들을 것이다. → 실제로 오스만 터키가 동로마를 정벌할 때 배 70여 척을 끌고 언덕을 넘어 기습 공격해 승리하였다.

연 습 문 제 10

1. 개인 정서가 많이 개입되었다. '남성에게 병역 의무가 있는데' 정도로 써야 한다. '병역 의무 불이행＝사회 유지 불가능, 혼란, 무질서'라고 하자면 논문 한 편을 써야 한다. '일반화 오류'가 너무 심하다. '사회 기강이 흔들릴 것이다, 병역 의무 자체를 사람들이 의심할 것이다' 정도로 낮추자.

2. 추측으로 논거를 과장하였다. 허구로 꾸며진 영화 내용을 논거로 삼을 수 없다.

3. 처음부터 끝까지 일반적인 진술로 일관하였다. 계속 새로운 논거를 덧붙여 방향만 제시하고 읽는 이에게 당위를 강조하였다. 문장 하나하나가 글 한 편감이다.

4. 이 문장이 말하고자 하는 뜻은 짐작할 수 있다. '남녀를 떼어 놓고 교육하면 호기심이 커질 것이다. 그러면 은밀하게 만나는 경우가 많아지겠지. 그래서 불건전한 방향으로 가기 쉬울 테고, 이런 것이 극단적으로 진전되면 성병에 걸리고 미혼모까지 생길 거야.' 그러나 이 사람은 상상력을 발휘한 것이지, 그렇게 되는 과정을 논리적으로 증명한 것은 아니다.

5. 논술은 일상적인 일을 객관적으로 논증하는 과정이다. 소설《정글북》의 모굴리 같은 상상의 세계나 특별한 경우를 논거로 삼을 수 없다.

6. 논리가 아주 엉뚱하다. 근거 없이 추측으로 글을 썼다. 소수 집단의 정책 결정 권한이 커지면, 국민이 정치에 무관심해지고 국가를 불신한다는 말은 처음 듣는 소리다. 미국 같은 강대국의 최고 책임자가 지닌 정책 결정 권한을 생각해 보라. 이 논리에 따르면, 그 나라 국민은 모두 정치에 관심이 없고 국가를 불신하는 셈이다. 뭔가를 크게 착각하였다.

7. 처음부터 끝까지 추측으로만 서술하였다. 논거가 없다.

8. '교육'은 인간 세계에서나 가능한 것이다. 동물이 습관을 익히는 것은 '학습'이라고 표현한다. 이 글을 보면 어미 사자가 어린 사자를 가르치는 것 같다. 그러나 곤충이나 짐승은 본능에 따라 익힐 뿐이다. 용어를 잘못 이해하여 비교할 수 없는 대상을 비교하였다. '교육'이라는 용어 때문에 논리가 무너졌다.

9. 마지막 문장에서 논증 과정 없이 비약이 심하였다. 언제 그랬는지, 그런 경우가 많았는지? 특별한 사례를 확대 해석하였다.

10. 서술어를 살펴보라. '～일 것이다, ～지도 모른다, ～기 쉽다'로 끝냈다. 모든 것을 추측하여 썼다. 자기 글에 빠져 뒤로 갈수록 정도가 심해졌다. 체험하고 절실하게

서술한 글이 아니라, 상상력을 동원하여 쓴 소설이다.

연 습 문 제 11

1. 육식이가 앞으로도 패스트푸드를 좋아하면 채식이보다 살찔 가능성이 높다.

2. 우리나라가 대체 복무제를 허용하여도 부작용은 거의 없을 것이다.

3. 60대는 가족이 노부모를 부양하기를 바란다. 그러나 현실적으로 가족과 정부와 사회에 기대지 않고, 스스로 해결하는 편이다. / 60대는 현실적으로 기댈 수 없다는 것을 안다.

4. 사형 제도는 범죄 예방 효과와 관련이 적다. / 사형 제도는 범죄 예방 효과가 거의 없다.

5. 소득 격차에 따라 교육 투자에 차이가 난다. / 소득에 따라 계층이 고착화할 수 있다.

6. 강대국은 경제 패권을 놓고는 우방이 없다. / 강대국은 이익에 따라 언제든 군사력을 동원할 것이다.

7. 1) 도청에 남은 사람은 목숨보다 대의를 소중히 여겼다. 2) 산 사람은 더 이상 부끄럽게 살지 않으려 한다. 3) 역사는 불의에 맞설 때 발전한다. / 역사는 물러서지 않을 때 나아간다.

연 습 문 제 12

1. 예시 개요

> 서론 ① : '운동'이라는 용어가 부정적으로 와 닿는 때가 많다.
> 본론 ① : 잘못하면 운동을 통해 문제가 생긴다.
>   ② : 예를 들어 학급 대항 경기에서 친선보다 오히려 갈등이 불거진다.
> 결론 ① : 운동은 정정당당해야 한다.

요즈음 '운동'이라는 말 자체가 부정적으로 와 닿는 때가 많다. 어떤 때는 프로 경기팀을 운영하며 지역 연고를 들먹여 지역감정을 부추기기도 한다.

운동은 심신을 단련하여 삶에 활력을 주고 사람들끼리 친선을 도모하는 것이 목적이다. 그러나 운동이 지닌 목적을 상실한 채 꼭 이기려고만 할 때 문제가 생긴다. 예를 들어, 학교 안에서조차 경기가 과열되어 학급 사이에 친선은커녕 갈등이 생기기도 한다.

따라서 운동은 순수하게 운동으로 끝내야 하며 승부에 매달려서는 안 된다. 운동이 정정당당함을 잃을 때 활력은커녕 오히려 고통을 줄 것이다.

2. 예시 개요

서론 ① : 지금은 과거와 삶의 방식이 달라졌다.

본론 ① : 일상적으로 해 왔던 일들이 전문화한다.

　　② : 즉, 사람들이 좀 더 나은 삶을 추구할 것이다.

결론 ① : 갈수록 직업이 아주 다양해질 것이다.

　　정보화 사회가 될수록 현대인은 시간을 효율적으로 쓴다고 한다. 이에 몇 년 전만 해도 상상할 수 없었던 직업들이 생겨나면서 화제가 되고 있다.

　　앞으로 사람들은 일상적으로 겪어 온 일들을 그 분야 전문가들에게 맡기기 쉽다. 예를 들어, 오늘날 닭다리 또는 닭날개 전문 프라이드치킨점이 생긴 것처럼, 일상적인 것에서조차 효율을 추구하며 양보다 질을 선택할 것이기 때문이다.

　　따라서 다가올 미래에는 직업이 아주 다양해진다. 이런 추세에 얼마나 빨리 적응할 수 있는지가 현대인에게 주어진 과제일 것이다.

3. 예시 개요

서론 ① : 얼마 전 재벌 총수와 정치인들이 구속되었다.

본론 ① : 잘못을 바로잡지 않으면 잘못을 반복한다.

　　② : 예를 들어 친일파 자손들이 재산 반환 소송을 하였다.

결론 ① : 역사를 바로잡아야 역사적 정의를 믿는다.

　　과거 정권의 정치 자금 비리가 밝혀지면서 재벌 총수와 정치인들이 구속되었다. 이에 사람들이 왜곡된 정의가 바로잡힐 것인지에 높은 관심을 보이고 있다.

　　역사가 왜곡되었는데도 바로잡지 않으면 잘못이 또 다른 잘못을 불러들인다. 예를 들어, 친일파가 나라를 배신한 대가로 땅을 많이 얻었는데, 오늘날 친일파 자손들이 그 땅을 되찾겠다고 소송을 하였다. 자칫하면 매국노 조상 덕분에 자손이 큰 부자가 되는 일이 벌어질 판이다.

　　그러므로 역사를 바로잡자는 것은 지금부터라도 이런 악순환의 고리를 끊자는 뜻이다. 그렇지 않으면 아무도 역사적 정의를 믿지 않을 것이다.

4. 예시 개요

서론 ① : 우리나라 위인전에는 대개 비범한 사람이 등장한다.

본론 ① : 독자에게 위인들의 '비범성'만 부각시킨다.

　　② : 그래서 독자는 위인을 자신과 아주 다른 부류라고 생각한다.

> 결론 [1] : 위인전은 평범함 속에서 비범함을 강조해야 한다.

우리나라 위인전에 등장하는 위인은 대개 '비범한' 사람이다. 일제 강점기를 거치면서 우리나라 위인의 업적을 높이 평가하려다 보니 그렇게 되었다고 한다.

독자는 위인의 '비범성'에 감탄하려고 위인전을 읽는 것만은 아니다. 독자는 위인의 삶이 어떠하며, 어떤 과정을 거쳐 위업을 달성했는지를 찾는다. 그리고 거기에 자신을 비추어 반성하고 새로운 희망을 계획한다. 그런데도 위인전에서 위인의 비범성만을 강조하여 위인이었기에 '당연히' 할 수 있었던 일로 만든다면, 독자는 위인을 자신과 다른 부류의 사람으로 생각하기 쉽다. 위인을 따르기 힘들어지면서 독자는 자신의 초라한 삶에 실망할 수 있을 것이다.

따라서 우리나라 위인전은 위인이 끊임없이 노력하고 성실하게 살아온 점을 부각시켜야 한다. 그래야만 독자들이 위인전을 통해 위인을 닮아 보려고 노력할 것이다.

5. 예시 개요

> 서론 [1] : 정치인들이 어려운 이웃에게 '봉사'하려고 한다.
> 본론 [1] : 봉사는 '받들어 모시는 일'이다.
>   [2] : 자칫 잘못하면 봉사의 참뜻을 잃는다.
> 결론 [1] : 봉사는 수혜자를 기준으로 판단하여야 한다.

선거철만 되면 정치인들은 사회 복지 단체를 앞다투어 방문하고 활짝 웃으면서 사진을 찍는다. 사람들은 정치인이니까 그러려니 하지만, 한편으로는 씁쓸해한다.

'봉사'는 말 그대로 '받들어 모시는 일'이다. 그러므로 '봉사 활동'이 자기가 저지른 죄를 대신하거나, 개인 이익에 이용되면 봉사의 참뜻을 잃는다. 봉사자가 그 수혜자를 빙자하여 자기 이익을 추구하거나 자기 만족에 빠지기 십상이기 때문이다. 그러므로 수혜자가 진정으로 만족해하지 않는다면, 정치인의 복지 단체 방문을 고운 시선으로 보기 어렵다.

따라서 봉사는 수혜자를 기준으로 판단해야 한다. 그러려면 '봉사 활동'을 강제로 시킨다고 해도, 수혜자가 만족할 수 있도록 제도화하여야 원뜻을 잃지 않을 것이다.

6. 예시 개요

> 서론 [1] : 여러 종류의 갈등이 계속된다.
> 본론 [1] : 한 국가는 이익에 따라 행동하기 쉽다.

２ : 나라 사이에 갈등이 있을 수밖에 없다.

결론 １ : 힘이 있어야 '국가적 양심'을 지킨다.

　세계 여기저기에서 재래식 무기를 사용하는 분쟁이 계속되고 있으며, '세계무역 기구(WTO)' 발족 이후 또 다른 '경제 전쟁'으로 각국의 이해관계가 갈수록 복잡해 지고 있다.

　국제 관계에서 한 나라가 내세우는 명분이 '도덕적'인 것이라 하더라도, 속으로 는 철저히 자국 이익에 따라 행동한다. 역사적으로 국가끼리의 갈등은 지리적·문 화적으로 서로 다른 조건에서 살기 때문에 피할 수 없었다. 예를 들어, 원시 부족 사회에서 부족 간 싸움은 생존을 위한 아주 단순한 갈등 형태였다. 그러나 로마와 몽골이 넓은 영토를 '정복'한 것은 자기 이익을 최대한 추구하여 이루어진 결과였 다. 제2차 세계대전 후 전승국의 전범 재판 결과도 이와 같다.

　따라서 국제 관계에서 어느 나라에게 '국가적 양심'을 기대하는 것은 환상이다. 국제 관계에서는 자신을 지킬 '힘'이 있어야 '국가적 양심'도 지킬 수 있다.

7. 예시 개요

서론 １ : 편 가르기가 심하여 사람들이 걱정한다.

본론 １ : 국토가 균형 있게 발전하지 못한다.

　　２ : 결국 나라 전체의 불행으로 끝난다.

결론 １ : 지역주의에 맞서 적극 대처해야 한다.

　과거보다 많이 좋아졌으나, 아직도 우리 사회 여기저기에서 편 가르기가 심하 다. 그래서 선거 결과가 드러날 때마다 뜻있는 사람들이 크게 걱정한다.

　지역주의에 사로잡히면 특정 지역을 중심으로 국가 주요 정책을 결정하기 쉽다. 그렇게 되면 여러 자원을 효율적으로 안배할 수 없다. 나중에는 발전한 지역과 소 외된 지역이 감정적으로 대립하여 국민 역량이 엉뚱한 일에 소진될 것이다. 결국 특정 지역은 물론, 국가적으로도 불행한 결과를 가져온다.

　따라서 우리 사회는 '지역주의'를 솔직히 인정해야 한다. 그리고 지역 차별 금지 를 법적으로 제도화하여 좀 더 적극적으로 대처해야 한다.

8. 예시 개요

(여기서는 '한국 제품을 사지 않아도 된다'로 글을 씁니다.)

서론 １ : 한때 '신토불이'라는 말이 유행하였다.

> 본론 1 : 어느 나라에서 만든 제품이라 하여도 '그 나라'라는 의미가 거의 없다.
>
> 2 : 이에 오늘날 소비자들은 '어느 나라'를 무시하는 편이다.
>
> 결론 1 : 애국심은 합리적인 소비를 방해한다.

한때는 '신토불이'라고 해서 무조건 우리 것을 애용하자고 하였다. 그러나 이제는 애국심에 호소하는 방식이 더 이상 소비자들에게 먹혀들지 않는 것 같다.

과거 산업 사회 초기와 달리, 오늘날은 자본과 노동력이 이동하여 다양한 모습으로 제품을 생산한다. 즉, 어느 제품을 한국에서 만들었다고 해도 한국 기술에 미국 자본이 결합하여 유럽식 생산 체계에 따라 완성하는 식이다. 그래서 오늘날 소비자들은 '어느 나라'보다 '가치'로 제품을 구매한다. 이에 소비자가 외국 제품을 선택한다고 해서 다른 사람들이 비난하지 않는다.

따라서 애국심에 호소하여 제품을 파는 행위는 합리적인 소비를 방해하는 것이다. 이제는 소비자 입맛에 맞추어 생산자가 제품의 질을 높여야 살아남을 뿐이다.

9. 예시 개요
(여기에서는 긍정적으로 보고 논지를 전개합니다.)

> 서론 1 : 전생에 대한 관심은 오래전부터 있어 왔다.
>
> 본론 1 : 현대인은 대중 속에서 고독을 느꼈다.
>
> 2 : (말하자면) 자신의 존재를 확인하려는 데서 비롯한 것이다.
>
> 결론 1 : 긍정적으로 보아야 한다.

오래전부터 일부 사람들은 '영혼이 과연 존재할까?'의 연장에서 전생에 관심을 두었다. 불교에서 주장하는 '윤회, 인연' 따위가 그런 사실을 입증한다.

그런데 사회학자들은 산업 사회에서 물질문명이 발달할수록 인간 소외는 더욱 깊어진다고 말한다. 그러므로 오늘날 전생에 대한 관심이 커지는 것은 그만큼 많은 현대인이 자신의 존재 가치를 확인하고 싶어 하기 때문이다. 즉, 이 문제는 현대인이 소외와 고독에서 벗어나려는 데서 비롯한 것이다.

전생에 대한 관심은 현대인에게 그 나름대로 긍정적인 의미를 부여한다. 다만 관심이 지나쳐 현실을 도피하는 심리로 진행되는 것은 경계해야 한다.

연 습 문 제 13

1. 서론 : 사회에 여성에 대한 편견이 많다.

본론 : 지금은 과거와 환경이 달라졌다.

결론 : 여성들은 삶에 적극적이어야 한다.

해설 : 원고량이 적어도 결론 주장이 구체적이면 본론을 확실히 정리할 수 있다. 그러나 결론 주장이 넓고 일반적이면 본론에서 깊이 있게 다룰 수 없다. 그러므로 결론 범위를 좁혀 '삶에 적극적'이라는 말보다 '경제적(정치적)으로 적극적'이라는 말을 써야 더 바람직하다.

2. 서론 : 우리 정치사에 '날치기 통과'가 많았다.

본론 : 다수의 결정이 꼭 옳다고 볼 수 없다.

결론 : 다수는 소수와 협상해야 한다.

해설 : 이 문제의 숨은 전제이자 결론은 '다수는 소수와 협상해야 한다'이다. 즉, 협상해야 할지, 말아야 할지를 묻는 것이 아니라, 협상하는 이유를 물었다. 그러므로 이유를 본론에 써야 한다. 예를 들어 '소수를 무시해서는 안 된다, 절대다수의 행복을 추구해야 한다, 양보하고 타협하는 과정이 소중하다, 양과 질을 고려할 줄 알아야 한다, 상대를 인정하는 것이다'는 모두 본론에 써야 하는 논거이다.

3. 서론 : 요즘 세상은 정보 없이 살기 어렵다.

본론 : 독서는 생각하는 힘을 길러 준다.

결론 : 독서를 해야 한다.

해설 : 이 문제의 숨은 전제는 '독서를 해야 한다'이다. 그러므로 결론에서 '독서는 (거의) 필요없다'고 주장하면 논지를 이탈한 것이다. 독서하는 이유(장점)를 본론에 쓰면 된다. 즉, '독서는 새로운 정보 매체의 한계를 보완한다, 다양한 정보를 주체적으로 받아들일 수 있다, 상상력을 키우고 지능을 계발하며 창의력을 북돋운다'를 본론으로 삼으면 된다.

4. 서론 : 우리나라가 과거보다 잘산다(우리도 도움을 받았다).

본론 : 인간은 더불어 사는 동물이다.

결론 : 도와주어야 한다.

해설 : 이 문제의 전제는 '도와주어야 한다'이다. 그러므로 도와주어야 하는 가치를 본론 논거로 삼으면 된다. 즉 '난민은 남이 아니다, 인간은 인류애를 추구하는 존재이다, 어려울 때 도와야 한다, 우리 국민보다 도움이 더 절실하다'가 본론 논거이다.

구상과 개요 짜기

연 습 문 제 1

1. 결론은 방향을 잘 잡았다. 본론 ①은 이유가 아니라 현상이라서 본론 논거가 아니므로 서론으로 보내야 한다. 본론 ③에서 '우리말이 과학적인 것'과 '우리말을 쓰지 않는 것'을 연결하기는 힘들다. 빼야 한다. 서론은 너무 멀리서 시작하였다. 빼는 것이 좋겠다. 서론 또는 본론에서 외래어의 긍정적인 면을 간단히 언급해야 한다.

> 서론 : 일상생활에서 외래어가 남용된다.
> 본론 : 외래어 때문에 사회에 계층이 생긴다.
> 결론 : 외래어를 받아들여도 주체적인 태도가 필요하다.

2. 결론이 논제에 대해 답변은 되지만 범위가 너무 좁다. 본론 글감이 결론보다 넓다. 결론을 더 넓혀 '일반적 진술'로 써야 한다. 본론에 우리 사회 구조가 어느 면에서 청소년을 나쁘게 하는지 서술해야 한다. 본론 ①은 너무 막연하다. 더 구체적으로 쓰든지 빼야 한다. 서론은 무난하다.

> 서론 : 청소년 비행이 왜 점점 대담해질까?
> 본론 : 사회 분위기가 향락적이다. 청소년을 위한 문화가 없다.
> 결론 : 청소년 비행은 사회가 감당해야 한다.

3. 결론에 담을 전제는 광고의 '바람직한' 방향이다. 결론 ①과 ②는 불가능하거나 모호한 주장이다. 구체적으로 써야 한다. 본론 ①과 ②는 문제점으로 좋았다, 한 단락으로 확장할 때, 소비자와 생산자에게 어떤 피해가 가는지를 충분히 덧보태야 결론 주장과 호응한다. 본론 ③은 결론 단락으로 가야 한다. ④는 이 글과 관련 없으므로 빼야 한다. 서론은 무난하다.

> 서론 : 현대 사회는 광고에 많이 의존하여 소비한다.
> 본론 : 과대광고로 과소비를 충동질한다. 성을 이용하여 광고 효과를 높이려고 한다.

결론 : 상품 광고를 정확하게 해야 한다.

4. 서론에서 문제를 제기하고, 본론에서 현실을 진단하고, 결론에서 교류의 방향과 전망을 서술하는 것이 좋겠다. 결론 ①은 아주 좋았다. ②는 '교류 자세'로 교류 방향과는 거리가 멀다. 빼는 것이 좋다. 본론 ①과 ②도 좋았다. ③은 결론 끝에서 '전망' 문장으로 쓸 수 있다. ④는 교류의 구체적인 방법이라서 결론 내용이다. 그러나 결론에 놓아도 본론에서 논의한 적이 없으므로 비약이 되기 쉽다. 빼야 한다. 서론은 무난하다.

서론 : 청소년이 앞으로 통일 주체가 될 것이다. 전후 세대는 통일에 대해 희망적이다.
본론 : 남북 청소년들은 서로 다른 환경에서 자랐다. 정치·경제·사회·문화적 차이가 크다.
결론 : 동질감을 찾고 서로 이해하는 차원에서 시작해야 한다. 교류가 잦아지면 통일을 앞당길 수 있을 것이다.

5. 서론에 사회 분위기를 서술하고, 본론에서 자식을 데리고 죽는 부모의 심리 상태를 정리한다. 그리고 결론에 '어른이 지녀야 할 태도'를 '일반적 진술'로 쓴다. 결론 ①은 아주 좋았다. ②는 비약이다. '사회'를 거론하여서는 안 된다. 본론 ①과 ②는 사회적 배경이자, 심리적 배경으로 좋았다. 한 단락을 확장할 때 어떤 문제점이 있는지 깊이 있게 덧보태야 결론 주장과 호응한다. 본론 ③은 근거가 없는 단정이고, ④는 아주 막연하다. 서론 ①과 ②는 무난하다.

서론 : 현대 들어 생명과 인격을 가볍게 여기는 일들이 일어나고 있다. 부모가 가난이나 가정 불화로 아이들과 함께 자살한다.
본론 : 전통적으로 공동체 의식이 강했다. 어른 중심으로 판단하며 자식을 소유물로 생각한다.
결론 : 어린아이를 한 인격체로 대해야 한다.

연 습 문 제 2
본론 예시 개요

① 첫째, 현재가 평가의 기준이 되어서는 안 된다.
자칫하면 객관성을 잃기 쉽다.

> 예를 들자면 이러저러하다.
> ② 둘째, 기록하는 것만이 역사는 아니다.
> 후손들이 기록을 과거의 일로만 여긴다.
> 역사 속에서 교훈을 얻어야 한다.

첫째, 모든 사건을 현재 관점에서 평가하여서는 안 될 것이다. 과거 사실을 그대로 재현하는 것이 어렵다 해도, 역사적 객관성을 잃게 되면 어느 한 사건이 시대에 따라 달리 평가될 것이다. 특히 오늘의 역사를 오늘날 평가하고 기록하게 되면 진실을 담기가 더욱 어렵다. 가령 어느 나라에서 금속 활자를 만들고 세계 최초라고 주장한다 해도, 고려라는 나라가 그보다 앞서 금속 활자를 만들었다는 것이 밝혀지면 오늘날 역사적으로 부여한 의미가 간단히 부정되기 때문이다.

둘째, 사실을 찾아 기록하는 것으로 끝나서도 안 된다. 기록을 역사의 전부라고 하면 역사는 '단순한 사건을 정리'한 과거에서 끝나 버리고 현재와 상관없는 일이 된다. 후손들이 역사적 진실을 추구하는 것은 역사를 그 기록이 있었던 과거로 끝내지 않고 현재에 살려서 의미를 찾으려고 하기 때문이다. 예를 들어, 역사 속에서 매국노를 두고두고 비판하는 것은 후손들에게 똑같은 일을 반복하지 말라는 교훈을 준다. 말하자면 교훈을 주지 못하는 역사는 '옛날이야기'만도 못한 것이다.

연 습 문 제 3

최고 인기를 누리던 '서태지와 아이들'이 은퇴하였을 때 일부에서는 청소년을 걱정하였다. 기성세대는 스타에 열광하는 것을 청소년기의 통과의례로 여기면서, 청소년들이 비현실적인 낭만에 무모한 열정을 쏟는다고 보았다. 그러나 서태지와 아이들이 폭넓게 팬을 확보한 이유는 다른 가수들과 달랐기 때문이다.

첫째, 서태지와 아이들은 우리 사회에서 관행으로 넘긴 잘못을 과감히 비판하였다. 대학에 꼭 보내려는 학벌 풍토, 친구를 경쟁자로 만드는 학교 분위기, 비인간적이며 획일적인 삶, 낡은 사고방식 따위가 잘못되었다는 것을 용기 있게 지적하였다.

둘째, 비판에 그치지 않고 대안을 제시하였다. 예를 들어, 인간적으로 살아야 한다는 것을 노래하였다. 젊은이들에게 창의적인 생각을 갖고 주위 환경을 스스로 바꿔 볼 것을 권하였다. 또 세상이 바뀌었다는 사실을 전달하였다.

그러므로 서태지와 아이들은 일상적으로 사랑과 이별을 노래하는 가수들과 달랐다. 우리 사회의 모순을 지적하고, 대안을 제시하며 팬을 사로잡았던 것이다. 청소년 세대가 아니더라도 꼭 하고 싶었던 말을 대신해 준 열정이 서태지와 아이들의 매력이었다.

연습문제 4

1. 하지만 우리 사회가 열린 사회라면 드러낼 수 없는 문제가 있어서는 안 된다. 잘못을 덮어 주면 사회 정의를 두려워하지 않고 또다시 잘못을 저지르기 때문이다. 부정이 고이면 사회가 썩는다. 진실을 몰라 소문만 무성하게 나돌고 서로를 믿지 못하며 사실을 왜곡하기 쉽다. 그런 풍토에서 어쩌다 자기 잘못이 드러나면 억울하다고 생각하고 남 탓으로 돌릴 것이다. → 문제점을 드러내지 못할 때의 폐해를 본론에 거론하면 된다.

2. **(모범 답안 생략)** 결론에서 '인간적인'을 이야기하였으므로 서론에서는 '비인간적인' 사례를 거론하면 된다.

3. **(모범 답안 생략)** 결론에서 감정적으로 보면 안 된다고 하였으니까, 감정적으로 보았을 때의 문제점을 지적하면 된다. 예를 들어 '장점을 인정하지 않고 배우려 하지 않는다, 무시하면서 한편으로는 일본 제품을 사는 이중적인 태도가 드러난다' 따위를 정리한다.

4. **(모범 답안 생략)** 결론에서 '신념에 따라 실천'을 주장하였다. 그러므로 본론에서는 우리나라의 대표적인 지식인으로 신념을 버리거나, 언행이 일치하지 않는 사람을 소개하면 된다. 예를 들어, 언론사(시민 단체)에서 일할 때와 국회의원이 되었을 때 신념이 바뀐 사람을 찾아본다. 물론 그런 사례가 우리 사회에 얼마나 큰 해악을 끼쳤는지를 정리해야 한다.

5. **(모범 답안 생략)** 강조하는 까닭을 본론에 서술하였으므로 결론 방향은 숨은 전제의 요구대로 '당연하다. 전통 문화는 나름대로 의미가 있다. 전통 문화의 가치를 인정해야 한다'로 잡으면 된다.

5장

단락

연 습 문 제

1. ① _____ '부지런하다'를 둘로 나누어 설명. ①에 ②와 ③은 병렬로 뒷받침.
    → ② _____
    → ③ _____

2. ① _____
    → ② _____
        → ③ _____ ③은 '새벽 다섯 시'를 설명. ①에 ②와 ③은 직렬로 뒷받침.

3. ① _____
    → ② _____ ②는 ①에 있는 '이기심이 지나쳐'를 설명.
        → ③ _____ ③은 ②에 있는 '파국'을 설명. ①에 ②와 ③은 직렬로 뒷받침.
    → ④ _____ ④는 ①에 있는 '상대주의적 태도'를 부연 설명. ①에 ②와 ④는 병렬로 뒷받침.

4. ① _____
    → ② _____ ②는 ①에 있는 '보상 차이'를 설명.
        → ③ _____ ③은 ②에 있는 '결과가 다르다'를 '차별'로 보고 설명. ①에 ②와 ③은 직렬로 뒷받침.
    → ④ _____ ④는 ①에 있는 '사회적 장치'를 구체적으로 설명. ①에 ②와 ④는 병렬로 뒷받침.

5. ① _____
    → ② _____ ②는 ①에 있는 '발생한다'의 근거를 서술.
    → ③ _____ ③은 ①에 있는 '부익부'를 통계로 예시. ①에 ②~④는 병렬로 뒷받침.
    → ④ _____ ④는 ①에 있는 '빈익빈'를 구체적으로 설명.

6장

본론 단락 쓰기

1. 늘 먹던 라면이 : 요즈음에는 도끼를 잘 쓰지 않는다. 모두 잘 아는 라면으로 설명하는 것이 낫다.

2. 동성애자 : 우리 사회에서 장애인을 보는 시각이 과거보다 많이 좋아졌지만, 동성애자에 대해서는 아직도 부정적인 편이다. 즉, 동성애자가 훨씬 더 사회적 약자이므로, 그 쪽을 잘 설명할 수 있으면 심성이 따뜻한 사람이다.

3. 춘향은 : 놀부는 재산이 많았으나 뜻을 편 것이 없다고 알려졌다. 춘향이 무엇을 지녔는지, 무엇으로 세상을 바꾸어 놓았는지를 설명할 수 있으면 관점이 참신한 사람이다.

4. 경제 성장률을 높이지 않아도 : 경제 성장률을 10%로 끌어올리는 것이 쉽지 않고, 끌어올려도 일자리가 반드시 느는 것이 아니다. 그런데 성장률을 높이지 않아도 할 수 있다고 주장한다면 상대방이 관심을 기울이기 쉽다.

5. 증인은 : 어느 나라든 판사가 재판의 주도권을 쥐고 있다. 증인이 그 영향력에 못지 않다고 설명한다면 사람들의 호기심을 자극할 것이다.

6. 미국 : 소련은 이미 망한 나라이며, 러시아가 그 뒤를 이었다. 그런데 멀쩡하게 지탱하는 나라를 망한 것과 다름없다고 서술해 나간다면 관심을 가지고 귀를 기울일 것이다.

연 습 문 제 2

1. 사실 : ① ② ③   소견 : ④

2. 사실 : ①   소견 : ② ③ ④

3. 사실 : ①   소견 : ② ③ ④

4. 사실 : ① ② ③   소견 : ④

5. 사실 : ① ② ③   소견 : ④

연 습 문 제 3

1. 복지 비용이 증가한다. / 사회 제도(사회적 장치)가 필요하다. / 삶의 질을 추구해야

한다. 사회적 약자를 경제적으로 배려해야 한다.

2. 사람들 개성이 다양해졌다. / 어떤 사람은 합리보다 정서를 추구한다. / 현대인은 물질보다 정을 찾는다.

3. 인권과 이념을 이야기하며 죽음을 부추긴다. / 강대국은 자국 이익을 우선한다. / 세계 질서는 강대국이 기준이다.

4. 인성(학교) 교육이 실패했다. / 배금 풍토에 사로잡혔다. / 사회가 청소년에게 건전한 일자리를 제공하지 못한다. / 기성세대의 윤리가 무너졌다. / 노동의 소중함을 모른다.

5. 외모로 사람을 평가한다. / 몸(인간)을 상품화한다. / 의술을 수단으로 여긴다.

6. 성실한 사람이 대접받지 못한다. / 대박(한탕) 풍토에 빠졌다. / 과정을 무시하고 결과만 본다. / 정상적으로 꿈을 꾸지 못한다.

7. 인간에 대한 존경심이 없다. / 이웃을 소중히 여기지 않는다. / 익명성을 악용한다.

연 습 문 제 4

1. ① 글의 흐름과 관계가 없다. 창의력과 교복 착용이 무슨 상관이 있는지?

   ② 한두 문장이 더 있어야 한다. 암기식 교육이란 무엇이며, 암기식 교육이 창의력을 어떻게 죽이는지 설명해야 한다.

   ③ 어떻게 획일화되었고, 그것이 창의력과 무슨 관계가 있는지?

   ④ 너무 작은 것으로 일반화하였다. 인문계 학교가 아닌 곳은 암기를 강조하지 않는지?

   ⑤ 한두 단계가 더 있어야 한다. 어떻게 살려 주지 못하는지? 왜 살려 주지 못하는지?

   ⑥ 교훈적이고 도덕적이다. 너무 막연하다. 또 다른 중심 생각을 덧붙였다. 결론에 써먹기도 나쁘다. 논거 없이 비약하였다. 왜 갑자기 '정부, 학생, 교사'를 거론하는지?

   ⑦ 앞 문장은 방법론에서 창의력과 관련이 있으나, 뒤 문장은 글의 흐름에서 벗어났다. 갑자기 '그런 수업은 학생들이 불참한 수업'이라는 말을 왜 하는지?

2. ① 한두 단계가 더 있어야 한다. 운동 정신은 어떤 것인지? 왜 흐리게 하는지? 어떻게 흐리게 하는지?

   ② 근거가 희박한 말로 단정하였다. 지나친 억측이고 편견일 뿐이다.

   ③ 한두 단계가 더 있어야 한다. 어떤 문제가 있으며, 그것이 무엇을 의미하는지?

   ④ 예시가 너무 단순하다. 좀 더 깊이 있게 뒷받침해야 한다.

⑤ 똑같은 말을 단어만 바꾸어 지루하게 반복하였다. 말장난일 뿐이다.

⑥ 뒷받침하지 않고 바로 도덕적이고 상투적인 말을 덧붙이며 강요하였다.

⑦ 운동 목적을 설명하는 문장을 덧보태야 한다.

3. ① 뒤 문장이 흐름에서 벗어났다. 객관적 논거를 대야 한다.

　② '행동, 어려움'을 좀 더 설명해야 한다. 예를 들어 '신체 불편보다 일반인의 편견
　　이 장애인을 더 어렵게 하기 때문이다'.

　③ 교훈적 설교일 뿐이다. 논리적으로 접근하지 않고 정서적으로 겁을 주며 접
　　근하였다.

　④ 장애인을 배려하자는데 '평가'라는 말을 왜 할까? 비약이 심하다. 이 두 문장
　　사이에 다리 놓을 문장이 많이 필요하다.

　⑤ '소외, 사회의 구성원'이 각각 어떤 의미로 쓰였는지 좀 더 설명해야 한다.

　⑥ '인간적 도리'가 무엇이며, '왜' 당연한 것인지?

　⑦ '바람직한 사회'라는 단어가 너무 막연하다. 교훈적 설교일 뿐이다.

4. ① 논의를 너무 넓혔다. 사고방식 또는 가치관을 이야기하는데 '땅, 경제적'을 논하
　　였다.

　② 땅에 묻는 것을 곧 조상 존중으로 보는 근거가 무엇인지?

　③ 근거가 부족하다. 농경민족이 아니면서도 땅에 시신을 묻는 나라도 많다. 또 농
　　경민족이 조상에게만 풍년과 안녕을 기원한 것도 아니다.

　④ 명당에 묻는 것이 어떤 의미를 지니는지 서술하여 이 문장과 연결해야 한다. 풍
　　수지리설을 언제 믿기 시작했는지를 말했으면 더욱 좋았을 것이다. 뒤 문장은
　　글의 흐름에서 벗어났다.

　⑤ 뭔가를 착각하였다. 불교에서는 시신을 주로 화장한다.

　⑥ 왜 그런지는 설명하지 않고, 흐름에서 벗어나 도덕적 설교만 하였다.

　⑦ 유교 사상과 매장이 관련 있다면 어떻게 관련 있는지 몇 문장을 더 서술하여야
　　한다.

5. ① 어떤 면에서 강한지? 그것이 규제와 무슨 상관이 있는지?

　② 무엇이 더 나으며, 그것이 규제와 무슨 상관이 있는지?

　③ 왜 그런지? 어떤 이익이 돌아오는지?

　④ 왜 그런지? 방종이 구체적으로 어떤 것인지? 그것이 얼마든지 규제해야 하는
　　이유가 되는지?

⑤ 너무 막연하다. 뒷받침 문장은 논거보다 더 구체적으로 서술해야 한다.

⑥ 무슨 말을 하려고 이 이야기를 꺼냈는지 모르겠다. 너무 멀리서 시작하였다.

⑦ 남에게 해를 끼치는 않는 한도가 어디까지인지? 왜 그런지? 무질서해진다고 보는 근거는 무엇인지?

6. ① 왜 수입에 의존하는지? 어떻게 커지는지?

② 너무 유치한 예를 들었다. 실제 이런 경우는 없다. 상상 속에서나 가능하다.

③ 용어의 혼란. 농사는 쌀이라는 생각으로 논의를 펼쳤다.

④ 모든 산업의 기본이라고 보는 근거가 무엇인지?

⑤ 비약이 심하다. 근거 없이 흥분하였다.

⑥ 비약이 심하다. 논의를 확장하였다. '농지, 농사' 이야기에 국한해야 한다. 공업 개발과 연결시켜 환경까지 가려면 수많은 다리가 필요하다.

⑦ '식량 모두'는 너무 극단적으로 상상한 것이다. 개인적인 생각일 뿐이다.

연 습 문 제 5

1. ①로 단정하고 ②로 뒷받침하였는데, 뒷받침하는 ②가 더 어렵다. 그래서 ②를 뒷받침할 문장이 필요하다. 말하자면 '어떤 이가 속한 사회의 정당 행위가 내면화되는 것'이 뭘 말하는지를 설명해 주어야 한다. 예를 들어 '② 양심은 어떤 사회에서 문화적으로 받아들일 수 있는 도덕적 행위가 학습을 통해 사람들의 내면에 자리잡은 것이다'처럼 뒷받침하여야 비로소 이해할 수 있다.

2. ①과 ④를 본론 각 단락의 논거로 잡아 놓고도, 그것을 제대로 뒷받침하지 못한다. 즉, ②는 ①을 뒷받침하기에는 너무 단순한 내용이다. ③은 '어쨌든 나쁘다'라는 식으로 막연하게 서술한 것이다. 다루어야 할 주제에 대하여 아는 것이 없으니까 조그만 사실을 크게 부풀려 언급하였다. ⑤~⑦도 ④를 뒷받침할 수 없는 내용이다. 뒷받침 부분이 미국의 언제 때 이야기인지? 근거가 있다 해도 설득력이 떨어지는 특수한 사례를 일반화하였다.

3. ①을 논거로 잡으려면 '열등감'이 왜 남을 괴롭히는 것으로 드러나는지를 뒷받침하여야 한다. 그런데도 ①을 뒷받침하지 않고 '시기한다, 미워한다'같이 미워하는 유형만 반복하면서 또 다른 논거를 덧붙였다. '왜' 괴롭히고, '왜' 시기하며, '왜' 미워하는지 뒷받침하는 문장이 없어 글 흐름에 비약이 심하다.

4. '문화'라는 용어를 모호하게 규정하였다. 또 이 글은 내용적으로 자기주장만 내세웠지, 근거를 대며 상대방을 제대로 설득하지 못하였다. 예를 들어 ③에서 '문화를 살펴보면 말초적인 것이 그 주류를 이룬다'고 단언하였으나, 그것을 뒷받침하지 않았다. 근거를 대지 않으려면 다른 사람을 많이 끌어들여야 한다. 예를 들어 '문화가 지금 말초적인 곳으로 흐른다고 한다(많은 사람들이 우려한다)'같이 서술해야 한다.

5. 논리적 근거를 대지 않고, ②에서 자신의 정서로 뒷받침하여 감정에 호소했다. 개인 경험을 여러 사람이 공감할 수 있게 '일반화'해야 했다. 이 글은 생활글이다.

6. ④를 논거로 삼아 ①~③에서 뒷받침하였다. 유치한 사례를 단순 나열하였다. 남을 설득할 수 있는 형이상학적 사례를 거론해야 한다.

7. ①을 논거로 삼아 직렬식으로 계속 뒷받침하였다. 글쓴이가 정작 ④를 말하려 한 것이 아니라, 직렬식으로 한 우물만 파다 보니까 거기까지 간 것이다.

8. ①이 논거인지, ②가 논거인지 알 수 없다. 문장마다 단정적인 서술어를 쓰면서 뒷받침하지 않고 나열하기 때문이다. 게다가 문학적 비유를 이용하여 상징적으로 표현하였다.

9. 한 가지 논거를 집중적으로 뒷받침해야 했다. 이 글은 여러 논거를 늘어놓았다. 특별히 깊이 있게 뒷받침하지 못하니까, 뻔한 이야기로 원고지를 채우면서 헤맨다. 문장 하나하나에 아무런 뒷받침이 없다. '어떤 이유도 대지 마라, 내가 그렇다면 그런 줄 알라'는 식이라 설득력이 떨어진다.

10. 처음부터 끝까지 자기 생각을 강요하였다. 문장 하나하나가 모두 논거로 독립할 수 있는 것들이다. 왜 그렇게 보는지를 짚지 못하고, 전진만 하였다. 거창하게 서술하는 것 같아도(①, ③, ⑤, ⑦) 제대로 깊이 있게 논의하는 것이 없다. 널리 알려진 사실에 불평하고(②, ④, ⑧) 흥분하고(⑥, ⑨) 막연히 훈계하였을(⑩) 뿐이다.

11. ①을 논거로 삼았으면 '성적, 왕따, 극성'에 대해 ②부터 뒷받침해야 한다. 그런 면에서 ②와 ③은 ①을 잘 뒷받침하였다. 그런데 ④에서 정서를 억제하지 못하여 안타까워하다가 ⑤에서 그런 현실을 개탄하고, 결국 ⑥에서 정부와 사회에 당부하고 끝냈다.

12. 이 글은 쓰는 이가 논거 없이 글을 '생각나는 대로' 더듬더듬 서술하였다. 글의 흐름이 없고 논리적이지 못하다. 뒷받침 문장이 없어 글을 읽을수록 궁금해진다. '다 드러내면 아무런 가치가 없다'고 주장할 수 있을까? 전통 윤리를 지키면 한국적이고 아름다워 보일까? 성적 책임과 성범죄 가속화가 관련 있을까? ②에서 '안정을 누렸다'고 해 놓고 '모든 면에서 그렇다는 것은 아냐'라는 생각이 드니까 변명 삼아 ③에서 '성적인 측면에서는 말이다'를 붙였다. 논리에 자신이 없다 보니 ②에서는 '~라고 본다', ③에서는 '~라는 말이다', ④에서는 '~이 아닌가 한다'로 서술하고 ⑤에 가서 이렇게 볼 수도 있고, 저렇게 볼 수도 있다고 서술하였다.

연 습 문 제 6

(세 문장 가운데 어떤 것을 말하려고 하느냐에 따라 뒷받침 내용도 달라집니다. 모범 답안에 있는 문장은 특별한 기준이 있어 선택한 것이 아닙니다.)

1. '② 어느 특정 종교의 종교인이 정치에 참여한다면 다른 종교의 반발이 클 것이다.' 왜냐하면 특정 종교의 교리를 정책에 반영할 것이라고 여기기 때문이다. 말하자면 다른 종교에서는 자기 종교가 설 수 있는 자리가 줄어드는 것으로 생각하기 쉽다. → 두괄식으로 뒷받침.

2. 인간은 교육을 받으면서 지적으로나 정서적으로 인간다워진다. 교육을 통해 그동안 축적된 문화를 이어받고 한편으로는 공동체 윤리를 배우기 때문이다. 따라서 '① 사람이 교육을 받지 않으면 짐승과 다름없다.' → 미괄식으로 뒷받침.

3. '① 왕따가 등장한 이유는 힘의 논리를 들 수 있다.' 우리 사회는 약자를 거의 배려하지 않고 살아왔기 때문이다. 산업화 이후 어느새 '강한 것이 아름다운 것'이라는 풍토가 뿌리를 내렸다. 다시 말해 경쟁 사회의 논리가 왕따를 부추긴 셈이다. → 양괄식으로 뒷받침.

4. '① 환경에 따라 문화가 달라진다.' 그 문화에 주어진 공간적, 시간적 여건이 각각 달라졌기 때문이다. 즉, 같은 문화에서 한때는 가치 있는 것으로 여겼던 것도 시대가 바뀌면 의미가 달라지기 쉽다. 예컨대 우리나라에서는 과거에 '남존여비'를 미덕으로 여겼으나, 지금은 '평등한 인간관계'로 바뀌었다. → 두괄식으로 뒷받침.

5. '② 한 집에 한두 자녀가 있을 뿐이라서 아이들이 자기만 중요한 사람으로 생각하는 편이다.' 한때 유행었던 '왕자병, 공주병'이라는 단어가 그런 사실을 잘 지적해

준다. 이것은 아이들이 자기가 귀하게 자란 만큼 남들도 그 집에서 귀하게 자랐을 것이라고 생각하지 못하기 때문이다. → 두괄식으로 뒷받침.

6. 청소년은 시기적으로 부모한테서 독립하려는 의지가 강하다고 한다. 그런데다 또래 친구는 인간관계가 수평적이고 심신의 변화를 비슷하게 느끼며 생활하는 사람이다. '③ 그래서 청소년들은 대부분 부모보다 친구를 대화 상대로 삼는다.' → 미괄식으로 뒷받침.

7. '② 그리고 우리 사회가 감당하기 힘들 만큼 빠르게 변한다.' 유행의 변화가 심하고 어제의 기준이 오늘날 새로운 기준으로 대체되었다. 예를 들어 '은근, 끈기'를 미덕으로 삼던 우리가 어느새 '빨리 빨리'를 더 높은 가치로 치며 산다. → 두괄식으로 뒷받침.

8. '① 우리나라 교육열은 다른 나라에서 인정할 정도로 높은 편이다.' 전체 국민에서 고등학교 졸업 이상 인구가 차지하는 비율이 세계에서 가장 높다고 한다. 다시 말해 자녀를 좀 더 많이 가르치려는 풍토를 다른 나라 사람들은 신기한 눈으로 본다는 것이다. → 양괄식으로 뒷받침.

9. '① 창조론이 종교적 배경을 둔다고 해서 신빙성이 없다고 하는 것은 개인적 판단일 뿐이다.' 종교적으로 믿어 온 일들이 역사적 사실로 드러난 일도 많기 때문이다. 즉, 창조론에 종교적 신념을 결부시키면 편견과 선입관으로 판단하기 쉽다. → 두괄식으로 뒷받침.

연 습 문 제 7

1. ③ : ①을 ②로 뒷받침하다가 '혹시 지나치면 어떡하지' 싶어 그 부분도 짚고 넘어갔다. 말하자면 자기 의견을 계속 뒷받침하기에도 바쁜데, 지엽적인 부분에 매달렸다.

2. ②~④ : ①을 뒷받침하지 못하니까, 스스로 묻고 대답하다가 나중에 제자리를 잡았다.

3. ③과 ④ : '우리말을 아껴야 한다'고 주장하다가, 그렇지 못한 사람들이 대부분 배운 사람들이었다는 생각이 들자, 그 사람들에게 한마디 하고 싶었다.

4. ①과 ④ : 군더더기이다. ①을 빼고 그냥 '부정적 측면으로는 ~하는 것을 들 수 있다'로 시작하면 된다. ④에서 읽는 이를 가르치려고 한다. 쓰는 이는 논리를 펼치고, 상대방에게 맡겨야 한다.

5. ②와 ③ : ①이 논거이면 ①을 뒷받침해야 하는데, ④에 가서 원점 ①로 돌아왔다. ②와 ③에서 갑자기 '법'이 나오면서 비약하더니 '돈이 많아 부자이고, 부자니까 돈이 많다'는 식으로 오류에 빠졌다.

6. ①~③ : 논거는 ④번 문장이다. 말하자면 ①~③에 반대쪽 사람들의 논리를 거론하고 뒤에서 '반박하겠다'는 것이다. 그런데 반박하지 못하였다. ④를 뒤에서 제대로 뒷받침하지 못하니까, 오히려 그쪽 주장이 '당연하다'고 ②에서 시인하였다.

연 습 문 제 8

1. 동의
2. 동의
3. 동의
4. 대립
5. 대립(4에는 동의)
6. 동의

연 습 문 제 9

1. 당선시키지 않을 수 없다. / 당선시키지 않으면 안 된다.
2. 그것은 남의 일이 아니다.
3. 친구 사이에서 소외되지 않을 수 없었다. / 친구 사이에서 소외될 수밖에 없었다.
4. 중심을 잘 잡지 않으면 성공하지 못한다.
5. 현대인은 정보에 빠지지 않고 살기가 어렵다.
6. 사람들은 인문학을 소중하게 보지 않는다.
7. 한국은 명문대에 진학하지 않으면 인생을 보장 받지 못한다.

연 습 문 제 10

1. 심성이 반듯하지 않은 이를 사람들은 좋아하지 않는다. / 심성이 반듯하지 않은 이를 사람들은 싫어한다. / 사람들이 싫어하는 사람은 심성이 반듯하지 않은 이다.
2. 남북이 서로 평화롭게 살면(사랑하면, 사이좋게 지내면) 좋겠다.

3. 맹자는 도덕보다 돈을 앞세우지 않았다. / 도덕보다 돈을 앞세웠다면 맹자가 아니다.

4. 어떤 사람이 사법부를 질타하려 하지 않았다면 석궁을 쏘지 않았다. / 어떤 사람이 석궁을 쏘지 않았다면 사법부를 질타하는지도 몰랐다.

5. 역량을 집중하지 않으면 선거를 치르지 못한다. / 선거를 치르지 않으려면 역량을 집중하지 않아도 된다.

연 습 문 제 11

1. 게다가, 심지어 → '그리고'를 계속 덧보태면 단조롭다.

2. 그래서(당연히, 다시 말해), 심지어

3. 그러나(반면에, 하지만, 그렇지만), 앞으로는(결국, 언젠가)

4. 다행히(하지만, 그러나)

5. 언젠가(뒷날, 그러면)

연 습 문 제 12

(모범 답안 생략) 다른 친구들에게 채점을 부탁하세요. 서너 명이 함께 연습하고 바꾸어 채점하면 더욱 좋습니다. 평가 결과가 모호하면 친구들끼리 다수결로 '상중하'를 판단해도 됩니다.

연 습 문 제 13

(모범 답안 생략) 원고량을 맞춘다는 것은 문장 수를 비슷하게 조절한다는 것이니, 먼저 각 단락의 문장 수를 세어 보세요. 두 단락의 문장 수가 비슷하면, 뒷받침이 잘 되었는지 친구에게 채점을 부탁하세요.

연 습 문 제 14

잘 안 되면 문제를 다른 종이에 복사하고, 각 문장을 오려서 이리저리 짝을 맞추어 보세요. 자기가 쓴 글을 다시 확인하여 재구성할 때도 이 방식을 이용해 보세요. 글 전체를 조감하기 쉽습니다.

1. ①-②-④-⑥, ③-⑤-⑦

2. ①-③, ②-④

3. ①-②-④, ③-⑤-⑥

연 습 문 제 15

1. 나   사회는 혼자 살 수 없는 곳이야.

   친구 혼자 살 수 없는 곳이라고?

   나   그럼, 사회는 여러 사람이 조화를 이룰수록 잘 돌아가거든.

   친구 조화를 이루다니?

   나   기계에서 크고 작은 톱니바퀴가 서로 맞물려 돌아가는 것처럼 말야.

   친구 아, 그렇구나.

  → 사회는 혼자 살 수 없는 곳이다. 사회는 여러 사람이 조화를 이룰수록 잘 돌아
     가기 때문이다. 예컨대 기계에서 크고 작은 톱니바퀴가 서로 맞물려 돌아가는
     이치와 같다.

2. 나   일본을 이성적으로 보아야 해.

   친구 이성적으로 보다니?

   나   (예를 들어) 일장기를 불태우는 것은 너무 충동적이야.

   친구 충동적이면 어때?

   나   (만약에) 충동적으로 행동하면, 국제 사회에서 우리를 이해하지 못할걸.

   친구 이해하지 못하면?

   나   (말하자면) 결정적인 순간에 국제 여론이 일본 쪽으로 기울기 쉽다는 것이지.

   친구 그게 어쨌다고?

   나   (다시 말해) 잘못하면 우리만 손해 보는 일이 생긴단 말이야.

   친구 아, 그렇구나.

  → 우리는 일본과 관련해 이성적으로 대처해야 한다. 충동적으로 행동하면 국제
     사회에서 우리나라를 이해하지 못할 것이다. 그러면 결정적인 순간에 국제 여론
     이 일본 쪽에 유리해지면서 결국 우리만 손해를 보게 될 것이다.

3. (여기부터는 한 문장만 보탰습니다.)

  • 왜냐하면 내가 다른 사람에게 겸손한 만큼 상대방도 나에게 겸손할 것이기 때
    문이다.

  • 겸손해야 많은 사람들과 관계가 원만해지고 인정받을 수 있기 때문이다.

  • 자기를 버리고 남을 배려하는 것이야말로 가장 아름답게 사는 것이기 때문이다.

  • 겸손이란 자기를 낮추고 남을 배려하는 행위이다. → 그게 어쨌다는 것인지 좀
    더 뒷받침해야 한다.

  • 잘난 척하는 사람들을 사람들이 대부분 싫어하기 때문이다.

4. • 떨어져 살면서 서로 그리워하는 가족들이 너무 많기 때문이다.

• 남북이 각자 지닌 역량을 모아 민족 발전에 쓸 수 있기 때문이다.

• 그래야 남북이 함께 쓸 수 있는 공간을 충분히 확보할 수 있다. → 어떤 공간?

• 그래야 한 나라, 한 민족이라는 의식을 회복할 수 있다. → 민족의식을 회복하는 것이 어떤 의미인지?

5. • 협력하는 것이 훨씬 인간을 인간답게 하기 때문이다. → '인간답게'를 좀 더 설명하는 문장을 덧보태야 한다.

• 철학자들은 인간을 사회적 동물로 규정하면서 혼자 살 수 없다는 것을 오래전부터 강조하였다. → 왜?

• 어려울 때 돕고 기쁨을 함께 하면 외로움에서 벗어날 수 있기 때문이다.

• 인간은 화합하며 살아가는 공동 운명체이기 때문이다.

• 혼자 살면 사회나 가족이 아무런 의미가 없기 때문이다. → 왜 의미가 없는지?

6. • 국토는 그 나라 국민이 더불어 사는 곳이기 때문이다.

• 어느 계층이 독점하게 되면 다른 계층의 기본 권리를 침해하기 쉽다. → 기본 권리가 어떤 것인지?

• 다른 계층도 그 땅을 이용할 수 있는 권리가 있다. → 어째서 그런지?

• 부익부 빈익빈이 점점 깊어지게 될 것이다. → 그렇게 보는 근거는?

7. • 인간은 수단이 아니라 목적이 되어야 하기 때문이다. → 인간이 수단이 된 예를 들어야 한다.

• 예컨대 늘씬한 여성이 짧은 치마를 입고 광고하는 것은 승용차나 휘발유 판매와 아무런 상관이 없다.

• 즉 여성은 인간이지, 가지고 노는 물건이 아니다.

• 여성을 상품화하면 그 후유증이 남성에게도 돌아가기 쉽다. → 어째서 그런지?

8. • 그 시대가 요구하는 기준도 수시로 바뀌기 때문이다.

• 한 나라의 기준이 다른 나라에서 통하지 않는 경우도 많다.

• 예를 들어, 어느 사회나 살인을 용납할 것 같지 않지만, 경우에 따라서는 정당방위로 인정한다.

• 사는 방식이 바뀌어 옛날 기준을 오늘날에 적용하기 힘든 것이 많기 때문이다.

9. • 왜냐하면 지금은 신분에 따라 기회가 주어지는 중세 사회가 아니기 때문이다.

 • 출발이 불공평한 사회를 정의로운 사회라고 할 수는 없다. → 왜?

 • 기회를 주지 않아 어느 일을 시도하지 못한다는 것은 그 사회의 불행이기도 하다. → 왜?

 • 성, 나이, 신분에 따라 기회가 달리 주어진다면 공평하다고 볼 수 없다.

 • 다시 말해 민주 사회가 추구하는 평등이란 기회 균등을 의미하기 때문이다.

10. • 어느 점에서는 그 반대의 경우도 아주 많기 때문이다.

 • 오히려 동양적 사고가 서양식 사고보다 못한 경우도 많다. → 그런 예를 구체적으로 들어 설명해야 한다.

 • 어떤 면에서는 동양이 서양한테서 배우는 것도 많았다. → 예를 든다면?

 • 나라마다 다양한 모습을 지니고 있는데, 흑백논리에 따라 둘로 가른다는 것은 오류이기 쉽다.

11~29. (모범 답안 생략) 시간 여유가 있는 대로 연습하고, 가까운 사람에게 채점을 부탁하세요. 특히 이곳에 있는 문장은 시험에 자주 등장하는 것들입니다. 한 번씩 친구들과 이야기해 보세요.

연 습 문 제 16

(모범 답안 생략) 문장 어느 곳을 강화하여 괄호 안 단어와 연결할 것인지, 또는 괄호 안 단어를 어떻게 강화하여 문장과 연결할 것인지를 고민해야 합니다. 대개는 괄호 안 단어에서 출발하여 문장과 연결하는 것이 쉽습니다.

7장
서론 단락 쓰기

연 습 문 제 1

1. 문학적인 글로, 생활글을 썼을 뿐이다. 서술어가 너무 단정적이다. 모두 도입 문장이다.

2. 나는 다 알고 있다는 식이며, 다른 사람을 깔본다. 한심스러운지 아닌지는 읽는 이가 판단한다. '검토해 보자'를 '검토하고자 한다' 정도로 바꾸자. ①은 도입 문장, ②와 ③은 군더더기. ④의 뒷 부분만 문제 제기.

3. 왕따가 나쁜 것이면 본론에 논거를 대고 결론에서 주장하면 된다. 판단은 읽는 이가 한다. 그런데도 서론부터 자기주장을 강요하고, 개인 정서를 드러냈다. 신문 사설처럼 읽는 이를 훈계하려고 쓴 글이다. ①은 도입 문장. ②와 ③에 있는 정서적인 단어를 빼면 도입 문장. ④의 앞 부분만 문제 제기.

4. 한 말을 반복한다. 군더더기가 많아 장황하다. ①이 도입이라면 점점 범위를 좁혀서 ④로 연결해야 한다. 서론은 넓게 시작하여 좁게 마무리하는 것이 좋다.

5. 미래라는 말에는 무조건 '진보, 발전'을 붙여도 좋은지? 모두 빼야 한다. 지금 대가족 제도에서 핵가족 제도로 변하였는데, 앞으로 !어떻게 변할 것인지 알아보자는 내용이다. 방향은 잘 잡았으나 좁은 곳에 많은 내용을 담으려다 보니 문장과 문장의 연결이 거칠다. 너무 넓은 곳에서 출발하였다. ①과 ②를 빼고, ③에서 출발하여(도입) ③을 좀 더 깊이 있게 다루고(전개) ④로 넘어가는 것이 좋겠다(문제제기).

6. 논거 없이 멋있게 쓰려고만 한다. 서론에서 ③과 ④만 인과 관계로 연결되었다. 나머지 문장은 전혀 연결이 안 되는데 '그 결과, 그러나'로 연결하면서 문장 간 비약이 심하다. ①과 ③을 빼고, ②에서 출발하는 것이 좋겠다.

7. 서론 서술어가 지나치게 단정적이다(필연 서술어). 개연 서술어로 처리하여 가볍게 출발해야 한다. ④에 있는 '다행히'는 개인 정서를 담은 어휘이다.

8. 서론에 제시문 내용을 너무 많이 담았다. 장황하다. 내용을 담지 말고, 함축적 의미를 정리하여 일반적 진술로 간단히 정리한다. 즉, ⑥에서 현상과 본질을 언급하였으니, 그 앞에 있는《혼불》내용을 다 빼고 '《혼불》에는 현상과 본질을 일치시킨 사람과 현상과 본질은 별개라는 사람이 등장한다'(도입)처럼 간단히 정리하는 것이 좋겠다.

9. ⑤가 앞으로 논의할 방향을 언급한 문장이다(문제 제기). 그 앞에 있는 문장은 너무 모호하고 장황하여 뭘 말하려는지 알 수 없다. 쉬운 것을 어렵게 썼다. 견문을 보태 구체적으로 드러내는 것이 좋다. 즉 어떤 사건, 일화, 속담을 이용하면 읽는 이가 쉽게 이해할 수 있다.

10. 논의 방향을 알 수 없다. 쓰는 이가 결론 주장을 정하지 않고 서론을 시작한 탓에 방황하는 것이다. 쓰는 이가 헤매면 읽는 이는 더 알 수 없다. 집에서 학교로 가는 수단이 다양하다며 그것을 구체적 사례로 든 것은 너무 유치하다.

11. ①에서 ④까지 다양한 역할을 설명하려고 했다. 제시문 내용까지 집어넣어 너무 장황하다. 예시 하나로도 충분히 설명할 수 있다. 정작 뭘 논의하려는지 방향을 보여 주지 못했다.

12. 가치 판단을 지나치게 단정적으로 하였다. 편견이 드러났다. 서론 단락에 서론−본론−결론 성격의 문장이 섞였다. 논증의 큰 틀을 보지 못하고 의욕이 앞서서 서론에 모든 견해를 담았기 때문이다.

연습문제 2

1. '우리말과 외래어'를 다루어야 하는데, '맞벌이, 외식 문화'에서 출발하였다. 너무 멀리서 시작하였다. ④에서 출발하는 것이 좋겠다(도입). ⑤가 문제 제기 문장.

2. 가볍게 '외국 위인전은 재미있는데, 우리 위인전은 외면당한다' 정도에서 출발해야 했다. 어떻게 외면당하는지 구체적 실태를 언급하면 된다. 그런데 ①에서 어느 출판사 출간 계획, ③에서 근래 학생들의 독서 실태를 거론하였다. 관련이 적은 내용이다. ④는 본론에서 다루어야 할 논거.

3. 서론 단락이 다 끝나도 무엇을 이야기하는지, 본론에서 무엇을 논의할지 모르겠다.

이 글은 본질에 접근하지 않고 헤매는 글이다. '사형' 이야기를 '죽음, 범죄'와 관련
짓고 생명을 이야기하다가, 갑자기 '인간 수명, 과학 발전, 존엄성, 본성 순수, 해맑
은 미소, 구렁텅이'를 언급하였다. 모두 도입 문장이다.

4. 지식인과 사회의 관계를 언급하려고 개인과 사회를 이야기한다는 것이 너무 장황
해졌다. ②~④는 결론에 가서 할 말이다. ③은 ④에서 언급하였으니 빼야 한다. 비
유법을 쓰지 말아야 한다. ⑤~⑦은 본론에 쓸 말이며, 함축적인 문장으로 간단히
처리해야 한다. ④는 문제 제기 문장.

5. 서론 방향을 잘 잡았다. 그러나 너무 멀리서 출발하였다. 요즘 세태를 예로 들어야
읽는 이가 구체적으로 느낀다. ①과 ②를 빼고 ③에서 시작하는 것이 좋겠다. ④는
문제 제기 문장.

연 습 문 제 3

1. 도입 : ① ②   전개 : ③ ④   문제 제기 : ⑤

2. 도입 : ① ②   전개 : ③ ④ ⑤   문제 제기 : ⑥

3. 도입 : ① ② ③   전개 : ④ ⑤   문제 제기 : ⑥

4. 도입 : ① ② ③   전개 : ④   문제 제기 : ⑤

5. 도입 : ① ②   전개 : ③   문제 제기 : ④

6. 도입 : ①   전개 : ② ③   문제 제기 : ④

7. 도입 : ①   전개 : ② ③ ④ ⑤ ⑥   문제 제기 : ⑦

8. 도입 : ②   전개 : ③ ④   문제 제기 : ① ⑤ ⑥

연 습 문 제 4

1. '체력은 국력' 같은 말을 인용하며 시작한다. / 최근 스포츠계의 한중전, 한일전 열
풍을 소개한다. / 대학 코치가 심판을 매수한 과정, 생활 체육 활성화, 어느 노인의
육체미, 운동 시합 중 폭력 사태 따위를 거론하며 시작한다.

2. '권위'를 정의한다. / 법정 스님, 김수환 추기경을 언급하거나 예술의 대가, 장인(달
인)을 소개한다. / 존경받던 사람이 추락한 사례를 소개한다. / 패륜 범죄를 거론
한다. / 인기 순위 같은 통계를 이용하여 사람들이 좋아하는 실태를 이야기하며
시작한다.

3. 님비를 정의한다. / 이익 집단이 갈등하는 실태를 거론한다. / 원자력 발전 폐기물 처리를 두고 갈등한 사례를 거론한다. / 산업 사회가 등장하면서 첨예해졌다는 것을 설명한다. / 다수가 소수를 배려하지 않는 사례를 소개한다. / 공존하는 윤리가 미숙하였던 사례를 이야기한다. / 우리 사회 연고주의 풍토를 거론한다.

4. 경찰과 시위대의 대치를 소개한다. / 노사 충돌을 소개한다. / 정부가 법질서, 공공질서를 강조한다고 이야기한다. / '법, 폭력, 공권력, 정당방위' 따위를 정의한다. 4·19 혁명이나 5·18 광주 민주화 운동을 소개한다. / 이스라엘과 팔레스타인의 갈등을 소개하거나 간디 이야기, 레지스탕스, 국가 폭력에 저항하는 영화 또는 드라마를 소개한다.

5. 외국인 노동자 유입 현황, 통계, 생활 실상을 소개한다. / 삼디(3D) 업종, 노동력 부족 상황을 언급한다. / 과거 우리나라 사람의 외국 취업 사례를 거론한다. / 아메리칸 드림, 코리안 드림을 설명한다. / 동남아시아의 한국 취업 열풍을 소개한다. / 인권 침해와 사회 문제를 밝힌다.

6. 오보 사례를 거론한다. / 언론의 영향력과 의미를 구체적으로 밝힌다. / 진실성과 선정성 또는 상업성의 구체적 사례를 거론한다. / '사회의 거울, 제4부'라는 말을 정의한다. / 곡필과 편파성의 사례를 지적한다.

연 습 문 제 5

1. **(모범 답안 생략)** 본론에서 심리적, 사회적으로 원인을 살펴보고 결론을 구상해야 한다. 만약 결론에서 '청소년의 소외감을 덜어 주고 더불어 사는 가치를 찾아주어야 한다'고 주장하였다면 서론에서는 '소외, 고독'을 다루어야 한다. 통계를 인용하거나, 청소년을 정의하거나, 세태의 절망적인 현실을 드러내거나, 뒤르켐의 자살론을 소개한다.

2. **(모범 답안 생략)** 기부금 입학을 반대하는 것이 좋다. 학력을 돈으로 거래하는 것이기 때문이다. 그러면 본론에서 기부금 입학의 문제점을 거론할 테니까, 서론에서는 찬성론자들의 주장을 소개하는 것이 무난하다. 예를 들어, 그 돈으로 학생들에게 장학금을 줄 수 있다고 소개한다. 또는 기여 입학을 소개하고 기부금 입학과 다르다고 언급한다. 어떻게 다른지는 본론에서 설명한다. 우리 사회가 학벌을 대단하게 여기는 풍토, 가짜 박사 학위를 해외에서 사 온 사례를 소개하여도 좋다.

3. **(모범 답안 생략)** 양심선언을 정의하거나 김용철 변호사의 삼성 비리 폭로 같은 사례를 소개한다. 결론에서 양심선언 제도화에 찬성하면 본론에 당연히 장점을 논의할 테니까, 서론에서는 양심선언을 부정적으로 보는 관점을 드러낸다. 예를 들어, 유교 사회에서는 아는 사람의 부정부패를 폭로하는 것이 쉽지 않다는 점을 이야기한다. / 서구의 제도화 사례를 소개한다.

4. **(모범 답안 생략)** 생산의 3요소(기술, 노동, 자본)를 소개한다. / 성공적인 노사 사례, 정부가 공권력을 투입하여 파업이 무산된 사례를 언급한다. / 삼성그룹의 '무(無)노조 경영 방침'을 거론한다. / 선진국에서는 경찰이 파업한다고 이야기한다. / 사용자의 이윤 극대화와 노동자의 정상적인 삶이 어떻게 부딪치는지 구체적으로 밝힌다.

5. **(모범 답안 생략)** 최근 가장 활동적인 팬클럽을 소개한다. / 오빠부대를 정의하거나 실태와 역사 따위를 드러낸다. / 결론에서 긍정적으로 보겠다고 주장하면 서론에서는 부정적으로 보는 사람들의 생각을 정리한다. 예를 들어 '상업적으로 계산된 욕망을 부추긴 것이다. 집단 최면 상태에 빠진 것이다. 유행에 열광하는 미숙한 소비 패턴이다. 대리 만족과 획일성이 특징이다' 따위를 담는다.

6. **(모범 답안 생략)** 본론에서 사회적 원인을 낮은 인식과 낮은 대우로 보면, 결론에서 좀 더 제대로 봐주고 제대로 지불하자고 주장해야 한다. 그러므로 서론에서는 삼디를 정의하거나, 삼디 직업을 구체적으로 소개하거나, 실업자가 넘치면서도 삼디 업종에 일손이 귀해졌다는 것을 구체적으로 드러낸다. / 외국인이 한국 삼디 업종에 종사하여 몇 년 만에 가난에서 벗어났다는 사례를 소개한다.

결론 단락 쓰기

연 습 문 제 1

1. 답안지를 새것으로 바꿔 주세요.

2. 아침에 운동을 해서 살을 빼야 한다.

3. 다수가 다수결(힘)에 매달려서는 안 된다. / 다수는 소수와 협상해야 한다. / 다수는 소수를 배려해야 한다.

4. 이민을 긍정적으로 보아야 한다. / 이민자의 선택을 존중해야 한다.

5. 복지는 낭비가 아니다. / 복지는 국가의 의무이다. / 국가는 복지 제도를 확충해야 한다.

6. 비판을 두려워해서는 안 된다. / 비판을 긍정적으로 보아야 한다.

7. 장애인 복지를 국가가 배려해야 한다. / 장애인을 제도적으로 지원해야 한다.

8. 국가가 불법 고발 포상금 제도를 시행해서는 안 된다. / 민주주의는 결과보다 과정을 중시해야 한다.

9. 악법은 법이 아니다.

10. 영어를 공용어로 채택해서는 안 된다. / 영어 공용어 지역을 지정해서는 안 된다.

11. 과거를 외면하여서는 안 된다. / 과거를 바로잡지 않으면 미래도 없다. / 역사는 결과보다 과정을 중시해야 한다.

12. 각 대학교를 특성화해야 한다. / 대학교를 평준화해야 한다.

13. 여론(통계)은 왜곡되기 쉽다. / 의도적으로 여론을 왜곡할 수 있다. / 통계를 믿을 수 없다. / 통계는 해석하기에 달렸다.

14. 대중이 현실을 인식하는 데는 시간이 걸린다. / 비판을 대중화하기가 쉽지 않다. / 대중은 고통을 겪어야 현실을 인식한다.

연 습 문 제 2

1. 전망 동의 : 그래야만 양성이 인격적으로 만나는 사회가 될 것이다.

    전망 대립 : 그렇지 않으면 자신을 가둔 편견에서 벗어나지 못한다.

2. 전망 동의 : 그래야만 서로 협력하여 상승세(시너지)를 일으킬 것이다.

    전망 대립 : 그렇지 않으면 갈등이 증폭되어 결국 모두 패배자가 될 것이다.

3. 전망 동의 : 우리 사회가 성숙해질수록 이 현상은 더 증폭될 것이다.

　　전망 대립 : 나 이외의 것에 무심하면 현대 사회에서 고립되기 쉽다.

4. 전망 동의 : 댓글 문화가 자리 잡으면서 이웃을 좀 더 소중히 여길 것이다.

　　전망 대립 : 댓글을 부정하는 것은 성숙한 사회로 가는 길을 막는 것이다.

5. 전망 동의 : 그래야 좋은 관계를 만들고 학생이 인격체로 성장할 수 있도록 배려할 것이다.

　　전망 대립 : 그렇지 않으면 인간관계가 끊어지면서 나쁜 교사로 기억될 것이다.

6. 전망 동의 : 그래야 서로 믿고 사랑이 깊어질 것이다.

　　전망 대립 : 그렇지 않으면 영원히 그 간극을 메우지 못하고 후유증에 시달릴 것이다.

연 습 문 제 3

1. 도입 : ①　　　　전개 : ②　　　　주장 : ③　　　　전망 : ④ ⑤

2. 도입 : ②　　　　전개 : ③　　　　주장 : ① ④　　　전망 : ⑤

3. 도입 : ①　　　　전개 : ②　　　　주장 : ③ 앞쪽　　전망 : ③ 뒤쪽

4. 도입 : ① ②　　　전개 : ③ ④　　　주장 : ⑤　　　　전망 : ⑥

5. 도입 : ①　　　　전개 : ②　　　　주장 : ③　　　　전망 : ④ ⑤

6. 도입 : ① ②　　　전개 : ③　　　　주장 : ④　　　　전망 : ⑤

7. 도입 : ①　　　　전개 : ②　　　　주장 : ③　　　　전망 : ④

8. 도입 : ① ②　　　전개 : ③ ④　　　주장 : ⑤ ⑥　　　전망 : ⑦

연 습 문 제 4

1. 하고 싶은 말(주장)을 분명히 드러내지 않았다. 맥락으로 미루어 알아서 판단하라고 한다.

2. ①에 '완전한 상태의 결합, 2세의 탄생이 자연스럽다'가 있고, ②에 '심각한 문제', ③에 '뿌리까지 치료'라는 말이 있다. 이 단어들이 너무 막연하다. 무엇을 말하려고 하는지 알 수 없다. 주장이 없는 것과 같다. '2세의 탄생이 자연스럽고 건전하다'는 '두 사람의 인간적 만남을 통해 2세가 축복 속에서 태어날 것이다'처럼 구체적으로 서술해야 한다. 부부가 아니거나 사랑하지 않으면서도 성 관계를 맺는 사회도 있으나(문화 차이, 관점 차이, 도덕 차이) 아직 붕괴하지 않았다. 이 글은 '일반화 오류'에 빠졌다.

3. '위에서 살펴본 바와 같이'는 상투적이다. '따라서, 그러므로'로 바꾸자. 본론이 허술하면 결론에 구체적인 주장을 담지 못한다. '이 나라'가 어떤 나라인지? '정치 발전, 정직한 민주주의 정의 실현'과 국민이 정책을 결정하는 것이 무슨 관계가 있는지? 멋있게 쓰려고 한다. '바람직한 방향'이 어떤 방향인지? 결론에서 구체적인 진술 없이 막연하게 끝냈다. 대충 마무리하였다.

4. 분위기로는 사형 제도를 반대한다. 그러나 태도를 분명히 드러내지 못하였다. ①~③은 모두 본론 논거로 쓰일 수 있는 문장이다. 논증의 큰 틀 잡기에 실패하였다.

5. 근본적으로 해결하라고 네 가지 대책을 ②~⑤에 언급하였다. 그렇다면 본론도 네 단락으로 서술하였을 텐데, 깊이 있게 언급하지 못하였을 것이다. 본론이 네 단락이 아니었다면 네 가지 대책 가운데 나머지는 결론에 와서 갑자기 등장한 말일 것이다(비약). 즉, 본론에서 '복지, 평등'을 다루었다면 ③에서 갑자기 '의식 개혁'이 나오는 것으로 미루어 ③ 이후는 애국적이고 도덕적 내용으로 덧붙인 것이다. 본론과 결론이 따로 논다.

6. 결론의 방향을 잘못 잡아 실패하였다. 성형 중독을 사회 탓으로 보아야 했다. 그런데도 대중매체를 이용하여 사람들을 계몽하자고 마무리하였다. 왜곡된 인간상에서 벗어날 수 있도록 대중매체를 강화하여 사람들을 대중매체의 노예로 다시 만들자는 것이다. 말하자면, 체벌을 없애자면서 체벌이 나쁘다는 것을 깨닫게 그 사람을 체벌하자는 논리와 같다. 글쓴이가 개인을 바로잡아야 사회가 바뀌는 것으로 보는 바람에 실패하였다.

7. 문학적 비유로 마무리하였다. 결론 단락에서 유효한 단어는 '능동적 참여, 분별력'뿐인데, 왜 그래야 하는지를 본론에서 제대로 논의하지 못했을 것이다. 그리고 다시 본론에 서술한 실태(현황)를 반복해야 하니까 어휘를 '구렁텅이, 넝쿨, 장미, 쓰레기더미' 같은 비유로 처리하였다. 논증의 큰 틀을 제대로 구상하지 못했다.

8. 결론 단락이 세 문장인데, ①과 ②에서 글 전체의 내용을 요약하였다. ③은 읽는 이에게 당부하는 말이다. 세 문장이 모두 없어도 된다. 본론에서 할 말을 다 끝냈으므로 이곳에서는 대충 마무리한 셈이다. 따라서 본론에 있는 바람직한 삶의 자세 부분을 따로 모아 결론 단락에서 정리해야 했다. 서술어 '바란다'도 훈계하는 말이므로 채점자에게 쓸 말이 아니다.

연 습 문 제 5

1. 뭘 묻는지 모른다. 본론에 사회적 원인을 썼으면 대책도 사회적인 것이어야 한다. 놀이 시설 같은 여건을 살펴보라는 것이 아니다. 본론에서 사회적 원인을 제대로 언급하지 못하니까 결론에서도 '힘이 없는, 미래가 밝을 수 없는, 심각한'처럼 모호한 말로 처리하였다.

2. 본론 단락에는 교육 현실 중에서 문제점을 거론하되, ③으로 미루어 '자율, 조화'가 없는 교육을 거론해야 한다. 그런데 ②에서 노장에서 힌트를 얻었다고 하였다. 즉, ③은 본론 내용과 상관없이 결론 단락에만 있는 주장이다. 그러므로 본론과 결론이 따로 놀았다(일관성을 잃었다). ③에서 '우리의 삶의 질을 향상'은 쓸데없이 등장한 말이다(비약).

3. 주장 방향이 잘못되었다. 본론에서 민족주의의 폐해 또는 다양한 사회의 장점을 다루고, '민족주의'를 버리자고 주장해야 한다. 민족주의 태도는 '적당히, 지나치게' 취할 수 있는 것이 아니다.

4. ①은 원인을 요약한 것이고, ②는 문제점을 요약한 것이다. ③을 대책으로 정리하였다면 대책이 없는 것과 같다. '잘해 보자'는 정도에 지나지 않는다. 차라리 가치 판단으로 끝내는 것이 낫다. 즉, '인터넷 언어 폭력은 익명성에서 비롯하였다'를 주장 문장으로 삼아야 했다. '컴퓨터를 켜다'는 문학적 비유이므로 좋지 않다.

5. 앞에서 루소 사상의 장점과 단점을 알아보았으니, 바람직한 교사는 그 장점을 살리고 단점을 보완하는 교사일 것이다. 그래서 바람직한 교사는 ①에서 '학생 중심'으로 교육하되 '현실'을 고려해야 한다는 것이다. 그런데 ③~⑤는 말 나온 김에 계속 당부한 것이다. 다 빼야 한다. 논의하지 않은 충고를 느닷없이 나열하였다(비약). ⑥은 군더더기이다. ⑦에서 갑자기 '학교'가 등장하였다.

6. 주장 문장은 ⑥, ⑦, ⑨로 인류가 자연과 공존해야 한다는 것이다. ①과 ②는 결론 단락 도입 문장, ③~⑤는 전개 문장이다. ⑧과 ⑩은 군더더기 문장이다. 제시문은 함축적으로 이해하고 버려야 한다. 그런데 계속 결론 단락에 올 때까지 제시문을 반복하거나, 문학적 비유로 이용하였다. 결론 단락이 장황하다. 좀 더 간결하게 줄여야 했다.

연 습 문 제 6

1. (주장) 절대 의지가 있다. **(전망)** 그래서 인간의 삶이 아름다울 것이다.

2. (주장) 순기능을 살리고 역기능을 개선해야 한다. / 학교가 개인과 사회의 걸림돌이 되어서는 안 된다. / 학교는 개인의 창의력과 자아 실현을 도와야 한다. / 학교가 개인과 사회의 발전을 이끌 수 있어야 한다. **(전망)** 그래야 사회와 학교가 상생할 것이다. / 그렇지 않으면 그 후유증을 감당하기 어려울 것이다.

3. (주장) 우리나라는 더 이상 아시아를 경제적 수단으로 여겨서는 안 된다. / 우리나라는 아시아를 국제 사회의 동반자로 여겨야 한다. / 다른 나라에 일방적 희생을 강요해서는 안 된다. **(전망)** 그렇지 않으면 나중에 국제 사회에서 고립될 것이다. / 그렇지 않으면 '반한 감정'이 더욱 커질 것이다. / 그래야 성숙한 동반자로 더불어 사는 가치를 공유할 수 있을 것이다.

4. (주장) 도덕적 의무를 법으로 강요할 수 있다. / 도덕적 의무를 개인 의지와 판단력에 맡길 수 없다. **(전망)** 그래야 구성원이 인정을 나누고 도덕이 바로 설 것이다. / 그래야 도덕적 의무가 자리 잡히면서 도덕적 타락을 예방할 수 있을 것이다.

5. (주장) 궁극적으로 핵무기를 폐기해야 한다. / 강대국부터 핵무기를 버려야 한다. / 핵무기로 어느 민족의 생존을 위협해서는 안 된다. **(전망)** 그래야만 인류가 초토화의 공포에서 벗어나 공영할 수 있을 것이다. / 그래야 너도나도 핵무기를 보유하고자 하지 않을 것이다.

6. (주장) 종교는 초심을 회복해야 한다. / 종교는 편협한 물욕에서 벗어나야 한다. / 종교는 인류애를 나누며 더불어 사는 가치를 일깨워 주어야 한다. / 종교는 외형적 성장을 질적 성장으로 전환해야 한다. **(전망)** 그렇지 않으면 오히려 갈등을 조장할 것이다. / 그렇지 않으면 독단에 사로잡혀 역사 속으로 사라질 것이다.

7. (주장) 비인간적인 행위를 사회가 공동으로 책임져야 한다. / 사회 스스로 이성을 회복해야 한다. / 인간적이며 민주적인 풍토를 조성해야 한다. **(전망)** 그렇지 않으면 우리 사회는 더욱 더 동물 세계로 변한다. / 그렇지 않으면 비인간적, 비이성적 범죄가 끊이지 않을 것이다.

요약

연습문제1

1. 대부분 학생들이 교육의 본질을 출세하는 것으로 본다.

2. 종교인의 정치적 언행이 영향력을 지녔다고 발언을 제한하는 것은 국민 권리를 침해하는 것이다.

3. 우리 사회가 효율과 능력을 중시하면서 사회 분위기가 경쟁적으로 바뀌었다.

연습문제2

1. 1) 신문에 영어가 늘어나는 것 같아 걱정스럽다. 2) 신문에서 계속 영어 단어를 사용하면 영어가 점차 국민에게 낯익은 단어가 되고 우리말이 밀려나고 말 것이다. 3) 신문이 우리말 지키기에 앞장섰으면 한다.

2. 신문에 영어가 늘었다. 생소했던 단어도 자꾸 쓰다 보면 익숙해진다. 그러면 우리말이 있는데도 나중에는 우리말을 쓰지 않게 된다. 그러니 신문이 우리말을 좀 더 썼으면 좋겠다.

연습문제3

1. 1) ①~④, 일부 여성들이 선탠 기름을 몸에 바르고 물에 들어간다. 2) ⑤~⑥, 이것은 타인에게 피해를 주는 이기적인 행동이다. 3) ⑦~⑧, 기름을 바르고 물에 들어가지 말자.

2. 일부 사람들이 선탠 기름을 바른 채 수영장에 들어갔다. 그것은 타인에게 피해를 주는 행위이다. 그러므로 기름을 바르고 수영장에 들어가서는 안 된다. (일부 사람들이 공공장소에서 질서를 어긴다. 그것은 더불어 사는 사회에서 남들에게 폐를 끼치는 것이다. 그러므로 사회 구성원은 공공질서를 지켜야 한다.)

연습문제4

1. ①, ⑤, ⑥

2. ④

3. 1) 방송에서 운전 도중 휴대전화를 사용하는 모습을 보여 준다. 2) 방송은 영향력

이 크다. 위험하다. 위험에 무심해진다.

4. 드라마에서 등장인물이 운전 중 휴대전화를 썼다. 현실이라면 아주 위험한 짓이다. 방송은 영향력이 크므로, 사람들이 실생활에서 무심히 따라 하기 쉽다. 그러므로 방송할 때 그런 장면을 넣지 말거나, 넣으려면 제대로 쓰는 법을 보여 주어야 한다.

연 습 문 제 5

1. 1) ①~④, 더구나 10대들의 휴대전화 가입에 문제가 많다. 2) ⑤~⑩, 10대라면 한창 공부할 나이이거나 직장 초년생에 지나지 않는다. 3) ⑪, 부끄러운 일이다.

2. 10대들이 휴대전화를 거의 지녔다. 그러나 10대에게는 휴대전화 구입비, 요금, 이용 목적, 국가 경제로 보아 과시욕과 과소비를 상징하는 물건이다. 그러므로 너도 나도 지녀서는 안 된다(10대 중에서 휴대전화를 꼭 써야 할 사람만 써야 한다).

연 습 문 제 6

1. ⑩

2. ⑤, ⑨

3. ②

4. 1) 모유 수유율이 낮다는 기사가 실망스러웠다. 2) 복지 제도가 부실하다. 단순하게 비교할 수가 없다.

5. 1) 육아 휴직, 탁아소 2) 개인의 의지, 사랑의 실천

6. 신문에서 우리나라 여성들이 모유를 안 먹이려는 것처럼 보도하였다. 그러나 현실적으로 제도가 뒷받침하지 않으면 개인 의지로 극복하기 어렵다. 따라서 우리나라의 복지 제도를 고려하지 않고 여성들이 아이를 사랑하지 않는 것처럼 보도하여서는 안 된다.

연 습 문 제 7

1. ⑧

2. ③, ④

3. ①

4. 1) 수확량을 늘리려고 2) 효율성을 높이려고

5. 원도 = 다수확 품종 = 상업 축산

6. 현대 문명은 효율을 높이려고 획일화하였다. 그런 사회는 외부 충격에도 쉽게 무너진다. 다양성을 추구하는 사회는 어떤 변수에도 견디며 건강하다. 따라서 현대 사회는 다양성을 당연한 것으로 받아들여야 한다.

연 습 문 제 8

1. 그 모임들은 모두 사적 개인들 간에 형성된 의사소통의 장으로 자리 잡았다.

2. 처음에는 문예 비평이었으나 점차 정치 비판으로 확대되었다. 모임마다 구성원의 범위와 성격, 주요 관심사와 토론의 주제는 서로 달랐다.

3. 3천 개가 넘는 커피하우스가 생겼다. 커피하우스는 물론, 살롱이나 지식인 만찬회, 학회, 협회 등도 활성화되었다.

4. 1) 사적(개인적, 일상적) 영역에서 공적(일반적, 보편적) 영역으로 확대되었다. 2) 개방적이며 차별 없이 누구에게나 자유롭게 허용되었다.

5. 18세기 초 런던은 커피하우스를 비롯하여 수많은 모임이 활성화되었다. 모임은 누구에게나 개방되었다. 그리고 다양한 사람들이 다양한 주제로 의사소통을 하였으며, 사적 또는 공적으로 성역이 없었다. 그래서 수많은 모임은 개인 의사를 자유로이 소통하는 곳이 되었다.

연 습 문 제 9

1. 서론 : 처음 출발부터 불평등한 경쟁이 이루어진다.

　　본론 ① : 농촌의 희생으로 경제 성장이 이루어졌다.

　　　　② : 교사 전출이 빈번하고 학원도 없고 폐교하는 학교도 많다.

　　결론 : 그동안 불평등했던 사람들에게 공평한 기회가 돌아갈 것이다.

2. 서론 : 영혼이나 종교에 관심이 많아졌다.

　　본론 ① : 기성 종교가 사람들의 마음을 채워 주지 못한다.

　　　　② : 현대는 과거의 사고방식으로 설명할 수 없는 일이 많다.

　　결론 : 종교 나름대로 새로워지려는 시도로 볼 수 있다.

3. 서론 : 텔레비전은 다양한 정보를 전달하는 매체이다.

　　본론 ① : 결과보다 과정을 소중히 여기게 한다.

　　　　② : 획일적인 풍토를 조장하여 개성을 죽이기도 한다.

　　결론 : 그 사회 구성원이 어떻게 쓰느냐에 달렸다.

연 습 문 제 10

1. (가) 명문 대학의 입시 경쟁률이 치솟았다. 복수 지원이 가능해 수험생이 여러 대학에 도전할 수 있다.

　　(나) 복수 지원제는 긍정적인 점도 있으나, 대학을 서열화하고 '명문 대학 선호 열

기'를 부추길 수도 있다.

(다) 대학 진학 희망자들이 명문 대학에 입학하려는 것을 이해할 수 있다. 하지만 수험생이 자질과 능력을 무시하면 해로울 수 있다.

(라) 21세기에 맞추어 대학도 특성화해야 하며 대학 진학자들도 자질과 특성을 살려야 한다.

2. (가) 복수 지원제가 여러 대학을 지원할 수 있게 하였으나, (나) 자칫하면 대학에 등급을 매길 수 있다. (다) 학생들이 자기 적성을 생각지 않고 '명문 대학에 우선 가고 보자'는 식이 되기 쉽다. (라) 다가올 미래는 '간판'보다 '실력'으로 살아야 하니 학생들이 꼭 '명문 대학'을 고집할 필요는 없다.

3. 서론 : (가)~(다)
   본론 : (라) 앞쪽
   결론 : (라) 뒤쪽

4. 학생은 명문 대학을 고집해서는 안 된다. / 대학은 특성화해야 하며, 학생은 자질과 특성을 고려하여 진학해야 한다.

5. 전기대 입시에서 복수 지원이 가능하다. 그래서 학생들이 여러 대학에 지원하여 명문 대학의 입시 경쟁률이 높았다. 복수 지원제는 대학을 서열화하고 '명문 대학 열기'를 부추길 수 있다. '명문 대학'이 여러 가지로 우수한 학교라서 학생들이 명문 대학에 입학하려 한다. 21세기는 특수한 재능과 기술을 요구하는 시대이다. 따라서 이제는 대학도 특성화해야 하며, 학생들도 자질과 특성을 살려 대학에 진학해야 한다.

연 습 문 제 11

1. (가) 지금 정보화 사회로 바뀌며, 새로운 문명 시대에 접어들었다.

(나) 변화에 적응하는 나라, 문화권, 계층만이 선진으로 발돋움하였다.

(다) 여성들은 줄곧 소수 계층으로 머물렀는데 이제는 짚고 넘어가야 한다.

(라) 여성들이 많이 배웠으나, 사회에서는 거의 이용하지 못하였다.

(마) 그 사실을 국제적으로 인정하였다. 그나마 거의 단순직에 머물렀다.

(바) 우리 산업 구조가 바뀌는데도, 여성들의 능력이 아직도 사장된다.

(사) 자연스럽게 해결되기를 기다리지 않고 선진국에서는 적극적으로 개선한다.

(아) 우리도 제도를 마련하여 여성 인력을 활용해야 한다.

(자) 평등 사회로 나아가는 데 남녀가 힘을 모아야 한다.

2. 1단락 – 서론 ① : (가)~(다) 역사는 발전하는데 여성들은 소외되었다.

2단락 – 서론 ② : (라)~(바) 여성들이 하고 싶은 일을 제대로 하지 못하고 살았다.

3단락 – 본론 : (사) 다른 선진국에서는 이러한 정책을 쓰니 받아들일 만하다.

4단락 – 결론 : (아)~(자) 정부는 제도를 정비해야 하며, 사회도 적극 동참해야 한다.

3. 세상이 변하여 지금은 정보 시대에 들어섰다. 그러나 역사적으로 여성들은 제대로 대접받지 못했다. 특히 한국 여성들은 다른 나라 여성보다 우수한데도 제대로 활용되지 못하였다. 선진국에서는 적극적으로 제도를 도입하여 이 문제를 개선한다. 따라서 지금 우리도 적극적으로 제도를 마련하여 여성에게 기회를 주어야 한다.

연 습 문 제 12

1. (가) 서구에서 신문은 특권을 누린다.

(나) 일부 언론은 사람들에게 지탄받기도 하였다.

(다) 오보가 개인의 인격권을 침해하기도 한다.

(라) 그래서 언론과 개인의 갈등이 커진다.

(마) 모든 오보를 책임져야 한다면 언론 기관은 문을 닫아야 한다.

(바) 법원은 언론에게 민·형사상 책임을 면제해 주는 편이다.

(사) 언론 기관 스스로 자신을 통제해야 한다.

(아) 한국에서 자율적인 통제가 가능한지 모르겠다.

2. 서론 : (가)~(라) 서구 언론사를 보건대 언론과 개인의 갈등은 필연적이다.

본론 : (마)~(바) 언론의 오보를 사회는 인정하는 편이다.

결론 : (사)~(아) 언론 스스로 통제하는 것이 바람직하다.

3. 역사적으로 신문은 사람들에게 긍정적으로 평가되었다. 그러나 일부 언론이 오보를 악용하면서 신문에 대한 평가가 달라졌다. 그러나 언론 기관이 정직하게 기사를 작성한다는 전제로 아직도 사회는 언론을 신뢰하며 실수를 관대하게 받아들이는 편이다. 따라서 사회가 언론에 자유를 무제한 허용하더라도 언론 기관은 기준을 정하여 스스로 자신을 통제할 수 있어야 한다.

연 습 문 제 13

1. (가) 대부분 여성들은 자신을 뚱뚱하다고 생각한다.

(나) 아름답게 보는 기준이 마른 체형이기 때문이다.

(다) 살빼기 관련 사업의 시장 규모가 엄청나게 크다.

(라) 여러 곳에서 살빼기의 부작용을 경고하였다.

(마) 사회와 마스 미디어가 여성의 몸을 강조한다.

(바) 여성들이 상품화를 거부해야 한다.

2. 서론 ① : 여성들이 자신을 뚱뚱하다고 본다.

② : 사회적 분위기 때문에 부작용을 감수해 가며 살을 빼려고 한다.

본론 ① : 각자 지닌 기회를 낭비하게 된다.

② : 상대방을 외모로만 평가하게 된다.

결론 ① : 여성들이 스스로 상품이기를 거부해야 한다.

② : (그래야) 인간답게 살 수 있다.

3. 오늘날 대부분 여성들이 자신의 체형에 관계없이 살을 빼려 한다. 여러 곳에서 그 부작용을 지적해도 사회적 분위기 때문에 그 열기가 식지 않는다.

현대는 과거와 달리 각자 지닌 창의력이 조화를 이루어야 하는 사회이다. 그런데도 겉으로 드러난 육체나 성을 아름다움의 기준으로 잡는다면, 인간적인 진지함이 사라지고, 우람하고 섹시한 몸매를 가꾸는 데 각자 지닌 기회를 낭비하게 된다. 또 개인의 인간 됨됨이가 진지하게 평가되지 못하고, 눈에 보이는 육체적 매력에 따라 평가되기 쉽다. 그렇게 되면 편견에 사로잡혀 상대방을 전인적으로 만나기 힘들 것이다.

따라서 왜곡된 상품화에서 벗어나, 여성들이 상품이기를 거부해야 한다. 그래야 여성이 인간으로서 인간답게 살 수 있을 것이다.

연 습 문 제 14

1. ① 살인자가 법정에서 미소를 지었다. ② 그때 '하나 속에 모든 것이 포함돼 있다'라는 명언이 떠올랐다. ③ 한 살인자 미소에서 그 집단의 내력을 읽을 수 있었기 때문이다. ④ 그렇게 웃는 것은 그 집단이 제대로 참회하지 못한 것과 무관하지 않다. ⑤ 그 집단은 '열등 인종'을 살인하는 것으로 보고 수백만 이라크인들을 고통으로 몰았다. ⑥ 아프간에서도 마찬가지였다. ⑦ 이 국가 범죄를 그 집단에서는 찬양한다. ⑧ 살인자뿐만 아니라 그 집단의 언론은 전 세계 약소민족을 깔아뭉갠다. ⑨ 이 폭력과 오만은 계속 죽음을 요구한다. ⑩ 우리는 분노할 수밖에 없다. ⑪ 그

러나 이럴 때일수록 우리의 아픔만 생각해서는 안 된다. ⑫ 이라크나 아프간 사람의 아픔을 우리의 고통으로 여겨야 한다. ⑬ 우리의 요구를 내세워야 한다. ⑭ 하지만 다른 나라의 아픔을 연대하여 동감하면서 살인자들을 규탄해야 한다. ⑮ 그들 집단은 자기를 최고로 친다. ⑯ 그러므로 우리가 남과 더불어 살 때 그 집단을 극복할 수 있다. ⑰ 그래야 그 집단이 퍼뜨린 이기주의를 제거할 수 있다. ⑱ 그 집단은 희생 대상을 가리지 않는다. ⑲ 어제는 여기에서, 내일은 저기에서 희생자가 발생할 것이다. ⑳ 그럴수록 우리도 민족과 국적을 가려서는 안 된다. ㉑ 무고하게 죽는 사람이 모두 우리이다. ㉒ 이런 우리 목소리에 인류의 보편적 가치가 담겨 있다. ㉓ 이런 사실을 그 집단이 이해한다면 태도가 달라진다. ㉔ 전 세계 인류가 하나가 돼서 그 집단의 악행을 규탄하면 다시는 살인을 하지 못할 것이다.

2. ① 살인자가 법정에서 미소를 지었는데, ③ 그 미소에서 그 살인자 집단이 똑같다는 것을 알았다. ④ 그것은 그 집단이 참회하기는커녕 ⑤ '열등 인종'을 죽이는 것으로 보고, ⑦ 살인을 찬양하기 때문이다.

⑨ 이 폭력과 오만은 계속될 텐데, ⑪ 이럴 때일수록 우리의 아픔만 생각해서는 안 된다. ⑭ 다른 나라의 아픔을 연대하여 동감하면서 살인자들을 규탄해야 한다. ⑯ 우리가 남과 더불어 살 때 ⑰ 그 집단이 퍼뜨린 이기주의를 제거할 수 있다. ㉒ 우리 목소리에 인류의 보편적 가치를 담아 ㉔ 전 세계 인류가 하나가 되면 다시는 살인하지 못할 것이다.

3. 1단락 – 도입 : ①~⑧ 미군이나 미국이 다 똑같다(한통속이다).
2단락 – 주지 : ⑨~⑰ 미국을 극복할 수 있다.
3단락 – 주지 반복 : ⑱~㉔ 미국의 악행을 막을 수 있다.

4. 주한 미군이 의정부에서 두 여중생을 죽인 것은 우연히 발생한 사건이 아니다. 이미 오래전부터 우리 땅에서 계속되었으며, 지금이라도 또다시 반복할 수 있다. 그것은 미군이 우리나라에 주둔하는 근거로, 한미주둔군지위협정이 불평등하기 때문이 아니라 미국이 전 세계를 바라보는 시각이 편향되었기 때문이다.

따라서 미국이 추구하는 인권과 평등이 전 세계적 인류애를 바탕으로 하지 않으면 미국은 약소국을 앞으로도 계속 짓밟을 것이다. 그러므로 약소국이 미국에서 벗어나 당당히 살고 싶으면 약소국들이 뭉쳐야 한다. 그리하여 미국식 폭력과 이기주의가 난무할수록 도덕과 인류애로 힘의 논리를 규탄해야 한다.

연 습 문 제 15

1. (가) 여러 나라의 문화가 활발히 교류하면서 동서양, 각 민족 문화 사이의 차이도 줄었다. 특히 동양이 서양화하는 경향이 더 빠르게 진행되었다. 생활환경이나 생활방식은 사고방식에 영향을 주고 문화 내용이나 성격을 변하게 한다. 그래서 때로는 옛것을 그리워하기도 하나, 변화는 필연적인 것이다. 문화는 성장해야 하는데 성장은 발전적으로 변하는 것을 의미하기 때문이다.

그러나 새로운 것을 받아들이는 것이 전통 또는 민족 문화를 파괴하는 것은 아니다. 새로운 것이라고 해도 그 민족의 생활에 필요하고 발전에 도움이 되는 것만 받아들인다. 그러므로 외래문화가 들어온다 해도 시간이 흐르면 새로운 민족 문화로 탄생하게 된다.

(나) 문화란 생활 공동체가 집단적으로 형성하고 발전시켜 온 것이다. 그래서 새로운 문화는 허위의식이나 왜곡된 상황을 지적하고 바로잡으려 할 때 형성된다. 그런데 구성원이 각자 가치 있는 존재로서 문화 전반에 참가할 때를 '진정한 문화'라고 하고, 수동적으로 문화를 받아들일 때를 '가짜 문화'라고 한다. 우리나라 대중문화는 미국과 일본의 영향을 많이 받았다. 따라서 우리의 전통적인 가치관을 제대로 담지 못했으며, '가짜 문화' 속에서 산다. 그러나 문화 주체들은 항상 이성적이고 창조적인 위치로 돌아가려고 노력한다. '가짜 문화'를 벗어나 '진정한 문화'로 가려 하기 때문이다.

2. 글 (가)에서는 문화가 서로 교류하면서 변하고 닮아 간다고 하였다. 예를 들어, 생활 방식이 달라지면 심성도 바뀐다고 주장하였다. 또 변화를 두려워해서는 안 되며, 옛것을 그리워할 수는 있으나 옛것에 매이면 안 된다는 것이다. 오랜 시간으로 보면 어떤 문화도 어느 민족에 동화하여 변질될 수밖에 없기 때문이다.

이에 비해 글 (나)는 '문화 주체자'가 초점이 되었다. 문화는 인간 자신을 둘러싸고 있는 잘못을 스스로 바로잡아 바꾸는 것이라고 한다. 주체자들이 환경을 바꾸려 하고 능동적으로 참여할 때 '진정한 문화' 속에서 사는 것이다. 그렇지 못하면 '가짜 문화' 속에서 살 수밖에 없다고 하였다. 그러나 사람들은 '진정한 문화'를 원하기 때문에 문화는 늘 새로워지게 마련이라고 하였다.

3. 이 두 글에서 공통적으로 말하고자 하는 것은 문화는 인간의 생활방식과 밀접한 관계를 지니는데, 한 공동체의 생활방식이 어떠냐에 따라 문화의 내용이 달라진다는 것이다. 따라서 문화는 늘 변하게 마련이라는 것이다.

그러나 한쪽에서는 문화를 넓게 보고 '문화의 자생력'에 따라 문화는 스스로 변한다고 주장하였으나, 다른 쪽에서는 문화를 둘로 나누어 '문화 주체자의 심성'이 '진정한 문화'를 원하기 때문에 문화는 변하게 된다는 것이다. 즉, (가)에서는 '진정한 문화'든 '가짜 문화'든 시간이 흐르면 저절로 추려지고 그 민족의 문화로 자리 잡는다고 주장하였다. (나)에서는 문화 주체자가 변화시키려고 해야 '진정한 문화'를 누리는데, 인간의 심성은 '진정한 문화'를 원하므로 모든 문화는 늘 변한다는 것이다.

해설 : 이 문제는 두 단락으로 나누어 1단락은 '공통적으로 말하고자 하는 것은……' 같은 형식으로 쓰고, 2단락은 '그러나 이 두 글은 관점이 다른데……'로 시작하면 된다. 또는 논술의 일반적인 유형을 적용해, 서론에 공통점을 쓰고 본론 1과 2에 차이점을 서술하며, 결론에 자기 견해를 드러내는 구조로 정리할 수도 있다.

연 습 문 제 16

1. (가) 민중가요는 대중가요와는 본질적으로 다르다.
   (나) 민중가요는 내용이 아주 다양하며, 대중 스스로 만들어 퍼뜨리는 노래이다.
   (다) 민중가요는 대중가요를 보완하며, 더 나아가 대중가요의 한계를 극복하려고 한다.
   (라) 민중가요의 형식은 대중가요와 같다.
   (마) 민중가요는 일정한 사람들이 한정된 공간 안에서 부른다. 양적으로 많이 부족하여 대중의 취향을 완전히 반영하지 못한다.
   (바) 민중가요와 대중가요는 서로 보완한다.

2. 서론 : (가) 앞으로 논의해야 할 내용을 압축하되, 주로 대중가요의 특징을 나열하였다.
   본론 : (나)~(마) 민중가요가 대중가요와 어떻게 같고 다른지를 상세히 나열하였다.
   결론 : (바) 두 가요의 관계를 설명하고 나아가야 할 방향을 덧붙였다.

3. 민중가요와 대중가요의 공통점으로는 첫째, 다양한 노래 형식을 빌어 대중의 다양한 욕구를 대변하였다는 것이다. 둘째, 두 가요 문화가 대립하지 않고 상호 보완하되 민중가요가 대중가요를 좀 더 적극적으로 자극한다는 것이다.

   그러나 대중가요는 상업 자본과 대중매체 때문에 탄생하므로, 양적으로 풍성하고 자연스럽게 접근하여 대중에 미치는 영향력이 아주 크다. 개인적인 인간관계, 특히 남녀 사랑에 제재가 국한되었으며 대부분 숙명적으로 체념하는 내용을 담는다.

   이에 비해 민중가요는 대중이 스스로 만들고 자신들의 다양한 삶을 여러 모습으로 파악하여 노랫말을 담는다. 한 걸음 더 나아가 노래 운동을 통해 문제를 제기하고 주어진 삶을 극복하려고 한다. 다만 한정된 사람만이 즐기기 때문에 영향력이 대중가요보다 작으며, 의식적으로 노력하지 않으면 자리 잡기 어렵다.

연 습 문 제 17

1. (이것이 반드시 정답은 아닙니다. 다른 문장을 골랐어도 요약할 때 흐름을 충분히 잡아 주는 문장이면 괜찮습니다.)

① 한국은 인구 정책이 성공하였다.

⑤ 지금 출산율은 세계 최저 수준이다.

⑧ 저출산은 미래 세대에게 부담을 줄 것이다.

⑪ 저출산 국가는 아동양육을 사회 문제로 보지 않는다.

⑮ 사회 문제로 보는 스웨덴은 출산율을 적당히 유지한다.

⑲ 현재 한국 부모는 현실적으로 아이를 낳아 키우기 어렵다.

㉒ 정부는 사회 비용을 고용주에게 떠맡긴다.

㉕ 고용주 부담이 정부 부담보다 크다.

㉘ 사회 문제를 고용주에게 부담시키는 것은 모순이다.

㉛ 직간접 비용을 정부가 먼저 부담하여 사회화해야 한다.

2. 한국은 인구 정책에서 성공하였지만, 그 후유증이 곧 드러날 것이다. 지금부터라도 출산율을 높여야 하나, 선진국과 달리 출산 문제를 한국은 사회 문제로 보지 않는다. 정부는 지금 그 사회 비용을 기업에 떠넘기는 실정이다. 따라서 정부는 좀 더 적극적으로 출산 문제에 대처해야 한다.

연 습 문 제 18

1~2. (모범 답안 생략) '초강대국, 세계의 경찰, 세계 질서, 평정'에서 고르면 된다. 예를 들어 초강대국 또는 세계 경찰이라고 부르는 기준을 반박하는 식이다. 다음 자료를 읽고 답안을 작성해 보자. '평정'이라는 단어는 미국 쪽 시각이고, 이라크에서는 '침략'으로 볼지 모른다.

읽기 자료 : '걸프 전쟁'(1991)으로 알려진 미국과 이라크의 전쟁을 살펴보면 세상사가 기묘합니다. 1979년 이란에 회교도 혁명이 일어나 팔레비 왕정이 무너지고 호메이니가 집권하였습니다. 호메이니 정권은 반미 정책을 쓰며, 혁명의 여세를 몰아 이웃 나라에 영향력을 행사합니다. 이에 놀란 미국이 이라크에 무기를 대주고 이란을 견제합니다. 이라크는 이란처럼 회교 국가이지만 인종이 다르고 종파도 달랐습니다. 1980년 이라크가 이란을 침공하여 1988년에야 휴전하였습니다.

승자도 없이 서로 상처만 깊어졌지요.

전쟁 후유증이 컸지만 미국이 전쟁 중에 이라크 후세인 대통령에게 대준 무기 때문에 이라크는 중동에서 군사 강대국이 되었습니다. 그 무기로 후세인은 1990년 쿠웨이트를 침공하고, 결국 우방이던 미국과 걸프전을 치른 것이지요. 미국은 많은 나라에서 전비를 거두어 전쟁을 치르고 이라크 군인 수십만 명을 죽였습니다. 미국 국민 한 명의 목숨만도 못했습니다. 미국에 도전하는 약소국을 군사적인 '힘'으로 철저히 응징하였습니다. 인권은 찾아보기 힘들고, 이런저런 무기를 시험하면서 전쟁이 텔레비전으로 중계되어 스포츠가 되었습니다.

미국은 자신이 세운 기준에 따라 약소국의 세력 확대를 좌시하지 않습니다. 가령 미국은 1993년 68개국 군사 및 무기를 원조하였습니다. 그중 49개국이 미국 국무성이 의회에 제출한 〈인권 실태 보고서〉에서 '인권 유린이 심각한 국가'로 판정되었습니다. 약소국을 지원하는 기준이 '인권, 평화, 자유'가 아니라 '이익과 영향력'이었습니다.

연 습 문 제 19

1. (가) 사람들은 어린이들을 도덕적으로 훈련시키려고 도덕적 딜레마를 제시하기도 한다. 그러나 어린이들에게 선택하기 어려운 문제를 제시하지 말고, 어떻게 해야 그런 경우를 예방할 수 있는지 묻는 것이 더 낫다. 왜냐하면 가치문제 중에서는 판단할 수 있는 정보가 부족하거나 인식 능력이 떨어져 판단할 수 없는 경우가 더 많기 때문이다.

   (나) 여우가 난처한 경우에 빠졌으나 꾀를 내어 곤경에서 벗어났다. 그 대신 염소가 여우를 믿다가 속아서 어려운 처지에 놓였다. 여우가 곤란한 상황을 현명하게 대처하였으나, 염소는 우매하여 앞일을 보지 못하였다는 것이다.

2. 글 (가)에서는 어린이들을 불필요한 훈련으로 고민스럽게 하지 말라고 하였다. 사려 깊은 어린이로 키우려면 충분히 논의하여 판단할 수 있는 문제로 깊이 생각할 수 있게 하는 것이 더욱 건설적이기 때문이다.

   따라서 제대로 판단하려면 순서에 따라 전후 사정을 고려해야 한다. 즉, 여우처럼 난처한 상황에 놓이지 않으려면 물통에 빠지지 않고 물을 마시는 방법이나, 물통에 빠졌을 때 나오는 방법을 어린이에게 먼저 물어야 한다. 또 염소가 물통에 들어가지 않고 물을 마시는 방법이나, 여우의 꾀를 간파하여 속지 않는 방법을 물어야 한다. 그러므로 여우를 믿은 염소를 우매하다고 평가하는 것은 잘못되었다. 염소가 여우를 믿지 않고 속지 말았어야 한다는 것을 어린이에게 이해시키기 전에 여우를 비판해야 한다. 즉, 여우가 염소를 어려운 처지에 끌어들이고 나중에 약속을 지키지 않은 것이 도덕적으로 비난받을 일이다.

연 습 문 제 20

1. 데이터 스모그는 사람들이 원하거나 원하지 않거나에 상관없이 넘쳐나는 광고와 정보를 의미한다. 이런 것은 다양한 매체를 통해 현대인과 언제 어디에서나 함께 한다. 데이터 스모그 현상은 주로 상업적 이익을 목적으로 생산되면서 정보의 본래 가치를 잃었다. 더구나 현대인은 이런 정보를 엄청나게 만나면서 스트레스를 받는다. 데이터 스모그는 정보화 시대를 잘 드러내는 말이다.

2. 양혜왕은 인의보다 이익을 앞세웠다. 오늘날로 치면 부자를 갈망하는 것이다. 맹자는 임금이 이익을 추구하면 나라 전체가 이익을 바라며, 결국 인간도 이익으로 평가할 것이라고 비판하였다. 말하자면 인의라는 인륜이 사라지고, 돈을 추구하는 사회로 갈 것을 우려하였다. 따라서 맹자는 국가 경영의 기본은 이익보다 인간이라는 것이다.

3. **(도입)** '아는 것이 힘'인 시절에 인간은 정보 때문에 자유로웠다. **(논의)** 그러나 정보로 이익을 추구하면 인간의 존엄성이 무너지기 쉽다. 정보가 사람을 위하지 않고 인간 관계를 방해하기 때문이다. 그런 정보 때문에 사람들의 판단력이 흐려지고 삶의 질이 떨어진다. 결국 인간이 정보의 도구로 전락할 것이다. **(마무리)** 따라서 정보는 인간 또는 인의를 목적으로 이용해야 한다.

연 습 문 제 21

1. 글쓴이는 논술을 '논술 공부'와 '논술에 대한 공부'로 분류하였다. '논술 공부'는 직접 글을 쓰는 것, '논술에 대한 공부'는 논술 이론을 배우는 것으로 나눴으나, 그 경계가 모호하다. 왜냐하면 글 내용을 풍성하게 해 줄 배경 지식을 익히는 것뿐만 아니라, 글 형식을 어떻게 갖추어 어떻게 효율적으로 쓸 것인지를 익히는 것도 모두 이론이기 때문이다. 글쓴이조차 글 (4)에서 '선배 혹은 교사의 도움을 받아 배운다'고 인정함으로써 자기가 분류한 경계를 모호하게 하였다.

2. 글 (2)에서 밝힌 정보는 받아들일 만하다. 대형 학원이 대체로 많은 학생들을 모집하여 배경 지식을 위한 강의를 하고, 그런 방법의 하나로 강의실에서 각종 자료를 제공하는 것이 분명하기 때문이다. 특히 수강료의 많은 부분을 배경 지식 강의로

채웠다는 것도 사실이므로 믿을 만하다.

3. 글쓴이는 대체로 대형 학원 강의를 듣지 말라는 주장에 초점을 맞추었으므로 유관성이 높은 편이다. 그러나 글 (5)에서 갑자기 논증의 흐름에서 벗어나 국어 선생님을 찾아가라며 자신의 논점을 흐렸다. 이는 앞에서 근거를 분명히 밝히지 않은 것이니, 말이 나온 김에 덧보탠 주장일 뿐이다. 뜬금없이 주장하며 비약하였다.

4. 한 강의실에 많은 학생들이 수강하여 학습 효과가 떨어진다는 것은 어느 정도 인정할 수 있다. 그러나 배경 지식을 듣거나 유명한 수영 선수에게 영법을 배워도 소용없다는 것은 글쓴이의 편견이다. 왜냐하면 교육 과정에서 학습의 한 방법으로 학원, 학교와 교사, 전문가의 설명을 부정할 수 없기 때문이다. 세상의 모든 것을 혼자 익히고 스스로 깨쳐야 하는 것은 아니며, 그렇게 할 수 없고, 또 그런 사람도 없다.

5. 글 (1)에서 '편승, 노리다, 광고일 뿐, 상술일 뿐' 같은 어휘 때문에 글쓴이 편견이 드러났다. 글 (4)에서도 '떠드는, 마이크' 같은 어휘 때문에 객관성을 잃어 글쓴이 주장을 신뢰하기 어렵다. '듣지 마라'는 근거로 '직접 써 보아야 한다, 강사 강의는 별 도움이 안 된다'를 언급한 것은 일부 받아들일 만하다. 그러나 강의를 듣거나, 수백 명이 강의를 듣는 것이 왜 잘못된 것인지에 대해 근거를 대지 않아 강요와 선언으로 그쳤다. 그리고 선배와 교사의 도움을 글쓴이는 강의와 어떻게 구별할 것인지, 예컨대 교회에서 목사가 많은 신자에게 강론하는 형식이 종교적 실천에 아무 의미가 없는지를 좀 더 분명히 밝혀야 한다.

6. 이 글은 주장과 당위는 많으나, 근거는 미약하다. 즉 많은 것을 다루고 많은 것을 주장하였지만, 깊이 없이 나열하여 예상되는 반론을 고려하지 않았다. 더구나 구체적인 근거를 대지 않았기 때문에 이성적으로 논증하지 않고 정서적으로 접근하는 측면이 강하여 이성적으로 받아들이기 어려운 곳이 많다.

글쓰기 초급

초급1. 예시 개요

서론 **1** : 총기를 사용하여서는 안 된다고 반대한다.
본론 **1** : '범죄자의 인권' 주장에는 문제점이 있다.
결론 **1** : 경찰에게 총과 실탄을 주자.

최근 살인과 납치, 조직폭력 사건 같은 강력 범죄가 잇달아 일어났다. 이에 따라 경찰이 이런 범죄에 총기를 사용하여 적극 대처하기로 하자 총기 사용을 반대하는 여론이 드높다.

한 사회는 법과 질서가 살아 있어야 온전히 유지될 수 있다. 그러나 최근 범행 수법과 범죄 통계를 살펴보면, 우리 경찰이 과거처럼 미온적으로 대처하기에는 정도를 넘어섰다. 예를 들어 범죄조차 '지구촌화'하면서 그 수법이 점점 폭력적으로 바뀌고 있다. 그런데도 막연히 '범죄자 인권'을 주장하며 총기 사용을 반대하는 것은 '범죄 피해자의 인권'은 생각지 않는 '이상론'일 뿐이다.

그러므로 국민의 생명과 재산을 보호하려면 경찰에게 총을 주어야 한다. 즉, 경찰이 총기를 규정대로 사용하겠다는 것은 정상적인 공무 집행의 한 행위로 보아야 한다.

초급2. 예시 개요

서론 **1** : 역사를 '바르게' 써야 한다고 한다.
본론 **1** : 역사관이 나라마다 다를 수밖에 없다.
　　2 : 자칫하면 편견에 사로잡힌다.
결론 **1** : 역사를 객관적으로 평가해야 한다.

'역사'라는 단어에서 '사(史)'는 '가운데[中]'와 '손[手]'을 합친 글자로 '바르게 쓰는 것'을 의미한다고 한다. 그러나 역사를 바르게 기술하는 것이 말처럼 쉬운 일 같지는 않다.

그것은 한 사건을 어떻게 보느냐에 따라 가치 판단이 달라지기 때문이다. 예를 들어 '윤봉길'이 폭탄을 던져 일본 군인을 죽인 것이 한국에서는 '애국'으로 평가되지만, 일본에서는 '테러'로 볼 것이다. 또 한쪽에서 하이힐을 '아름다움'의 상징으로 여겨도,

다른 쪽에서는 키를 커 보이게 하는 '거짓'의 도구로 여기는 것이다. 결국 역사는 그 나라의 문화, 시대적 여건, 지정학적 위치를 고려하지 않으면 편견에 빠지기 쉽다.

그러므로 다른 나라의 역사 어느 부분만 떼어 잘잘못을 평가하여서는 안 된다. 역사를 기록하는 기준이 나라에 따라 다를 수 있다는 사실을 인정해야 한다. 그러지 않으면 역사를 객관적으로 평가하기 어려울 것이다.

초급3. 예시 개요

서론 ① : 외국인 노동자를 얕잡아 본다.
본론 ① : 잘못하면 배타적이 되기 쉽다.
　　② : 발전 계기를 잃는다.
결론 ① : 다른 민족의 장점을 인정해야 한다.

지난 설날, 시민 단체가 주관하여 외국인 노동자를 위해 잔치를 열었다. 그러나 다른 쪽에서는 외국인 노동자를 착취하거나 얕잡아 보아 국제 사회에서 비난받기도 한다.

그것은 역사적으로 외침이 많아, 우리나라가 한반도를 중심으로 오랫동안 단일 민족으로 살았다며 '핏줄'을 강조하였기 때문이다. 말하자면 다른 나라와 문화에 비해 '같은 핏줄'이라는 동류 의식이 아주 강한 편이다.

그러나 이 집착이 지나치면 배타적 우월감에 빠지기 쉽다. 예를 들어, 다른 문화를 우리 식으로 판단하여 업신여긴다. 즉, 다른 문화가 지닌 장점을 과소평가하면서 수용하려 하지 않는다. 그렇게 되면 '우물 안 개구리'가 되어 발전의 계기를 스스로 차단할 수밖에 없다. 결국 '지구촌'이라는 말이 상징하는 개방의 물결 속에서 우리는 조화와 다양성을 접고 더불어 사는 길을 포기해야 한다.

따라서 우리는 '한민족'이라는 좁은 울타리에서 벗어나야 한다. 다른 나라가 지닌 장점과 차이를 인정해야 한다. 그렇지 않으면 전 세계 문화권에서 고립되어 다른 나라와 갈등이 점점 깊어지고, 더불어 발전하지 못할 것이다.

초급4. 예시 개요

(여기에서는 안락사를 반대하는 쪽에 서겠습니다. 찬성하면 아래 개요표에 있는 용어를 상대적으로 바꾸세요.)

서론 ① : 적극적 안락사가 논란이 되었다.
본론 ① : 생명은 신의 영역으로, 인력으로는 창조가 불가능하다.
　　② : (그러므로) 의술은 '살리는 것'을 목적으로 해야 한다.
결론 ① : 어떻게든 사는 방향으로 나아가야 인간의 도리이다.

과거 미국에서 말기 환자를 죽게 도와준 의사를 법정에 세웠다. 그러면서 '적극적 안락사' 문제를 두고 인간이 스스로 죽음을 선택할 '권리'가 있는지, 그 죽음을 도와준 것이 도덕적으로 용납할 수 있는 일인지에 대해 논쟁을 벌였다.

현대 의료 과학이 눈부시게 발달하여 과거에는 치명적 질병이던 것이 이제는 법정 전염병명에서 사라진 경우도 있다. 그러나 이렇게 진전한 과학 기술로도 풀 한 포기 생명을 만들 수 없다. 말하자면 생명은 신의 영역이며, 어느 의사가 환자의 소중한 생명을 좌우하여 죽음에 이르게 할 수는 없다. 결국 의술의 목적은 '살려야 한다'에 두어야 하고, '어떻게 살 것이며 어떻게 죽을 것인가'는 자연의 순리에 맡겨야 한다.

따라서 죽음은 인간의 이성으로 판단하고 선택할 수 있는 범위 안에 있지 않다. 결국 개인적 고통이 크다 하더라도 현재로서는 생명의 가능성을 믿고 희망을 거는 것이 인간된 도리일 것이다.

초급5. 예시 개요
(여기에서는 찬성과 반대 가운데 하나를 고르지 않고 절충론을 펼쳤습니다.)

> 서론 1 : 유학은 꼭 필요하다.
> 본론 1 : 장점으로는……
>   2 : 단점으로는……
> 결론 1 : 충분히 검토하고 선택해야 한다.

옛날에는 교통과 통신이 발달하지 않아 남에게 관심을 두지 않아도 되었다. 그러나 현대 사회는 어느 나라가 다른 나라의 선진 문화나 기술을 전혀 받아들이지 않고 존립하기가 어렵다.

새로운 외국 문화를 일찍 접촉하면 세계 문화에 대한 시야를 넓힐 수 있다. 빠르게 변하는 세계를 이른 나이에 능동적으로 대처할 수 있는 방법을 익힌다. 즉, 문화적 거부감이 적을 때 훨씬 적은 비용으로 효율을 높일 수 있다.

그러나 미성년은 자의식이 성숙하지 못한 시기이다. 자칫하면 선진 문화의 외형만을 무비판적으로 받아들이기 쉽다. 다시 말해 선진 문화의 본질을 알지 못한 채 겉만 익혀서 이도 저도 아닌 '문화 고아'가 될 수 있다.

그러므로 미성년자가 해외 유학을 갈 때는 문제점을 최소한으로 줄일 수 있도록 충분히 고려하고 제도적으로 보완해야 한다. 그렇게 유학의 장점을 극대화하여야 인력과 경제력을 낭비하지 않을 것이다.

초급 6. 예시 개요

(소극적 관점에서 서술하였습니다.)

> 서론 ① : 진정한 교육을 이해하는 사람이 드물다.
> 본론 ① : 교육을 수단으로 생각해 왔다.
>   ② : (예를 들어) 아는 것이 힘이라는 생각이 지배적이었다.
> 결론 ① : 교육 자체가 수단으로 전락하여서는 안 된다.

　우리 사회에서 '교육'이라는 단어가 아주 흔하게 쓰이고 있는데, 어느 교육학자는 "교육 전문가가 아닌 사람이 없고, 교육 전문가인 사람도 없다"고 비판하였다.

　이렇듯 사람들의 관심이 큰데도 교육 정책이 흔들리는 이유는 교육을 '가르치고 배우는 것' 또는 '지식을 익히는 것'쯤으로 생각하기 때문이다. 말하자면 사람들은 교육의 본질은 외부에서 주입하는 지식을 익히는 것이며, 교육은 어떤 목적을 이루기 위한 수단일 뿐이라고 생각하였다. 예를 들어 지금도 사람들은 '아는 것이 힘이다'라는 말을 교육의 본질로 보고, '아는 지식'을 '힘이 되는 화폐'로 바꾸는 데 익숙한 편이다.

　따라서 '교육'은 지식을 습득하는 것 이상이어야 한다. 교육 자체가 목적이 되지 않으면, 학습자는 영원히 피동적인 처지에 놓여 학습에서 자유로울 수 없다. 자칫 교육이 수단이 되면 목적에 따라 중심을 잃고 흔들릴 수밖에 없을 것이다.

글쓰기 중급

중급1. 예시 개요

(아래 예시는 찬성하는 쪽에 섰을 때입니다. 반대한다면 아래 개요에 있는 용어를 상대적으로 바꾸면 됩니다.)

> 서론 ① : 면허 문제로 논란이 인다.
>
> 본론 ① : 공동체 생활에서는 사생활을 제한할 수 있다.
>
> ② : 제한해야 할 만큼 수질 오염이 심각하다.
>
> 결론 ① : 낚시 면허제를 도입해야 한다.

　정부가 추진하고 있는 낚시 면허제가 논란이 되었다. 한쪽에서는 수질 오염과 생태계 파괴를 거론하며 면허제를 도입하자고 주장하고, 다른 한쪽에서는 사생활 간섭과 행복 추구권을 들어 대안이 될 수 없다고 반박한다.

　낚시 면허제가 사람들의 여가 생활을 간섭하여 행복을 제한하는 것은 사실이다. 그러나 사생활이라 해도 그 개인의 행위가 다수에게 해를 끼친다면 얼마든지 규제할 수 있다. 예를 들어, 그 사회 구성원이 합의하여 자동차 운전 능력을 평가하고 면허를 내주는 이치와 같다. 이미 우리나라는 산업 용수조차 확보하기 어려울 만큼 수질 오염이 심각한 지경에 이르렀다. 남부 지방은 식수원조차 제대로 확보하기 힘들다. 따라서 반대론자들이 낚시꾼들을 교육하고 계몽하자는 것은 맑은 물을 확보하는 데 시간적 여유가 없어 이상론에 지나지 않는다.

　한 사람이 자신의 즐거움을 위해 다수가 써야 할 자연을 오염시키는 것은 범죄와 다름없다. 따라서 낚시 면허제를 적극 도입해야 한다. 민주 사회에서는 책임질 줄 아는 사람만이 자기 권리를 누릴 수 있다.

중급2. 예시 개요

> 서론 ① : 과학이 발달하는데도 가치관이 혼란스럽다.
>
> 본론 ① : 과학의 편리함, 합리성만 추구하기 쉽다.
>
> ② : (그래서) 인간다움을 상실할지 모른다.
>
> 결론 ① : 인간이 과학의 주체가 되어야 한다.

최근 과학이 발달하고 생활수준이 향상되었지만, 미처 예측하지 못한 상황에 부딪히면서 가치관이 흔들린다. 특히 물질을 윤리와 도덕보다 앞세우면서 전통적인 미덕이 사라지고 있다.

과학이 발달할수록 인간은 더욱 풍요롭게 살 것이고, 자신을 둘러싼 모든 구속에서 벗어날 것이다. 그런데도 오늘날 사람들은 더욱 풍요롭게 살려고 과학의 편리함과 합리성만 추구하며, 인간다움을 버리는 경우가 많다. 예를 들어, 동물과 인간을 구별하는 한계를 생명과학이라는 이름으로 무시하기도 한다. 다시 말해 인간의 생명을 연장하고자 동물을 이용하면서 대량 생산과 저렴한 비용이라는 상업성에 빠져 인간다움의 기준을 쉽게 바꾸는 것이다.

그러므로 지금까지 없었던 과학 기술이 새로이 등장하더라도 인간이 반드시 그 기술의 주체가 되어야 한다. 그렇지 않으면 인간성을 잃은 문명 속에서 인간은 도구로 전락하고, 과학이 발달할수록 인간은 구속될 것이다.

중급3. 예시 개요

서론 ①: 외래어는 생활의 일부가 되었다.
본론 ①: 외래어를 받아들일 수밖에 없다.
  ②: 그러나 지나치면 의사소통이 어렵다.
결론 ①: 외래어를 주체적으로 수용해야 한다.

한 나라의 문화가 다른 나라에 영향을 주면서 그 나라 언어까지 직접 들어가는 경우가 많아졌다. 그래서 외래어로 뒤덮인 옷을 무심히 입고 다닐 정도로 외래어는 지금 우리 생활의 일부가 되었다.

오늘날 삶은 어느 나라 혼자서 꾸려 나갈 수 없을 만큼 거미줄처럼 얽혔다. 그만큼 상품과 사람이 빠르게 교류하고, 다른 나라 문화와 언어를 아주 외면할 수 없다. 때로는 우리가 미처 생각지 못했던 부분을 외래문화와 외래어가 채우기도 한다.

그러나 언어는 사회 문화의 결정체로, 그 나라 사람의 생각을 전달하는 데 아주 적합한 도구이다. 자기 의사를 표현할 때 외래어를 남용한다면 의사소통에 문제가 생긴다. 즉, 언어에 따라 사회에 계층이 생기고 문화가 각각 이질적으로 형성되어 궁극적으로는 의사소통이 안 된다.

그러므로 외래어를 무조건 좋아하는 인식을 바꾸어야 한다. 외래어를 받아들이더라도 최소한에 그쳐야 한다. 말하자면 우리말로 표현할 수 있는 것은 우리말로 바꾸어야 소통 불능에서 벗어날 것이다.

중급4. 예시 개요
(여기에서는 사회 참여 측면에서 정리합니다.)

> 서론 1 : 문학의 본질을 두고 말들이 많다.
> 본론 1 : 예술의 발생부터 참여 정신에 뿌리를 둔다.
>   2 : 인간은 사회에 참여하고 어울려 산다.
> 결론 1 : 작가는 소신껏 사회에 참여해야 한다.

한 여고생이 인터넷에 올렸던 글을 책으로 발간하면서 많은 사람들이 논쟁을 벌였다. 작가는 글이 재미있으면 된다는 식이다. 그러나 다른 한쪽에서는 사회가 추구하는 가치를 담지 않은 감각적인 글은 문학이 아니라고 비판하였다.

예술의 기원으로 보아도 예술은 사회적 가치를 기준으로 한 것이다. 고대인들의 동굴 벽화는 그 시대의 사회상을 반영한 것이며, 노래와 춤도 신을 찬양하고 노동에 신명을 북돋우던 수단이다. 그러므로 아무리 순수 예술을 표방하여도 개인이 그 사회에 속하여 있으면, 정도의 차이만 있을 뿐 어떤 형태로든 사회에 참여하는 셈이다. '예술을 위한 예술'을 주장하면서 사회 참여를 부정하는 것은 그만큼 시대의 무게가 무겁다는 것을 인정한다는 뜻이다. 결국 순수 예술을 고집하는 것은 그 시대를 반영하려는 작가 정신이 투철하지 못한 것뿐이다.

따라서 작가는 사회에 대해 일정 부분을 책임지고 자신의 작품 속에 시대를 반영해야 한다. '예술을 위한 예술'은 이론적으로만 가능한 일이다. 그것은 작가가 자기에게 주어진 책임을 회피하는 변명에 불과하다.

중급5. 예시 개요

> 서론 1 : 핵을 대체 에너지로 쓰려고 한다.
> 본론 1 : 첫째, 핵 발전이 싼 것이 아니다.
>   2 : 둘째, 사고가 나면 후유증이 엄청나다.
> 결론 1 : 원자력 발전소 증설 계획을 포기해야 한다.

문명이 발달하면 할수록 에너지 수요가 커지며, 이를 채우는 데 화석 연료로는 한계가 있다. 그래서 등장한 핵에너지는 한쪽으로는 문명의 얼굴을 하면서, 또 한쪽으로는 파멸의 모습을 지녀 논란이 끊이지 않는다.

원자력 발전소를 대안으로 보자는 쪽에서는 현실을 앞세운다. 첫째는 원자력 발전이 다른 발전 비용보다 값싸서 수출 경쟁력에 큰 도움이 되며, 둘째는 원자력 발전소는 핵폭탄과 달라서 위험이 덜하다는 것이다. 하지만 원자력 발전 비용을 다른 것과 단순히 비교하여서는 안 된다. 방사능 누출과 온배수 배출로 생태계를 파괴하는 비용에, 지역 사회를 피폐화하여 사람이 살 수 없게 된 환경 비용을 보태야 한다. 이렇게 되면 원자력 발전 비용이 결코 경제적일 수가 없다.

그리고 원자력 발전소가 핵폭탄이 아니라 하더라도 대형 사고가 나면 핵폭탄 못지않게 치명적이다. 인류는 이미 구 소련 체르노빌 핵발전소 폭발 사고로 그 파괴력을 실감하였다. 더구나 우리나라같이 좁은 국토에서 핵 사고가 나면 그 피해가 순식간에 전국으로 확산될 것이다. 그 후유증은 거의 반영구적이다.

원자력 발전소가 늘수록 사고 확률도 높아진다. 한 번의 실수가 돌이킬 수 없는 것이라면 원자력 발전소 증설 계획은 마땅히 포기해야 한다. 궁극적으로 지금 가동 중인 원자력 발전소도 철저히 관리하면서 점점 줄여 나가야 할 것이다.

중급6. 예시 개요

서론 1 : 대중문화를 얕잡아 보는 편이다.
본론 1 : 대중문화에는 이러한 속성이 있다.
　　　2 : (그러므로) 순수 문화 주체들이 대중문화를 얕보아서는 안 된다.
결론 1 : 서로 보완하는 모습이야말로 이상적인 결합이다.

대부분 기성세대는 최근 유행하는 대중가요를 이해하지 못하겠다고 한다. 감각적이고 말초적이며 깊이가 없고 향락적이라는 것이다. 그러면서 입장료가 십여 만 원씩 하는 클래식 공연에 심취하기도 한다.

대중문화는 글자 그대로 대중의 삶이 반영된 것이다. 그러므로 일부 계층이 즐기던 '순수 문화'와는 성격이 아주 다르다. 예컨대 대중문화는 순수 문화가 추구하는 예술성과 다르며, 대중이 쉽고 재미있게 접근할 수 있다. 우리의 경우 사설시조나 판소리, 노동요에서 소박하면서도 진솔한 대중문화의 속성을 짐작할 수 있다.

그런데도 순수 문화 주체들이 대중문화를 얕잡아 보는 것은 대중문화의 이런 속성을 지나치게 부정적으로 보기 때문이다. 대중문화는 향유 계층이 넓어 순수 문화보다 매스 미디어와 결합하기 쉬울 뿐이다. 즉, 대중문화는 아무렇게나 해도 좋다는 뜻이 아니므로 대중성을 저속한 것으로 볼 수 없다. 대중문화와 순수 문화는 필요에 따라 나눈 것이며, 우열을 가릴 수 없다.

따라서 두 문화의 상호 보완이야말로 가장 바람직한 결합이다. 그러려면 대중문화는 감각적으로 치닫지 않고, 순수 문화는 이상에 머물지 않도록 경계하여 두 문화의 벽을 허물어야 할 것이다.

중급7. 예시 개요

서론 1 : 성 표현이 자유로워지면서 말들이 많다.
본론 1 : 성은 양면성을 지녔다.
　　 2 : (그래서) 어느 쪽이 더 부각되느냐에 따라 평가가 달라진다.
결론 1 : 인간의 가치를 얕잡아 보면 외설이다.

우리 사회가 자유로워지면서 '성에 대한 표현'이 과거보다 대담해졌다. 이에 따라 여러 매체에서 드러나는 성 표현을 한쪽에서는 외설이라고 비난하는데, 한쪽에서는 표현의 자유라고 적극 옹호하며 대립한다.

성은 양면성을 지녔다. 즉, 사람들은 오래전부터 '생명의 탄생'을 통해 성을 순수하며 귀한 것으로 여겼다. 한편으로는 인간 의지로 완전히 통제하기 어려운 동물적 본능이라고도 보았다. 현대에 들어 외설 논쟁은 예술이 생명을 빙자하며 동물적 본능을 부추기느냐, 그렇지 않으면 생명의 외경을 순수하게 표현하느냐를 두고 다투는 셈이다. 다시 말해, 성을 상업적으로 이용하여 본능을 반복적으로 자극하고 인간의 이성을 황폐화하면 외설이다. 반대로 어느 작품이 인간을 이성적으로 사회화하여 그 작품에서 추구하는 목표가 생명을 드러내는 것이라면 예술이다.

결국 세계적인 대가의 작품을 외설과 예술로 가르는 기준도 그 사회가 성을 어느 정도로 받아들이느냐에 따라 달라진다. 그러나 표현의 자유를 빙자하여 인간의 존엄성을 명백히 훼손하거나 왜곡한다면 '예술을 빙자한 외설'로 보아도 틀림없다.

중급8. 예시 개요

서론 1 : 한 여학생이 자살하였다.
본론 1 : 획일적인 학습, 상급 학교 진학을 강요해 왔다.
　　 2 : (그래서) 이웃은 경쟁자이므로 공격적으로 대해야 한다.
결론 1 : 인간 존중 교육이 이루어져야 한다.

얼마 전 어느 학교 학생들이 한 학생을 왕따시키는 장면을 인터넷에 올렸고, 이 일로 구설수에 시달리다가 결국 그 학교 교장까지 자살하였다. 이 일을 통해 '왕따'는 생활 속에 잠재하였다가 언제든지 수많은 사람들의 관심에 오르는 예민한 문제라는 것이 입증되었다.

루소는 인간이 착하게 태어났으나 후천적으로 악하게 되었다고 하였다. 이 사실을 인정한다면 왕따는 가정과 학교에서 청소년들에게 인성 교육을 제대로 하지 못하여 일어나는 것이다. 주입식 교육 같은 획일적인 풍토에서 많은 사람들이 학습 성적을 최고의 가치로 여긴다. 그리고 청소년들은 대부분 평판이 좋은 상급 학교에 진학하는 것을 인생 목표로 삼는다. 그래서 청소년들은 이웃과 친구를 치열한 경쟁 상대로 생각하기 쉽다. 말하자면 왕따는 자기보다 앞선 사람을 미워하면서 자기보다 뒤떨어진 사람을 무시하는 심리가 드러난 것이다.

그러므로 우리 사회에서 청소년들이 인간을 존중하도록 교육적으로 배려해야 한다. 그렇지 않으면 공동체 윤리가 무너지고 '약육강식'이 지배할 것이며, 이기적인 사회 속에서 왕따는 더욱 기승을 부릴 것이다.

글쓰기 고급

고급1. 예시 개요

서론 ①: 장애인 문제에 관심이 높아졌다.

본론 ①: 사람들이 장애인들과 더불어 살려고 노력하지 않는다.

　　　　1) 장애인을 특수한 인간으로 보며, 경제적 동정만 베풀려고 한다.

　　　　2) 장애인에게 창의력을 발휘할 기회를 주지 않는다.

결론 ①: 장애인이 홀로 설 수 있도록 근본적으로 도와주어야 한다.

　20세기 산업 사회에서 장애인은 글자 그대로 '장애가 되는 사람'일 뿐이었으나, 세계적으로 인권에 관심이 높아지면서 우리나라도 장애인의 권리에 주목하기 시작하였다. 그러나 아직도 우리나라 장애인들은 헌법에 명시된 의무 교육조차 제대로 받지 못한다. 초등학교에서 교육을 받는 장애아는 20%에 불과하며, 나머지 아이들은 무관심과 냉대 속에서 그대로 방치되고 있다고 한다.

　그것은 사람들이 지금 장애인들과 더불어 살려고 노력하지 않기 때문이다. 말로는 장애인을 돕는 척하지만, 장애인을 위한 특수학교를 건립하려고 하면 우리 동네에 설립해서는 안 된다며 주민들이 결사적으로 반대한다. 주민들은 장애인을 경제적으로는 도와주겠으나 한 동네에서 같이 살 수 없다고 주장한다. 사람들은 장애인을 보통사람으로서 다 함께 살아야 할 이웃으로 보는 것이 아니라, '특별한 인간, 특수한 사람'으로 인식한다. 보통사람이 수백 번 시행착오를 거쳐 한 가지 재능을 익히듯, 장애인은 수백 번 연습하여 보통사람의 일상적인 행위를 익힌다. 그러므로 모든 사람들이 다 똑같은 재능을 갖고 있지 않듯이, 장애인은 똑같은 신체적 조건을 갖고 있지 않은 것뿐이다.

　게다가 주민들 말대로 일반인이 장애인을 경제적으로만 돕기로 한다면 통계적으로 인구 90%가 나머지 10%를 먹여 살려야 할 것이다. 복지와 경제 측면에서 일반인은 자기 능력보다 좀 더 일해야 한다는 뜻이며, 장애인은 죽을 때까지 일반인에게 기대어 살아야 한다는 뜻이다. 인류 역사를 돌이켜 보면 사회와 인간관계는 상부상조하며 발전하였지, 한쪽이 또 다른 한쪽을 일방적으로 끌고 가거나 주도할 때는 퇴보와 멸망이 뒤따랐다. 말하자면 능력에 따라 개인의 창의력이 발휘되고 그 창의력이 조화를 이룰 때 사회가 크게 발전하였다. 그러므로 장애인에 대한 편견을 버리고 장애인과 더불어 살려고 하지 않으면, 결국 양쪽 모두 고통 받을 것이다. 특히 장애인은 삶에 희망을 갖지 못한 채 비장애인에게 마냥 기대어 비굴하게 살아야 한다.

장애인의 인간적 가치를 인정하여 사회 구성원으로 함께 살려면 일반인이 편견을 버리고 장애인에게 더 많은 것을 배려해야 한다. 특히 장애인이 홀로 설 수 있도록 근본적으로 도와주어야 한다. 장애인이 '영원한 소비자'에서 사회의 어느 한 부분을 메워 주는 '창조적인 생산자'로 자리 잡도록 제도적 장치를 만들어 시행해야 한다. 그래야만 '잠재 장애인'들과 '장애인'이 더불어 살고 조화를 이루며, 장애인도 '진정한 인권'을 누리면서 사는 사회가 될 것이다.

고급2. 예시 개요
(아래 문장 개요에서 문장 끝에 있는 번호는 뒷받침해 나가는 순서입니다. 자신이 한 것과 비교해 보세요.)

서론 ① : 일부에서는 성장을 최고 가치로 여긴다. ⋯⋯⋯⋯⋯ ③
　　　　→ 반발하는 사람들이 늘었다. ⋯⋯⋯⋯⋯⋯⋯⋯⋯⋯⋯⋯⋯ ⑫
본론 ① : 'GNP 늘리기'에는 문제점이 많다. ⋯⋯⋯⋯⋯⋯⋯ ②
　　　　→ GNP란 이러이러한 것을 말한다. ⋯⋯⋯⋯⋯⋯⋯⋯⋯⋯ ⑦
　　② : 첫째, GNP가 늘어도 실감하기 어렵다. ⋯⋯⋯⋯⋯⋯⋯④
　　　　→ 성장 혜택이 일부에게만 돌아간다. ⋯⋯⋯⋯⋯⋯⋯⋯⋯ ⑧
　　③ : 둘째, GNP를 계산하는 방법에 문제가 있다. ⋯⋯⋯⋯⋯⑤
　　　　→ 더하기만 하지 빼기는 없다. ⋯⋯⋯⋯⋯⋯⋯⋯⋯⋯⋯⋯⋯ ⑨
　　④ : 셋째, GNP에 매달리면 경제 효율만 따지게 된다. ⋯⋯⋯⋯⑥
　　　　→ 삶을 풍요롭게 하는 곳을 소홀히 하기 쉽다. ⋯⋯⋯⋯⋯⑩
결론 ① : 경제 혜택이 고루 돌아가는 사회가 되어야 한다. ⋯⋯⋯①
　　　　→ 특히 환경, 복지를 잊어서는 안 된다. ⋯⋯⋯⋯⋯⋯⋯⋯⑪

수출 3000억 달러, 국민 소득 2만 달러는 일반인의 현실을 제대로 반영하는 것이 아닌데도, 일부에서는 아직도 성장에 매달려 외형을 늘리면 다 되는 것으로 여긴다. 그래서 다른 한쪽에서는 국민 총생산(GNP)이 오히려 경제와 사회적 삶을 왜곡한다며, '녹색 GNP'로 바꿔 환경과 가정 활동의 요소를 포함시키자고 주장한다.

1인당 GNP는 일정 기간 모든 경제 주체가 생산한 상품의 총 부가가치를 인구 수로 나눈 것이다. 그래서 숫자가 커질수록 국민의 삶이 더 풍요로워진 것으로 알기 쉽다. 그러나 성장을 최고로 치는 이런 사고방식에는 문제점이 많다.

첫째, 1인당 GNP가 늘었다고 하여도 경제 성장의 혜택을 국민이 피부로 직접 느끼지 못한다. 지표에 따르면, 1주 평균 노동 시간이 많은데도 소득 분배는 제대로 이루어지지 않는다. 게다가 다른 나라보다 저축을 많이 하지만 주택 보급률은 형편없이 낮다. 말하자면 지금은 국민 총생산이 늘어도 혜택이 일부에게만 돌아가는 '부익부 빈익빈' 현상이 깊어지는 셈이다.

둘째, GNP는 생산된 가치만 집계하고 해악은 계산하지 않아서 사람들의 삶을 제대로 반영하지 못한다. 가령 어느 공장에서 상품을 만들고 오염된 공기를 배출하였는데, 공기 정화 전문가가 음식을 사 먹으며 그 오염된 공기를 맑게 했다면 상품 생산, 공기 정화, 음식 판매가 모두 GNP에 계산된다. 그러나 오염된 공기로 끼친 해악은 계산하지 않아서, 모든 사람이 맑은 공기를 마실 수 있었던 '당연한 권리'가 무시되기 쉽다.

셋째, 교육, 예술, 인문같이 삶을 풍요롭게 하는 부분보다 숫자로 환산할 수 있는 산업 부문에 투자가 집중되기 쉽다. 자칫 잘못하면 인간다운 삶을 포기하고 물적 효율만 따지게 된다. '빵만으로 살 수 없다'는 격언처럼 사람을 사람답게 하는 것은 오히려 비산업 부문에 더 많이 있으나, 성장론자들은 경제 성장에만 매달릴 것이다.

그러므로 우리는 GNP 늘리기라는 환상에서 벗어나, 인간으로서 누릴 수 있는 경제적 혜택이 모든 사람들에게 고루 돌아가도록 해야 한다. 내부적으로는 삶의 질을 따지고 음지에 소외된 사람들을 챙겨 경제적 구속에서 벗어나게 해야 한다. 특히 환경권과 복지권을 인정하지 않으면 그 사회를 지탱해 온 공존의 질서가 무너지게 된다는 사실을 잊어서는 안 된다.

고급3. 예시 개요

서론 1 : 이제는 경제적 풍요를 최고로 치지 않는다. ③
→ 폐기물 처리장을 거부한다. ⑨
본론 1 : 각국이 세운 경제 성장 계획을 나무랄 수 없다. ②
2 : (왜냐하면) 먹고살아야 하기 때문이다. ④
→ 경제 성장을 무조건 '악'으로 볼 수는 없다. ⑥
3 : (그러므로) 성장과 보호를 조화시켜야 한다. ⑤
→ '지속가능한 개발'을 추진하는 것이 더 현실적이다. ⑦
결론 1 : 환경 보호에는 모든 경제 주체가 참여해야 한다. ①
→ 특히 선진국부터 반성해야 한다. ⑧

경제 발전에 대한 인간의 욕망이 세계사를 바꿔 놓았다고 할 수 있을 정도로, 경제를 넣어야 비로소 금세기 인간의 삶을 설명할 수 있다. 그런데도 오늘날에 와서 경제적 풍요가 곧 인간적 삶이라는 등식이 깨졌다. 예컨대 핵폐기물 처리장 건립 지역으로 어느 곳을 지정하면서 그 지역에 대해 경제적 지원을 약속하여도 지역 주민들이 한사코 처리장 건립 지정을 거부한다.

그러나 물질적 풍요나 경제 성장을 멀리하고 인간다운 삶의 질에 더 큰 가치를 부여한다 해도 물질적 뒷받침이 전혀 없이 '완벽하게' 삶의 질을 추구하기는 어렵다. 지난 수백 년 동안 인류가 이룩한 근대 문명이 인간적인 생활을 가능하게 해 주었고, 앞으로도 고도 과학 기술이 경제 성장을 주도하며 삶의 질을 좌우할 것이기 때문이다. 그러므로 지금 처한 상황을 둘로 나누어 '경제 성장'은 좋지 않은 것이며, '환경 보호'는 좋은 것인 양 극단적으로 생각하여서는 안 된다.

더구나 지금 지구촌 여기저기에서는 많은 사람들이 삶의 질을 따지기는커녕 생존하기조차 힘든 상황에 놓였다. 가장 기본적인 의식주도 해결하지 못하는 사람들에게 성장 속도를 들먹이며 환경 보호를 강요하는 것은 오히려 경제 선진국의 이상론이다. 그러므로 지금이야말로 현실을 솔직히 인정하고 경제 성장과 환경 보호를 조화할 수 있도록 세계가 적극적으로 대처해야 한다. 리우 환경 회의에서 선언한 '지속가능한 개발'이야말로 앞으로 인간이 살아가며 '새로운 세기에 적용해야 할 삶의 방향'을 표현한 것이다.

따라서 한편으로 성장을 고려하면서 환경 보호 능력을 키우는 데 모든 경제 주체가 적극 참여해야 한다. 특히 '사람답게 살 수 있는 환경'은 경제 성장에 매달린 선진국이 적극적으로 책임져야 할 부분이다. 그러므로 경제 선진국부터 생산과 소비 형태를 환경 친화적으로 바꾸어야 한다. 환경에 무관심하면 지금까지 이루어 온 결과마저 어느 한순간에 잃어버릴 수 있다는 것을 선진국은 깨달아야 할 것이다.

고급4. 예시 개요

서론 ① : 토플러는 현대를 정보 사회로 규정하였다. ·····················④
　　　　→ (그런데) 한쪽에서는 미래를 낙관적으로만 본다. ·············⑧
본론 ① : 인간을 피동적 존재로 만들기 쉽다. ···························②
　　　　→ (왜냐하면) 컴퓨터의 판단을 더 믿기 때문이다. ·············⑤
　　② : 소수가 정보를 지배하기 쉽다. ·····························③
　　　　→ (그래서) 불평등이 깊어지기 쉽다. ·······················⑥
결론 ① : 부작용을 줄여 바람직한 사회로 나아가야 할 것이다. ·········①
　　　　→ 산업 사회의 교훈을 잊지 말자. ·························⑦

앨빈 토플러는 현대를 '제3의 물결'로 정의하며 인류 문명사에 새로운 세기가 열렸다고 하였다. 이 새로운 물결이 정보 사회이며, 그 밑바탕을 이루고 있는 것이 컴퓨터인 것이다. 그래서 사회 일각에서는 컴퓨터의 발달이 곧 인간에게 장밋빛 미래를 보장하는 것으로 낙관한다. 그러므로 다가올 정보 사회에 어떤 문제점이 있는지를 알아보는 것도 의미가 있을 것이다.

먼저 문제점으로 지적할 수 있는 것은 컴퓨터가 발전할수록 컴퓨터의 판단을 인간보다 앞세워 맹신하기 쉽다는 점이다. 예를 들어 "컴퓨터가 그럴 리 없는데" 하며 지금도 사람을 믿지 못하는 경우가 많다. 이렇게 되면 컴퓨터가 결정한 조건에 인간이 적응해야 하는 사회가 될 것이다. 말하자면 인간이 서로 주고받는 말을 믿지 못하고, 컴퓨터를 거쳐 나온 결정을 최고 가치로 여긴다. 결국 컴퓨터가 인간을 더 자유롭게 하기는커녕 인간을 피동적 존재로 전락시킬 수 있다는 것이다. 그렇게 되면 산업 사회보다 더 크게 인간 소외 문제로 골머리를 앓게 될 것이다.

둘째, 많은 정보를 독점한 소수가 인터넷으로 연결되는 '사이버 공간'을 좌우하기 쉽다. 산업 사회에서도 소수 자본가가 산업 정보를 독점하여 '부익부 빈익빈' 같은 경제적 불평등을 조장하였다. 가령 인공위성을 통해 세계 농산물 작황을 살펴보는 위치에 있었다면, 그해 곡물 가격을 예측하여 자기 뜻대로 경제 활동을 펼 수 있었을 것이다. 따라서 통신망이 거미줄같이 연결된 사회에서는 정보를 가진 자와 못 가진 자 사이에 불평등이 깊어지고, 정보를 가진 나라와 못 가진 나라의 골이 더 깊어질 것이며, 인류의 이상인 '평등 사회, 인류 국가'는 점점 멀어질 것이다.

컴퓨터가 등장하여 과거 산업 사회보다 인간의 삶을 풍요롭게 만든 것이 사실이다. 그러나 컴퓨터가 미래 사회의 모든 문제점을 저절로 해결해 주리라 지나치게 낙관하여서는 안 된다. 따라서 컴퓨터가 발달할수록 부작용을 점검, 보완하여 인간의 가치를 더 소중히 여기고, 더불어 사는 사회로 나아가야 할 것이다. 산업이 발달하면서 자연이 파괴되고 인간의 존엄성이 무너졌다는 점을 교훈으로 삼아야 할 것이다.

고급5. 예시 개요

서론 ① : 청소년들이 기성 세대한테 불신 받는다. ······················④
　　　 → 청소년들이란 아직 미숙한 계층이다. ····························⑧
본론 ① : 첫째, 대중문화는 새로운 것을 추구하여 변화가 심하다. ·····②
　　　 → 둘째, 대중문화는 집단적이라 개성이 드러나지 않기도 한다. ········⑤
　　 ② : (그래서) 청소년은 유행을 좇아 자유를 구가하려 한다. ········③
　　　 → (그래도) 청소년은 그 속에 소속하여 동질성을 느끼려 한다. ·········⑥
결론 ① : 청소년 문화를 긍정적으로 보아야 한다. ···························①
　　　 → 대중문화 속에서 청소년은 성숙하는 것이다. ····························⑦

'청소년'은 10대에서 20대 초반에 이르는 계층을 일컫는 말이다. 따라서 청소년은 어린이를 벗어났지만 아직 성숙하게 사고하지 못하는 계층으로, 매스컴이 주도하는 현대 대중문화에 쉽게 휩쓸리는 탓에 기성세대에게 불신을 받는다.

대중문화의 특징은 첫째, 고전적인 것을 낡은 것으로 보며 끊임없이 참신한 것을 추구한다. '한 곡 가수'라는 말이 대중문화의 이런 속성을 보여 준다. 둘째, 집단적이어서 개인이 드러나지 않기도 한다. 현대 대중문화가 대부분 매스 미디어와 만나 값싸게 널리 보급되면서 청소년의 문화적 풍토는 서로 비슷해지기 쉽다.

이에 대중문화는 기성세대와 다른 것을 추구하려는 청소년에게 큰 매력으로 다가선다. 청소년은 획일적인 환경이 강요될수록 자유분방한 대중문화를 선택하는 것이다. 이런 요인이 청소년을 오늘날 대중문화의 주소비자로 만든다. 청소년은 대중문화의 유행성을 통해 자신을 확인하는 셈이다.

게다가 청소년들이 옷차림이며 취향을 비슷하게 통일하려고 하는 것은 또래 집단에서 소외되지 않으려 하기 때문이다. 이때 매스 미디어의 영향으로 '오빠 부대'처럼 감각적인 모습으로 표출되기도 하나, 청소년들은 자기만의 특정 집단 의식을 통해 동질성을 찾아 소속감을 느낀다.

청소년이 과거보다 대중문화와 밀접하다고 부정적으로 볼 수 없다. 더구나 매스컴의 상업적 특성을 청소년 문화의 속성으로 오해하여서도 안 된다. 그러므로 대중문화에 대한 반응은 '청소년이 끊임없이 자기 정체성을 확인하며 사회화하는 과정'으로 보아야 한다.

고급6. 예시 개요

서론 ① : 술과 친구는 오래될수록 좋다고 한다. ··········· ③
　　　　 → 속담이 의미하는 바가 크다. ··········· ⑦
본론 ① : 자기중심으로 생각한다. ··········· ②
　　　　 → 친구를 자기와 동일시하려고 한다. ··········· ④
　　　　 → '왕자병, 공주병'을 예로 들 수 있다. ··········· ⑤
결론 ① : 마음을 열어야 한다. ··········· ①
　　　　 → 서로 이해하는 속에서 우정이 깊어진다. ··········· ⑥

우리 속담에 '술과 친구는 오래될수록 좋다'라고 하였다. 이 속담을 통해 우리는 두터운 우정이 짧은 시간에 이루어지는 것이 아니라는 것을 교훈으로 삼는다. 특히 이 속담은 아직도 획일적인 교육을 우선하는 현실에서 친구와 오랫동안 학창 시절을 함께해야 하는 청소년에게 시사하는 바가 크다.

　　청소년이 자기 고민을 친구와 상의하면서도 진정한 친구가 없다고 하는 것은 모든 가치를 자기중심적으로 보기 때문이다. 가령 어떤 사실에 대해 논의가 오고 갈 때 자신이 원하는 대답이 아니면 진정한 충고로 보지 않는 경우가 많다. 대중 스타를 통해 심리적으로 대리 만족을 얻듯이, 청소년은 친구를 자신과 동일시하려는 경향이 강하기 때문이다. 말하자면 자기 친구를 달리 사고하는 주체로 보지 않고, '또 다른 나'로서 자신을 속속들이 이해해 주기를 바란다.

　　청소년의 이런 극단적 이기주의가 오늘날 '왕자병, 공주병'으로 표현되었다. 자신을 가장 귀하게 생각하고 자신의 고민이 가장 큰 것으로 여긴다. 그러면서도 친구가 자기처럼 고민할 수 있으리라고는 생각하지 못한다. 그러나 바람직한 인간관계가 지속되려면 상대방을 인정하고 존중해야 한다. 말하자면 때로는 자신이 먼저 친구의 고민에 접근해야 하는데도 오늘날 청소년은 그 사실을 미처 깨닫지 못하는 것이다.

　　따라서 청소년이 원하는 진정한 친구가 자기 마음을 웬만큼 이해하는 친구 정도라면, 진정한 우정은 충분히 있을 수 있다. 그러려면 친구에게 자신을 이해해 달라고 요구하기에 앞서 자신이 마음을 열고 친구를 믿어야 한다. 기다리지 말고 먼저 다가서는 것이 진정한 인간관계의 첫걸음을 떼는 것이다.

13장

논술 문제의 이해와 풀이 과정

연 습 문 제 1

1. 해설 : 논제에서 숨은 전제는 '새로운 것을 추구하는 태도를 긍정적으로 본다'는 것이다. 물론 동기가 무엇인지에 따라 달라진다고 하였다. 고죽의 태도를 반박하라고 하므로 고죽의 동기에 문제가 있다고 비판해야 한다. 따라서 고죽의 태도에서 찾은 문제점을 일반화하여 두 개만 본론 논거로 정리한다. 결론에는 그 두 문제점을 놓고 고죽을 평가하거나 고죽에게 조언하며 된다.

서론 : 제시문 (가) 요약
본론 1 : 고죽의 문제점 1(서론을 바탕으로 비판 1)
　　　2 : 고죽의 문제점 2(서론을 바탕으로 비판 2)
결론 : 고죽은 이런 사람이었다. / 고죽은 이래야 했다.

2. 해설 : 이 문제는 세 과제를 해결해야 한다. 즉, ① 제시문에서 저자가 비판하는 현대인의 행동 양식이 무엇인지 밝혀야 하고, ② 이러한 행동 양식이 어디에서 비롯하였으며, ③ 인간 소외를 어떻게 극복할지를 정리해야 한다. 간단하게는 서론에 ①을, 본론에 ②를, 결론에 ③을 정리하면 된다. 원고량이 넉넉하면 ①~③을 본론 1~3단락으로 처리해도 된다.

서론 : 저자는 현대인의 이런 행동 양식을 비판하였다.
본론 1 : 그런 행동 양식은 이래서 생겼으며, 인간 소외를 깊게 하였다.(원인 1과 문제점)
　　　2 : 그런 행동 양식은 저래서 생겼으며, 인간관계를 단절하였다.(원인 2와 문제점)
결론 : 결국 현대인의 그런 행동은 이렇게 고쳐야 소외와 단절을 극복할 수 있다.

3. 해설 : 논제에 숨은 전제는 '언어의 단일화는 위험을 초래한다'는 것이다. 그러므로 본론에는 '왜, 어째서'를 쓰면 된다. 서론은 결론 주장 방향의 반대쪽을 거론한다.

> 서론 : 일부에서 언어의 단일화를 주장한다(예시 : 공용어, 표준말 따위).
> 본론 1 : 단일화가 왜 위험한지 1(예시 : 경제생활에서 찾은 구체적 견문)
>   2 : 단일화가 왜 위험한지 2(예시 : 경제생활에서 찾은 구체적 견문)
> 결론 : 언어의 단일화는 위험하다. / 언어를 단일화하여서는 안 된다.

4. 해설 : 상관관계를 밝히라고 하였으므로 '크다, 작다, 거의 없다' 따위에서 고른다. 그러나 출제자가 요구하는 것은 도덕적 실천이므로 '크다'로 답하는 것이 낫다. 그리고 제시문 세 개를 비교하여 공통점과 차이점을 찾는다. 그중에서 '크다'라는 주장을 적절한 논거로 뒷받침해야 하는데, 그 논거를 설명하기에 좋은 제시문을 선택한다. 제시문 하나를 기준으로 삼아 논거를 다 찾을 수도 있고, 두 개 이상을 기준으로 삼아 논거를 찾아도 된다. 아래에서는 제시문 하나를 기준으로 삼았다.

> 서론 : '공감의 확장'이라는 점에서 (가)~(다)는 이렇게 같고 다르다.
> 본론 1 : 결론을 뒷받침하는 논거 1 – 제시문 (가)에 따르면 이렇다.
>   2 : 결론을 뒷받침하는 논거 2 – 제시문 (가)에 따르면 이렇다.
> 결론 : 공감하면 실천하게 마련이다. / 공감과 실천의 상관관계가 깊다.

5. 해설 : 먼저 세 인물의 대처 방식을 정리해야 한다(①). 거기에서 그 인물들의 사고방식과 행동 양식을 유형화하여 찾는다(②). 즉, 세 사람이므로 세 유형으로 나눌 수 있으나, 경우에 따라 이 사람과 저 사람의 공통점을 묶으면 두 유형, 네 유형도 가능하다. 그 유형 가운데 하나를 자신의 인생관과 관련지어 논술하되, 다른 유형의 문제점을 지적해야 한다.

> 서론 : 현실에는 역경과 고통이 넘쳐난다.
> 본론 1 : 세 사람의 대처 방식이 달랐다(①).
>   2 : 유형 ②–1은 이런 점이 좋다.
>   3 : 유형 ②–2는 이런 점이 나쁘다.
> 결론 : 사람은 유형 ②–1처럼 살아야 한다. / 사람은 유형 ②–2처럼 살아서는 안 된다.

6. 해설 : 다양한 지식과 문화가 귀속되는 것을 논의의 바탕으로 삼으라고 하였다. 논제 첫 문장으로 미루어 '귀속되어서는 안 된다'가 숨은 전제이다. 그리고 세 제시문에 담긴 함축적 의미를 찾아 본론 논거로 삼되, 단락으로 확장할 때는 구체적 견문을 넣는다.

서론 : 귀속하여 논쟁이 된 사례를 거론(윈도와 리눅스, 카피레프트, 유전자 약탈과 특허권).
본론 1 : 독점(귀속)하였을 때 문제점 1(현실에 작용하는 구체적 사례 1)
     2 : 독점(귀속)하였을 때 문제점 2(현실에 작용하는 구체적 사례 2)
결론 : 지식과 문화를 일부에서 독점하여서는 안 된다. / 지식과 문화를 인류가 공유해야 한다.

7. 해설 : 개인과 공동체의 바람직한 관계이므로 결론에서 둘을 절충하거나, 개인을 편들어 주는 것이 좋다. 제시문에 담긴 함축적 의미를 찾아 본론 논거로 삼는다. 아래에서는 개인 쪽에 손을 들어 주었다.

서론 : 대(大)를 위해 소(小)가 희생되어야 한다고 한다.
본론 1 : 주장을 뒷받침하는 논거 1(공동체 이익을 우선할 때의 문제점)
     2 : 주장을 뒷받침하는 논거 2(개인의 자유를 우선할 때의 장점)
결론 : 개인의 자유를 공동체의 이익보다 소중히 여겨야 한다.

8. 해설 : 세 제시문에 담긴 리더십의 유형을 확인한다. 각 리더십의 장단점을 찾아 어느 하나를 선택하거나 둘 이상을 묶어 결론으로 삼는다. 만약 그 유형 중 하나를 선택하였다면 장점은 살리고 단점은 보완하자고 해야 한다. 예를 들어, 강한 리더십이라면 '추진력은 살리되, 인간적인 면을 보완해야 한다'고 주장한다. 그리고 본론 1에서는 추진력의 장점을, 본론 2에서는 추진력의 문제점(인간적인 면)을 지적한다. 아래는 세 제시문에서 둘 이상을 묶어 구조화한 것이다.

서론 : 대통령을 두고 말들이 많다. / 지도자에 따라 흥망이 결정되었다.
본론 1 : 주장을 뒷받침하는 논거 1(여론에 귀 기울였을 때 장점 1)
     2 : 주장을 뒷받침하는 논거 2(여론에 귀 기울였을 때 장점 2)
결론 : 오늘날 리더십은 이래야 한다. / 지도자는 여론에 귀 기울일 줄 알아야 한다.

9. 해설 : 제시문에 담긴 함축적 의미에서 요인과 특성을 확인한다. 특성을 하나로 묶을 수 있으면 요인을 본론으로 삼고, 특성을 결론으로 삼는다. 특성이 모두 달라서 묶기 힘들면 요인과 특성을 따로 정리한다.

> 서론 : 현대 사회는 소비를 미덕으로 여긴다.
> 본론 1 : 소비 현상에 미치는 요인 1
>   2 : 소비 현상에 미치는 요인 2
> 결론 : 현대 사회의 소비는 이런 특성이 있다.

> 서론 : 현대 사회는 소비를 미덕으로 여긴다.
> 본론 1 : 소비 현상에 미치는 요인 1, 2(또는 요인 1 + 특성 1)
>   2 : 소비의 특성 1, 2(또는 요인 2 + 특성 2)
> 결론 : 소비는 그 사회의 요인이 반영될 수밖에 없다.

10. 해설 : 논제에서 숨은 전제는 '민주주의 사회에서 공동선을 추구해야 한다'는 것이다. 그러므로 '공동선이 필요 없다, 개인을 좀 더 배려해야 한다' 같은 주장은 논제를 파악하지 못한 것이다. 논제에서 공동선을 알아보라는 것은 지금 공동선이 많이 무너졌다는 뜻이므로, 서론에서는 개인주의와 이기주의의 병폐를 지적하는 것이 좋다.

> 서론 : 제시문 (가), (나)에서 지적한 민주주의 사회의 문제점(이기주의의 구체적 사례)
> 본론 1 : (다)와 (라)의 관점에서 공동선은 이렇다.
>   2 : 민주주의 사회에 공동선이 왜 필요한지(장점) 1
>   3 : 민주주의 사회에 공동선이 왜 필요한지(장점) 2
> 결론 : 민주주의 사회에서 공동선을 추구해야 한다.

11. 해설 : 제시문 (1)에서 개인이 선택할 수 있는 삶의 태도를 두 유형(①, ②)으로 나눈다. 유형의 특징은 제시문에서 찾아낸 함축적 의미를 바탕으로 일반화한 것이어야 한다. 예를 들어 '낙천적, 비관적' 또는 '적극적, 소극적' 같은 식이다. 그 두 유형 가운데 사회적 조건과 만났을 때 어떤 것이 더 개인에게 도움이 될지를 판단한

다. 그래서 수험생은 ①(이쪽), ②(저쪽), ①+②(절충) 가운데 하나를 선택하여 결론으로 삼는다.

서론 : 사람은 이렇게 살 수 있고, 저렇게 살 수 있다.
본론 1 : 이렇게 살아야 하는 근거(장점)
　　 2 : 이렇게 살 때 생길 수 있는 문제점을 옹호(반론을 대응)
결론 : 사람은 이렇게 살아야 진정으로 행복하게 사는 것이다.

12. 해설 : 우화에 담긴 '기술 문명에 대한 경고'를 논제에서는 '컴퓨터와 가상현실'로 축소하였다. 숨은 전제는 '그것이 인성에 부정적인 면이 있다. 그래도 컴퓨터 문명을 포기하지 못한다'는 것이다. 따라서 결론 주장은 '컴퓨터 문명의 장점을 살리고, 단점을 보완하자'여야 한다. 물론 단점에 '인성'을 포함시켜야 한다. 본론에는 컴퓨터 문명 때문에 사람들이 얼마나 황폐해졌는지를 자세히 서술하면 된다. 되도록 제시문에서 찾아 일반화하는 것이 좋다.

서론 : 기술 문명, 컴퓨터가 삶을 풍요롭게 하였다(장점, 긍정적인 면을 소개).
본론 1 : 인성에 어떤 부정적 영향을 미쳤으며, 어떻게 극복할지 1
　　 2 : 인성에 어떤 부정적 영향을 미쳤으며, 어떻게 극복할지 2
결론 : 컴퓨터 문명을 유지해도 인성(인간)이 바탕이 되어야 한다.

13. 해설 : 논제에서 직접 대놓고 '혼돈을 긍정적으로 보라'고 하였다. 그러므로 수험생은 취향과 가치관에 상관없이 긍정적인 측면을 찾아 정리해야 한다. 제시문에 담긴 함축적 의미를 논거로 활용하되, 18문장 안팎으로 정리해야 하므로 3-6-6-3, 또는 4-5-5-4로 안배한다.

서론 : '혼돈'을 부정적으로 보는 편이다.
본론 1 : 혼돈의 긍정적 속성 1(혼돈을 판단하는 기준과 관점이 모호하다.)
　　 2 : 혼돈의 긍정적 속성 2(혼돈에도 질서가 있다.)
결론 : 혼돈은 긍정적인 측면도 많다.

14. 해설 : 여성 할당제는 선진국에서 양성 평등을 실천하려고 도입한 제도이다. 이와 비슷한 제도로는 장애인 고용 의무화, 흑인 역차별 제도(1960년대 미국)가 있다. 찬반을 묻는 것 같지만 수험생이 찬성하여야 출제자 의도를 제대로 파악한 것이다. 제시문에 담긴 함축적 의미에서 찾은 장점을 본론 논거로 삼는다.

서론 : 아직도 양성이 평등하지 않다. / 여성 해방과 남녀평등이 멀었다.
본론 1 : 여성 할당제의 장점 1(양성에 어떻게 도움이 되는지 1)
    2 : 여성 할당제의 장점 2(양성에 어떻게 도움이 되는지 2)
결론 : '여성 할당제'는 적합한 수단이다. / 여성 할당제를 적극적으로 활용해야
    한다.

15. 해설 : 숨은 전제는 '현대 기술문명사회는 위기에 놓였다. 환경 근본주의자들의 생활양식에 위기를 극복할 수 있는 요소가 있다'는 것이다. 따라서 제시문에 있는 환경 근본주의자들의 장점(배울 만한 점)이 현대 기술문명사회의 단점(폐해, 문제점)일 것이다.

서론 : 현대 기술문명사회가 이 지경에 놓였다(부정적인 측면 강조).
본론 1 : 현대 기술문명사회의 문제점 1과 환경 근본주의자들의 장점 1
    2 : 현대 기술문명사회의 문제점 2와 환경 근본주의자들의 장점 2
결론 : 현대 기술문명사회는 이런 요소로 위기에서 벗어나야 한다. / 현대 사회
    는 앞으로 이렇게 살아야 한다.

연 습 문 제 2

1. 1) 현대인은 서두르다가 꿈을 잊고 산다. / 현대인은 서두르면서 과정의 소중함을
    놓쳤다. / 현대인은 기술의 효용을 최고로 친다.
 2) 서둘러서는 안 된다. / 여유를 지녀야 한다. / 시간(삶)을 즐겨야 한다.
 3) 서론 : 우리나라 40대 과로사가 세계 상위권에 들었다(노동 시간 세계 1위이다).
    본론 1 : 현대인은 서두르다가 꿈을 잊고 산다.
        2 : 현대인은 서두르면서 과정의 소중함을 놓쳤다.
    결론 : 현대인은 여유를 갖고 삶을 즐겨야 한다.

2. 1) 연고주의에 빠져 산다. / 언행이 이중적이고 가식적이다. / 형식에 사로잡혀 행동한다. / 본질보다 형식에 치우친다. / 실천을 내면화하지 못한다. / 타인을 의식하며 행위의 주체가 되지 못한다.

2) 좀 더 적극적으로 잘잘못을 따져야 한다. / 잘못을 드러내며 항상 경계해야 한다.

3) 서론 : 우리 사회가 과거보다 풍요롭지만, 정말 잘사는 것일까?

본론 1 : 연고주의에 빠져 산다.

　　　2 : 본질보다 형식에 치우친다.

결론 : 잘못을 드러내며 항상 경계해야 한다.

3. 1) (나) 과학 기술을 맹신하기 쉽다. / 물질 문명을 발전으로 본다. / 발전 지상주의를 신뢰한다. / 환경 파괴를 당연한 것으로 본다. / 인간을 수단으로 여긴다. / 인간의 가치를 가볍게 본다.

(다) 생명과 자연을 존중한다. / 대등하며 상호적인 관계를 맺는다. / 양방향이며 서로 소통한다. / 소중하지 않은 것이 없다.

2) 유기적 세계관이 기계적 세계관의 대안이 될 수 있다. / 유기적 세계관은 충분히 (어느 정도) 대안이 될 수 있다.

3) 서론 : 기계적 세계관의 장점

본론 1 : 기계적 세계관의 한계 1과 유기적 세계관의 장점 1(기계적 세계관은 인간을 수단으로 여기지만, 유기적 세계관은 생명과 자연을 존중한다.)

　　　2 : 기계적 세계관의 한계 2와 유기적 세계관의 장점 2

결론 : 유기적 세계관이 기계적 세계관의 대안이 될 수 있다.

4. 1) (가) 현실에 만족하지 않고 새로운 세상을 꿈꾼다. / 이상을 꿈꾸지만 현실에서 노력하지 않는다. / 새로운 세계에 도전할 줄 안다. / 도전하지만, 쉬 좌절한다.

(나) 현실의 어려움을 잘 극복한다. / 현실에 만족할 줄 안다. / 낙천적으로 산다. 현실에 안주한다. / 현실을 개척할 줄 모른다. / 사회 모순에 도전하지 않고 개인적인 문제로 여긴다.

2) (가) 장점 : 도전적이며 발전 지향적이다.

　　　단점 : 무모하다. / 준비하지 않는다. / 끈기가 없다. / 이상으로 가는 과정을 소홀히 한다.

(나) 장점 : 현실 긍정적이다.

　　　단점 : 현실 개선에 무관심한 편이다.

3) (가)를 선택 : 이상을 꿈꾸더라도 준비해야 한다. / 무모해서는 안 된다.

(나)를 선택 : 현실을 긍정하더라도 안주하여서는 안 된다.

(가)와 (나)를 절충 : 현실을 긍정하더라도 이상을 지녀야 한다.

4) (나)를 선택하였을 때 →(해설) 본론에서 두 글에 담긴 삶의 태도를 비교해야 한다. 토끼와 징수원에 담긴 함축적 의미로 비교해야 한다. 제시문의 사실에 매달리면 안 된다.

서론 : 현실에 좌절하는 사람이 많다.

본론 1 : 현실을 긍정하였을 때의 장점(삶에 의미를 두고 행복을 느낀다.)

　　　 2 : 안주하였을 때의 문제점(개인 발전과 사회 개선을 위해 노력하지 않는다.)

결론 : 현실을 긍정하더라도 안주하여서는 안 된다.

5. 1) (가) 베버는 서구가 문화적, 사회적 합리화를 거쳐 근대 사회가 되었다고 보지만, 합리화에 부정적인 측면이 있다고 하였다.

(나) 인간은 살면서 실용성에서 효율을 선택하며, 사회적 합리화 과정을 거친다.

2) 현대 사회의 인간관계가 피상적이다. / 현대 사회는 효율을 중시하기 쉽다. / 현대 사회는 인간을 수단으로 여긴다. / 현대 사회는 물질 중심 사회이다. / 현대 사회의 삶이 획일적이다. / 삶에 깊이가 없다. / 사회 제도에 묶여 개인이 희생되기 쉽다.

3) 합리를 추구하더라도 인간을 배려해야 한다. / 합리를 추구하더라도 효율에 집착해서는 안 된다.

4) 서론 : 합리는 이런 것이다. →(가)와 (나)를 참조하여 합리를 긍정적으로 평가한다.

본론 1 : 제시문 (다)에 있는 합리성이 지닌 문제점 1(인간을 배려하지 않을 때 문제점 1)

　　　 2 : 제시문 (다)에 있는 합리성이 지닌 문제점 2(인간을 배려하지 않을 때 문제점 2)

결론 : 현대 사회에서 합리를 추구하더라도 인간을 배려해야 한다.

6. 1) 현대인들의 인간관계가 계산적이다. / 현대인은 상대방을 이익의 도구로 삼는다. / 현대인은 삶의 주체가 되지 못한다. / 현대인은 대중 속에서 소외를 느낀다. / 현대인은 물질 문명에 종속되었다. / 현대인은 인간다움을 잃었다. / 현대인은 인정이 없다(삭막하다). / 현대인은 이기적이다.

2) 더불어 살아야 한다. / 혼자 살 수 없다. →(제시문) 자체로서 온전하지 않다. 대륙의 한 조각, 대양의 일부, 인류 속에 포함.

3) 현대인은 더불어 살아야 한다. / 공동체의 미덕을 깨달아야 한다. / 타인과의 관계를 소중히 여겨야 한다.

4) 서론 : 현대인의 인간관계가 황폐해졌다.

　　본론 1 : 더불어 살 때의 장점 1(더불어 살지 않을 때의 문제점 1)

　　　　 2 : 더불어 살 때의 장점 2(더불어 살지 않을 때의 문제점 2)

　　결론 : 현대인은 더불어 살아야 한다.

7. 1) 소설은 헛것이며, 아무런 의미가 없다. / 소설은 쓰지도, 읽지도, 평가하지도 말아야 한다. / 소설은 허구(꾸며낸 이야기)이므로 아무런 가치도 없다.

2) 소설은 헛것이 아니다. 소설은 나름대로 의미가 있다. → (해설) 반대해야 한다. 찬성할 수 없다. 절충(어느 정도 헛것인 것 같다)하여도 안 된다. 인류 역사와 함께 해 온 소설을 긍정해야 한다.

3) 비일상성이 의미가 없는 것은 아니다. / 비일상성은 나름대로 의미가 크다. / 비일상성은 긍정적이다.

4) 현대 사회에서 비일상성은 긍정적이다. / 현대 사회에서 비현실성은 의미가 크다.

5) 비일상성은 스트레스를 풀어 준다. / 대리 만족을 준다. / 창조의 토대가 된다. / 상상력을 키워 준다. / 삶을 풍요롭게 한다. / 성역을 없앤다. → (해설) 환상, 신화, 축제, 소설의 특징에서 함축적 의미를 찾아 비일상성의 기능(장점)을 언급해야 한다. 제시문의 사실적 의미에 매달리면 안 된다.

6) 서론 : 현대인들이 비일상적인 놀이, 이벤트를 즐긴다(번지 점프, 극한 스포츠, 플래시몹, 코스프레 따위).

　　본론 1 : 비일상성의 기능 1(비일상성은 삶을 풍요롭게 한다.)

　　　　 2 : 비일상성의 기능 2(비일상성은 대리 만족을 준다.)

　　결론 : 현대 사회에서 비일상성은 긍정적이다.

논술글 평가하기

연습문제 1

1. 이 글은 모두 네 단락이다. 서론은 ①에서 ④까지, 본론 1은 ⑤에서 ⑧까지, 본론 2는 ⑨에서 ⑫까지, 결론은 ⑬에서 ⑰까지이다. 본론이 약간 적은 듯하지만, 무난하다.

2. ⑬, ⑰에서 지나치지 말고 적당히 수용하자고 하였다. 방향을 잘 잡았다.

3. 서론에서 ④, 본론 1에는 없다. 본론 2에도 없다. 주장을 뒷받침하는 논거가 없고 본론에 언급한 것이 내용으로는 서론의 연장이다. 실태를 장황하게 서술하였다. 논거 설정 능력이 없다.

4. 이것을 본론 논거가 아니라, 서론 내용으로 보면 뒷받침은 잘하였으나 내용은 평범하다.

5. ⑮를 결론 단락 도입 문장으로 보고, ⑯을 전개 문장으로 처리해야 한다. ⑭는 군더더기이다. ⑬과 ⑰는 주장 문장이다. 효율적으로 정리하지 못하고 산만하다.

6. 서론, 본론 1과 2가 내용으로는 모두 서론이다. 실태를 서너 문장으로 잘 정리하여야 한다.

7. 논증의 큰 틀을 잡지 못하였다. 글을 쓰기 전에 네댓 줄로 논증의 큰 틀을 잡아야 한다. → **(보충)** 이 글은 결론에서 우리말에 외래어를 '⑬ 어느 정도' 수용하자고 했다. 그리고 '⑰ 지나친 수용'만 아니면 된다고 했다. 그러면 본론에서 수용의 장점과 지나친 수용의 문제점을 짚어 주어야 한다. 즉, 다음처럼 구조화해야 한다.

서론 : 외래어를 섞는다.
본론 1 : 수용해야 한다(③ ⑮ ⑯).
    2 : 지나치면 나쁘다.

결론 : 적당히 섞자.

연 습 문 제 2

1. 이 글은 모두 다섯 단락이다. 서론은 ①에서 ⑤까지, 본론 1은 ⑥에서 ⑧까지, 본론 2는 ⑨에서 ⑪까지, 본론 3은 ⑫에서 ⑭까지, 결론은 ⑮에서 ⑳까지이다. 이 글은 형식적으로 안배가 잘 되었다.

2. ⑲에서 표준말을 쓰자고 하였다. 방향을 잘 잡았다.

3. 서론은 ②이다. 본론 1은 ⑥(못 알아듣는다), 본론 2는 ⑪(말이 통해야 한다), 본론 3은 ⑬(국민을 통합한다)이다. 주장을 잘 뒷받침하였다.

4. 본론 1에서 '사투리는 알아듣지 못한다'고 하면서 ⑧에서 느닷없이 '좋지 않은 영향'을 언급하였다. 또 다른 논거를 슬쩍 끼어 넣은 것이므로 군더더기이다. 본론 2는 본론 1의 연장이다. 없애도 된다. 본론 3에서 ⑫는 군더더기 문장이다.

5. 주장 ⑲를 빼고 나머지는 군더더기 문장이다. 앞에서 한 말을 반복하였으며, 묻고 대답하기, 국가 발전을 언급(비약)하고 맹세하기가 잘못되었다.

6. 표준말을 왜 써야 하는지를 잘 알지만, 본론과 결론에 써야 할 말을 서론 단락에 서술하였다. 즉, ③은 본론에 넣을 말이고, ④는 결론에 넣을 말이다.

7. 1) 언젠가 텔레비전에서 개그맨이 사투리를 이용하여 사람들을 웃겼다. 같은 뜻인데도 사투리로 쓰면 표현법이 달라, 다른 지역 사람들은 그 말을 알아듣기 힘들었다.
  2) 반듯이 → 반드시, 표준말을 써야 한다.

8. 논리적인 글을 생활글(우리들이, 겪었다. 혼났다. 생각한다)처럼 서술하였다. 개인의 견문을 일반화해야 한다. → (보충) 개그맨과 외숙모 이야기를 일반적 사실로 만들어야 한다. 경상도 할머니 이야기는 꾸며낸 이야기이므로 빼야 한다.

연 습 문 제 3

1. 이 글은 형식적으로 모두 다섯 단락으로, 원고량 안배가 적당하다.

2. 주장 문장이 없다. 태도가 분명치 않다. 서론에서 체벌에 찬성한다고 하였는데, 결론에서 '어른들을 부끄럽게 하자'는 식으로 끝을 맺어 '체벌은 나쁜 것이다'로 정리하였다.

3. 서론은 ①, 본론 1은 ⑨(교육 효과), 본론 2와 3에는 논거가 없다. 체벌을 찬성하는 근거가 없거나 약하다. 논거 설정 능력이 부족하다.

4. 본론 1은 서론에 가깝다. ⑨에서 추측이 지나쳤다. 심리학자들은 매를 맞고 자란 아이가 오히려 범죄에 물들 확률이 더 높다고 한다. 근거를 대고 추론해야지, 짐작으로 서술하면 안 된다. 본론 2와 3은 흐름에서 벗어났다. 모두 **빼야** 한다.

5. 결론 단락도 모두 **빼야** 한다. 각오를 밝히는 것이 논술이 아니다.

6. 서론 단락에서 ①은 결론이며, ②와 ③은 본론 논거이다. ④는 군더더기이다. 서론 단락을 제대로 확장하지 못했다.

7. 1) ⑤ 교육이 잘못되어, ⑬ 잘못 때문에

　2) 암튼 → 아무튼, 부모와 교사가 청소년에게 매를 드는 것을 나쁘다고 해서는 안 된다. 청소년이 그런 말을 하기 전에 먼저 모범을 보여야 한다. 매를 드는 교사와 부모를 미안하게 만들어야 할 것이다.

8. 자기주장을 분명히 정하지 않아, 찬반이 오락가락하였다. 이성적으로 쓰지 않고 정서적으로 접근하였다. 개인 견문을 일반화하여 태도를 분명히 정한 뒤, 논증의 큰 틀을 잡고 단락을 확장해야 한다. → **(보충)** 이 학생은 속으로 체벌을 싫어하면서, 겉으로는 찬성하였다. 쓰기 싫은 내용을 억지로 쓴 셈이다. 이 문제를 친구들과 충분히 이야기한 뒤, 논증의 틀을 잡아야 한다. 이 글을 재구성하면 다음과 같다.

서론 : 체벌이 논란이 된다(⑤ ⑥).
본론 : 아이들이 이렇다(체벌 이유 ② ③).
결론 : 체벌해야 한다(①).

연 습 문 제 4

1. 이 글은 서론 한 단락, 본론 세 단락, 결론 두 단락, 모두 여섯 단락이다. 그러나 ③단락 끝에서 서술 방향을 밝혔다. 내용으로는 ①에서 ③까지가 서론이고, ④가

본론이며, ⑤와 ⑥이 결론이다. 말하자면 서론이 아주 장황한 글로 원고량 안배가 좋지 않다.

2. 무엇을 주장하는지 분명치 않다. 온건한 보수주의자로서 ⑤에서 서술한 '상호 보완적'이라는 말과 연결하면 '따라서 정신적 사랑 없이 이루어지는 성 행위는 인간의 가치를 어느 한 면으로 과소평가하는 것이다'쯤 써야 한다.

3. 주장 뒷받침이 아주 부실하다. 서론은 ③이다. 본론은 ④(함께 함)이다. 서론은 장황하고, 본론은 어휘가 혼란스러워 모호하다.

4. 본론 확장에 실패하였다. ④에서 '정신적 사랑과 육체적 성 행위가 상호 보완적이어야 한다'라고 말하려 하였으나, 어휘가 제대로 정의되지 않아 잘 드러나지 않았다. '정신적 사랑'을 '사랑'으로 줄이고, '육체적 성 행위'는 그냥 '성'이라는 말로 줄였다.

5. ⑤와 ⑥에서 '상호 보완적'이라는 어휘만 제대로 쓰인 단어이다. 그러나 이 단어도 본론에서 제대로 뒷받침하지 못해 본론에 쓰인 단어를 거듭 사용할 뿐이다. ⑤단락 끝에서 방향을 잃었다(비약). '성과 책임'을 놓고 글을 쓰는데, '성적 욕구 충족'이라는 단어가 등장하였다. ⑥단락은 다 빼야 한다. '도덕적 설교'로 끝냈다.

6. ①부터 ③까지 쓸 만한 어휘는 '매스컴, 성 의식, 온건한 보수주의'밖에 없다. 나머지는 모두 군더더기이다. 예컨대 ①에서 쓰는 이가 '청소년, 성폭행, 예방법, 교과서'를 언급한 것은 오늘날 성 풍토를 거론하기 위해서이다. 그러나 논의 내용에서 너무 앞서 나간 어휘들이다. 이것들은 '청소년의 성 비행과 원인(또는 대책)'이라는 글에서 써야 할 단어들이다.

　②는 글의 흐름에서 완전히 벗어나, 모두 빼야 한다. 또 자기가 묻고 자기가 대답하는 형식이라서 좋지 않다. ③에서 '규정할 수는 없지만'은 군더더기이다. 규정해 보라는데 쓰는 이가 미리 발뺌하였다.

7. 1) ① 교과서를 채택하여 학생들이 배우게 된다, ④ 상대를 식별하여
　 2) 따라서(그러므로, 결국)

8. 태도를 분명히 정하지 않고, 가볍게 정리하였다. 이런저런 이야기를 나누는 식이다.

논증의 큰 틀을 잡고, 논거를 제대로 확장하는 법을 익혀야 한다. 또 기본적인 어휘도 더 알아야 하며, 문장 바로 쓰는 연습을 더 해야겠다.

연 습 문 제 5

1. 이 글은 형식적으로 다섯 단락이지만, ①에서 ⑥을 한 단락으로 하면 네 단락이다. 서론은 ①에서 ⑥까지, 본론 1은 ⑦에서 ⑨까지, 본론 2는 ⑩과 ⑪이다. 결론은 ⑫에서 ⑭까지이다. 원고량 안배가 잘 되었다.

2. ⑭에서 양심은 상대성을 지닌다고 했다. 잘 잡았다.

3. 서론은 ④, 본론 1은 ⑦(문화권에 따라), 본론 2는 ⑩(생활에 따라)이다. 논거를 잘 잡았다. 논증의 큰 틀이 제대로 구조화되었다.

4. ⑦을 ⑧과 ⑨로 뒷받침하려 했으나, 너무 미약하다. '민족, 문화권'을 뒷받침하려면 그 수준에 맞는 내용을 거론해야 한다. 자리 양보하는 일은 사회 풍토쯤으로 보아야지 관습이라 할 수 없다. 예컨대 '농경 사회, 산업 사회'나 '수직적 사고, 수평적 사고' 또는 '동양 문화, 서양 문화' 따위를 들고 차이를 거론해야 한다.

   ⑩을 ⑪에서 제대로 뒷받침하지 못한다. ⑩을 뒷받침할 만한 개인적 견문이 없어, 일반적 사례를 대지 못하고 상상력을 동원하였다. ⑪은 추측이다.

5. ⑫는 결론 단락 도입 문장, ⑬은 전개 문장, ⑭가 주장 문장이다. 결론 단락 확장이 잘 되었다.

6. ④만 쓸모 있고 나머지는 빈약하다. 너무 뻔한 내용이라 글에 깊이가 없다. 예를 들어, ①과 ②는 너무나 상식적이다. ③에서 양심을 설명하나, 제대로 드러내지 못했다. 대충 '무엇인가'가 움직인다는 식으로 표현하였다.

7. 1) '우리는'을 일반화하여 '사람들은'으로 바꾸는 것이 좋다. 많은 사람을 주어로 해야 객관성을 얻는다. 즉, '나'보다 '우리'가 낫고, '우리'보다 '대부분 청소년들, 많은 사람들'이 더 좋다.

   2) '양심의 소리가 그를 괴롭힐 것이다'는 물주 구문으로, 너무 상징적이고 문학적이다. '양심 때문에 괴로워할 것이다'로 쓰자. 왜 괴로워하는지 뒷받침하지 않았다. 그리고 '아메리카'는 평소 잘 쓰지 않는 단어이다. 어디를 가리키는지 모

르겠다. 나라(미국)를 말하는 것인지, 그렇지 않으면 지역(북미, 남미)을 가리키는지 알 수 없다. 게다가 그 나라에서 양심의 가책을 느끼지 못한다고 함부로 단정할 수 없다.

3) 추측한 것을 일반화하였다. '일반화 오류'이다. 어휘 기준이 모호하다. '훌륭한 가문'이란 어떤 가문? '좋은 교육'의 기준은? '누군가 와서'에서 누군가는? '나쁜 짓'은 구체적으로 무엇을? 그리고 양심이 있으면 남에게 해를 끼치지 않나?

8. 논증의 큰 틀을 잘 잡았으나 내용이 빈약하다. 뒷받침할 견문이 거의 없다. 어떤 문제를 놓고 친구들과 자주 이야기하거나 신문과 방송을 가까이 해야 한다. → (보충) 글에 깊이가 없는 것은 세상 돌아가는 이치에 관심을 쏟지 않기 때문이다. 용어 설명이 불분명하다. 단어를 막연하게, 아주 상식적으로 쓸 수밖에 없다. 사고의 깊이가 얕아 지적 수준이 떨어진다.

연 습 문 제 6
1. 이 글은 모두 일곱 단락이다. 형식적으로 서론은 ③까지, 본론은 ④에서 ⑮까지, 그 뒤가 결론이다. 이 글은 원고량 안배와 형식 단락에서 실패하였다. 서론과 결론이 너무 빈약하다. 본론이 다섯 단락인데, 가운데 세 개는 두 문장이 각각 한 단락이다. 단락의 구성 원리를 모른 채 단락을 너무 많이 만들어 산만하다.

2. ⑯에서 상대적 자유의 한계를 '남과의 조화로운 관계에서 하고픈 일을 한다'라고 하였다. 출제자가 구체적으로 밝히라는 것인데, 모호하게 주장하였다. 주장을 너무 넓게 잡았다.

3. 서론은 ①, 본론 1은 ⑤(한계가 있다), 본론 2는 ⑬(정의가 기준)이다. 논거가 너무 넓고 모호하여 논증의 큰 틀이 허술하다.

4. 본론 확장에 실패하였다. 글쓴이가 자유를 잘 알지만, 논제를 무시하고 지식을 자랑하였다. '상대적 자유의 한계'를 논의해야 하는데, '자유, 평등, 인류 생활 향상'이 등장하고 '방종' 같은 단어를 느닷없이 넣었다. 세 조건을 제시하고, 뒤에 가서 '이것에 어긋나니까 자유가 아니다'라고 독선적으로 판단하였다.

5. 부실하다. 논제가 '상대적 자유의 한계'이다. 즉, 출제자가 '자유'를 인정하므로, 여기에서는 '상대적'을 다루어야 하는데, 자꾸 '자유'에 매달린다.

6. 서론 각 문장이 잘 연결되지 않는다. '인간, 평등, 복지' 같은 단어들이 마구 쓰였다. '인간은 자유롭고 싶다' 같은 문장은 정서를 듬뿍 담은 것이라서 생활글에 가깝다. 꼭 쓰려면 객관성을 담아 '아리스토텔레스는 인간을 ~라고 정의하여, 자유롭고자 하는 것을 인간의 본성으로 보았다'같이 서술해야 한다.

7. 1) '마련이다' 앞에서는 '지니게'가 옳은 말이다(예 : 먹게 마련이며, 가게 마련이다).
   2) 비약하였다. 갑자기 '인류'가 등장하고 '최대한'이 등장하였다. 이 글은 논리를 담아 쓴 것이 아니라 개인 정서를 담아 멋지게 쓰려고 한 글이다. 이 문장을 다 빼도 된다.

8. 이 학생은 논제를 이해하지 못했다. 자기 마음대로 논제를 바꿨다. 즉 0점으로 처리되는 글이다. 글쓰기 전에 다른 사람과 충분히 이야기하고, 논제 방향부터 확인해야 한다. → (보충) 상대방에게 아는 것을 차근차근 설명하지 않고, 지식을 자랑하기에 바쁘다. 지식이 얕은데도 독선이 엿보인다. 자신감으로 글을 썼다. 쉬운 말로 자기 뜻을 상대방에게 분명히 전달해야 한다. 큰 것을 많이 전달하려 하지 말고, 작은 것을 깊이 있게 표현해야 한다.

연 습 문 제 7

1. 이 글은 모두 여섯 단락이다. 형식적으로 서론은 ①에서 ④까지, 본론은 ⑤에서 ⑫까지, 결론은 ⑬에서 끝까지이다. 원고량 안배가 잘 되었으나, 여섯 단락은 너무 많다. 본론을 셋으로 나눠 1단락은 ⑤에서 ⑧까지로 독신자 문제를, 2단락은 ⑨와 ⑩으로 일부일처제를, 3단락은 ⑪과 ⑫로 평등한 관계를 언급하였다. 본론 1단락이 2와 3단락의 두 배가 넘어 형평을 잃었다.

2. 뭘 주장하는지 분명치 않다. 그냥 '바람직한 의식, 노력' 같은 모호한 단어로 끝을 맺었다.

3. 서론은 ⑤, 본론 1은 ⑦(독신자), 본론 2는 ⑨(현 제도 유지), 본론 3은 ⑪(상호 능력 인정)이다. 그러나 본론 논거는 결론에 놓을 방향이었다. 이 중 하나만 결론에 놓아도 좋은데, 본론에 죽 늘어놓았다. 그래서 결론 단락에서 주장할 것이 없었다.

4. 결론 주장이 본론 논거로 쓰여, 본론 각 단락에서 어떻게 확장할지를 몰라 방황하였다. 갑자기 '비만 협회, 팬클럽'이 등장하고, 그런 모임에서 독신자들이 가족을

느낄 수 있다며 헤맨다. 어쩐지 현 가족 제도가 없어질 것 같지 않아 ⑨와 ⑩처럼 주장하다가 '아냐, 그게 아냐' 싶어서 다시 ⑪과 ⑫로 반박한다.

5. 결론에서 어떻게 마무리할지 모르니까, 어쨌든 '바람직한 의식'이었으면 좋겠다며 도덕적 당부로 끝을 맺었다. 이 단락은 다 없애도 된다.

6. '과거에는 이랬는데 오늘날 이렇게 바뀌었다'라고 흐름을 잘 살렸으나, 너무 먼 곳에서 출발하였다.

7. 1) ③ 이러한 원인으로 인해 → 이러한 원인 때문에(이래서)

　　④ 미래 사회에서의 → 미래 사회의

　　⑥ 능력 향상으로 말미암아 → 능력이 향상되어

　　⑫ 생각하기보다 → 생각하지 않고

　2) 산업 혁명 때문에 1차 산업에서 2·3차 산업으로 직업 구조가 변화하였다. 또 지속적으로 여권이 신장하여 여성이 적극적으로 사회에 진출하였다.

8. 이 학생은 견문이 넉넉한데도 하고 싶은 말을 제대로 못했다. 논증의 큰 틀을 보지 못하기 때문이다. 영어식 문장에 젖었다. 글쓰기 전에 네댓 줄로 논증의 큰 틀을 잡아야 한다. → **(보충)** 이 학생은 자기 견해를 어떤 형식에 담아야 할지 모른다. 결론에 '미래 사회는 독신자도 많고, 현행 일부일처제도 유지하여 다양한 모습을 할 것이다(또는 다양해질 것이다)'라고만 했으면 논증의 큰 틀이 잡혔다. 본론에 그 주장의 근거를 대기 때문이다. 서론 단락에 영어식 글 버릇이 집중적으로 나타났다. 잘 쓰려고 긴장하였다. 평소대로 '쓰지' 않고, 글을 '짓기' 때문이다. '이래서'로 쓰면 되는데, '이러한 원인으로 인해'처럼 장황하게 썼다.

연 습 문 제 8

1. 이 글은 모두 다섯 단락이다. 첫 단락이 서론이고, 둘째와 셋째 단락이 본론이며, 넷째와 다섯째 단락이 결론이다. 서론과 결론이 약간 많은 듯하나, 잘 안배한 편이다.

2. ⑧에서 생물과 공존하자고 하였다. '자연'을 물었는데 '생물'로 대답하였다. 자연과 생물이 헷갈렸다.

3. 논거 설정 능력이 부실하다. 서론은 ②, 본론 1은 ④(생태 균형 파괴), 본론 2에는 논

거가 없다. 결론에서 공존하자고 했으니, 본론에서는 공존의 장점을 쓰거나, 공존하지 않았을 때의 문제점을 거론해야 한다. 본론 1에서 잘 지적하였으나, 2에서 갑자기 실태(서론과 비슷함)를 거론하였다. ⑥에 있는 '다른 생물 멸종'이 인간의 미래에 어떤 악영향을 미치는지를 지적하는 것이 낫다.

4. 확장이 부실하다. 본론 1에서 ④에 있는 '회복 능력, 균형 파괴'를 제대로 뒷받침해야 한다. ④만 가지고는 뭐가 나쁜지를 알 수 없다. 본론 2에서 '다른 생물 멸종'이라는 어휘를 빼고 다른 것은 버려야 한다. ⑥은 아주 엉뚱하다. 있지도 않을 일을 상상하였다. 일반화 오류이다.

5. 결론에서 ⑧을 주장하였으니 ⑨는 군더더기이다. 말하는 김에 앞에서 논의하지 않은 '과학 기술, 발전, 개발'을 덧붙였다. 비약하였다.

6. 산업 사회와 환경을 연결한 것은 잘 했다. 그러나 ②처럼 논의 방향을 제시하는 것은 좋지 않다. 짧은 글에서 원고지를 낭비한다. 더구나 '인간 생활에 어떤 영향을 끼치고 인간이 어떻게 될지 알아보자'고 하더니 뒤에서 제대로 논의하지도 않았다.

7. 1) 균형을 회복하는 편이다. / 균형을 회복하기 쉽다. / 균형을 회복한다고 한다.
   2) ㉠ 영어식 물주 구문이다. : 그러나 환경이 오염되어 자연 환경이 많이 바뀌자 스스로 회복하는 능력을 잃었으며 생태계 전체의 균형이 깨졌다.
   ㉡ 주어와 서술어가 호응하지 않았다. : 변화는 생태계 전체의 균형이 깨뜨려 버린다. → 변화는 생태계 전체의 균형을 깨뜨린다.

8. 이 글은 일관성을 잃었다. 용어에 혼선이 많았다. 각 단락을 확장하는 것이 서툴렀다. 그러므로 이 학생은 글을 쓰기 전에 논증의 큰 틀을 작성하고 그 틀을 어떻게 확장할지 옆 사람에게 충분히 설명해야 한다. 말한 것을 글로 정리하면 된다. → (보충) 쓸거리가 충분한데도 어떤 것을 골라 써야 할지 모른다. "이 이야기를 하는데 그 이야기를 왜 해?"라고 지적 받기 쉽다. 말하고자 하는 것을 간단히 적어 남 앞에서 발표한다고 생각하고 개요를 짜야겠다. 문장이 긴 편이다.

연 습 문 제 9

1. 이 글은 세 단락인데, '서론-본론-결론' 안배가 잘 되었다. 단, 본론에서 형식 단락을 나누지 않아 혼란스럽다.

2. 주장이 모호하다. 대충 잘해 보자는 식이다. 구체적으로 생각하라고 하였으니, '위원회가 심의하여 연구의 객관성을 검증해야 한다'거나 '공청회를 거쳐 연구 과정을 드러나게 한다'처럼 방향을 잡아야 한다. 즉, '다수가 혼자보다 낫다'는 것을 구체적으로 반영해야 한다.

3. 서론은 ③, 본론 1은 ⑥(과학자가 악용), 본론 2는 ⑪(사회가 건전하지 않으면)이다. 글쓴이가 밝힌 '잘해 보자'를 주장으로 보면 본론에서 자율도 규제도 문제가 있다고 지적한 것이니, 잘한 것이다. 그러나 '다수(공청회)를 거쳐 소수(연구 과정)를 드러나게 한다'를 주장하는 것이라면 본론에 다수(규제론자)의 장점과 소수(자율론자)의 문제점을 거론해야 한다.

4. 조금 부실하다. ④부터 자율론자 이야기이고, ⑧부터 규제론자 이야기이다. 그러니 본론을 둘로 나누어 ⑧ 이전을 본론 1단락으로, ⑧부터 본론 2단락으로 하였으면 좋았을 것이다.

　　본론 1은 자율론자의 단점을 지적하였으나, 깊이가 없다. '악용'을 언급하면서 '비도덕적인 과학자'가 왜 등장하는지, '어떻게' 악용하는지, 그것이 '어떤' 위협을 주는지를 설명하지 않는다. 첨단 과학 기술의 폐해를 거론해야 하는데 '독가스, 해커'는 첨단 과학 기술이 아니다. 견문이 얕다. '유전자 조작, 줄기 세포, 복제' 따위를 거론해야 한다. 본론 2는 1보다 잘 썼다. 규제론자의 단점을 찾아 규제가 만능이 아니라는 사실을 강조하였다.

5. 방향을 구체적으로 잡지 못해서, 잘해 보자는 소리를 반복하였다. 즉 '적절한, 지양, 상대주의적'이라고 하면서 당위를 강조하고 원점으로 되돌아갔다.

6. ①과 ②에서 상식적인 이야기를 지루하게 늘어놓았다. ③에서 자율론자와 규제론자의 견해차를 잘 정리하였다. ④에서 '두 주장은 타협점을 찾을 수 없는가?'라고 질문하였지만, 결론에서 '어쨌든 서로 이해해야 한다'며 적당히 답변하였다.

7. 1) 두 주장이 모두 부분적으로는 일리가 있기 때문에

　　2) ⑨ 과학자 개인에 의한 과학 기술 남용보다 → 과학자 개인이 과학 기술을 남용하는 것보다

　　⑮ 견제함과 동시에 → 견제하면서

8. 이 학생은 무엇을 묻는지 모른다. 만일 '기술 발전과 과학자의 책임을 논하라'는 문제였다면 잘 쓴 글이다. 글쓰기 전에 논제를 어떻게 이해하였는지 옆 사람과 이야기해 보는 것이 좋겠다. → (보충) 논제 방향을 잘못 잡으면 글의 성격이 바뀌어 엉뚱한 소리만 늘어놓는다. '왜 싸우지 말아야 하는지?'를 묻는데, '싸우면 안 되지, 싸우지 마라'를 주장하는 것과 같다. 문장이 너무 길다.

연 습 문 제 10

1. 이 글은 모두 세 단락이라서 서론-본론-결론을 쉽게 알 수 있다. 본론 원고량이 많은 편이다.

2. ⑳ 뒤쪽에서 인간 세포 복제를 제한적으로 허용하자고 주장하였다. 앞쪽에서는 인간을 제외한 것을 복제시키라고 하였다. 용어가 혼란스러워 뭘 주장하는지 분명치 않다.

3. 서론은 ⑤, 본론 1은 ⑥(장기 이식, 난치병), 본론 2는 ⑨(인간 가치 저하)이다. 만약 글쓴이가 절충론자라면 본론 단락에는 허용할 때 장점과 남용될 때 문제점을 논거로 삼아야 한다. 본론 논거를 잘 잡았다.

4. 형식 단락을 구분하지 않아 혼란스럽다. 본론에 너무 많은 내용을 담으려다 확장에 실패하였다. 본론 단락을 내용으로 쪼개면 장점(⑥ ⑬), 문제점(⑨ ⑪ ⑮~⑱)으로 나눌 수 있다. 즉 본론 1에 '장기 이식, 난치병'을 담고, 본론 2에서는 '인구 증가, 소수 수혜, 상업적 이용, 삶의 가치 저하'를 다루게 된다. 한 단락에서 다룰 것이 많으면 제대로 쓰지 못한다. 공간이 한정되었기 때문이다.

   심지어 논거와 상관없는 '살인과 마찬가지'도 등장하였다. 더구나 '인간 가치 저하'를 '인구가 늘어난다거나, 죽어도 다시 산다거나, 최선을 다하지 않는다'는 식으로 뒷받침하였다. 복제를 초능력으로 착각하였다.

5. 부실하다. 주장에 쓰일 어휘를 빼고 나머지는 군더더기이다. 본론에서 거론한 단어를 반복하였다.

6. '나'로 시작하는 글은 생활글이다. ⑤를 남기고 나머지는 바꾸어야 한다. 예를 들어 ①은 '언젠가 언론에서 인간 복제에 관한 내용을 보도하였다'로 써야 한다.

7. 1) 논술글에 '예시문'을 언급하면 예시문을 덧보태야 한다. 그러니 '예시문에서 나왔 듯이'를 아예 빼 버리거나, '반대론자들이 주장하는 것처럼'으로 바꾸어야 한다.
2) 장기 이식이 필요하거나 난치병에 걸린 사람들에게 주는 것이다.

8. 이 학생은 쓸거리가 많으면서도 그런 견해를 집중적으로 모으는 법을 모른다. 글의 흐름을 보지 못한다. 문장이 장황한 편이다. 글을 쓰기 전에 논증의 큰 틀부터 잡아야 한다. 한 문장을 30~60자로 정리해야 한다. → (보충) 기본기부터 익혀야겠다. 즉, 형식 단락 만들기, 뒷받침하는 법, 객관적으로 서술하기를 익혀야 한다.

연 습 문 제 11

1. 이 글은 모두 아홉 단락이다. 형식 단락을 고려치 않고, 대충 줄을 바꾸어 단락을 만든다. 내용으로는 서론이 ①에서 ⑤까지이고, 본론 1은 ⑥에서 ㉓까지이며, 본론 2는 ㉔에서 ㉘까지이다. 그리고 결론은 ㉙부터 끝까지이다. 형식적으로 서론과 결론 원고량이 적은 편이고, 본론 1이 본론 2의 3배 정도라서 원고량 안배가 적절하지 않았다.

2. ㉚에서 규제는 불가피하다고 했다. 방향을 잘 잡았다.

3. 서론에서 문제를 제기하지 못했다. 본론 1은 ㉒(서로 이익이 된다), 본론 2는 ㉔(강대국의 횡포)이다. 결론에서 규제하자고 하였으니, 서론에서 '선진국과 개도국이 갈등한다'쯤 언급하면 된다. 본론에서는 규제할 때의 장점 또는 규제하지 않을 때의 문제점을 언급하는 것이니, 본론 논거를 잘 잡았다.

4. 논거는 잘 잡았으나, 집중하지 못했다. 본론 1에서 '환경'을 논하였다. 그러나 ⑥에서 ⑫까지는 군더더기이므로 빼야 한다. 우리나라 이야기를 장황하게 거론하였다. ⑬에서 ㉓까지도 장황하다. '국가 관계를 잘 규제하면 환경 문제를 비롯하여 상호 이익이 된다'는 점을 상세하게 정리해야 한다. 본론 2에서 선진국 횡포를 개도국이 대처하지 못한다며 국가 연합(연합체)을 예로 든 것이 좋았다.

5. 원고량이 적었으나 말하려는 것을 잘 정리하였다. ㉚에서 '모든 국가 실정에 맞는 국제법'보다 '대부분 국가가 동의하는 국제법'이라고 하였으면 훨씬 더 좋았을 것이다.

6. 규제의 당위성을 논하는데 동서양 자연관을 비교하는 것은 엉뚱하다. 너무 멀리서

출발하였다. 세계사에서 약육강식이 판치던 사례를 찾아내거나, 최근 들어 국가 갈등을 유엔이 중재한 사례를 거론하여도 좋다. 본론에 있는 ⑱∼⑳을 서론에 담아도 된다.

7. 1) 우리가 발전을 최고로 치는 사고방식 때문에 변했다. / 우리가 발전 지상주의에 사로잡혀서 살았다.

2) 성숙한 모습을 보여야 할 것이다.

8. 이 학생은 논술 형식을 알지만, 정교하지 않다. 큰 논거에 매달려야 하는데, 지엽적인 사실에 집중하였다. 확실한 근거 없이 함부로 단정한다. 글쓰기 전에 논증의 큰 틀을 잡아 친구에게 말로 설명하고 그 내용을 글로 정리해야 한다. → (보충) 400자 글쓰기부터 연습해야 한다. 한 단락 논거에 집중하여 확장하는 법을 익혀야 한다. 단정적인 말투, 묻고 답하기, 1인칭 서술어, 영어식 글 버릇을 고치려면 문장 공부도 많이 해야 한다.

연 습 문 제 12

1. 이 글은 여섯 단락이다. 서론은 ①에서 ④까지, 본론은 ⑤에서 ⑮까지이다. ⑯부터 끝까지가 결론이다. 원고 안배가 잘 되었다.

2. ⑲에서 '기술 분배'를 언급하였으나, 주장하는 것이 분명치 않다. 현대 문명사회가 어떤 쪽으로 가야 하는지를 말해야 한다.

3. 논거 설정에 완전히 실패하였다. 서론은 ④, 본론 1은 ⑦(독점 세력), 본론 2에는 논거가 없다. 본론 3은 ⑬(소비자 주권), 본론 4에도 논거가 없다.
    가령 결론에서 '현대 문명사회가 인간을 수단으로 여겨서는 안 된다'를 주장한다면 본론 논거로는 수단으로 여길 때의 문제점을 거론하면 된다. 그러나 이 글은 결론 주장이 막연하여 어떤 논거를 거론해야 할지 모른다. 만약 '기술 분배'를 주장하려면 기술 독점의 폐해를 본론 논거로 언급해야 하는데, 전혀 상관없는 이야기로 본론 단락을 채웠다.

4. 본론 확장에 실패하였다. 자기 견해를 구조화하여 논의하지 않고, 생각나는 대로 써 내려간 글이다. 본론을 네 단락으로 나누었다. 너무 많다. 형식 단락을 생각지 않고 줄만 바꾸어 단락을 만들었다.

서론에서 제기한 기술 독점을 '정보 독점'이라고 본다면 그게 왜 문제가 되는지를 본론에서 구체적으로 언급해야 한다. 그런데도 별 말이 없다. ⑧~⑪을 다 빼도 된다. 성격으로는 서론 내용이다. 자꾸 원점에서 맴돈다. ⑫~⑭는 성격으로는 결론 내용이다. ⑮도 ⑤~⑦과 비슷한 말이다.

5. 본론에서 다룬 것이 없어서 '도덕적으로 훈계'만 하였다. '더욱 암담한' 같은 모호한 말로 마무리하면서 '어쨌든 잘해 보자'는 식이다.

6. 집중력이 떨어진다. 이 학생이 말하는 것은 '기술 분배'였다. 이 '기술 분배'를 본론에서 '정보 분배'로 논의할 것이라면 시작이 좋았다. 그러나 ②는 지극히 상식적인 말로, 군더더기이다. ③과 ④도 장황하다. '반드시, 눈부신 성장의 그늘'과 같은 단어는 개인 정서가 듬뿍 담긴 말이다. 가볍게 '기술 분배를 짚고 넘어가야 할 시점에 이르렀다' 정도면 충분하다.

7. 1) 열풍을 통해…… 알 수 있다.
   2) 분배가 공평(공정)하지 않아…….

8. 이 학생은 논제와 제시문에 담긴 출제 의도를 이해하지 못했다. 이 제시문을 읽고 독후감을 썼다. 글을 쓰기 전에 독해 연습을 강화하여, 출제 의도를 알고 결론 주장 문장부터 구상해야 한다. → (보충) 이 문제의 출제 의도는 현대 문명을 비판하는 것이다. 제시문을 함축적으로 이해하여 현대 문명의 문제점을 찾고, 앞으로 그렇게 살지 말자고 해야 한다. 글쓰기 기본기가 전반적으로 허약하다. 논증의 큰 틀, 단락 쓰기, 문장력 부분이 모두 미흡하다.

1판 1쇄 찍음 2019년 7월 8일
1판 1쇄 펴냄 2019년 7월 15일

지 은 이   한효석
펴 낸 이   김정호
펴 낸 곳   아카넷
책임편집   김일수
마 케 팅   이총석
제작·관리   박정은

출판등록   2000년 1월 24일(제406-200-000012호)
주   소   10881 경기도 파주시 회동길 445-3 2층
전   화   031-955-9510(편집) 031-955-9514(주문)
팩   스   031-955-9519
전자우편   acanet@acanet.co.kr
홈페이지   www.acanet.co.kr
페이스북   www.facebook.com/bookscope

ISBN 978-89-5733-633-5 53700